全 世 界 无 产 者 ， 联 合 起 来 ！

列宁论马克思主义

中共中央 马克思 恩格斯 著作编译局编译
列 宁 斯大林

人民出版社

编　辑　说　明

　　马克思、恩格斯和列宁的著作是马克思主义的理论原典,是学习、研究、宣传和普及马克思主义的基础文献。为了适应马克思主义中国化、时代化、大众化不断推进的形势,满足广大读者多层次的需求,我们总结了迄今为止的编译经验,考察了国内外出版的有关读物,吸收了理论界提出的宝贵建议,精选马克思、恩格斯和列宁的重要著述,编成《马列主义经典作家文库》。

　　文库辑录的文献分为三个系列:一是著作单行本,收录经典作家撰写的独立成书的重要著作;二是专题选编本,收录经典作家集中论述有关问题的短篇著作和论著节选;三是要论摘编本,辑录经典作家对有关专题的论述,按逻辑结构进行编排。

　　文库编辑工作遵循面向实践、贴近群众的原则,力求在时代特色、学术质量、编排设计方面体现新的水准。

　　本系列是《马列主义经典作家文库》的专题选编本,以全文收录或部分节选的方式辑录马克思、恩格斯和列宁集中论述各种专题的论文、演讲、书信和笔记，以适应各个领域的读者学习理论和研究问题的需要。在必要的情况下，我们还从未收录的著作中摘选与本专题有关的论述，编成《重要论述摘编》，作为对本专题所收文献的补充，以便更加全面地反映经典作家对相关问题的理论思考和精辟阐述。

专题选编本系列所收的文献均采用马克思、恩格斯和列宁著作最新版本的译文，以确保经典著作译文的统一性和准确性。自1995年起，由我局编译的《马克思恩格斯全集》第二版陆续问世，迄今已出版24卷；从2004年起，我们又先后编译并出版了《马克思恩格斯文集》和《马克思恩格斯选集》第三版。专题选编本系列收录的马克思恩格斯著作采用了上述最新版本的译文，对未收入上述版本的马克思恩格斯著作的译文，我们按照最新版本的编译标准进行了审核和修订；列宁著作则采用由我局编译的《列宁全集》第二版、第二版增订版和《列宁选集》第三版修订版译文。

专题选编本系列采用统一的编辑体例。每本书正文前面均刊有《编者引言》，简要地综述经典作家围绕相关专题提出的理论观点及其重要意义，同时逐篇介绍本书所收著作的主要内容，帮助读者理解原著、把握要义；此外还概括地介绍相关著作写作和流传情况以及中文译本的编译出版情况，供读者参考。正文后面均附有注释和人名索引，以便于读者查考和检索。

专题选编本系列的技术规格沿用《马克思恩格斯全集》第二版和《列宁全集》第二版的相关规定。在马克思、恩格斯、列宁著作的目录和正文中，凡标有星花＊的标题都是编者加的；引文中的尖括号〈 〉内的文字和标点符号是马克思、恩格斯、列宁加的；未注明"编者注"的脚注,是马克思、恩格斯、列宁的原注;人名索引的条目按汉语拼音字母顺序排列。在马克思恩格斯著作中,引文里加圈点处是马克思、恩格斯加着重号的地方,目录和正文中方括号〔 〕内的文字是编者加的。在列宁著作中,凡注明"俄文版编者注"的脚注都是指《列宁全集》俄文第五版编者加的注,人名索引中的条头括号内用黑体字排印的是相关人物的真实姓名,未加黑体的则是笔名、别名、曾用名或绰号。此外,列宁著作标题下括号内的日期是编者加的;编者加的日期,公历和俄历并用时,俄历在前,公历在后。

中共中央 马克思 恩格斯 著作编译局
　　　　　 列　宁　斯大林

2014 年 6 月

目　　录

重要论述辑录

插　图

编　者　引　言

　　《列宁论马克思主义》精选和辑录了列宁论述马克思主义的相关文献，反映列宁坚持和捍卫马克思主义、丰富和发展马克思主义的杰出贡献。全书分为两个部分，第一部分是专题文献汇编，第二部分是重要论述辑录。

一

　　19世纪末20世纪初，资本主义发展到帝国主义阶段，各资本主义国家的社会矛盾空前激化，无产阶级革命运动和殖民地半殖民地的民族解放运动日益高涨。在新的历史条件下，列宁把马克思主义基本原理同俄国革命的具体实践相结合，同国际工人运动和被压迫民族解放运动相结合，在同第二国际机会主义、修正主义和俄国工人运动中各种错误思潮的斗争中提出一系列新思想、新原理，丰富了马克思主义的理论宝库，把马克思主义发展到列宁主义阶段。

列宁丰富和发展了马克思主义无产阶级政党学说，创立了新型无产阶级政党理论，创建了第一个新型无产阶级政党；丰富和发展了马克思主义无产阶级革命学说，创造性地提出了社会主义可能首先在少数甚至在单独一个资本主义国家内获得胜利的科学论断，领导俄国人民取得十月革命的伟大胜利，使社会主义由理论变为现实；丰富和发展了马克思主义无产阶级专政理论和国家学说，开创了社会主义建设的理论和实践，积极探索在经济文化相对落后国家建设社会主义的道路。列宁主义是帝国主义和无产阶级革命时代的马克思主义。

列宁是坚持、捍卫和发展马克思主义的光辉典范。为了帮助广大读者比较系统地了解和领悟列宁对马克思主义的精辟论述，我们在本书第一部分精选了列宁在各个时期撰写的 37 篇文献。这些文献可以分为四类：第一类是概述马克思和恩格斯实践历程、理论贡献和精神风范的两篇文章，即《卡尔·马克思》和《弗里德里希·恩格斯》；第二类是专论马克思主义理论精髓、实践基础、科学品格和历史地位的名篇，例如《马克思主义的三个来源和三个组成部分》《马克思学说的历史命运》《论马克思主义历史发展中的几个特点》等；第三类是列宁撰写的哲学、政治经济学和科学社会主义名著，这些著作集中反映了列宁坚持、捍卫和发展马克思主义的主要理论成果，例如《唯物主义和经验批判主义》《帝国主义是资本主义的最高阶段》《国家与革命》等；第四类是列宁在俄国无产阶级革命和社会主义建设的各个历史阶段，围绕政治、军事、经济、党建等领域的重大理论和实践问题撰写的文章，这些文章蕴含着列宁对一系列时代命题的精辟见解，体现了他对马克思主义的科学态度,例如《怎么办?》、《论策略书》、《论粮食税》等。

本书第二部分辑录了第一部分未收入的列宁关于马克思主义的重要论述。这些论述散见于列宁在各种历史背景下撰写的著作、文章、手稿、笔记和书信,从不同角度反映了列宁对马克思主义的坚定信念和深刻认识,是对本书第一部分内容的重要补充。

二

列宁把马克思和恩格斯当成自己的人生楷模和革命导师,在认真学习研究马克思和恩格斯的伟大理论的基础上,撰写了两篇有关马克思恩格斯生平事业、思想理论和崇高品质的文章。

《卡尔·马克思》简要叙述了马克思伟大的一生和他的学说,指出马克思主义是马克思的观点和学说的体系,马克思的观点极其彻底而严整,这些观点总起来就构成作为世界各文明国家工人运动的理论和纲领的现代唯物主义和现代科学社会主义。列宁扼要地论述了马克思主义哲学、政治经济学、科学社会主义的基本原理和无产阶级革命斗争的策略原则,并阐明了这些基本原理、策略原则之间的相互关系。

《弗里德里希·恩格斯》概述了恩格斯光辉的一生,高度评价了他同马克思一起创立马克思主义理论和为无产阶级解放事业而斗争的不朽功绩,赞颂了他同马克思的伟大友谊以及作为严峻的战士和严正的思想家所具有的崇高品格,指出马克思逝世后,"恩格斯是整个文明世界中最卓越的学者和现代无产阶级的导师"(见本书第56页)。

列宁走上革命道路后,首先致力于把马克思主义与俄国工人运动相结合,创立新型无产阶级政党。为此,他积极传播马克思主义,同干扰工人运动的各种错误思潮作斗争。

《什么是"人民之友"以及他们如何攻击社会民主党人?》一文,批判了自由主义民粹派错误的理论观点和政治纲领,系统阐述了马克思主义唯物史观的基本原理,着重说明了物质生产力决定生产关系、生产关系的总和构成社会经济形态、物质的社会关系决定思想的社会关系、社会形态的发展是自然历史过程等基本观点;论证了人民群众是历史的创造者,阶级斗争是阶级社会发展的动力;论述了无产阶级的社会地位和历史使命,提出了建立工人政党的任务。在节选部分,列宁阐明了马克思主义理论批判的和革命的本质,指出:"这一理论对世界各国社会主义者所具有的不可遏止的吸引力,就在于它把严格的和高度的科学性(它是社会科学的最新成就)同革命性结合起来。"(见本书第68页)

《俄国资本主义的发展》是列宁全面考察俄国资本主义的发展历程,运用马克思主义的经济学说科学分析俄国的社会经济制度和阶级结构的重要著作。在节选部分,列宁分析批判了自由主义民粹派的理论错误,根据马克思主义政治经济学基本原理,阐明了关于社会分工、资本主义商品生产及其实现剩余价值的条件、资本主义国内市场建立的过程和条件等一系列与俄国资本主义发展密切相关的重大理论问题。列宁还对资本主义的历史作用做了阐述,指出"资本主义的进步的历史作用,可以用两个简短的论点来概括:社会劳动生产力的提高和劳动的社会化"(见本书第86页)。

《俄国社会民主党人抗议书》批驳了俄国经济派的错误思想,

阐述了马克思主义关于无产阶级在统一的阶级斗争中必须把政治斗争和经济斗争结合成不可分割的整体的重要观点；指出当无产阶级没有政治自由或者政治权利受到限制的时候，必须把政治斗争提到首位；强调只有革命的马克思主义理论才能成为工人运动的旗帜，"只有独立的工人政党才能成为反对专制制度斗争的坚固堡垒"（见本书第 101 页）。

《我们的纲领》是列宁批驳伯恩施坦及其追随者的文章。列宁驳斥了修正主义者所宣扬的马克思主义理论"不完备"和已经"过时"的谬论，阐明了马克思主义的理论精髓和对待马克思主义的科学态度。他指出："我们完全以马克思的理论为依据，因为它第一次把社会主义从空想变成科学，给这个科学奠定了巩固的基础，指出了继续发展和详细研究这个科学所应遵循的道路。"（见本书第 102 页）没有革命理论就没有坚强的无产阶级政党。列宁同时强调：我们决不把马克思主义理论看做一成不变的和神圣不可侵犯的东西，"恰恰相反，我们深信：它只是给一种科学奠定了基础，社会党人如果不愿落后于实际生活，就应当在各方面把这门科学推向前进"（见本书第 104 页）。

《怎么办？》一书进一步批判了经济主义和伯恩施坦主义，创造性地发挥了马克思和恩格斯关于无产阶级政党的理论，提出了一系列重要的建党思想和建党原则，全面论述了新型无产阶级政党理论。在节选部分，列宁批判了俄国经济派贬低社会主义意识的作用和党对工人运动的领导作用的机会主义观点，阐明了马克思主义理论对工人运动和工人阶级政党建设的指导意义，强调"没有革命的理论，就不会有革命的运动"（见本书第 109 页），"只有以先进理论为指南的党，才能实现先进战士的作用"（见本书第

110 页）。

在《进一步，退两步》中，列宁批判了孟什维克在组织问题上的机会主义，阐明了布尔什维克的组织原则，发展了马克思主义关于无产阶级政党的学说。列宁指出：马克思主义政党是由工人阶级中最优秀、最忠于革命事业的人组成的，是工人阶级的先进的有觉悟的部队；党只有成为由统一意志、统一行动和统一纪律团结起来的部队，才能起先进部队的作用；党必须根据集中制原则组织起来，少数服从多数，下级组织服从上级组织；党是工人阶级一切组织中的最高形式，它领导工人阶级的其他组织。在节选部分，列宁详细分析了第二次代表大会上关于党章第一条条文的争论，指出这场争论的实质是根据什么组织原则来建设党。布尔什维克要求党员必须亲自参加党的一个组织，就是主张建立一个集中统一、组织严密、纪律严明的党；而孟什维克则是要建立一个组织涣散、没有定形、成分复杂的党。

《社会民主党在民主革命中的两种策略》一书，从理论上阐明了布尔什维克在俄国 1905 年革命中的战略和策略，批判了孟什维克的策略，揭示了帝国主义时代资产阶级民主革命的特点、动力、道路和前途：无产阶级必须争取实现资产阶级民主革命中的领导权；工农联盟是实现无产阶级领导权，取得人民革命胜利的基本条件；举行武装起义，实行工农民主专政，是夺取民主革命胜利的保证；要把民主革命进行到底，并立即转变为社会主义革命。在节选部分，列宁指出，无产阶级政党应当根据马克思主义的原则和实践经验来制定和完善自己的策略。无产阶级政党要把革命引导到胜利，一方面需要对政治形势作出正确的估计，提出正确的策略口号；另一方面需要教育和引导工人群众用实际的战斗力量来支持这些策略口号。

《游击战争》一文探讨了游击活动和起义作为俄国工人运动的一种斗争形式的可能性和必要性。在节选部分,列宁提出了马克思主义者在考虑斗争形式问题时应当遵循的两个基本原则:一是必须着眼于形势的变化和运动的发展,向群众的实践学习,反对各种死板公式和偏见;二是必须对研究对象进行历史的考察,"马克思主义要求我们一定要历史地来考察斗争形式的问题。脱离历史的具体环境来谈这个问题,就是不懂得辩证唯物主义的起码常识"(见本书第 151 页)。

在《卡·马克思致路·库格曼书信集俄译本序言》中,列宁要求更全面和更深刻地弄懂马克思主义,强调应该学习马克思坚定的革命信念、动员和组织工人阶级坚持革命斗争的本领、决不因革命暂时失利而灰心丧气的坚忍不拔的精神。列宁把马克思对巴黎公社的态度同普列汉诺夫对俄国 1905 年革命的态度作了对比,指出马克思最重视群众的历史主动性,坚持从正在创造历史的人民群众的观点出发来观察世界历史,始终满腔热情地支持工人阶级的英勇斗争。

《〈约·菲·贝克尔、约·狄慈根、弗·恩格斯、卡·马克思等致弗·阿·左尔格等书信集〉俄译本序言》论述了如何科学地对待、正确地学习和运用马克思主义的问题。列宁以马克思和恩格斯在书信中对英美工人运动和德国工人运动给予不同的指导为例,总结了对俄国无产阶级政党具有重要意义的经验。列宁指出:马克思和恩格斯是运用唯物辩证法的典范,他们善于针对不同的政治经济条件的具体特点,把问题的不同重点和不同方面提到首位加以强调,善于针对不同国家的工人运动所处的不同阶段,给战斗的无产阶级确定不同的任务,制定不同的政策和策略;他们阐明了马克思主义理论要义和科学品格,一再强调马克思主义不是教条,而是行动的指南。列宁还指出,要从马克思和恩格斯的这些书信中吸取教益,就不能拘泥于其中的个别词句,而应当理解他们对无产阶级国际经验所作的总结的全部精神和全部内容。

《反对抵制》一文阐述了布尔什维克对国家杜马采取的策略。在节选部分,列宁指出,抵制并不是一种策略方针,而是策略手段,是否采取这种手段完全取决于客观形势。马克思主义和其他一切社会主义理论的不同之处,就在于它既以完全科学的冷静态度去分析客观形势,又非常坚决地承认群众的革命首创精神。马克思高度重视革命传统,严厉抨击对革命传统的叛卖行为和庸俗态度,同时要求革命家善于思考,善于运用不同的斗争手段,而不是简单地重复某些口号。

列宁把马克思主义哲学视为工人阶级认识和改造世界的强大思想武器,一贯重视对马克思主义哲学的研究和运用。俄国 1905年革命失败后,思想领域出现倒退和混乱现象,唯心主义泛滥,马赫主义者利用经验批判主义向辩证唯物主义展开进攻。为了批判马赫主义等唯心主义哲学,捍卫和发展马克思主义哲学,列宁写了《唯物主义和经验批判主义》这部重要著作,深刻地阐明了马克思主义的科学世界观是辩证唯物主义和历史唯物主义,在总结当时革命斗争经验和自然科学新成就的基础上,系统地阐述了辩证唯物主义和历史唯物主义的基本原理,特别是辩证唯物主义认识论的基本原理。在节选部分,列宁揭露了马赫主义在认识论问题上的唯心主义和不可知论实质,考察了物质和意识的辩证关系,揭示了物质和意识关系问题上唯物主义和唯心主义的根本区别,提出了辩证唯物主义认识论的三个重要结论。列宁还阐明了真理的客观性以及相对真理和绝对真理的辩证关系,论述了实践在认识论中的地位和作用,指出生活、实践的观点应该是认识论的首要的和基本的观点。列宁用历史唯物主义基本原理批驳了唯心主义的"社会存在和社会意识同一论"和"社会唯能论",论证了辩证唯物主义和历史唯物主义是不可分割的整体。列宁还论述了唯物主义和唯心主义斗争的实质,阐明了哲学的党性原则。

《马克思和恩格斯通信集》一文,论述了马克思和恩格斯通信的科学价值和政治价值,指出整个通信集的焦点就是辩证法。列宁强调:"运用唯物主义辩证法从根本上来修改整个政治经济学,把唯物主义辩证法运用于历史、自然科学、哲学以及工人阶级的政治和策略——这就是马克思和恩格斯作出最重要、最新的贡献的领域,这就是他们在革命思想史上迈出的天才的一步。"(见本书第239页)

《谈谈辩证法问题》是列宁对自己研究辩证法的一个简要总结。列宁在文中揭示了唯物主义辩证法的实质,对辩证法的要素作了全面准确的概括,分析了对立面的统一和斗争的辩证规律,阐明了辩证发展观和形而上学发展观的根本区别,分析了绝对和相对、抽象和具体、逻辑和历史以及一般、特殊和个别等范畴,揭示了认识过程的辩证性质以及唯心主义的认识论根源和阶级根源。

《论战斗唯物主义的意义》是列宁为党的理论刊物撰写的指导性文章。列宁在文中指明了党在哲学战线的工作方向,提出了马克思主义哲学家的任务,强调共产党人应该始终不渝地捍卫马克思主义哲学,同各种唯心主义思潮作不调和的斗争,并要求共产党员在捍卫马克思主义哲学的斗争中同党外唯物主义者结成联盟。列宁还论述了马克思主义哲学同自然科学的密切关系,要求马克思主义哲学家同自然科学家结成联盟,同时要求自然科学家努力成为辩证唯物主义者。

为了在反对修正主义、机会主义的斗争中捍卫马克思主义,向广大党员和工人群众宣传马克思主义,列宁写了一系列理论文章,系统阐明马克思主义的理论来源、基本原理和本质特征,论述对待马克思主义的科学态度,揭露修正主义、机会主义的实质和思想根源。

《马克思主义和修正主义》是列宁系统批判修正主义思潮的重要文献。列宁回顾了马克思主义创立以来的战斗历程,强调"马克思的学说直接为教育和组织现代社会的先进阶级服务,指出这一阶级的任务,并且证明现代制度由于经济的发展必然要被新的制度所代替,因此这一学说在其生命的途程中每走一步都得经过战斗"(见本书第207页),在战斗中变得愈加巩固,愈加坚强,愈加生气勃勃。列宁揭露了修正主义在哲学、政治经济学和政治领域对马克思主义基本原理的篡改和歪曲,概括了修正主义的基本特征,剖析了产生修正主义的阶级根源,并指明修正主义是国际现象。

《论马克思主义历史发展中的几个特点》阐述了马克思主义在不同历史时期所体现的不同特点,要求以科学的态度正确认识和对待马克思主义。列宁指出,马克思主义不是死的教条,不是一成不变的学说,而是活的行动指南,因此必然要反映社会生活条件的异常剧烈的变化;"这种变化的反映就是深刻的瓦解、混乱、各种各样的动摇,总而言之,就是马克思主义运动的极端严重的内部危机。"鉴于这种情况,列宁强调必须"为捍卫马克思主义基础而进行坚决顽强的斗争"（见本书第 219 页）。同时列宁还指出，随着具体的政治形势和直接行动的任务的改变，马克思主义这一活的学说的各个不同方面也就不能不分别提到首要地位；如果忽视了这一点，就会把马克思主义变成一种片面的、畸形的、僵死的东西，就会抽掉马克思主义的活的灵魂，就会破坏它的根本的理论基础及其同时代任务之间的联系。

《马克思学说的历史命运》回顾和总结了自《共产党宣言》问世以来，马克思主义在同工人运动的结合中、在同各种反动势力和错误思潮的斗争中广泛传播和不断发展的历程，指出 1848 年革命以来世界历史所经历的每一个时期都使马克思主义获得了新的证明和新的胜利。列宁高度评价亚洲国家特别是中国的民主革命风暴，并预言即将来临的历史时期定会使马克思主义获得更大的胜利。列宁还指出："马克思主义在理论上的胜利，逼得它的敌人装扮成马克思主义者，历史的辩证法就是如此。"（见本书第 224 页）

《马克思主义的三个来源和三个组成部分》阐明了马克思主义的理论渊源、科学体系和本质特征，指出马克思主义是完备而严密的科学世界观，是对德国古典哲学、英国古典政治经济学和法国空想社会主义的批判继承和发展，而绝不是离开世界文明发展大道而产生的一种故步自封、僵化不变的学说。列宁还扼要地阐述了马克思主义哲学、政治经济学和科学社会主义的基本观点，指出马克思主义具有无限的力量，把伟大的认识工具给了人类，特别是给了工人阶级。

《马克思主义和改良主义》分析了改良主义的实质及其社会根源和理论根源，揭露了取消派的改良主义面目。列宁指出，马克思主义者不同于无政府主义者，承认争取改良的斗争，即争取改善劳动者境况的斗争具有一定的积极意义,但马克思主义者坚决反对改良主义;改良主义实际上就是不要马克思主义,用资产阶级的"社会政策"取代马克思主义。

《致伊·费·阿尔曼德》提出了如何正确对待马克思主义原理的问题。在节选部分,列宁批评了那种只抓住马克思和恩格斯的片言只语而不去完整准确地理解他们的思想的错误倾向。他深刻地指出:"马克思主义的全部精神,它的整个体系,要求人们对每一个原理都要(α)历史地,(β)都要同其他原理联系起来,(γ)都要同具体的历史经验联系起来加以考察。"(见本书第 273 页)

第一次世界大战加深了帝国主义的政治、经济危机,无产阶级的革命情绪日益高涨,各国革命形势迅速发展,从而使如何认识帝国主义成为紧迫的理论问题。为了迎接即将到来的革命高潮,列宁对帝国主义的本质、特征及其发展规律进行深入研究,撰写了名著《帝国主义是资本主义的最高阶段》,创立了马克思主义关于帝国主义的科学理论,丰富和发展了马克思主义政治经济学和科学社会主义学说。在节选部分,列宁根据马克思主义基本原理,总结了《资本论》问世半个世纪以来世界资本主义的新变化,指出资本主义已经发展到一个新的阶段——帝国主义阶段。他运用历史和逻辑统一的方法考察了资本主义垄断形成和发展的过程,把资本主义的新变化概括为五个基本特征,并在此基础上给帝国主义下了科学的定义:"帝国主义是发展到垄断组织和金融资本的统治已经确立、资本输出具有突出意义、国际托拉斯开始瓜分世界、一些最大的资本主义国家已把世界全部领土瓜分完毕这一阶段的资本主义。"(见本书第 256 页)列宁强调,帝国主义最深厚的经济基础是垄断,但这种垄断不是纯粹的垄断,而是同竞争混合和并存的垄断,在垄断条件下竞争会更激烈、更残酷。"帝国主义是寄生的或腐朽的资本主义",但是,"如果以为这一腐朽趋势排除了资本主义的迅速发展,那就错了。"(见本书第 268 页)实际上,资本主义的发展在这一阶段比从前要快得多,只是发展更加不平衡。通过对帝国主义经济特征和历史地位的分析,列宁揭示了帝国主义时代资本主义经济和政治发展不平衡的规律,并得出结论,"帝国主义是过渡的资本主义,或者更确切些说,是垂死的资本主义"(见本书第 270 页)。

在《论欧洲联邦口号》一文中,列宁根据帝国主义经济政治发展不平衡规律,创造性地提出了社会主义一国胜利论:"经济和政治发展的不平衡是资本主义的绝对规律。由此就应得出结论:社会主义可能首先在少数甚至在单独一个资本主义国家内获得胜利。"(见本书第 253 页)这是他对马克思主义无产阶级革命理论的划时代的新贡献,为俄国争取十月革命胜利提供了理论指导。

1917 年俄国二月革命后形成了两个政权并存的局面。布尔什维克党如何根据新的形势,制定正确的战略和策略,使革命进一步向前发展,成了列宁深切关注和周密思考的焦点。

《论策略书》论述了布尔什维克在革命转折阶段的战略和策略。在节选部分,列宁阐明了无产阶级政党在确定斗争任务和活动方式时必须遵循的马克思主义原则:应当对每个历史关头的阶级力量对比和具体特点作出经得起客观实际检验的分析,应当根据客观事实对自己的政策进行科学的论证。他批评了那种把马克思主义理论当成"公式"去背诵和简单重复,而不去研究生动现实的做法,强调理论只能指出基本的、一般的东西,只能大体上概括实际生活中的复杂情况,马克思主义者必须考虑生动的实际生活,必须考虑现实的确切事实,而不应当抱住昨天的理论不放。列宁批驳了所谓俄国资产阶级民主革命还没有完成、还没有成熟到实行社会主义的程度等说法,指出与资产阶级临时政府同时出现的工兵代表苏维埃就是无产阶级和农民的革命民主专政,这正是马克思主义者必须考虑的现实生活中的确切事实。

《无产阶级在我国革命中的任务》一文进一步全面阐述了布尔什维克的战略和策略。在节选部分,列宁提出了更改党的名称的建议:"我们应该像马克思和恩格斯那样称自己为共产党。""我们应该重复说,我们是马克思主义者,我们是以《共产党宣言》为依据的。"(见本书第284页)

为了迎接即将到来的打碎旧的国家机器、建立无产阶级专政的伟大变革,列宁撰写了系统阐述马克思主义国家学说、无产阶级革命和无产阶级专政理论的名著《国家与革命》。在这部著作中,列宁根据马克思主义的基本观点,阐明了国家的起源和本质、国家的基本特征和职能,论述了无产阶级国家政权即无产阶级专政的作用。在节选部分,列宁批判了机会主义和修正主义对马克思主义国家学说和无产阶级专政理论的歪曲,阐明了从资本主义向共产主义过渡时期实行无产阶级专政的必要性,强调"只有承认阶级斗争、同时也承认无产阶级专政的人,才是马克思主义者"(见本书第290页)。列宁论述了无产阶级专政和民主的关系,揭示了无产阶级民主和资产阶级民主的本质区别,阐明了国家消亡的社会经济基础,指出只有到了共产主义社会国家才会消亡,而在资本主义向共产主义的过渡时期必须保持国家,这个时期的国家只能是无产阶级的革命专政。他还系统阐发了马克思在《哥达纲领批判》中提出的关于共产主义社会分为第一阶段和高级阶段的学说,论述了这两个阶段的基本特征,指明它们是共产主义在经济上成熟程度不同的两个阶段,并把马克思所说的"共产主义社会第一阶段"或低级阶段称为社会主义。列宁分析了共产主义社会第一阶段在消费品分配上存在的形式上的平等和事实上的不平等,指出:从形式上的平等即"按劳动"分配进到事实上的平等即"各尽所能,按需分配",究竟需要经过哪些阶段和通过哪些实际措施,我们不可能预先知道,这个问题只能通过实践来回答。社会主义不是僵死的、凝固的、一成不变的东西,它将在迅速的、真正的、群众性的前进运动中不断发展。

《马克思主义和起义》是列宁于1917年9月26—27日致布尔什维克党中央委员会的信,信中分析了当时的革命形势,指出无产阶级举行武装起义势在必行,而且布尔什维克夺取政权的主客观条件已经具备。列宁强调,马克思主义者要像对待艺术那样对待起义;起义要获得胜利,就不应当依靠密谋,也不是靠一个党,而是靠先进的阶级,靠人民的革命高潮,靠革命发展进程中的转折点。

十月革命胜利后,列宁对如何推动世界革命、如何巩固和发展苏维埃政权、如何建设社会主义进行了多方面的思考和探索,取得了理论和实践上的突破,具有开创性、奠基性的里程碑意义。

《预言》一文回顾了恩格斯30多年前对未来的世界战争的天才预言,即这场战争"只有一个结果是绝对没有疑问的,那就是普遍的衰竭和为工人阶级的最后胜利创造条件"(见本书第320页)。列宁指出:科学社会主义的创始人马克思和恩格斯常常谈到从资本主义向社会主义的过渡必然会有的长久阵痛。只有闭目塞听的人,才觉察不到在全世界范围内孕育着社会主义的资本主义旧社会已经开始分娩的阵痛。个别的人会死于难产,从旧制度中诞生出来的新社会却不会死亡,只不过是诞生得更加痛苦,时间拖得更长,生长和发展得更慢罢了。我们有一切根据来极其坚定地和充满信心地展望未来,这个未来正在为我们准备新的同盟者,准备社会主义革命在许多更先进的国家里的新的胜利。

《在马克思恩格斯纪念碑揭幕典礼上的讲话》高度评价了马克思和恩格斯具有世界历史意义的伟大功绩:他们用科学的分析证明了资本主义必然崩溃,必然过渡到不再有人剥削人现象的共产主义;他们向各国无产者指明了无产阶级的作用、任务和使命就是率先起来同资本进行革命斗争,并在这场斗争中把一切被剥削的劳动者团结在自己的周围,最终赢得社会主义的胜利。

列宁在《第三国际及其在历史上的地位》一文中回顾了国际共产主义运动的发展历程,对三个国际的作用和历史地位作了评价:"第一国际为国际无产阶级争取社会主义的斗争奠定了基础。第二国际是为这个运动在许多国家广泛的大规模的开展准备基础的时代。第三国际接受了第二国际的工作成果,清除了它的机会主义的、社会沙文主义的、资产阶级和小资产阶级的脏东西,并已开始实现无产阶级专政。"(见本书第 330 页)列宁还指出,第三国际最突出的特点、它的使命是执行马克思主义的训诫,实现社会主义和工人运动历来的理想。

《共产主义运动中的"左派"幼稚病》是列宁论述无产阶级政党的战略和策略问题的重要著作。在节选部分,列宁批判了第二国际机会主义和所谓"左派"共产党人的错误观点,论述了无产阶级专政的性质和任务,指出无产阶级及其政党实行严格的纪律,是战胜资产阶级的基本条件之一。列宁运用唯物史观和马克思主义政党学说,精辟地阐明了领袖、政党、阶级和群众的关系,论述了各国无产阶级政党必须根据本国国情来确定方针政策的重要原则。

《〈共产主义〉》一文批评了共产国际杂志《共产主义》表现出来的"左派"幼稚病的明显症候。列宁在文中强调,党的策略中最主要的东西是"马克思主义的精髓,马克思主义的活的灵魂:对具体情况作具体分析"(见本书第349页)。

《青年团的任务》是列宁在俄国共产主义青年团第三次代表大会上的讲话。列宁指出,青年一代担负着建立共产主义社会的任务,应当为完成这一崇高使命而认真学习。青年不仅要努力学习共产主义理论,而且要刻苦学习现代科学技术和文化知识,掌握建设祖国的本领。共产主义是从人类知识的总和中产生的,青年一代只有用人类创造的精神财富丰富自己的头脑,才能成为真正的共产主义者。青年团必须坚持与工农的劳动相结合,通过教育、训练和培养,使现代青年成为具有共产主义道德的一代新人。

国内战争结束后,苏维埃俄国开始从战时共产主义政策转向新经济政策。《论粮食税》是列宁阐述新经济政策的一篇重要文章。在节选部分,列宁论证了用粮食税代替余粮收集制和利用国家资本主义的必要性和可行性,指出无产阶级"现在最迫切的就是采取那种能够立刻提高农民经济生产力的办法。只有经过这种办法才能做到既改善工人生活状况,又巩固工农联盟,巩固无产阶级专政"(见本书第370页)。列宁强调,根据俄国的社会经济结构和生产力发展水平,我们不能实行从小生产向社会主义的直接过渡,所以作为小生产的自发产物的资本主义在一定程度上是不可避免的。在这种情况下,我们应当利用国家资本主义作为小生产和社会主义之间的中间环节,作为提高生产力的手段、途径、方法和方式。他详细评述了国家资本主义的四种主要形式——租让制、合作制、代购代销制和租赁制,同时指出,只要无产阶级牢牢掌握政权,我们就一定能防范和克服资本主义的消极影响,利用资本主义特别是国家资本主义来促进社会主义。

《论我国革命》一文总结了俄国社会主义革命和建设的经验,驳斥了孟什维克和第二国际代表人物借口俄国缺乏实行社会主义的客观经济前提来否定俄国革命的论调,运用革命辩证法论证了俄国进行社会主义革命和建设的必要性和可能性。列宁指出:"世界历史发展的一般规律,不仅丝毫不排斥个别发展阶段在发展的形式或顺序上表现出特殊性,反而是以此为前提的。"(见本书第 399 页)俄国革命的道路不同于西欧国家,东方各国今后的革命无疑会比俄国革命带有更多的特殊性,这些特殊性是符合世界历史发展的总的路线的。建设社会主义的确需要一定的经济、文化发展水平,但俄国由于自身的历史条件,可以先夺取革命的胜利,然后在工农政权和苏维埃制度的基础上提高生产力和文化水平。

三

列宁关于马克思主义的著作和文章,为后人研究、阐释、丰富和发展马克思主义作出了典范,树立了榜样,受到研究者和出版者的高度重视和关注,国内外曾多次编译出版这一专题的选编本。中央编译局曾先后编译出版《列宁论马克思和恩格斯》、《列宁论马克思和恩格斯及马克思主义》、《列宁论马克思主义》以及《列宁专题文集》中的《论马克思主义》卷。苏联莫斯科国家政治书籍出版局 1946 年曾编辑出版《列宁论马克思和恩格斯及马克思主义》。

此前国内外编译出版的各个选编本,收文范围、论述摘选、译文来源以及规格体例不尽相同、各有所长。此次编译出版《列宁论马克思主义》选编本,我们根据《马列主义经典作家文库》的编辑宗旨,以《列宁专题文集》中的《论马克思主义》卷为蓝本,借鉴了国内外过去出版的各个选编本的编辑经验,扩大收文范围,增收重要论述,并附录注文更加翔实的注释和小传更加准确的人名索引。

本书第一部分共收入 37 篇文献,前两篇概述性质的文献编排在本书的开篇位置;后 35 篇文献按写作时间顺序编排。本书第二部分辑录的列宁关于马克思主义的重要论述,总体上按写作时间顺序编排。对于篇幅较长的著作或文章,我们根据全书的编辑思路和整体结构,节选了其中部分论述。本书辑录的著作、文章和论述均采用《列宁全集》第二版增订版的最新译文。注释和人名索引选自《列宁全集》第二版增订版,同时根据编辑需要,对部分注释的注文作了必要的改动。

列宁论马克思主义

专题文献汇编

卡尔·马克思

(传略和马克思主义概述)[1]

(1914 年 11 月)

序　言

现在用单行本出版的《卡尔·马克思》一文，是我在 1913 年（根据我的记忆）为格拉纳特词典写的。原来文末附有相当详细的、多半是外文的、论述马克思的书目。这个书目没有编进本版。其次，词典编辑部考虑到书报检查，又把本文结尾阐述马克思的革命策略的部分删去了。可惜在这里我无法把结尾部分再加进去，因为原稿留在克拉科夫或瑞士我的某些文稿中。我只记得，在文章的结尾部分，我还引用了 1856 年 4 月 16 日马克思给恩格斯的信中的两句话："德国的全部问题将取决于是否有可能由某种再版的农民战争来支持无产阶级革命。如果那样就太好了。"①这就是我们的孟什维克从 1905 年起就没有能理解的地方，而现在，他们已完全背叛社会主义而投到资产阶级方面去了。

尼·列宁

1918 年 5 月 14 日于莫斯科

---

①　见《马克思恩格斯文集》第 10 卷第 131 页。——编者注

马克思，卡尔　1818 年公历 5 月 5 日生于特里尔城（莱茵普鲁士）。他的父亲是一位律师，犹太人，1824 年加入新教。这个家庭是富裕的，有教养的，但不是革命的。马克思在特里尔中学毕业后，先后入波恩和柏林的大学攻读法学，但他研究得最多的是历史和哲学。1841 年大学毕业时提交了一篇论伊壁鸠鲁哲学的学位论文。马克思就其当时的观点来说，还是一个黑格尔唯心主义者。在柏林，他加入过"左派黑格尔派"（布鲁诺·鲍威尔等人）的圈子，这派人想从黑格尔哲学中作出无神论的和革命的结论。

大学毕业后，马克思迁居波恩，打算当教授。但是当时政府实行反动政策，1832 年撤销路德维希·费尔巴哈的教授职务，1836 年又拒绝让费尔巴哈进大学讲课，1841 年又剥夺青年教授布鲁诺·鲍威尔在波恩的讲学资格，这样就迫使马克思放弃了当学者的前程。当时左派黑格尔派的观点在德国发展很快。路德维希·费尔巴哈，特别是从 1836 年起，开始批判神学，转向唯物主义，到 1841 年，唯物主义在他的思想中已经完全占了上风（《基督教的本质》）；他的另一著作《未来哲学原理》于 1843 年问世。后来，恩格斯在谈到费尔巴哈的这些著作时写道：这些书的"解放作用，只有亲身体验过的人才能想象得到"。"我们〈即左派黑格尔派，包括马克思〉一时都成为费尔巴哈派了。"①这时，一些同左派黑格尔派

---

①　见《马克思恩格斯文集》第 4 卷第 275 页。——编者注

接近的莱茵激进派资产者,在科隆创办了一个反对派的报纸《莱茵报》[2](1842 年 1 月 1 日创刊)。马克思和布鲁诺·鲍威尔被聘为主要撰稿人。1842 年 10 月,马克思担任该报主笔,并从波恩迁居科隆。该报在马克思的编辑下,革命民主倾向愈来愈明确。所以政府起初对该报进行双重的,甚至是三重的检查,后来,在 1843 年 1 月 1 日决定干脆将其查封。马克思被迫在查封之前辞职,但该报并没有因此而得救,终于在 1843 年 3 月被查封。马克思在《莱茵报》上发表的主要文章,除后面列举的(见**书目**①)以外,恩格斯还曾提到论摩泽尔河谷酿造葡萄酒的农民的状况一文[3]。办报工作使马克思感到自己的政治经济学知识不够,于是他发奋研究这门科学。

1843 年,马克思在克罗伊茨纳赫同童年时代的女友燕妮·冯·威斯特华伦结婚。马克思还在大学读书时就同她订了婚。燕妮出身于一个反动的普鲁士贵族家庭。她的哥哥曾在 1850 — 1858 年这个最反动的时期任普鲁士内务大臣。1843 年秋,马克思赴巴黎,此行的目的是和阿尔诺德·卢格(1802 — 1880 年;左派黑格尔派,1825 — 1830 年被监禁,1848 年以后流亡国外;1866 — 1870 年以后成为俾斯麦主义者)一起在国外创办一种激进的杂志。这个《德法年鉴》杂志[4]只出了第 1 期。其所以停刊,是因为在德国秘密发行困难,加上马克思同卢格意见不合。马克思在这个杂志上发表的文章表明他已经是一个革命家。他主张"对现存的一切进行无情的批判",尤其是"武器的批判"②;他诉诸**群众**,

---

① 见《列宁全集》中文第 2 版增订版第 26 卷第 83 — 95 页。——编者注
② 见《马克思恩格斯文集》第 10 卷第 7 页,第 1 卷第 11 页。——编者注

诉诸无产阶级。

1844 年 9 月，弗里德里希·恩格斯曾到巴黎小住数日，他从这时起便成为马克思最亲密的朋友。他们两人一起极其热情地投入当时巴黎各革命团体的沸腾生活（蒲鲁东的学说当时特别有影响，马克思于 1847 年在《哲学的贫困》中对它进行了彻底的清算），并在同各种小资产阶级的社会主义学说进行的尖锐斗争中创立了革命的**无产阶级社会主义**或者说共产主义（马克思主义）的理论和策略（见后面的**书目**所载的马克思在 1844 — 1848 年这一时期的著作）。1845 年，在普鲁士政府的坚决要求下，马克思作为一个危险的革命分子而被驱逐出巴黎。此后他迁居布鲁塞尔。1847 年春，马克思和恩格斯加入秘密宣传团体"共产主义者同盟"**5**，参加了该同盟的第二次代表大会（1847 年 11 月在伦敦举行）并起了突出的作用，他们受大会委托起草了 1848 年 2 月发表的著名的《共产党宣言》。这部著作以天才的透彻而鲜明的语言描述了新的世界观，即把社会生活领域也包括在内的彻底的唯物主义、作为最全面最深刻的发展学说的辩证法以及关于阶级斗争和共产主义新社会创造者无产阶级肩负的世界历史性的革命使命的理论。

1848 年二月革命**6**爆发时，马克思被驱逐出比利时。他重返巴黎，并于三月革命**7**后，又从巴黎回到德国科隆。1848 年 6 月 1 日至 1849 年 5 月 19 日，在科隆出版了《新莱茵报》**8**；马克思任该报主编。1848 — 1849 年的革命事态的发展极好地证实了新的理论，后来世界各国所有的无产阶级运动和民主运动也同样证实了这一理论。得胜的反革命势力起初将马克思提交法庭审判（1849 年 2 月 9 日宣告无罪），以后又把他驱逐出德国（1849 年 5 月 16

日）。马克思先到巴黎,在 1849 年 6 月 13 日游行示威[9]后又被驱逐出巴黎,此后他移居伦敦,直到去世。

流亡生活极端困苦,这一点从马克思同恩格斯的通信(1913年出版)[10]中可以特别清楚地看出。马克思及其一家饱受贫困的折磨。如果不是恩格斯牺牲自己而不断给予资助,马克思不但无法写成《资本论》,而且势必会死于贫困。此外,当时占优势的小资产阶级和所有非无产阶级的社会主义学说和思潮,迫使马克思经常进行无情的斗争,有时还要反驳各种穷凶极恶的人身攻击(《福格特先生》[11])。马克思竭力避开流亡者的圈子,写了一些历史著作(见**书目**)来详细阐述自己的唯物主义理论,并主要致力于政治经济学的研究。马克思通过《政治经济学批判》(1859 年出版)和《资本论》(1867 年出版第 1 卷)这两部著作,使这门科学发生了一场革命(见后面马克思的**学说**)。

50 年代末和 60 年代民主运动复兴时期,马克思又投入实际活动。1864 年(9 月 28 日),在伦敦成立了有名的第一国际,即"国际工人协会"。马克思是这个协会的灵魂,协会的第一个《宣言》[12]以及许多决议、声明和公告都出自他的手笔。马克思把各个国家的工人运动统一起来,竭力把各种非无产阶级的即马克思主义以前的社会主义(马志尼、蒲鲁东、巴枯宁、英国的自由派工联主义、德国拉萨尔右倾分子等等)纳入共同行动的轨道,并同所有这些派别和学派的理论进行斗争,从而为各个国家的工人阶级制定了统一的无产阶级斗争策略。在 1871 年巴黎公社——马克思对它曾经作过极其深刻、准确、出色而**有影响的**、革命的分析(1871 年的《法兰西内战》)——失败之后,在巴枯宁分子使第一国际分裂之后,第一国际已无法在欧洲继续存在。在海牙国际代表大会（1872 年）**13**以后，马克思把国际总委员会移至纽约。第一国际完成了自己的历史使命，随之而来的是世界各国工人运动空前大发展的时代，即工人运动**向广度**发展，以各个民族国家为基地建立**群众性的**社会主义工人政党的时代。

在第一国际中的紧张工作和更为紧张的理论研究活动，完全损坏了马克思的健康。他继续进行改造政治经济学和完成《**资本论**》的工作，为此大量收集新的资料，学习好几种语言（例如俄语），可是疾病使他没有能够写完《**资本论**》。

1881 年 12 月 2 日，马克思的妻子去世。1883 年 3 月 14 日，马克思静静地长眠于他的安乐椅中。他被安葬于伦敦的海格特公墓，安息在妻子的身边。马克思的子女，有几个由于当时家境十分贫困，在童年时便死于伦敦。三个女儿爱琳娜、劳拉、燕妮，分别嫁给了英国和法国的社会主义者艾威林、拉法格、龙格。燕妮的儿子是法国社会党党员。

马克思的学说

马克思主义是马克思的观点和学说的体系。马克思是 19 世纪人类三个最先进国家中的三种主要思潮——德国古典哲学、英国古典政治经济学以及同法国所有革命学说相联系的法国社会主义——的继承者和天才的完成者。马克思的观点极其彻底而严整，这是马克思的对手也承认的，这些观点总起来就构成作为世界各文明国家工人运动的理论和纲领的现代唯物主义和现代科学社会主义。因此，我们在阐述马克思主义的主要内容即马克思的经济学说之前,必须把他的整个世界观作一简略的叙述。

哲学唯物主义

从 1844—1845 年马克思的观点形成时起,他就是一个唯物主义者,首先是路·费尔巴哈的信奉者,就是到后来他还认为,费尔巴哈的弱点仅仅在于他的唯物主义不够彻底和全面。马克思认为费尔巴哈的"划时代的"世界历史作用,就在于他坚决同黑格尔的唯心主义决裂,宣扬了唯物主义,这种唯物主义早"在 18 世纪,特别是在法国,不仅是反对现存政治制度的斗争,同时是反对现存宗教和神学的斗争,而且还是……反对一切形而上学〈意即与"清醒的哲学"相反的"醉醺醺的思辨"〉……的斗争"(《遗著》中的《神圣家族》)①。马克思写道:"在黑格尔看来,思维过程,即甚至被他在观念这一名称下转化为独立主体的思维过程,是现实事物的创造主〈创造者、缔造者〉…… 我的看法则相反,观念的东西不外是移入人的头脑并在人的头脑中改造过的物质的东西而已。"(《资本论》第 1 卷第 2 版跋②)弗·恩格斯在《反杜林论》一书(**见该书**,马克思看过该书的手稿)中完全以马克思的这个唯物主义哲学为依据,并阐述了这个哲学,他写道:"……世界的统一性并不在于它的存在,而在于它的物质性,这种物质性……是由哲学和自然科学的长期的和持续的发展所证明的。……运动是物质的存在方式。无论何时何地,都没有也不可能有没有运动的物质和没

---

① 参看《马克思恩格斯文集》第 1 卷第 327 页。——编者注
② 见《马克思恩格斯文集》第 5 卷第 22 页。——编者注

有物质的运动。……如果进一步问:究竟什么是思维和意识,它们是从哪里来的,那么就会发现,它们都是人脑的产物,而人本身是自然界的产物,是在自己所处的环境中并且和这个环境一起发展起来的;这里不言而喻,归根到底也是自然界产物的人脑的产物,并不同自然界的其他联系相矛盾,而是相适应的。""黑格尔是唯心主义者,就是说,在他看来,他头脑中的思想不是现实的事物和过程的或多或少抽象的反映〈Abbilder,意即映象,恩格斯有时还称为"印象"〉,相反,在他看来,事物及其发展只是在世界出现以前已经在某个地方存在着的'观念'的现实化的反映。"①弗·恩格斯在叙述自己和马克思对费尔巴哈哲学的看法的《路德维希·费尔巴哈》一书中(此书付排前,恩格斯重新阅读了他和马克思于1844—1845年写的论述黑格尔、费尔巴哈和唯物主义历史观的原稿)写道:"全部哲学,特别是近代哲学的重大的基本问题,是思维和存在、精神和自然界的关系问题。……什么是本原的,是精神,还是自然界?……哲学家依照他们如何回答这个问题而分成了两大阵营。凡是断定精神对自然界说来是本原的,从而归根到底承认某种创世说的人……组成唯心主义阵营。凡是认为自然界是本原的,则属于唯物主义的各种学派。"②在其他任何意义上运用(哲学的)唯心主义和唯物主义这两个概念,都只能造成混乱。马克思不但坚决驳斥了始终这样或那样地同宗教相连的唯心主义,而且坚决驳斥了现时特别流行的休谟观点和康德观点,即形形色色的不可知论、批判主义和实证论,认为这类哲学是对唯心主义的一

---

① 参看《马克思恩格斯文集》第9卷第47、64、38—39、27页。——编者注
② 同上,第4卷第277、278页。——编者注

种"反动的"让步,充其量是"暗中接受唯物主义而当众又加以拒绝的羞羞答答的做法"①。关于这个问题,除上面已指出的马克思和恩格斯的著作以外,还可参看 1868 年 12 月 12 日马克思给恩格斯的信。在这封信中,马克思谈到了著名博物学家托·赫胥黎发表的比通常"更具有唯物主义精神"的演讲,谈到了他认为"当我们真正观察和思考的时候,我们永远也不能脱离唯物主义",但同时又斥责赫胥黎为不可知论、为休谟主义留下了"后路"。② 特别应当指出马克思关于自由与必然的关系的观点:"必然只有在它没有被理解时才是盲目的。自由是对必然的认识。"(恩格斯《反杜林论》)③这也就是承认自然界的客观规律性,承认必然向自由的辩证转化(如同尚未认识但可以认识的"自在之物"向"为我之物"转化,"物的本质"向"现象"转化一样)。马克思和恩格斯认为,"旧"唯物主义,包括费尔巴哈的唯物主义在内(更不要说毕希纳、福格特、摩莱肖特的"庸俗"唯物主义了),其主要缺点是:(1)这种唯物主义"主要是机械的"唯物主义,它没有考虑到化学和生物学(现在还应加上物质的电学理论)的最新发展;(2)旧唯物主义是非历史的、非辩证的(是反辩证法意义上的形而上学的),它没有彻底和全面地贯彻发展的观点;(3)他们抽象地理解"人的本质",而不是把它理解为"一切社会关系的〈一定的具体历史条件下的〉总和",所以他们只是"解释"世界,而问题却在于"改变"世界,也就是说,他们不理解"革命实践活动"的意义④。

---

① 参看《马克思恩格斯文集》第 4 卷第 280 页。——编者注
② 参看《马克思恩格斯全集》中文第 1 版第 32 卷第 213 页。——编者注
③ 见《马克思恩格斯文集》第 9 卷第 120 页。——编者注
④ 参看《马克思恩格斯文集》第 1 卷第 499—502 页。——编者注

辩　证　法

马克思和恩格斯认为，黑格尔辩证法这个最全面、最富有内容、最深刻的发展学说，是德国古典哲学的最大成就。他们认为，任何其他关于发展的原理、进化的原理的说法，都是片面的、内容贫乏的，只能把自然界和社会的实际发展过程（往往伴有飞跃、剧变、革命）弄得残缺不全。"马克思和我，可以说是唯一把自觉的辩证法拯救出来〈使其不致与包括黑格尔主义在内的唯心主义一同被粉碎〉并运用于唯物主义的自然观的人。""自然界是检验辩证法的试金石，而且我们必须说，现代自然科学为这种检验提供了极其丰富的〈这是在镭、电子和元素转化等等发现以前写的！〉、与日俱增的材料，并从而证明了，自然界的一切归根到底是辩证地而不是形而上学地发生的。"①

恩格斯写道："一个伟大的基本思想，即认为世界不是既成事物的集合体，而是过程的集合体，其中各个似乎稳定的事物同它们在我们头脑中的思想映象即概念一样都处在生成和灭亡的不断变化中，——这个伟大的基本思想，特别是从黑格尔以来，已经成了一般人的意识，以致它在这种一般形式中未必会遭到反对了。但是，口头上承认这个思想是一回事，实际上把这个思想分别运用于每一个研究领域，又是一回事。""在辩证哲学面前，不存在任何最终的东西、绝对的东西、神圣的东西；它指出所有一切事物的暂时性；在它面前，除了生成和灭亡的不断过程、

————————

① 参看《马克思恩格斯文集》第 9 卷第 13、25 页。——编者注

无止境地由低级上升到高级的不断过程,什么都不存在。它本身就是这个过程在思维着的头脑中的反映。"因此,在马克思看来,辩证法就是"关于外部世界和人类思维的运动的一般规律的科学"。①

马克思接受并发展了黑格尔哲学的这一革命的方面。辩证唯物主义"不再需要任何凌驾于其他科学之上的哲学"。以往的哲学只留下了"关于思维及其规律的学说——形式逻辑和辩证法"。② 而辩证法,按照马克思的理解,同样也根据黑格尔的看法,其本身包括现在称之为认识论的内容,这种认识论同样应当历史地观察自己的对象,研究并概括认识的起源和发展,从**不**知到知的转化。

现在,发展观念,进化观念,几乎完全深入社会的意识,但不是通过黑格尔哲学,而是通过另外的途径。不过,这个观念,按马克思和恩格斯依据黑格尔哲学而作的表述,要比一般流行的进化观念全面得多,丰富得多。发展似乎是在重复以往的阶段,但它以另一种方式重复,是在更高的基础上重复("否定的否定"),发展是按所谓螺旋式,而不是按直线式进行的;发展是飞跃式的、剧变式的、革命的;"渐进过程的中断";量转化为质;发展的内因来自对某一物体、或在某一现象范围内或某一社会内发生作用的各种力量和趋势的矛盾或冲突;每种现象的**一切**方面(而且历史在不断地揭示出新的方面)相互依存,极其密切而不可分割地联系在一起,这种联系形成统一的、有规律的世界运动过程,——这就是

① 参看《马克思恩格斯文集》第 4 卷第 298—299、270、298 页。——编者注
② 见《马克思恩格斯文集》第 9 卷第 28 页。——编者注

辩证法这一内容更丰富的(与通常的相比)发展学说的若干特征。(参看马克思 1868 年 1 月 8 日给恩格斯的信,其中嘲笑施泰因的"死板的三分法",认为把三分法同唯物主义辩证法混为一谈是荒谬的①。)

唯物主义历史观

马克思认识到旧唯物主义的不彻底性、不完备性和片面性,确信必须"使关于社会的科学同唯物主义的基础协调起来,并在这个基础上加以改造"②。既然唯物主义总是用存在解释意识而不是相反,那么应用于人类社会生活时,唯物主义就要求用**社会**存在解释**社会**意识。马克思在《资本论》第 1 卷中说:"工艺学揭示出人对自然的能动关系,人的生活的直接生产过程,从而人的社会生活关系和由此产生的精神观念的直接生产过程。"③马克思在《政治经济学批判》序言中,对推广运用于人类社会及其历史的唯物主义的基本原理,作了如下的完整的表述:

"人们在自己生活的社会生产中发生一定的、必然的、不以他们的意志为转移的关系,即同他们的物质生产力的一定发展阶段相适合的生产关系。

这些生产关系的总和构成社会的经济结构,即有法律的和政治的上层建筑竖立其上并有一定的社会意识形式与之相适应的现实基础。物质生活的生产方式制约着整个社会生活、政治生活和

———————————

① 参看《马克思恩格斯全集》中文第 1 版第 32 卷第 10 页。——编者注
② 参看《马克思恩格斯文集》第 4 卷第 284 页。——编者注
③ 见《马克思恩格斯文集》第 5 卷第 429 页。——编者注

精神生活的过程。不是人们的意识决定人们的存在,相反,是人们的社会存在决定人们的意识。社会的物质生产力发展到一定阶段,便同它们一直在其中运动的现存生产关系或财产关系(这只是生产关系的法律用语)发生矛盾。于是这些关系便由生产力的发展形式变成生产力的桎梏。那时社会革命的时代就到来了。随着经济基础的变更,全部庞大的上层建筑也或慢或快地发生变革。在考察这些变革时,必须时刻把下面两者区别开来:一种是生产的经济条件方面所发生的物质的、可以用自然科学的精确性指明的变革,一种是人们借以意识到这个冲突并力求把它克服的那些法律的、政治的、宗教的、艺术的或哲学的,简言之,意识形态的形式。

我们判断一个人不能以他对自己的看法为根据,同样,我们判断这样一个变革时代也不能以它的意识为根据;相反,这个意识必须从物质生活的矛盾中,从社会生产力和生产关系之间的现存冲突中去解释。……""大体说来,亚细亚的、古希腊罗马的、封建的和现代资产阶级的生产方式可以看做是经济的社会形态演进的几个时代。"①(参看马克思1866年7月7日给恩格斯的信中的简短表述:"我们关于生产资料决定劳动组织的理论"②。)

发现唯物主义历史观,或者更确切地说,把唯物主义贯彻和推广运用于社会现象领域,消除了以往的历史理论的两个主要缺点。第一,以往的历史理论至多只是考察了人们历史活动的思想动机,而没有研究产生这些动机的原因,没有探索社会关系体系发展的

①　见《马克思恩格斯文集》第2卷第591—592页。——编者注
②　同上,第10卷第238页。——编者注

客观规律性,没有把物质生产的发展程度看做这些关系的根源;第二,以往的理论从来忽视居民**群众**的活动,只有历史唯物主义才第一次使我们能以自然科学的精确性去研究群众生活的社会条件以及这些条件的变更。马克思以前的"社会学"和历史学,**至多**是积累了零星收集来的未加分析的事实,描述了历史过程的个别方面。马克思主义则指出了对各种社会经济形态的产生、发展和衰落过程进行全面而周密的研究的途径,因为它考察了所有各种矛盾的趋向的**总和**,把这些趋向归结为可以准确测定的、社会**各阶级**的生活和生产的条件,排除了选择某种"主导"思想或解释这种思想时的主观主义和武断态度,揭示了物质生产力的状况是所有一切思想和各种不同趋向的**根源**。人们自己创造自己的历史,但人们即群众的动机是由什么决定的,各种矛盾的思想或意向间的冲突是由什么引起的,一切人类社会中所有这些冲突的总和是怎样的,构成人们全部历史活动基础的、客观的物质生活的生产条件是怎样的,这些条件的发展规律是怎样的,——马克思对这一切都注意到了,并且指出了科学地研究历史这一极其复杂、充满矛盾而又是有规律的统一过程的途径。

阶 级 斗 争

某一社会中一些成员的意向同另一些成员的意向相抵触;社会生活充满着矛盾;我们在历史上看到各民族之间,各社会之间,以及各民族、各社会内部的斗争,还看到革命和反动、和平和战争、停滞和迅速发展或衰落等不同时期的更迭,——这些都是人所共知的事实。马克思主义提供了一条指导性的线索,使我们能在这种看来扑朔迷离、一团混乱的状态中发现规律性。这条线索就是阶级斗争的理论。只有研究某一社会或某几个社会的全体成员的意向的总和,才能科学地确定这些意向的结果。其所以有各种矛盾的意向,是因为每个社会所分成的**各阶级**的地位和生活条件不同。马克思在《共产党宣言》中写道:"至今一切社会的历史〈恩格斯后来补充说明,原始公社的历史除外〉都是阶级斗争的历史。自由民和奴隶、贵族和平民、领主和农奴、行会师傅和帮工,一句话,压迫者和被压迫者,始终处于相互对立的地位,进行不断的、有时隐蔽有时公开的斗争,而每一次斗争的结局都是整个社会受到革命改造或者斗争的各阶级同归于尽。……从封建社会的灭亡中产生出来的现代资产阶级社会并没有消灭阶级对立。它只是用新的阶级、新的压迫条件、新的斗争形式代替了旧的。但是,我们的时代,资产阶级时代,却有一个特点:它使阶级对立简单化了。整个社会日益分裂为两大敌对的阵营,分裂为两大相互直接对立的阶级:资产阶级和无产阶级。"①从法国大革命以来,欧洲许多国家的历史非常明显地揭示出事变的这种真实背景,即阶级斗争。法国复辟时代就出现了这样一些历史学家(梯叶里、基佐、米涅、梯也尔),他们在总结当时的事变时,不能不承认阶级斗争是了解整个法国历史的锁钥。而当今这个时代,即资产阶级取得了完全胜利、设立了代议机构、实行了广泛的(甚至是普遍的)选举制、有了供群众阅读的廉价的日报等等的时代,已经建立起势力强大的、范围不断扩大的工人联合会和企业主同盟等等的时代,更加清楚地(虽然

_____

① 见《马克思恩格斯文集》第2卷第31—32页。——编者注

有时是用很片面的、"和平的"、"立宪的"形式）表明，阶级斗争是事变的推动力。马克思的《共产党宣言》中的下面一段话可以向我们表明，马克思怎样要求社会科学根据对现代社会中每个阶级的发展条件的分析对每个阶级所处的地位作出客观的分析："在当前同资产阶级对立的一切阶级中，只有无产阶级是真正革命的阶级。其余的阶级都随着大工业的发展而日趋没落和灭亡，无产阶级却是大工业本身的产物。中间等级，即小工业家、小商人、手工业者、农民，他们同资产阶级作斗争，都是为了维护他们这种中间等级的生存，以免于灭亡。所以，他们不是革命的，而是保守的。不仅如此，他们甚至是反动的，因为他们力图使历史的车轮倒转。如果说他们是革命的，那是鉴于他们行将转入无产阶级的队伍，这样，他们就不是维护他们目前的利益，而是维护他们将来的利益，他们就离开自己原来的立场，而站到无产阶级的立场上来。"①在一系列历史著作中（见**书目**），马克思提供了用唯物主义观点研究历史、分析**每个**阶级以至一个阶级内部各个集团或阶层所处地位的光辉而深刻的范例，透彻地指明为什么和怎么说"一切阶级斗争都是政治斗争"②。我们上面引证的一段话清楚地说明，马克思为了测定历史发展的整个合力，分析了多么纷繁复杂的各种社会关系以及从一个阶级到另一个阶级、从过去到将来的各个**过渡**阶段。

使马克思的理论得到最深刻、最全面、最详尽的证明和运用的是他的经济学说。

---

① 见《马克思恩格斯文集》第 2 卷第 41—42 页。——编者注
② 同上，第 40 页。——编者注

马克思的经济学说

马克思在《资本论》序言中写道，"本书的最终目的就是揭示现代社会〈即资本主义社会，资产阶级社会〉的经济运动规律"①。研究这个历史上一定的社会的生产关系的发生、发展和衰落，就是马克思的经济学说的内容。在资本主义社会里，**商品**生产占统治地位，所以马克思的分析也就从分析商品入手。

价　　值

商品是这样一种物，一方面，它能满足人们的某种需要，另一方面，它能用来交换别种物。物的有用性使物成为**使用价值**。交换价值（或简称价值）首先是一定量的一种使用价值同一定量的另一种使用价值相交换的关系或比例。每天的经验都向我们表明，这种亿万次的交换，总是使各种极不相同的互相不可比的使用价值趋于彼此相等。这些在一定社会关系体系内总是可以彼此相等的不同物之间，究竟有什么共同的东西呢？它们之间的共同的东西，就是它们都是**劳动产品**。人们通过交换产品，使各种极不相同的劳动彼此相等。商品生产是一种社会关系体系，在这种社会关系体系中，各个生产者制造各种不同的产品（社会分工），而所有这些产品在交换中彼此相等。因此，一切商品的共同的东西，并

---

① 见《马克思恩格斯文集》第 5 卷第 10 页。——编者注

不是某一生产部门的具体劳动,并不是某一种类的劳动,而是**抽象的人类劳动**,即一般的人类劳动。表现在全部商品价值总额中的一个社会的全部劳动力,都是同一的人类劳动力,亿万次交换的事实都证明这一点。因此,每一单个商品所表现的只是一定份额的**社会必要**劳动时间。价值的大小由社会必要劳动量决定,或者说,由生产某种商品即某种使用价值所消耗的社会必要劳动时间决定。"人们在交换中使他们的各种产品彼此相等,也就使他们的各种劳动彼此相等。他们没有意识到这一点,但是他们这样做了。"①一位旧经济学家**14**说过,价值是两个人之间的一种关系。不过他还应当补充一句:被物的外壳掩盖着的关系。只有从一定的历史社会形态的社会生产关系体系来看,并且只有从表现在大量的、重复亿万次的交换现象中的关系体系来看,才能了解什么是价值。"作为价值,一切商品都只是一定量的凝固的劳动时间。"②马克思仔细分析了体现在商品中的劳动二重性以后,就进而分析**价值形式和货币**。这里,马克思的主要任务是:研究货币价值形式的**起源**,研究交换发展的**历史过程**——从个别的偶然的交换行为("简单的、个别的或偶然的价值形式"③:一定量的一种商品同一定量的另一种商品相交换)开始,直到一般价值形式,这时若干不同的商品同一种固定的商品相交换,最后到货币价值形式,这时金成为这种固定的商品,即一般等价物。货币是交换和商品生产发展的最高产物,它把私人劳动的社会性,把由市场联结在一起的各个生产者之间的社会联系遮蔽起来,掩盖起来。马克思极其详细

---

① 参看《马克思恩格斯文集》第 5 卷第 91 页。——编者注
② 同上,第 53 页。——编者注
③ 见《马克思恩格斯文集》第 5 卷第 62 页。——编者注

地分析了货币的各种职能;而在这里(也如同在《资本论》开头的两章中一样)特别重要的是要看到,抽象的、有时好像是纯粹演绎式的叙述,实际上是再现了交换和商品生产发展史的大量实际材料。"货币是以商品交换发展到一定高度为前提的。货币的各种特殊形式,即单纯的商品等价物,或流通手段,或支付手段、贮藏货币和世界货币,按其中这种或那种职能的不同作用范围和相对占优势的情况,表示社会生产过程的极不相同的阶段。"(《资本论》第1卷)①

剩 余 价 值

商品生产发展到一定阶段,货币就转化为资本。商品流通的公式是:T(商品)——Д(货币)——T(商品),这就是说,卖出一种商品是为了买进另一种商品。相反,资本的一般公式是 Д——T——Д,这就是说,买是为了卖(带来利润)。马克思把投入周转的货币的原有价值的这种增加叫做剩余价值。货币在资本主义周转中的这种"增殖",是人所共知的事实。正是这种"增殖"使货币转化为**资本**,转化为一种特殊的、历史上一定的社会生产关系。剩余价值不能从商品流通中产生,因为商品流通只能是等价物的交换;也不能从加价中产生,因为买主和卖主相互间的盈亏会抵消,而这里说的正是大量的、平均的、社会的现象,而不是个别的现象。为了获得剩余价值,"货币占有者就必须在市场上发现这样一种

---

① 见《马克思恩格斯文集》第5卷第198页。——编者注

商品,它的使用价值本身具有成为价值源泉的独特属性"①,它的使用过程同时也是价值的创造过程。这样的商品是存在的。这就是人的劳动力。它的使用就是劳动,而劳动则创造价值。货币占有者按劳动力的价值购买劳动力,而劳动力的价值,和其他任何商品的价值一样,是由生产劳动力所需要的社会必要劳动时间(即工人及其家属的生活费用的价值)决定的。货币占有者购买了劳动力,就有权使用劳动力,即迫使他整天劳动,譬如说劳动 12 个小时。其实工人在 6 小时("必要"劳动时间)内就创造出补偿其生活费用的产品,而在其余 6 小时("剩余"劳动时间)内则创造出资本家没有付给报酬的"剩余"产品或者说剩余价值。因此,从生产过程来看,必须把资本区分为两部分:一部分是耗费在生产资料(机器、劳动工具、原料等等)上面的不变资本,它的价值(一下子或者一部分一部分地)不变地转到成品上去;另一部分是耗费在劳动力上面的可变资本。这种资本的价值不是不变的,而是在劳动过程中有所增加,创造出剩余价值。因此,为了表示资本对劳动力的剥削程度,不应当把剩余价值同全部资本相比,而应当把它只同可变资本相比。这种比例,马克思称做剩余价值率,例如,在上面所举的例子中,它是 $\frac{6}{6}$,即 100%。

资本产生的历史前提是:第一,在一般商品生产发展到比较高的水平的情况下某些人手里积累了一定数量的货币;第二,存在双重意义上"自由的"工人,从他们可以不受任何约束或限制地出卖劳动力来说是自由的,从他们没有土地和任何生产资料来说也是自由的,他们是没有产业的工人,是只能靠出卖劳动力为生的工人

---

① 参看《马克思恩格斯文集》第 5 卷第 194—195 页。——编者注

"无产者"。

增加剩余价值可以有两种基本方法:延长工作日("绝对剩余价值")和缩短必要劳动时间("相对剩余价值")。马克思在分析第一种方法时,展示了工人阶级为缩短工作日而斗争,以及国家政权为延长工作日(14—17世纪)和为缩短工作日(19世纪的工厂立法)而进行干预的壮观情景。《资本论》问世后,世界一切文明国家的工人运动的历史,又提供了成千成万件表明这种情景的新的事实。

马克思在分析相对剩余价值的生产时,考察了资本主义提高劳动生产率的三个基本历史阶段:(1)简单协作;(2)分工和工场手工业;(3)机器和大工业。马克思在这里对资本主义发展的各种基本的典型的特征揭示得么深刻,从对俄国的所谓"手工"工业的考察提供了足以说明这三个阶段的前两个阶段的极其丰富的材料这一点就可以看出。而马克思在1867年所描写的大机器工业的革命作用,从那时到现在这半个世纪中在许多"新"国家(俄国、日本等等)里也都显示了出来。

其次,马克思对**资本积累**的分析是极其重要和新颖的。资本积累,就是把一部分剩余价值转化为资本,不是用它来满足资本家的个人需要或嗜欲,而是把它投入新的生产。马克思指出,整个先前的古典政治经济学(从亚当·斯密起)的一个错误就在于,它认为剩余价值在转化为资本时全部都用做可变资本。而事实上,剩余价值分为**生产资料**和可变资本。在资本主义发展和资本主义转变为社会主义的过程中,不变资本部分(在全部资本中)比可变资本部分增长得快,是具有重大意义的。

资本积累加速机器对工人的排挤,在一极造成富有,在另一极造成贫困,因而产生所谓"劳动后备军",即工人的"相对过剩"或"资本主义的人口过剩"。这种过剩具有多种多样的形式,并使资本有异常迅速地扩大生产的可能性。这种可能性加上信用制度及生产资料方面的资本积累,也为我们提供了理解生产过剩**危机**的锁钥,这种危机在资本主义国家里总是周期性地发生,起初平均每隔十年一次,后来则间隔的时间比较长,而且比较不固定。必须把资本主义基础上的资本积累同所谓原始积累区别开来。原始积累是强迫劳动者同生产资料分离,把农民从土地上赶走,侵占公有地,实行殖民制度、国债制度、保护关税制度等等。"原始积累"在一极造成"自由的"无产者,在另一极造成货币占有者即资本家。

马克思曾用下面的一段名言说明"**资本主义积累的历史趋势**":"对直接生产者的剥夺,是用最残酷无情的野蛮手段,在最下流、最龌龊、最卑鄙和最可恶的贪欲的驱使下完成的。私有者〈农民和手工业者〉靠自己劳动挣得的私有制,即以各个独立劳动者与其劳动条件相结合为基础的私有制,被资本主义私有制,即以剥削他人的但形式上是自由的劳动为基础的私有制所排挤。……现在要剥夺的已经不再是独立经营的劳动者,而是剥削许多工人的资本家了。这种剥夺是通过资本主义生产本身的内在规律的作用,即通过资本的集中进行的。一个资本家打倒许多资本家。随着这种集中或少数资本家对多数资本家的剥夺,规模不断扩大的劳动过程的协作形式日益发展,科学日益被自觉地应用于技术方面,土地日益被有计划地利用,劳动资料日益转化为只能共同使用的劳动资料,一切生产资料因作为结合的、社会的劳动的生产资料使用而日益节省,各国人民日益被卷入世界市场网,从而资本主义制度日益具有国际的性质。随着那些掠夺和垄断这一转化过程的全部利益的资本巨头不断减少，贫困、压迫、奴役、退化和剥削的程度不断加深，而日益壮大的、由资本主义生产过程本身的机制所训练、联合和组织起来的工人阶级的反抗也不断增长。资本的垄断成了与这种垄断一起并在这种垄断之下繁盛起来的生产方式的桎梏。生产资料的集中和劳动的社会化，达到了同它们的资本主义外壳不能相容的地步。这个外壳就要炸毁了。资本主义私有制的丧钟就要响了。剥夺者就要被剥夺了。"(《资本论》第 1 卷)①

其次，马克思在《资本论》第 2 卷中对社会总资本的再生产的分析，也是极其重要和新颖的。马克思在这里考察的也不是个别现象，而是普遍现象；不是社会经济的零星部分，而是整个社会经济的总和。马克思纠正了古典经济学家的上述错误，将整个社会生产分为两大部类，即(Ⅰ)生产资料的生产和(Ⅱ)消费品的生产，并通过他所列举的数字例证详细地考察了在以原有规模再生产的情况下和在积累的情况下社会总资本的流通。《资本论》第 3 卷所解决的是在价值规律的基础上形成平均利润率的问题。马克思把经济科学推进了一大步，这表现在他是根据普遍的经济现象，根据社会经济的全部总和来分析问题，而不是像庸俗政治经济学或现代的"边际效用论"那样，往往只根据个别偶然现象或竞争的表面现象来分析问题。马克思先分析了剩余价值的来源，然后考察了剩余价值之分为利润、利息和地租。利润②是剩余价值与投入

---

① 参看《马克思恩格斯文集》第 5 卷第 873—874 页。——编者注
② 看来是笔误，应是"利润率"。——编者注

企业的全部资本之比。"有机构成高"（即不变资本超过可变资本的数额高于社会平均数）的资本所提供的利润率,低于平均利润率。"有机构成低"的资本所提供的利润率,则高于平均利润率。资本之间的竞争,资本从一个部门自由地转入另一个部门,会使上述两种情况下的利润率都趋向平均。一个社会的全部商品的价值总量是同商品的价格总量相符的,但由于竞争的影响,在各个企业和各个生产部门内,商品不是按其价值,而是按等于所耗费的资本加平均利润的**生产价格**出卖的。

这样,价格离开价值和利润平均化这一众所周知的、无可争辩的事实,就被马克思根据价值规律充分说明了,因为全部商品的价值总量是同价格总量相符的。然而价值（社会的）变为价格（个别的）,不是经过简单的直接的途径,而是经过极其复杂的途径,因为很自然,在完全靠市场联系起来的分散的商品生产者的社会中,规律性只能表现为平均的、社会的、普遍的规律性,而不同方向的个别的偏离则相互抵消。

劳动生产率的提高,表示不变资本比可变资本增长得快。而既然产生剩余价值的只是可变资本,所以利润率（剩余价值与全部资本之比,而不只是与资本的可变部分之比）当然就有下降的趋势。马克思详细分析了这一趋势和阻挡或者说抵消这一趋势的许多情况。现在我们不再转述《资本论》第 3 卷中论述高利贷资本、商业资本和货币资本的那些引人入胜的章节,只谈最主要的——**地租**理论。由于土地面积有限,而在资本主义国家中土地又全被各个业主所占有,所以农产品的生产价格不是取决于中等地的生产费用,而是取决于劣等地的生产费用,不是取决于产品运往市场的中等条件,而是取决于产品运往市场的劣等条件。这种生产价格与优等地(或优等条件下)的生产价格的差别,就产生等差地租或者说**级差**地租。马克思仔细分析了这种地租,说明它来源于各块土地肥力的差别,来源于土地的投资量的差别,这就完全揭露了(并见《剩余价值理论》,那里对洛贝尔图斯的批评特别值得注意)李嘉图的错误。李嘉图认为级差地租只是由于从优等地依次向劣等地转移而产生的。实则相反,也有逆向的转移,也有某一类土地转变为别类土地的情况(由于农业技术的进步、城市的发展等等),所以那个出名的"土地肥力递减规律"是极其错误的,是把资本主义的缺陷、局限性和矛盾归咎于自然界。其次,利润在工业的各个部门乃至整个国民经济的各个部门中平均化的前提,是竞争的完全自由,是资本从一个部门向另一个部门流动的自由。但土地私有制造成垄断,妨碍这种自由流动。由于这种垄断,资本有机构成较低从而个别利润率较高的农业的产品,就不加入完全自由的利润率平均化过程;土地所有者作为垄断者有可能使价格保持在平均价格之上,而这种垄断价格就产生**绝对**地租。在资本主义存在的条件下,级差地租是不可能消灭的,而绝对地租却**可能**消灭,例如在土地国有化的时候,在土地转归国家所有的时候就可能消灭。这种转变会打破私有者的垄断,会导致在农业中更彻底更充分地实行自由竞争。因此——马克思指出——激进派资产者曾在历史上多次提出土地国有化这一资产阶级的进步要求,但资产阶级中大多数人却害怕这个要求,因为这个要求太接近于"触动"当代另一种特别重要和特别"敏感的"垄断,即一般生产资料的垄断。(马克思在 1862 年 8 月 2 日给恩格斯的信中,特别通俗简明地叙述了自己关于资本平均利润和绝对地租的理论。见《通信集》第 3 卷第 77—81 页。并参看 1862 年 8 月 9 日的信,同上,第 86—87 页。)①讲到地租史的时候,还必须提到马克思对地租的转化过程所作的分析,即由工役地租(农民用自己的劳动在地主的土地上创造剩余产品)转化为产品地租或实物地租(农民在自己的土地上生产剩余产品,因受"经济外的强制"而将剩余产品交给地主),然后转化为货币地租(也是一种实物地租,即由于商品生产的发展而转化为货币,在旧日罗斯称"代役租"),最后转化为资本主义地租,这时农民已为使用雇佣劳动从事耕作的农业企业主所代替。讲到对"资本主义地租的产生"的这种分析时,必须指出马克思关于**农业资本主义演进**的许多深刻的(对像俄国这样一些落后的国家有特别重要意义的)思想。"此外,在由实物地租转化为货币地租时,不仅与此同时必然形成一个无产的、为货币而受人雇用的短工阶级,而且甚至在这种转化之前就形成这个阶级。在这个新阶级刚刚产生,还只是偶然出现的时期,在那些境况较佳的有交租义务的农民中间,必然有那种自行剥削农业雇佣工人的习惯发展起来,正如早在封建时期,富裕的依附农自己又拥有依附农一样。因此,他们积累一定的财产并且本人转化为未来资本家的可能性也就逐渐发展起来。在这些旧式的、亲自劳动的土地占有者中间,也就形成了培植资本主义租地农场主的温床,他们的发展,取决于农村以外的资本主义生产的一般发展……"(《资本论》第 3 卷下册第 332 页)②"一部分农村居民的被剥夺和被驱逐,不仅为工业资本游离出工人及其生活资料和劳动材料,同时也建立了国内市场。"(《资本论》第 2 版第 1 卷第 778 页)③而农村居民

---

① 　见《马克思恩格斯文集》第 10 卷第 185—190、192—193 页。——编者注
② 　同上,第 7 卷第 902—903 页。——编者注
③ 　同上,第 5 卷第 857 页。——编者注

的贫困和破产,又在为资本造成劳动后备军方面起了作用。在任何资本主义国家中,"一部分农村人口因此经常准备着转入城市人口或制造业人口〈即非农业人口〉的队伍。相对过剩人口的这一源泉是长流不息的。……农业工人的工资被压到最低限度,他总是有一只脚陷在需要救济的赤贫的泥潭里"(《资本论》第2版第1卷第668页)①。农民对自己耕种的土地的私有权,是小生产的基础,是小生产繁荣并成为典型形态的条件。但这种小生产只能同狭隘的原始的生产范围和社会范围相容。在资本主义制度下,"农民所受的剥削和工业无产阶级所受的剥削,只是在形式上不同罢了。剥削者是同一个:资本。单个的资本家通过抵押和高利贷来剥削单个的农民;资本家阶级通过国家赋税来剥削农民阶级"(《法兰西阶级斗争》)②。"农民的小块土地现在只是使资本家得以从土地上榨取利润、利息和地租,而让农民自己考虑怎样去挣自己的工资的一个借口。"(《雾月十八日》)③通常农民甚至把一部分工资交给资本主义社会,即交给资本家阶级,自己却下降到"爱尔兰佃农的地步,而这全是在私有者的名义下发生的"(《法兰西阶级斗争》)④。"小块土地所有制占统治地位的国家的谷物价格所以低于资本主义生产方式的国家的原因之一"(《资本论》第3卷下册第340页)⑤何在呢? 在于农民把一部分剩余产品白白交给社会(即资本家阶级)。"因此,这种较低的价格〈粮食和其他

---

① 参看《马克思恩格斯文集》第5卷第740页。——编者注
② 见《马克思恩格斯文集》第2卷第160页。——编者注
③ 同上,第570页。——编者注
④ 同上,第160页。——编者注
⑤ 见《马克思恩格斯文集》第7卷第911页。——编者注

农产品的〉是生产者贫穷的结果，而决不是他们的劳动生产率的结果。"（《资本论》第 3 卷下册第 340 页）①在资本主义制度下，小块土地所有制，即小生产的标准形态，不断衰退、毁灭、消亡。"小块土地所有制按其性质来说排斥社会劳动生产力的发展、劳动的社会形式、资本的社会积聚、大规模的畜牧和对科学的累进的应用。高利贷和税收制度必然到处使这种所有制陷入贫困境地。资本在土地价格上的支出，势必夺去用于耕种的资本。生产资料无止境地分散，生产者本身无止境地互相分离。〈合作社，即小农协作社，虽能起非常进步的资产阶级的作用，但只能削弱这个趋势，而不能消灭这个趋势；同时不应当忘记，这种合作社对富裕农民的好处很多，对贫苦农民群众的好处则很少，几乎没有，而且协作社本身也会成为雇佣劳动的剥削者。〉人力发生巨大的浪费。生产条件越来越恶化和生产资料越来越昂贵是小块土地所有制的必然规律。"②资本主义在农业方面，也和在工业方面一样，完全是以"生产者的殉难史"③为代价来改造生产过程的。"农业工人在广大土地上的分散，同时破坏了他们的反抗力量，而城市工人的集中却增强了他们的反抗力量。在现代的即资本主义的农业中，像在现代工业中一样，劳动生产力的提高和劳动量的增大是以劳动力本身的破坏和衰退为代价的。此外，资本主义农业的任何进步，都不仅是掠夺劳动者的技巧的进步，而且是掠夺土地的技巧的进步……　因此，资本主义生产发展了社会生产过程的技术和结合，只是由于它同时破坏

---

①　见《马克思恩格斯文集》第 7 卷第 911 页。——编者注
②　同上，第 912 页。——编者注
③　见《马克思恩格斯文集》第 5 卷第 579 页。——编者注

了一切财富的源泉——土地和工人。"(《资本论》第 1 卷第 13 章末)①

社 会 主 义

从上文可以看出,资本主义社会必然要转变为社会主义社会这个结论,马克思完全是从现代社会的经济的运动规律得出的。劳动社会化通过无数种形式日益迅速地向前发展,在马克思去世后的半个世纪以来,特别明显地表现在大生产与资本家的卡特尔、辛迪加和托拉斯的增长以及金融资本的规模和势力的巨大增长上,——这就是社会主义必然到来的主要物质基础。这个转变的思想上精神上的推动者和实际上的执行者,就是资本主义本身培养的无产阶级。表现于多种多样和内容日益丰富的形式的无产阶级反对资产阶级的斗争,必然要成为以无产阶级夺取政权("无产阶级专政")为目标的政治斗争。生产社会化不能不导致生产资料转变为社会所有,导致"剥夺者被剥夺"。劳动生产率大大提高,工作日缩短,完善的集体劳动代替残存的原始的分散的小生产,——这就是这种转变的直接结果。资本主义彻底破坏了农业同工业的联系,但同时又以自己的高度发展准备新的因素来建立这种联系,使工业同农业在自觉运用科学和合理组织集体劳动的基础上,在重新分布人口(既消除农村的荒僻、与世隔绝和不开化状态,也消除大量人口集中在大城市的反常现象)的基础上结合起来。现代资本主义的最高形式准备着新的家庭形式,并为妇女

---

① 见《马克思恩格斯文集》第 5 卷第 579—580 页。——编者注

的地位和青年一代的教育准备新的条件。在现代社会里,女工和童工的使用,资本主义对父权制家庭的瓦解,必然采取最可怕最痛苦最可憎的形式。但是"由于大工业使妇女、男女少年和儿童在家庭范围以外,在社会地组织起来的生产过程中起着决定性的作用,它也就为家庭和两性关系的更高级的形式创造了新的经济基础。当然,把基督教日耳曼家庭形式看成绝对的东西,就像把古罗马家庭形式、古希腊家庭形式和东方家庭形式看成绝对的东西一样,都是荒谬的。这些形式依次构成一个历史的发展序列。同样很明白,由各种年龄的男女个人组成的结合劳动人员这一事实,尽管在其自发的、野蛮的、资本主义的形式中,也就是在工人为生产过程而存在,不是生产过程为工人而存在的那种形式中,是造成毁灭和奴役的祸根,但在适当的条件下,必然会反过来转变成人道的发展的源泉"(《资本论》第 1 卷第 13 章末)①。工厂制度使我们看到"未来教育的幼芽……对所有已满一定年龄的儿童来说,就是生产劳动同智育和体育相结合,它不仅是提高社会生产的一种方法,而且是造就全面发展的人的唯一方法"(同上)②。马克思的社会主义把民族问题和国家问题也放在同样的历史的基础上,这就是说不仅仅限于解释过去,而且大胆地预察未来,并勇敢地用实际活动来实现未来。民族是社会发展到资产阶级时代的必然产物和必然形式。工人阶级如果不"把自身组织成为民族",如果不成为"民族的"("虽然完全不是资产阶级所理解的那种意思")③,就不能巩固、成熟和最终形成。但是资本主义的发展,日益打破民

---

① 　见《马克思恩格斯文集》第 5 卷第 563 页。——编者注
② 　同上,第 556—557 页。——编者注
③ 　见《马克思恩格斯文集》第 2 卷第 50 页。——编者注

族壁垒,消除民族隔绝状态,用阶级对抗代替民族对抗。因此,就发达的资本主义国家来说,"工人没有祖国",工人至少是各文明国家的工人的"联合的行动""是无产阶级获得解放的首要条件之一"(《共产党宣言》)①。这些论断,是不容置疑的真理。国家这个有组织的暴力,是社会发展到一定阶段必然产生的,这时社会已分裂成相互不可调和的阶级,如果没有一种似乎站在社会之上并在一定程度上脱离社会的"权力",社会就无法存在。国家从阶级矛盾中产生后,便成为"最强大的、在经济上占统治地位的阶级的国家,这个阶级借助于国家而在政治上也成为占统治地位的阶级,因而获得了镇压和剥削被压迫阶级的新手段。因此,古希腊罗马时代的国家首先是奴隶主用来镇压奴隶的国家,封建国家是贵族用来镇压农奴……的机关,现代的代议制的国家是资本剥削雇佣劳动的工具"(恩格斯《家庭、私有制和国家的起源》,这里恩格斯叙述了自己的和马克思的观点)②。甚至民主共和国这一最自由最进步的资产阶级国家形式,也丝毫不能消除这个事实,而只能改变这个事实的形式(政府和交易所之间的联系,对官吏和报刊的直接或间接的收买,等等)。社会主义将导致阶级消灭,从而也导致国家消灭。恩格斯在《反杜林论》中写道:"国家真正作为整个社会的代表所采取的第一个行动,即以社会的名义占有生产资料,同时也是它作为国家所采取的最后一个独立行动。那时,国家政权对社会关系的干预在各个领域中将先后成为多余的事情而自行停止下来。那时,对人的统治将由对物的管理和对生产过程的领

---

① 见《马克思恩格斯文集》第 2 卷第 50 页。——编者注
② 同上,第 4 卷第 191 页。——编者注

导所代替。国家不是'被废除'的,它是自行消亡的。"①"在生产者自由平等的联合体的基础上……来组织生产的社会,将把全部国家机器放到它应该去的地方,即放到古物陈列馆去,同纺车和青铜斧陈列在一起。"(恩格斯《家庭、私有制和国家的起源》)②

最后,关于马克思的社会主义对待那些在剥夺者被剥夺时期还将继续存在的小农的态度问题,必须举出恩格斯表达马克思的思想的一段话:"当我们掌握了国家政权的时候,我们决不会考虑用暴力去剥夺小农(不论有无赔偿,都是一样),像我们将不得不如此对待大土地占有者那样。我们对于小农的任务,首先是把他们的私人生产和私人占有变为合作社的生产和占有,不是采用暴力,而是通过示范和为此提供社会帮助。当然,到那时候,我们将有足够的手段,向小农许诺,他们将得到现在就必须让他们明了的好处。"(恩格斯《西方土地问题》,阿列克谢耶娃出版的版本第 17 页,俄译本有错误。原文载于《新时代》杂志。)③

无产阶级阶级斗争的策略

早在 1844—1845 年,马克思就判明了旧唯物主义的根本缺陷之一,就是未能理解革命实践活动的情况和正确评价这一活动的意义,所以,马克思后来在从事理论写作的同时,毕生都十分注意

---

① 　见《马克思恩格斯文集》第 9 卷第 297 页。——编者注
② 　同上,第 4 卷第 193 页。——编者注
③ 　《西方土地问题》即《法德农民问题》,引文见《马克思恩格斯文集》第 4 卷第 524—525 页。——编者注

无产阶级阶级斗争的策略问题。马克思的**全部**著作,特别是1913年出版的四卷本马克思和恩格斯通信集,都在这方面提供了大量的材料。这些材料还远远没有收齐,没有汇集在一起,没有加以研究和整理。因此,我们在这里只能作一个最一般最简短的评介,着重说明,马克思正确地认为,唯物主义缺少**这一**方面,就是不彻底的、片面的、毫无生气的唯物主义。马克思是严格根据他的辩证唯物主义世界观的一切前提确定无产阶级策略的基本任务的。先进阶级只有客观地考虑到某个社会中一切阶级相互关系的全部总和,因而也考虑到该社会发展的客观阶段,考虑到该社会和其他社会之间的相互关系,才能据以制定正确的策略。这就是说,不应当把各个阶级和各个国家看做是静态的,而应当看做是动态的,即不应当看做是处于不动的状态,而应当看做是处于运动之中(运动的规律是从每个阶级的存在的经济条件中产生的)。而对运动,不仅要从过去的观点来看,而且要从将来的观点来看,并且不是像"进化论者"那样庸俗地理解,只看到缓慢的变化,而是要辩证地理解:"在这种伟大的发展中,二十年等于一天,殊不知以后可能又会有一天等于二十年的时期"——马克思在给恩格斯的信中这样写道(《通信集》第3卷第127页)①。在每个发展阶段,在每一时刻,无产阶级的策略都要考虑到人类历史的这一客观必然的辩证法,一方面要利用政治消沉时代或龟行发展即所谓"和平"龟行发展的时代来发展先进阶级的意识、力量和战斗力,另一方面要把这种利用工作全部引向这个阶级的运动的"最终目的",并使这个阶级在"一天等于二十年"的伟大日子到来时有能力实际完成各

---

① 参看《马克思恩格斯文集》第10卷第203页。——编者注

项伟大的任务。在这个问题上马克思的两个论点特别重要：一个是在《哲学的贫困》中论述无产阶级的经济斗争和经济组织时提出的，另一个是在《共产党宣言》中论述无产阶级的政治任务时提出的。前一个论点是："大工业把大批互不相识的人们聚集在一个地方。竞争使他们的利益分裂。但是维护工资这一对付老板的共同利益，使他们在一个共同的思想（反抗、组织同盟）下联合起来。……原来孤立的同盟就组成为集团，而且在经常联合的资本面前，对于工人来说，维护自己的联盟，就比维护工资更为重要。……在这一斗争（真正的内战）中，未来战斗的一切必要的要素在聚集和发展着。一旦达到这一点，联盟就具有政治性质。"①这就是经济斗争和工会运动在以后几十年内，在准备无产阶级的力量去进行"未来战斗"的整个长时期内的纲领和策略。在这方面应当注意马克思和恩格斯还有许多论述，他们用英国工人运动的实例说明，工业的"繁荣"怎样引起"收买无产阶级"（《马克思和恩格斯通信集》第 1 卷第 136 页）②、使无产阶级放弃斗争的尝试，这种繁荣怎样"起了败坏无产阶级的作用"（第 2 卷第 218 页）③；英国无产阶级怎样日益"资产阶级化"——"这一所有民族中最资产阶级化的民族〈英国〉，看来想把事情最终弄到这样的地步，即除了资产阶级，它还要有资产阶级化的贵族和资产阶级化的无产阶级"（第 2 卷第 290 页）④；英国无产阶级怎样日益丧失"革

---

① 　见《马克思恩格斯文集》第 1 卷第 653—654 页。——编者注
② 　见《马克思恩格斯全集》中文第 2 版第 48 卷第 183 页。——编者注
③ 　参看《马克思恩格斯全集》中文第 1 版第 29 卷第 225 页。——编者注
④ 　见《马克思恩格斯文集》第 10 卷第 165 页。——编者注

命斗志"(第 3 卷第 124 页)①；怎样必须在一个较长的时期内等待"英国工人摆脱资产阶级对他们的明显的腐蚀"(第 3 卷第 127 页)②；英国工人运动怎样缺乏"老宪章派**15**的热情"(1866 年；第 3 卷第 305 页)③；英国工人领袖怎样在变成"在激进资产者和工人之间"的中间类型的人(关于侯里欧克，第 4 卷第 209 页)④；由于英国拥有垄断地位，而且只要这种垄断地位未被破坏，"不列颠工人也只能是这样"(第 4 卷第 433 页)⑤。与工人运动的整个进程（**和结局**）相联系的经济斗争的策略，在这里是以极其广阔的、全面的、辩证的、真正革命的观点来加以考察的。

关于政治斗争策略，《共产党宣言》提出了马克思主义的一个基本原理："共产党人为工人阶级的最近的目的和利益而斗争，但是他们在当前的运动中同时代表运动的未来。"⑥因此，马克思在 1848 年支持了波兰主张"土地革命"的政党，即"发动过 1846 年克拉科夫起义**16**的政党"⑦。马克思在 1848—1849 年支持了德国的极端革命民主派，而且以后也从没有收回他当时关于策略问题所说的话。马克思认为德国资产阶级"一开始就蓄意背叛人民〈资产阶级当时只有同农民联合，才能完全实现它的任务〉，而与旧社会的戴皇冠的代表人物妥协"⑧。下面就是马克思对资产阶级民

---

① 参看《马克思恩格斯全集》中文第 1 版第 30 卷第 334 页。——编者注
② 参看《马克思恩格斯文集》第 10 卷第 203 页。——编者注
③ 参看《马克思恩格斯全集》中文第 1 版第 31 卷第 199 页。——编者注
④ 同上，第 32 卷第 376 页。——编者注
⑤ 同上，第 35 卷第 19 页。——编者注
⑥ 见《马克思恩格斯文集》第 2 卷第 65 页。——编者注
⑦ 同上。——编者注
⑧ 见《马克思恩格斯文集》第 2 卷第 75 页。——编者注

主革命时代德国资产阶级的阶级状况所作的一个总结性的分析（这一分析是唯物主义从运动中并且不是只从运动的**过去**方面观察社会的榜样）："……不相信自己，不相信人民，在上层面前嘟囔，在下层面前战栗……害怕世界风暴……毫无毅力，到处剽窃；……没有首创精神……活像一个受诅咒的老头，注定要糟蹋健壮人民的初次勃发的青春激情而使其服从于自己风烛残年的需求……"（载于1848年《新莱茵报》，见《遗著》第3卷第212页）①大约过了20年，马克思在给恩格斯的信（第3卷第224页）②中指出，1848年革命失败的原因是，资产阶级宁愿要用奴役换取的平静，而不愿看到哪怕只是争取自由的斗争的前景。当1848—1849年革命时代已经结束时，马克思便反对任何以革命为儿戏的做法了（反对沙佩尔和维利希），要求人们善于在似乎是"以和平方式"准备着新革命的新阶段进行工作。马克思当时要求人们以怎样的精神进行这项工作，这可以从他对德国在1856年这一最黑暗的反动年代的形势所作的估计中看出："德国的全部问题将取决于是否有可能由某种再版的农民战争来支持无产阶级革命。"（《马克思和恩格斯通信集》第2卷第108页）在德国的民主革命（资产阶级革命）还没有完成时，在社会主义无产阶级的策略方面，马克思一直是把全部注意力集中在发挥农民的民主力量上面。马克思当时所以认为拉萨尔"客观上是为普鲁士人的利益而背叛整个工人运动"（第3卷第210页）③，其原因之一就是拉萨尔纵容了地主和普鲁士民族主义。1865年，恩格斯在一封给马克思的信中就他们

---

① 见《马克思恩格斯文集》第2卷第76页。——编者注
② 同上，第10卷第218页。——编者注
③ 参看《马克思恩格斯全集》中文第1版第31卷第48页。——编者注

将在报刊上共同发表的意见同马克思交换看法时写道:"在一个农业占优势的国家里,代表工业无产阶级说话时只抨击资产阶级,而一字不提大封建贵族对农村无产阶级的宗法式的'凭借棍棒进行的剥削',这是卑鄙的。"(第 3 卷第 217 页)①1864 — 1870 年间,当德国完成资产阶级民主革命的时期,即普鲁士和奥地利的剥削阶级为以这种或那种方式**从上面**完成这个革命而斗争的时期即将结束时,马克思不仅斥责过同俾斯麦勾搭的拉萨尔,而且纠正过陷入"亲奥主义"和拥护分立主义的李卜克内西;马克思当时要求实行革命策略:对俾斯麦和亲奥派同样地进行无情的斗争,不迁就"胜利者"普鲁士容克,而**不顾**普鲁士军事胜利所造成的**状况**立刻恢复反对容克的革命斗争(《马克思和恩格斯通信集》第 3 卷第 134、136、147、179、204、210、215、418、437、440 — 441 页)②。在国际 1870 年 9 月 9 日的那篇著名的宣言中,马克思曾事先提醒法国无产阶级不要举行不合时宜的起义③;但当起义终于发生了的时候(1871 年),马克思却以欢欣鼓舞的心情欢呼"冲天的"群众的革命首创精神(马克思给库格曼的信)④。从马克思的辩证唯物主义观点看来,在这种形势下,也同在许多其他形势下一样,革命行动的失败对无产阶级斗争的整个进程**和结局**的危害,要比放弃阵地、不战而降小,因为不战而降会使无产阶级士气沮丧,削弱无产阶级的战斗力。马克思十分重视

① 参看《马克思恩格斯全集》中文第 1 版第 31 卷第 58 页。——编者注
② 同上,第 30 卷第 351、353、370、419 页,第 31 卷第 40、48、55、376、408、418 页。——编者注
③ 见《马克思恩格斯文集》第 3 卷第 120—130 页。——编者注
④ 同上,第 10 卷第 352—353 页。——编者注

在政治停滞和资产阶级所容许的合法性占统治地位的时代利用合法斗争手段,所以他在 1877 — 1878 年,在反社会党人非常法**17**颁布以后,严厉地斥责了莫斯特的"革命空谈",但他同样严厉甚至更为严厉地痛斥了当时在正式的社会民主党中一时占上风的机会主义,因为这个党没有立刻表现出坚定性、坚决性、革命性和为对付非常法而转向不合法斗争的决心(《马克思和恩格斯通信集》第 4 卷第 397、404、418、422、424 页①,并参看给左尔格的信)。

书　目

马克思的著作和书信到现在还没有全部收齐出版。马克思著作已经译成俄文的,比译成其他任何文字的都多。下面把这些著作按时间顺序加以排列。1841 年,马克思写了论伊壁鸠鲁哲学的学位论文(马克思去世后编入《遗著》。关于《遗著》,下面还要谈到)。在这篇论文中,马克思所持的还完全是黑格尔唯心主义的观点。1842 年,马克思在《莱茵报》(科隆)上发表了一些文章,其中特别应当提到的是对第六届莱茵省议会关于出版自由的辩论,关于林木盗窃法的辩论的评论,以及维护政教分离的文章**18**等等(部分编入《遗著》)。从这些文章可以看出马克思开始从唯心主义转向唯物主义,从革命民主主义转向共产主义。1844 年在巴黎

①　参看《马克思恩格斯全集》中文第 1 版第 34 卷第 54—55、64—65、89—90、101—102、105 页。——编者注

出版了马克思和阿尔诺德·卢格主编的《德法年鉴》,上述的转变在这里彻底完成。马克思的特别出色的文章有:《黑格尔法哲学批判导言》(除编入《遗著》外,还出版了单行本)和《论犹太人问题》(除编入《遗著》外,还有知识出版社出版的小册子,编为《廉价丛书》第 210 辑)。1845 年马克思和恩格斯共同出版(在美因河畔法兰克福)《神圣家族。驳布鲁诺·鲍威尔及其伙伴》一书(除编入《遗著》外,俄文出了两种单行本:1906 年圣彼得堡新声出版社版和 1907 年圣彼得堡知识公报出版社版)。1845 年春马克思写作了关于费尔巴哈的提纲(后作为弗·恩格斯的《路德维希·费尔巴哈》一书的附录发表;有俄译本)。1845—1847 年马克思在巴黎出版的《前进报》以及《德意志—布鲁塞尔报》(1847 年)、《威斯特伐利亚汽船》杂志(1845—1848 年在比勒菲尔德出版)、《社会明镜》杂志(1846 年在埃尔伯费尔德出版)上发表过许多文章(大部分还没有收集起来,没有重新出版,也没有译成俄文)。1847 年在布鲁塞尔和巴黎出版了马克思反对蒲鲁东的基本著作《哲学的贫困。答蒲鲁东先生的〈贫困的哲学〉》(俄译本有新世界出版社的 3 个版本,以及格·李沃维奇、阿列克谢耶娃、启蒙出版社的版本,均出版于 1905—1906 年间)。1848 年在布鲁塞尔出版了《关于贸易自由的演说》(有俄译本),后来在伦敦又和弗·恩格斯合作出版了著名的《共产党宣言》,它被译成欧洲几乎一切国家的文字及世界上其他一部分国家的文字(俄译本共有大约 8 种版本,在 1905—1906 年出版,其中包括铁锤出版社、钟声出版社和阿列克谢耶娃等的版本。大部分被没收。曾用过《共产主义宣言》、《论共产主义》、《社会各阶级和共产主义》、《资本主义和共产主义》和《历史哲学》等各种名称;该书及马克思其他著作的完整的和最确切的译本,大部分见"劳动解放社"在国外出版的版本)。
1848 年 6 月 1 日至 1849 年 5 月 19 日在科隆出版了《新莱茵报》,
马克思是该报事实上的主编。马克思在这个到现在还是革命无产
阶级最好最卓越的机关报上发表的许多文章,没有收集起来,也没
有全部重新出版。其中一些最重要的文章已编入《遗著》。马克
思在该报发表的一组以《雇佣劳动与资本》为题的文章曾多次出
版单行本(俄译本有 1905 — 1906 年出版的科兹曼、铁锤出版社、
米雅科夫和李沃维奇的 4 种版本)。在该报发表的文章还有一些
以《执政的自由派》为题出版了单行本(1906 年圣彼得堡知识出版
社出版,编为《廉价丛书》第 272 辑)。1849 年马克思在科隆出版
了《两个政治审判案》(这是马克思的两篇辩护词,他被控在报刊
发表的文章中违法和号召武装反抗政府,后来陪审法庭宣告马克
思无罪;俄译本有 1905—1906 年阿列克谢耶娃、铁锤出版社、米雅
科夫、知识出版社、新世界出版社的共 5 种版本)。1850 年马克思
在汉堡出版了 6 期《新莱茵报》杂志,在其中发表的一些最重要的
文章已编入《遗著》。马克思的几篇特别出色的文章后来由恩格
斯在 1895 年以单行本形式重新出版,其标题是《1848 年至 1850
年的法兰西阶级斗争》(俄译本有玛·马蕾赫出版的《丛书》第
59—60 辑合订本;也编入 1906 年圣彼得堡斯基尔蒙特出版的、
巴扎罗夫和斯捷潘诺夫翻译的文集《历史著作集》,以及 1912 年
圣彼得堡出版的《关于 20 世纪生活的思想和观点》)。1852 年
在纽约出版了马克思的小册子《路易·波拿巴的雾月十八日》
(俄译文收入上述的文集)。同年在伦敦出版了《科隆共产党人
审判案真相》(俄译本有 1906 年 10 月 28 日圣彼得堡出版的《大
众科学丛书》第 43 辑《科隆共产党人审判案》)。1851 年 8 月至

1862 年①马克思是纽约《论坛报》(《The New York Tribune»)的经常撰稿人,他在该报发表的文章,许多都没有署名,而以编辑部的名义发表。其中特别出色的是《德国的革命和反革命》这一组文章[19],这些文章在马克思和恩格斯去世后译成德文重新出版(俄译文收入由巴扎罗夫和斯捷潘诺夫翻译的两个文集,后来又有1905—1906 年阿列克谢耶娃的以及公益、新世界、普及丛书和铁锤等出版社出版的共 5 种单行本)。马克思在《论坛报》上发表的有些文章后来曾在伦敦出版过单行本,如 1856 年出版的论帕麦斯顿的小册子、《18 世纪外交史内幕》(论英国自由党大臣们为一己的私利而经常依附俄国)等等。马克思去世后,他的女儿爱琳娜·艾威林出版了他在《论坛报》上发表的关于东方问题的一系列文章,标题为《东方问题》(《The Eastern Question»),1897 年在伦敦出版。其中一部分已译成俄文,收入《战争与革命》一书,其第 1 编为《马克思恩格斯未发表的文章(1852 年、1853 年、1854年)》1919 年哈尔科夫版(《我们的思想》丛书)。1854 年年底和1855 年期间,马克思是《新奥得报》的撰稿人,1861—1862 年又为维也纳《新闻报》撰稿。马克思的这些文章也像他的许多书信一样,还没有收集起来,只有一部分发表在《新时代》杂志上。马克思在《人民报》(1859 年在伦敦出版)上发表的有关 1859 年意大利战争的外交史的一些文章,情况也是这样。1859 年在柏林出版了马克思的《政治经济学批判》一书(俄译本有 1896 年莫斯科出版的、由曼努伊洛夫校订的和 1907 年圣彼得堡出版的、鲁勉采夫翻

---

① 恩格斯在《政治学词典》第 6 卷第 603 页关于马克思的条目中,伯恩施坦在 1911 年《不列颠百科全书》第 11 版关于马克思的条目中,都把年代误为 1853—1860 年。见 1913 年出版的马克思和恩格斯通信集。

译的两种）。1860年在伦敦出版了马克思的小册子《福格特先生》
（«Herr Vogt»）。

1864年在伦敦出版了马克思写的《国际工人协会成立宣言》
（有俄译本）。马克思为国际总委员会起草了许多宣言、公告和决
议。所有这些材料还远未加以分析研究，甚至还没有收集起来。
首先做这项工作的是古·耶克，他写了《国际》一书（有1906年圣
彼得堡知识出版社出版的俄译本），书中也收载了马克思的几封
信和由他起草的几项决定草案。马克思为国际写的文件有总委员
会关于巴黎公社的宣言，于1871年在伦敦出版单行本，题为《法兰
西内战》（俄译本有经列宁校订的、铁锤出版社出版的版本和其他
出版社的版本）。1862—1874年期间马克思和国际会员库格曼有
书信往来（通信集俄译本有两种版本，一种由亚·哥伊赫巴尔格
翻译，另一种经列宁校订）。1867年马克思的主要著作《资本论。
政治经济学批判》第1卷在汉堡问世。第2卷和第3卷在马克思
去世后由恩格斯于1885年和1894年出版。俄译本第1卷共有5
种版本（有1872年和1898年出版的、丹尼尔逊翻译的两个版本，
有由E. A. 古尔维奇和A. M. 扎克翻译、经司徒卢威校订的1899
年第1版和1905年第2版两个版本，还有一种由巴扎罗夫和斯捷
潘诺夫校订的版本）。第2卷和第3卷有丹尼尔逊的译本（较差）
及巴扎罗夫和斯捷潘诺夫校订的译本（较好）。1876年马克思参
加恩格斯《反杜林论》（«Herrn Eugen Dührings Umwälzung der Wis-
senschaft»）一书的写作，看过全书的手稿并写了论述政治经济学
史的整个一章。

马克思去世后，出版了他的下列著作：《哥达纲领批判》（俄译
本于1906年在圣彼得堡出版，德文原文刊载于1890—1891年《新

时代》杂志第 18 期）。《工资、价格和利润》（1865 年 6 月 26 日作的报告，载于《新时代》杂志第 16 年卷（1897—1898 年）；俄译本有 1906 年铁锤出版社和 1905 年李沃维奇出版社的版本）。《卡·马克思、弗·恩格斯、斐·拉萨尔的遗著》，共 3 卷，1902 年在斯图加特出版（俄译本有经阿克雪里罗得等人校订的两卷，1908 年在圣彼得堡出版。还有 E. 古尔维奇校订的第 1 卷，1907 年在莫斯科出版。拉萨尔致马克思的信曾单独出版，后编入《遗著》）。《卡·马克思、弗·恩格斯等致左尔格书信集》（俄译本有两种版本：一种由阿克雪里罗得校订，另一种由列宁作序，由达乌盖出版社出版）。《剩余价值理论》，共 3 卷 4 册，1905—1910 年在斯图加特出版，即考茨基出版的《资本论》第 4 卷手稿（俄译本只有第 1 卷，有 3 种版本：1906 年圣彼得堡版，普列汉诺夫校订；1906 年基辅版，热列兹诺夫校订；1907 年基辅版，图恰普斯基校订）；1913 年在斯图加特出版了四大卷《马克思和恩格斯通信集》，收有 1844 年 9 月至 1883 年 1 月 10 日期间的 1 386 封信，这些信为研究卡·马克思的传记和观点提供了大量的极其宝贵的材料。1917 年出版了两卷《马克思恩格斯 1852—1862 年论文集》（德文本）。最后，对于这份马克思著作目录，还必须附带说明一点：这里没有编入大部分是在《新时代》杂志、《前进报》及社会民主党的其他德文报刊上发表的某些比较短小的文章和书信；这里所开列的马克思著作俄译本目录，特别是 1905—1906 年出版的一些小册子的目录，肯定也是不完全的。

　　论述马克思和马克思主义的著作数量甚多，不胜枚举。这里我们只能择其要者作一介绍。我们把作者分成三大类：在根本上持马克思观点的马克思主义者；本质上敌视马克思主义的资产阶级著作家;似乎承认马克思主义的某些原理而实际上用资产阶级观点代替马克思主义的修正主义者。民粹派对马克思的态度,应看做修正主义的一种特殊的俄国变种。韦·桑巴特在他的《马克思主义书目》(《社会科学和社会政治文库》第20卷(1905年)第2册第413—430页)中开列了300本书,那还是很不齐全的。作为它的补充,可参看1883—1907年及往后几年的《新时代》杂志上的索引。此外,可以参看约瑟夫·施塔姆哈默尔的《社会主义和共产主义书目》(1893—1909年)耶拿版第1—3卷。要得到有关马克思主义的详细书目,还可以参看《社会科学书目》柏林版第1年卷(1905年)及以后各年卷。也可以参看尼·亚·鲁巴金的《书林概述》(第2版第2卷)。我们在这里举出的只是最重要的。有关马克思的传记,首先应当指出**弗·恩格斯**在《人民历书》(1878年由白拉克在不伦瑞克出版)和《政治学词典》(第6卷第600—603页)上写的条目。此外还有:**威·李卜克内西**的《纪念卡尔·马克思》1896年纽伦堡版。**拉法格**的《回忆马克思》(德文版)。**威·李卜克内西**的《卡尔·马克思》(1906年圣彼得堡俄文第2版)。**保·拉法格**的《回忆马克思》(1905年敖德萨俄文版,原文见《新时代》杂志第9年卷第1册)。《**卡·马克思纪念集**》(1908年圣彼得堡版,共410页,文集所收的文章的作者为:尤·涅夫佐罗夫、尼·罗日柯夫、弗·巴扎罗夫、尤·斯切克洛夫、亚·芬-叶诺塔耶夫斯基、彼·鲁勉采夫、卡·伦纳、罕·罗兰-霍尔斯特、弗·伊林、罗·卢森堡、格·季诺维也夫、尤·加米涅夫、普·奥尔洛夫斯基和米·塔甘斯基)。**弗·梅林**的《卡尔·马克思》。美国社会党人斯帕戈用英文编写的大本马克思传记(**斯帕戈**《卡·马克思的生平和事业》1911年伦敦版),是不能令人满意的。关于马克思事业的概述,见**卡·考茨基**的《卡·马克思的历史功绩。纪念大师逝世二十五周年》(1908 年柏林版)。俄译本:《卡·马克思和他的历史作用》(1908 年圣彼得堡版)。还可参看**克拉拉·蔡特金**的通俗小册子《卡·马·及其毕生事业》(1913 年)。回忆马克思的文章有:**安年科夫**在 1880 年《欧洲通报》杂志第 4 期发表的文章(及其《回忆录》第 3 卷,1882 年圣彼得堡出版的《光辉的十年》),**卡尔·舒尔茨**在 1906 年《俄国财富》杂志第 12 期、**马·柯瓦列夫斯基**在 1909 年《欧洲通报》杂志第 6 期及以后几期上发表的文章。

关于马克思主义哲学及历史唯物主义问题,格·瓦·普列汉诺夫的下列著作作了最好的论述:《二十年来》(1909 年圣彼得堡第 3 版)、《由防御到进攻》(1910 年圣彼得堡版)、《马克思主义的基本问题》(1908 年圣彼得堡版)、《对我们的批判者的批判》(1906 年圣彼得堡版)、《论一元论历史观之发展》(1908 年圣彼得堡版)等等。还有:**安东尼奥·拉布里奥拉**的《论唯物主义历史观》(1898 年圣彼得堡版)**和他的**《历史唯物主义和哲学》(1906 年圣彼得堡版)。**弗·梅林**的《论历史唯物主义》(1906 年圣彼得堡版,有启蒙出版社和铁锤出版社出版的两种版本)**和他的**《莱辛传奇》(1908 年圣彼得堡知识出版社版)。还可参看**沙·安德列尔**(非马克思主义者)的《共产主义宣言。历史、序言和注释》(1906 年圣彼得堡版)。也可以参看《历史唯物主义》(1908 年圣彼得堡版,收入恩格斯、考茨基、拉法格等许多人的文章的论文集)。**柳·阿克雪里罗得**的《哲学论文集。答历史唯物主义的哲学批评家》(1906 年圣彼得堡版)。专门为狄慈根背离马克思主义的失败尝试辩护的有**恩·温特尔曼**的《狭隘马克思主义的逻辑缺陷》

（1910 年慕尼黑版，共 753 页，是一部篇幅很大但不严肃的著作）。**胡戈·里克斯**的《马克思主义的哲学根源》，载于《一般政治学杂志》第 62 年卷（1906 年）第 3 册第 407—432 页，这是一个反对马克思观点的人的一部值得注意的著作，他表明了这些观点从唯物主义角度来看的哲学严整性。**本诺·埃尔德曼**的《唯物主义历史观的哲学前提》，载于《立法、行政和国民经济年鉴》（施穆勒年鉴）1907 年第 3 册第 1—56 页，对马克思哲学唯物主义的一些基本原理作了很有用的表述，并综述了从流行的康德主义以及整个不可知论观点出发的各种反对意见。**鲁·施塔姆勒**（康德主义者）的《从唯物史观看经济和法》（1906 年莱比锡第 2 版）。**伏尔特曼**（也是康德主义者）的《历史唯物主义》（俄译本，1901 年出版）。**福伦德**（也是康德主义者）的《康德和马克思》（1909 年圣彼得堡版）。还可参看亚·波格丹诺夫、弗·巴扎罗夫等（《马克思主义哲学概论》1908 年圣彼得堡版。**亚·波格丹诺夫**的《伟大拜物教的没落》1909 年莫斯科版以及其他著作）同弗·伊林（《唯物主义和经验批判主义》1909 年莫斯科版）之间的论战。关于历史唯物主义和伦理学问题的著作有：**卡·考茨基**的《伦理学和唯物史观》（1906 年圣彼得堡版）和考茨基的其他许多著作。再参看**布丁**的《卡·马克思的理论体系》（1909 年斯图加特版。俄译本：**路·布丁**《以现代批评眼光看卡·马克思的理论体系》，译自英文，维·查苏利奇校订，1908 年圣彼得堡版）。**赫尔曼·哥尔特**的《历史唯物主义》（1909 年版）。马克思主义的反对者的著述有：**杜冈-巴拉诺夫斯基**的《马克思主义的理论基础》（1907 年圣彼得堡版）。**谢·普罗柯波维奇**的《马克思批判》（1901 年圣彼得堡版）。**哈马赫尔**的《马克思主义的哲学经济学体系》（1910 年莱比锡版，共

730 页,是引文的汇编)。**威·桑巴特**的《19 世纪的社会主义和社会运动》(圣彼得堡版)。**麦克斯·阿德勒**(康德主义者)的《因果性和目的论》(收入 1909 年维也纳出版的《马克思研究》)和《思想家马克思》。

黑格尔派唯心主义者**卓·詹梯利**的《马克思的哲学》(1899 年比萨版)是值得注意的一本书。作者指出了通常被康德主义者和实证论者等等所忽视的、马克思唯物主义辩证法的几个主要方面。**莱维**的《费尔巴哈》也值得注意,此书论述了马克思的最主要的哲学先辈之一。**切尔内绍夫**的《马克思主义者备忘手册》(1908 年圣彼得堡事业出版社版),是把马克思许多著作中的话摘编在一起的一部有益的书。关于马克思的经济学说问题,见**卡·考茨基**的《马克思的经济学说》(有许多俄译本)**和他的**《土地问题》、《爱尔福特纲领解说》和许多小册子。还可参看**伯恩施坦**的《马克思的经济学说。〈资本论〉第 3 卷》(俄译本,1905 年出版)。**加布里埃尔·杰维尔**的《资本论》(《资本论》第 1 卷的阐述,俄译本,1907 年出版)。马克思主义者中在土地问题上的所谓修正主义的代表人物是**爱·大卫**,他写了《社会主义和农业》(俄译本,1902 年圣彼得堡出版)。对修正主义的批判,见**弗·伊林**《土地问题》(1908 年圣彼得堡版第 1 册)以及**他的**《俄国资本主义的发展》(1908 年圣彼得堡第 2 版)、《经济评论集》(1899 年圣彼得堡版)、《关于农业中资本主义发展规律的新材料》(1917 年第 1 编)。**孔佩尔-莫雷尔**的《法兰西的土地问题和社会主义》(1912 年巴黎版,共 455 页),是运用马克思的观点(某些地方有所背离)来分析法国土地关系的最新材料。进一步发展马克思的经济观点,将它运用于经济生活中的最新现象的书,见**希法亭**的《金融资本》(1911 年圣彼得堡版;纠正该作者在价值理论上根本错误观点的文章,见考茨基在《新时代》杂志上发表的《黄金、纸币和商品》(«Gold,Papier und Ware»)第 30 年卷(1912 年)第 1 册第 837、886 页)、**弗·伊林**的《帝国主义是资本主义的最新阶段》(1917 年)。**彼·马斯洛夫**的《土地问题》(两卷本)及《国民经济发展理论》(1910 年圣彼得堡版)在一些重要问题上背离了马克思主义。对其中某些错误的批判,见考茨基在《新时代》杂志第 29 年卷(1911 年)第 1 册上的文章《马尔萨斯主义和社会主义》。

以资产阶级教授中间广泛流行的"边际效用"论的观点批判马克思的经济学说的有:**柏姆-巴维克**的《马克思体系的终结》(1896 年柏林版,载于《政治学著作》,敬献给卡·克尼斯)(俄译本:《马克思的理论及对它的批判》1897 年圣彼得堡版)和**他的**《资本和利润》(1900—1902 年因斯布鲁克第 2 版,两卷本)(《资本和利润》1909 年圣彼得堡版)。并见**里克斯**的《价值和交换价值》(1899 年);**冯·博尔特克维奇**的《马克思主义体系中的价值核算和价格核算》(1906—1907 年出版的《社会科学文库》);**莱奥·冯·布赫**的《政治经济学基本要素。第 1 集。劳动强度、价值和价格》(也有俄译本)。以马克思的观点分析柏姆-巴维克的批评的有:**希法亭**的《柏姆-巴维克对马克思的批评》(《马克思研究》,1904 年维也纳版第 1 卷)及在《新时代》杂志上发表的一些比较短小的文章。

关于在解释和阐发马克思主义方面的两大派别——"修正派"和激进派("正统派")的问题,见**爱·伯恩施坦**的《社会主义的前提和社会民主党的任务》(德文原本 1899 年斯图加特版;俄译本有 1901 年圣彼得堡出版的《历史唯物主义》和 1901 年莫斯科出版的《社会问题》),并参看**他的**《社会主义的历史和理论概述》(1902 年圣彼得堡版)。反驳伯恩施坦的著作有**卡·考茨基**的《伯恩施坦与社会民主党的纲领》(德文原本 1899 年斯图加特版;俄译本有 1905—1906 年出版的 4 种版本)。法文的马克思主义著作有:**茹尔·盖得**的《阶级斗争的四年》、《警惕!》、《昨天和今天的问题》(1911 年巴黎版);**保·拉法格**的《卡·马克思的经济决定论》(1909 年巴黎版)。**安·潘涅库克**的《工人运动中的两种趋向》。

阐述马克思的资本积累理论问题的新著作有**罗莎·卢森堡**的《资本积累论》(1913 年柏林版)。对该书中曲解马克思理论的部分进行分析的著作有:**奥托·鲍威尔**的《资本积累论》(《新时代》杂志第 31 年卷(1913 年)第 1 册第 831 页和第 862 页)。**埃克施泰因**在《前进报》(1913 年)上发表的和**潘涅库克**在《不来梅市民报》(1913 年)上发表的文章。

俄国较早评述马克思的著作有:**波·契切林**的《德国的社会主义者》(载于 1888 年圣彼得堡出版的别佐布拉佐夫的《国务知识汇编》)及《政治学说史》(1902 年莫斯科版第 5 册第 156 页)。**季别尔**的《契切林先生透过有色眼镜所看到的德国经济学家》(载于《季别尔文集》1900 年圣彼得堡版第 2 卷),该书是对上述的契切林著作的反驳。**路·斯洛尼姆斯基**的《卡·马克思的经济学说》(1898 年圣彼得堡版)。**尼·季别尔**的《大卫·李嘉图和卡·马克思的社会经济研究》(1885 年圣彼得堡版)和《季别尔文集》两卷集(1900 年圣彼得堡版)。还有**伊·考夫曼**(伊·考—曼)的一篇对《资本论》的评论文章(载于 1872 年《欧洲通报》杂志第 5 期),这篇文章颇为有名,因为马克思后来在《资本论》第 2 版跋中引用了伊·考—曼的话,认为这篇文章正确地论述了他的唯物主义辩证方法。

俄国民粹派论述马克思主义的文章有:**尼·康·米海洛夫斯基**针对彼·司徒卢威《评述》一书(1894 年圣彼得堡版)所发表的文章(载于《俄国财富》杂志 1894 年第 10 期和 1895 年第 1 期和第 2 期,后收入他的《文集》),对这本《评述》,**克·土林**(即**弗·伊林**)在《说明我国经济发展状况的资料》(1895 年圣彼得堡版,已被书报检查机关销毁)中曾根据马克思主义观点进行过分析,该文收入**弗·伊林**的《十二年来》(1908 年圣彼得堡版)。其次,民粹派的著作还有:**瓦·沃·**的《我们的方针》(1892 年圣彼得堡版)**和他的**《从 70 年代到 1900 年》(1907 年圣彼得堡版)。**尼古拉·—逊**的《我国改革后的社会经济概况》(1893 年圣彼得堡版)。**维·切尔诺夫**的《马克思主义和土地问题》(1906 年圣彼得堡版)**和他的**《哲学和社会学论文集》(1907 年圣彼得堡版)。

除民粹派的著作外,还有:**尼·卡列耶夫**的《关于历史唯物主义的新旧评论文集》(1896 年圣彼得堡版,1913 年第 2 版书名改为《经济唯物主义批判》)。**马萨里克**的《马克思主义的哲学和社会学基础》(1900 年莫斯科版)。**柯罗齐**的《历史唯物主义和马克思主义经济学》(1902 年圣彼得堡版)。

要正确评价马克思的观点,无疑必须熟悉他最亲密的同志和合作者**弗里德里希·恩格斯**的著作。不研读恩格斯的**全部**著作,就不可能理解马克思主义,也不可能完整地阐述马克思主义。

以无政府主义的观点批评马克思的著作的有:**瓦·切尔克佐**

1929—1949年我国出版的列宁《卡尔·马克思》的部分中译本

夫的《马克思主义学说》(1905 年圣彼得堡版,共两册);**韦·捷凯尔**的《代替一本书》(1907 年莫斯科版)。工团主义者**索雷尔**的《现代经济学的社会研究》(1908 年莫斯科版)。

载于 1915 年《格拉纳特百科词典》第 7 版第 28 卷(有删节);序言载于 1918 年莫斯科波涛出版社出版的《卡尔·马克思》一书

选自《列宁全集》中文第 2 版增订版第 26 卷第 47—95 页

弗里德里希·恩格斯[20]

（1895 年 9 月 7 日〔19 日〕以后）

> 一盏多么明亮的智慧之灯熄灭了，
>
> 一颗多么伟大的心停止跳动了![1]

1895 年新历 8 月 5 日（7 月 24 日），弗里德里希·恩格斯在伦敦与世长辞了。在他的朋友卡尔·马克思（1883 年逝世）之后，恩格斯是整个文明世界中最卓越的学者和现代无产阶级的导师。自从命运使卡尔·马克思和弗里德里希·恩格斯相遇之后，这两位朋友的毕生工作，就成了他们的共同事业。因此，要了解弗里德里希·恩格斯对无产阶级有什么贡献，就必须清楚地了解马克思的学说和活动对现代工人运动发展的意义。马克思和恩格斯最先指出，工人阶级及其要求是现代经济制度的必然产物，现代经济制度在造成资产阶级的同时，也必然造成并组织无产阶级。他们指出，能使人类摆脱现在所受的灾难的，并不是个别高尚人物善意的尝试，而是组织起来的无产阶级所进行的阶级斗争。马克思和恩格斯在他们的科学著作中，最先说明了社会主义不是幻想家的臆造，而是现代社会生产力发展的最终目标和必然结果。到现在为止的

---

① 见尼·阿·涅克拉索夫的诗《纪念杜勃罗留波夫》。——编者注

56

全部有记载的历史都是阶级斗争的历史,都是不断更替地由一些社会阶级统治和战胜另一些社会阶级的历史。这种情形,在阶级斗争和阶级统治的基础,即私有制和混乱的社会生产消灭以前,将会继续下去。无产阶级的利益要求消灭这种基础,所以有组织的工人自觉进行的阶级斗争,目标就应该对准这种基础。而任何阶级斗争都是政治斗争。

马克思和恩格斯的这些观点,现在已为正在争取自己解放的全体无产阶级所领会,但是当这两位朋友在 40 年代参加社会主义的宣传和当时的社会运动时,这样的见解还是完全新的东西。当时许多有才能的或无才能的人,正直的或不正直的人,都醉心于争取政治自由的斗争,醉心于反对皇帝、警察和神父的专横暴戾的斗争,而看不见资产阶级利益同无产阶级利益的对立。他们根本没有想到工人能成为独立的社会力量。另一方面,当时有许多幻想家,有时甚至是一些天才人物,都以为只要说服统治者和统治阶级相信现代社会制度是不合理的,就很容易在世界上确立和平和普遍福利。他们幻想不经过斗争就实现社会主义。最后,几乎当时所有的社会主义者和工人阶级的朋友,都认为无产阶级只是一个**脓疮**,他们怀着恐惧的心情看着这个脓疮如何随着工业的发展而扩大。因此,他们都设法阻止工业和无产阶级的发展,阻止"历史车轮"的前进。与这种害怕无产阶级发展的普遍心理相反,马克思和恩格斯把自己的全部希望寄托在无产阶级的不断增长上。无产者人数愈多,他们这一革命阶级的力量也就愈大,社会主义的实现也就愈是接近,愈有可能。马克思和恩格斯对工人阶级的功绩,可以这样简单地来表达:他们教会了工人阶级自我认识和自我意识,用科学代替了幻想。

正因为如此,恩格斯的名字和生平,是每个工人都应该知道的。

正因为如此,我们在这本与我们其他一切出版物一样都是以唤醒俄国工人的阶级自我意识为目的的文集**21**中,应该简要地叙述一下现代无产阶级两位伟大导师之一弗里德里希·恩格斯的生平和活动。

恩格斯 1820 年生于普鲁士王国莱茵省的巴门城。父亲是个工厂主。1838 年,由于家庭情况,恩格斯中学还没有毕业,就不得不到不来梅一家商号去当办事员。从事商业并没有妨碍恩格斯对科学和政治的研究。当他还是中学生的时候,就憎恶专制制度和官吏的专横。对哲学的钻研,使他更前进了。当时在德国哲学界占统治地位的是黑格尔学说,于是恩格斯也成了黑格尔的信徒。黑格尔本人虽然崇拜普鲁士专制国家,他以柏林大学教授的身份为这个国家服务,但是黑格尔的**学说**是革命的。黑格尔对于人类理性和人类权利的信念,以及他的哲学的基本原理——世界是不断变化着发展着的过程,使这位柏林哲学家的那些不愿与现实调和的学生得出了一种想法,即认为同现状、同现存的不公平现象、同流行罪恶进行的斗争,也是基于世界永恒发展规律的。既然一切都是发展着的,既然一些制度不断被另一些制度所代替,那么为什么普鲁士国王或俄国沙皇的专制制度,极少数人靠剥夺绝大多数人发财致富的现象,资产阶级对人民的统治,却会永远延续下去呢?黑格尔的哲学谈论精神和观念的发展,它是**唯心主义的**哲学。它从精神的发展中推演出自然界、人以及人与人的关系即社会关系的发展。马克思和恩格斯保留了黑格尔关于永恒的发展过程的思想①,

---

① 马克思和恩格斯不止一次地指出,他们思想的发展,有很多地方得益于德国的大哲学家,尤其是黑格尔。恩格斯说:"没有德国哲学,也就没有科学社会主义。"(参看《马克思恩格斯文集》第 2 卷第 217 页。——编者注)

而抛弃了那种偏执的唯心主义观点;他们面向实际生活之后看到,不能用精神的发展来解释自然界的发展,恰恰相反,要从自然界,从物质中找到对精神的解释……　与黑格尔和其他黑格尔主义者相反,马克思和恩格斯是唯物主义者。他们用唯物主义观点观察世界和人类,看出一切自然现象都有物质原因作基础,同样,人类社会的发展也是受物质力量即生产力的发展所制约的。生产力的发展决定人们在生产人类必需的产品时彼此所发生的关系。用这种关系才能解释社会生活中的一切现象,人的意向、观念和法律。生产力的发展造成了以私有制为基础的社会关系,但是我们现在看到,生产力的发展又夺走了大多数人的财产,将它集中在极少数人的手中。生产力的发展正在消灭私有制,即现代社会制度的基础,这种发展本身就是朝着社会主义者所抱定的那个目标前进的。社会主义者就是要了解,究竟哪种社会力量因其在现代社会中所处的地位而关心社会主义的实现,并使这种力量意识到它的利益和历史使命。这种力量就是无产阶级。恩格斯是在英国,是在英国工业中心曼彻斯特结识无产阶级的;1842年他迁到这里,在他父亲与人合办的一家商号中供职。在这里,他并不是只坐在工厂的办事处里,他常常到工人栖身的肮脏的住宅区去,亲眼看见工人贫穷困苦的情景。但是,他并不满足于亲身的观察,他还阅读了他所能找得到的在他以前论述英国工人阶级状况的一切著作,仔细研究了他所能看到的一切官方文件。这种研究和观察的成果,就是1845年出版的《英国工人阶级状况》①一书。上面我们已经提

---

① 参看《马克思恩格斯全集》中文第1版第2卷第269—587页。——编者注

到作为《英国工人阶级状况》一书的作者恩格斯的主要功绩。在恩格斯以前有很多人描写过无产阶级的痛苦,并且一再提到必须帮助无产阶级。恩格斯**第一个**指出,无产阶级**不只**是一个受苦的阶级,正是它所处的那种低贱的经济地位,无可遏止地推动它前进,迫使它去争取本身的最终解放。而战斗中的无产阶级是能够**自己帮助自己**的。工人阶级的政治运动必然会使工人认识到,除了社会主义,他们没有别的出路。另一方面,社会主义只有成为工**人阶级**的**政治**斗争的目标时,才会成为一种力量。这就是恩格斯论英国工人阶级状况一书的基本思想。现在,这些思想已为全体能思考的和正在进行斗争的无产阶级所领会,但在当时却完全是新的。叙述这些思想的著作写得很动人,通篇都是描述英国无产阶级穷苦状况的最确实最惊人的情景。这部著作是对资本主义和资产阶级的极严厉的控诉。它给人的印象是很深的。从此,到处都有人援引恩格斯的这部著作,认为它是对现代无产阶级状况的最好描述。的确,不论在 1845 年以前或以后,还没有一本书把工人阶级的穷苦状况描述得这么鲜明,这么真实。

恩格斯到英国后才成为社会主义者。他在曼彻斯特同当时英国工人运动的活动家发生联系,并开始在英国社会主义出版物上发表文章。1844 年他在回德国的途中路过巴黎时认识了马克思,在此以前他已经和马克思通过信。马克思在巴黎时,受到法国社会主义者和法国生活的影响也成了社会主义者。在这里,两位朋友合写了一本书:《神圣家族,或对批判的批判所做的批判》①。这本书比《英国工人阶级状况》早一年出版,大部分是马克思写的。它奠定了革

---

① 参看《马克思恩格斯全集》中文第 1 版第 2 卷第 3—268 页。——编者注

命唯物主义的社会主义的基础,这种社会主义的主要思想,我们在上面已经叙述过了。"神圣家族"是给哲学家鲍威尔兄弟及其信徒所取的绰号。这班先生鼓吹一种批判,这种批判超越一切现实、超越政党和政治,否认一切实践活动,而只是"批判地"静观周围世界和其中所发生的事情。鲍威尔先生们高傲地把无产阶级说成是一群没有批判头脑的人。马克思和恩格斯坚决反对这个荒谬而有害的思潮。为了现实的人,即为了受统治阶级和国家践踏的工人,他们要求的不是静观,而是为实现美好的社会制度而斗争。在他们看来,能够进行这种斗争和关心这种斗争的力量当然是无产阶级。还在《神圣家族》一书出版以前,恩格斯就在马克思和卢格两人合编的"德法杂志"**4**上发表了《国民经济学批判大纲》①一文,从社会主义的观点考察了现代经济制度的基本现象,认为那些现象是私有制统治的必然结果。同恩格斯的交往显然促使马克思下决心去研究政治经济学,而马克思的著作使这门科学发生了真正的革命。

1845 年到 1847 年,恩格斯是在布鲁塞尔和巴黎度过的,他一面从事科学研究,同时又在布鲁塞尔和巴黎的德籍工人中间进行实际工作。这时,马克思和恩格斯同秘密的德国"共产主义者同盟"**5**发生了联系,"同盟"委托他们把他们所制定的社会主义基本原理阐述出来。这样就产生了 1848 年出版的马克思和恩格斯的著名的《共产党宣言》②。这本书篇幅不多,价值却相当于多部巨著:它的精神至今还鼓舞着、推动着文明世界全体有组织的正在进行斗争的无产阶级。

_____

① 　见《马克思恩格斯文集》第 1 卷第 56—86 页。——编者注
② 　同上,第 2 卷第 3—67 页。——编者注

1848 年的革命首先在法国爆发,然后蔓延到西欧其他国家,于是马克思和恩格斯就回国了。他们在莱茵普鲁士主编在科隆出版的民主派的《新莱茵报》**8**。这两位朋友成了莱茵普鲁士所有革命民主意向的灵魂。他们尽一切可能保卫人民和自由的利益,使之不受反动势力的侵害。大家知道,当时反动势力获得了胜利。《新莱茵报》被迫停刊,马克思因侨居国外时丧失普鲁士国籍而被驱逐出境,而恩格斯则参加了人民武装起义,在三次战斗中为自由而战,在起义者失败后经瑞士逃往伦敦。

马克思也迁居伦敦。恩格斯不久又到他在 40 年代服务过的那家曼彻斯特商号去当办事员,后来又成了这家商号的股东。1870 年以前他住在曼彻斯特,马克思住在伦敦,但这并没有妨碍他们保持最密切的精神上的联系;他们差不多每天都通信。这两位朋友在通信中交换意见和知识,继续共同创立科学社会主义。1870 年恩格斯移居伦敦,直到 1883 年马克思逝世时为止,他们两人始终过着充满紧张工作的共同精神生活。这种共同的精神生活的成果,在马克思方面,是当代最伟大的政治经济学著作《资本论》,在恩格斯方面,是许多大大小小的作品。马克思致力于分析资本主义经济的复杂现象。恩格斯则在笔调明快、往往是论战性的著作中,根据马克思的唯物主义历史观和经济理论,阐明最一般的科学问题,以及过去和现在的各种现象。从恩格斯的这些著作中,我们举出下面几种:反对杜林的论战性著作(它分析了哲学、自然科学和社会科学中最重大的问题)①,《家庭、私有制和国家的

---

① 这是一部内容十分丰富、十分有益的书**22**。可惜只有概述社会主义发展史的那一小部分译成了俄文(《科学社会主义的发展》**23** 1892 年日内瓦第 2 版)。

起源》(俄译本1895年圣彼得堡第3版)①,《路德维希·费尔巴哈》(俄译本附有格·普列汉诺夫的注释,1892年日内瓦版)②,一篇论俄国政府对外政策的文章[24](俄译文刊登在日内瓦出版的《社会民主党人》[25]第1集和第2集上),几篇关于住宅问题的精彩文章[26],以及两篇篇幅虽小,但价值极大的论述俄国经济发展的文章(《弗里德里希·恩格斯论俄国》,维·伊·查苏利奇的俄译本,1894年日内瓦版)[27]。马克思还没有把他那部论述资本的巨著整理完毕就逝世了。可是,这部著作的草稿已经完成,于是恩格斯在他的朋友逝世后就从事整理和出版《资本论》第2卷和第3卷的艰巨工作。1885年他出版了第2卷,1894年出版了第3卷(他没有来得及把第4卷[28]整理好)。整理这两卷《资本论》,是一件很费力的工作。奥地利社会民主党人阿德勒说得很对:恩格斯出版《资本论》第2卷和第3卷,就是替他的天才朋友建立了一座庄严宏伟的纪念碑,无意中也把自己的名字不可磨灭地铭刻在上面了。的确,这两卷《资本论》是马克思和恩格斯两人的著作。古老传说中有各种非常动人的友谊故事。欧洲无产阶级可以说,它的科学是由这两位学者和战士创造的,他们的关系超过了古人关于人类友谊的一切最动人的传说。恩格斯总是把自己放在马克思之后,总的说来这是十分公正的。他在写给一位老朋友的信中说:"马克思在世的时候,我拉第二小提琴。"③他对在世时的马克思无限热爱,对去世后的马克思无限敬仰。这位严峻的战士和严正的思

---

① 见《马克思恩格斯文集》第4卷第13—198页。——编者注
② 同上,第261—313页。——编者注
③ 参看1884年10月15日恩格斯给贝克尔的信(《马克思恩格斯文集》第10卷第525页)。——编者注

想家,具有一颗深情挚爱的心。

1848—1849 年的运动以后,马克思和恩格斯在流亡中并没有只限于从事科学工作。马克思在 1864 年创立了"国际工人协会"**29**,并在整整十年内领导了这个协会。恩格斯也积极地参加了该协会的工作。"国际工人协会"依照马克思的意思联合全世界的无产者,它的活动对工人运动的发展起了巨大作用。就是在 70 年代"国际工人协会"解散后,马克思和恩格斯所起的团结的作用也没有停止。相反,他们作为工人运动精神领导者所起的作用,可以说是不断增长的,因为工人运动本身也在不断发展。马克思逝世以后,恩格斯一个人继续担任欧洲社会党人的顾问和领导者。无论是受政府迫害但力量仍然不断迅速增长的德国社会党人,或者是落后国家内那些还需仔细考虑斟酌其初步行动的社会党人,如西班牙、罗马尼亚和俄国的社会党人,都同样向恩格斯征求意见,请求指示。他们都从年老恩格斯的知识和经验的丰富宝库中得到教益。

马克思和恩格斯两人都懂俄文,都读俄文书籍,非常关心俄国的情况,以同情的态度注视俄国的革命运动,并一直同俄国的革命者保持联系。他们两人都是由**民主主义者**变成社会主义者的,所以他们**仇恨**政治专横的民主情感非常强烈。由于马克思和恩格斯具有这种直接的政治情感、对政治专横与经济压迫之间的联系的深刻理论认识以及丰富的生活经验,所以他们在**政治**方面异常敏感。因此,俄国少数革命者所进行的反对强大的沙皇政府的英勇斗争,总是得到这两位久经锻炼的革命家最表同情的反响。相反,那种为了虚幻的经济利益而离开争取政治自由这一俄国社会党人最直接最重要的任务的图谋,在他们看来自然是可疑的,他们甚至

紀念恩格斯

呵，怎樣一盞理智的明燈熄滅了啊！

呵，怎樣一偉大的心停止跳動了啊！

列寧

第二卷 第八九期合刊

要目
二十七年八月十三日出版

群眾週刊社
漢口府東五街一五〇號

列寧《弗里德里希·恩格斯》一文的中译文——《纪念恩格斯》，
载于 1938 年《群众》周刊第 2 卷第 8—9 期合刊

直截了当地认为这是背叛伟大的社会革命事业。"无产阶级的解放应当是无产阶级自己的事情"[30],——这就是马克思和恩格斯经常教导的。而无产阶级要争取经济上的解放,就必须争得一定的**政治**权利。此外,马克思和恩格斯都清楚地看到,俄国政治革命对于西欧的工人运动也会有巨大的意义。专制的俄国向来是欧洲一切反动势力的堡垒。1870 年的战争造成了德法之间长期的纷争,使俄国处于一种非常有利的国际地位,这当然只是增加了专制俄国这一反动力量的作用。只有自由的俄国,即既不需要压迫波兰人、芬兰人、德意志人、亚美尼亚人及其他弱小民族,也不需要经常挑拨德法两国关系的俄国,才能使现代欧洲摆脱战争负担而松一口气,才能削弱欧洲的一切反动势力,加强欧洲工人阶级的力量。因此,恩格斯为了西欧工人运动的胜利,也渴望俄国实现政治自由。俄国的革命者因恩格斯的逝世而失去了最好的朋友。

无产阶级的伟大战士和导师弗里德里希·恩格斯永垂不朽!

载于 1896 年《工作者》文集
第 1—2 期合刊

选自《列宁全集》中文第 2 版增订版
第 2 卷第 1—12 页

什么是"人民之友"以及
他们如何攻击社会民主党人？

(答《俄国财富》杂志反对马克思主义者的几篇文章）³¹（节选）

（1894 年春夏）

附　录　三

　　我所说的对马克思主义的狭隘理解,是指马克思主义者本身来说的。说到这一点,不能不指出,我国自由派和激进派在合法报刊上叙述马克思主义的时候,简直把马克思主义缩小和曲解得不成样子。这是什么叙述！真难以设想,要怎样糟蹋这个革命学说,才能使它躺到俄国书报检查机关的普罗克拉斯提斯床上³²！我国的政论家却掉以轻心,正在做这类手术:经他们叙述的马克思主义大概就成了这样一种学说,它说明在资本主义制度下,以私有者的劳动为基础的个人所有制,怎样经历着辩证的发展,怎样变为自己的否定,然后又怎样社会化。他们郑重其事地把马克思主义的全部内容纳入这一"公式",不谈它的社会学方法的一切特点,不谈阶级斗争学说,不谈研究的直接目的——揭露一切对抗和剥削形式,以帮助无产阶级来推翻这些形式。毫不奇怪,得出的必然是一种这样暗淡和狭隘的东西,以致我们的激进派也要为贫乏的俄国马克思主义者表示惋惜。当然啊！如果在俄国专制制度和俄国反动势力的横行时代，可以完整地、确切地和充分地叙述马克思主义，把马克思主义的结论彻底说出来，那么，俄国的专制制度和反动势力就不成其为专制制度和反动势力了！如果我国的自由派和激进派真的懂得马克思主义（即使是根据德文书刊），他们也许会羞于在受检查的报刊上这样糟蹋马克思主义。既然无法叙述这个理论，你们就免开尊口，或者交代一下，说你们远没有道出全部内容，说你们把最重要的东西都略去了。但为什么只叙述一些片断，却大喊大叫狭隘性呢？

要知道，这样只会闹出只有俄国才能有的笑话来，把一些根本不懂阶级斗争，不懂资本主义社会所固有的必然对抗，不懂这种对抗的发展，不懂无产阶级的革命作用的人算做马克思主义者；甚至把一些直接提出资产阶级方案的人，也算做马克思主义者，只要他们有时也说过"货币经济"及其"必然性"等等一类字眼就行，而承认这些字眼是马克思主义者专用的字眼，是需要有米海洛夫斯基先生那样的机智的。

马克思认为他的理论的全部价值在于这个理论"按其本质来说，它是批判的①和革命的"②。后一性质的确完全地和无条件地是**马克思主义**所固有的，因为这个理论公开认为自己的任务就是**揭露**现代社会的一切对抗和剥削形式，考察它们的演变，证明它们

---

① 请注意，马克思在这里说的是唯物主义的批判，他认为只有这种批判才是科学的批判，这种批判就是把政治、法律、社会和习俗等等方面的事实拿来同经济、生产关系体系，以及在一切对抗性社会关系基础上必然形成的各个阶级的利益加以对照。俄国的社会关系是对抗性的关系，这几乎是谁也不能怀疑的。可是还没有人试把这些关系当做根据来进行**这种**批判。

② 见《马克思恩格斯文集》第5卷第22页。——编者注

的暂时性和转变为另一种形式的必然性,**因而也就帮助无产阶级尽可能迅速地、尽可能容易地消灭任何剥削**。这一理论对世界各国社会主义者所具有的不可遏止的吸引力,就在于它把严格的和高度的科学性(它是社会科学的最新成就)同革命性结合起来,并且不仅仅是因为学说的创始人兼有学者和革命家的品质而偶然地结合起来,而是把二者内在地和不可分割地结合在这个理论本身中。实际上,这里直接地提出理论的任务、科学的目的就是帮助被压迫阶级去进行他们已在实际进行的经济斗争。

"我们并不向世界说:停止你那些斗争吧,它们都是愚蠢之举;我们要向世界喊出真正的斗争口号。"①

因而在马克思看来,科学的直接任务就是提出真正的斗争口号,也就是说,善于客观地说明这个斗争是一定生产关系体系的产物,善于**了解**这一斗争的必然性、它的内容、它的发展进程和条件。要提出"斗争口号",就必须十分详细地研究这一斗争的每种形式,考察它由一种形式转为另一种形式时的每一步骤,以便善于随时判定局势,不忽略斗争的总性质和总目的——完全地和彻底地消灭任何剥削和任何压迫。

试把"我国著名的"尼·康·米海洛夫斯基在他的"批评"中叙述过和攻击过的那套平庸的胡说,同马克思的"批判的和革命的"理论比较一下,你们就会感到惊异,怎么竟会有人认为自己是"劳动阶级的思想家",却又只限于……摆弄"磨光了的金币",——我国政论家抹去马克思理论的全部精华,就把它变成了这样的金币。

---

① 见《马克思恩格斯文集》第10卷第9页。——编者注

试把那些最初也想做劳动者思想家的我国民粹派的著作，即论述我国整个经济制度的历史和现状，包括农民的历史和现状的著作，同这个理论的要求比较一下，你们就会感到惊异，社会主义者怎么能满足于只是研究和描写灾难并就这种灾难进行说教的理论。农奴制度不是被看做产生了某种剥削、某些对抗阶级、某些政治和法律等等制度的一定经济组织形式，而只是被看做地主的横行霸道和对待农民的不公平。农民改革不是被看做某些经济形式和某些经济阶级的冲突，而是被看做尽管愿望极其善良但错误地"选择了""不正确道路"的长官的措施。改革后的俄国被说成是偏离正道因而给劳动者带来灾难，而不是有了某种发展的一定的对抗性生产关系体系。

不过，现在这个理论已经信誉扫地，这是不容置疑的，而俄国社会主义者越是迅速了解在现代知识水平上，不可能有马克思主义之外的革命理论，越是迅速集中他们的全部力量来把这个理论在理论上和实践上运用于俄国，革命工作的成功就会越可靠越迅速。

———

为了清楚地说明"人民之友"先生们号召知识分子从文化上影响"人民"来"创立"正常的真正的工业等等，是怎样败坏着现代"俄国贫乏的思想界"，我们且引证那些与我们的思想方式根本不同的人们，即民意党嫡系后裔的"民权党人"所作的评论。请看1894年"民权党"出版的小册子《迫切的问题》。

有一类民粹主义者说："不管怎样，即使在广泛自由的条件下，俄国也不应该放弃它的足以保证〈！〉劳动者在生产中的独立地位的经济组织。"他们还说："我们需要的不是政治改革，而是有步骤地、有计划地进行的经济改革。"民权党人给了这类民粹主义者有力的驳斥之后接着说：

"我们不是资产阶级的辩护人，更不是资产阶级理想的崇拜者，但是假如厄运要人民有所抉择：或者是在地方官热心保护下，实行'有计划的经济改革'，不受资产阶级的侵犯；或者是在政治自由基础上，也就是说，在**保证**人民能有组织地保护自己利益的条件下，使资产阶级存在，那么，我们认为人民选择后者是绝对有利的。现在我国并没有进行要取消人民的貌似独立的经济组织的'政治改革'，可是存在着到处都照例认为是资产阶级政策的东西，这种政策表现为极粗暴地剥削人民的劳动。现在我国既没有广泛的自由，也没有狭隘的自由，可是存在着各立宪国家的大地主和资本家已不再梦想追求的对等级利益的祖护。现在我国没有'资产阶级议会制度'，社会人士绝对不准参与国家管理，可是存在着要求政府用万里长城来防护自己利益的纳伊杰诺夫、莫罗佐夫、卡兹、别洛夫一流的先生，以及居然要1俄亩可以得到100卢布无息贷款的'我国忠诚贵族'。他们应邀参加各种委员会，他们讲什么，人们都洗耳恭听，他们的意见在国家经济生活的最重要的问题上起着决定性作用。可是，有谁在什么地方替人民说话呢？不就是那些地方官吗？不是正在为人民筹划成立农业劳动队吗？现在不是有人公然无耻地说，给人民份地只是为了要他们纳税和服役吗？沃洛格达省省长在他的通令中不就是这样说的吗？这位省长不过是表述和大声地说出了专制制度（或者正确些说，官僚专制制度）在自己的政策中必然实行的办法罢了。"

不管民权党人对"人民"（他们想要维护他们的利益）的看法，对"社会"（他们继续认为它是保护劳动利益的值得信任的机关）

的看法是怎样的模糊，无论如何不能不承认"民权党"的成立是前进了一步，而前进的方向，是要彻底抛弃"为祖国"寻找"另外的道路"的错觉和幻想，是要大胆承认现实的道路，并在这种道路的基础上寻找进行革命斗争的成分。这里明白地显露了要成立民主主义政党的意向。我只说"意向"，是因为可惜民权党人并没有始终不渝地贯彻他们的基本观点。他们仍在谈论要同社会主义者联合和结盟，而不愿了解：把工人卷入单纯的政治激进主义运动，不过是使工人知识分子脱离工人群众，使工人运动软弱无力，因为工人运动只有在各方面充分代表工人阶级利益的基础上，在同反资本仆役的政治斗争融合为一体的反资本的经济斗争的基础上，才能是强有力的。他们不愿了解：要达到一切革命分子"联合"的目的，最好是使各种利益的代表人物①分别组织起来，并由这个和那个政党在一定的场合采取共同行动。他们现在还把自己的党叫做"社会革命党"（见"民权党"1894年2月19日宣言），虽然他们以纯粹政治改革为限，小心翼翼地回避我国"可恶的"社会主义问题。一个这样热烈号召人们丢掉错觉的党，本来不应该在自己的"宣言"上一开头就给人造成错觉，本来不应该在只有**立宪主义**的地方谈论**社会主义**。可是，再说一遍，不注意民权党人是由民意党人而来的，就不能评价民权党人。因此不能不承认，他们用纯粹政治纲领来论证同社会主义无关的纯粹政治斗争，是前进了一步。

---

① 他们自己也反对相信知识分子的神通广大，他们自己也说必须使人民自己参加斗争。但为此必须把这个斗争同一定的日常利益联系起来，因而必须把各种利益区别开来并将它们分别引入斗争……如果拿一些只有知识分子才了解的赤裸裸的政治要求来遮掩这些不同的利益，那岂不是又向后倒退，又只限于仅仅是知识分子的斗争吗？而这种斗争的软弱无力是刚才承认过的。

社会民主党人竭诚希望民权党人获得成功,希望他们的党成长和发展起来,希望他们同那些站在现存经济制度的基地上①,其**日常**利益真正和**民主主义**有着极密切联系的社会分子更加密切地接近起来。

"人民之友"的调和主义的、畏首畏尾的、感伤幻想的民粹主义,将因遭到两面夹攻而无法长久支持下去:一方面是政治激进派攻击他们,因为他们居然对官僚表示信任,不了解政治斗争的绝对必要性;另一方面是社会民主党人攻击他们,因为他们虽然同社会主义毫不相干,根本不懂劳动者受压迫的原因和正在进行的阶级斗争的性质,却企图以几乎是社会主义者的名义出来说话。

1894 年胶印出版　　　　　　　选自《列宁全集》中文第 2 版增订版
　　　　　　　　　　　　　　　第 1 卷第 290—296 页

---

① 　（即资本主义制度的基地上），而不是站在必须否定这个制度和无情反对这个制度的基地上。

俄国资本主义的发展

大工业国内市场形成的过程[33]（节选）

（1895 年底—1899 年 1 月）

第 一 章

民粹派经济学家的理论错误

五　亚·斯密对资本主义社会中社会
　　总产品的生产和流通的观点以及
　　马克思对这些观点的批判

为了弄清实现的学说，我们应当从亚当·斯密谈起，因为这个问题的错误理论是他创立的，而在马克思以前的政治经济学中，这种错误理论完全占据统治地位。亚·斯密把商品价格只分成两部分：可变资本（照他的术语是工资）和额外价值（他没有把"利润"和"地租"并在一起，所以实际上他把商品价格总共算成三部分）。①

---

① **亚当·斯密**《国民财富的性质和原因的研究》1801 年第 4 版第 1 卷第 75 页。第 1 篇《论劳动生产力提高的原因和劳动产品在国民各阶层间进行分配的自然秩序》，第 6 章《论商品价格的组成部分》。比比科夫的俄译本（1866 年圣彼得堡版）第 1 卷第 171 页。

同样,他把全部商品,即社会的全部年产品也分成这样两部分,并把它们直接当做社会两个阶级——工人与资本家(斯密称做企业主和土地所有者)的"收入"。①

他究竟根据什么把价值的第三个组成部分即不变资本抛掉呢?亚当·斯密不可能不看到这一部分,但是他认为这一部分也该归在工资和额外价值中。下面就是他对这个问题的论断:"例如,在谷物的价格中,就有一部分支付土地所有者的地租,另一部分支付在谷物生产上使用的工人和役畜的工资或给养,第三部分支付租地农场主的利润。这三部分看来直接地或最终地构成谷物的全部价格。也许有人以为必须有第四个部分,用来补偿租地农场主的资本,或者说,补偿他的役畜和其他农具的损耗。但是必须考虑到,任何一种农具的价格,例如一匹役马的价格,本身又是由上述三个部分构成"(即地租、利润和工资)。"因此,谷物的价格虽然要补偿马的价格和给养费用,但全部价格仍然直接地或最终地分解为这三个部分:地租、工资和利润。"②马克思称斯密这个理论是"令人惊异的"。"他的证明不过是重复同一个论断而已"。(第2卷第366页)③斯密是在"把我们从本丢推给彼拉多**34**"(第2版第1卷第612页)④。斯密在谈到农具的价格**本身**分为这三个部分时,忘记加上一句:还有制造这些农具时所使用的那些生产资料的价格。亚·斯密(继他之后的经济学家们也一样)错误地把资本的不变部分从产品价格中排除掉,是同错误地理解资本主义

---

① 上引书第1卷第78页,俄译本第1卷第174页。
② 上引书第1卷第75—76页,俄译本第1卷第171页。
③ 见《马克思恩格斯文集》第6卷第414页。——编者注
④ 参看《马克思恩格斯文集》第5卷第681页。——编者注

经济中的积累,也就是同错误地理解扩大生产即额外价值之转化为资本有关的。亚·斯密在这里也抛掉了不变资本,认为所积累的即转化为资本的那部分额外价值完全为生产工人所消费,就是说完全用做工资,而事实上,积累的那部分额外价值是用做不变资本(生产工具、原料和辅助材料)加上工资的。马克思在《资本论》第1卷(第7篇《积累过程》第22章《剩余价值转化为资本》第2节《政治经济学关于规模扩大的再生产的错误见解》)中批判了斯密(以及李嘉图、穆勒等)的这个观点,并在那里指出:在第2卷中"将表明,亚·斯密的这个为他的一切后继者所继承的教条,甚至妨碍了政治经济学去了解社会再生产过程的最基本的结构"(第1卷第612页)[35]。亚当·斯密所以犯这个错误,是因为他把产品的价值和新创造的价值混同起来了:新创造的价值确实分为可变资本和额外价值,而产品的价值,则除此而外还包括不变资本。马克思在分析价值时就揭露了这个错误,他确定了创造新价值的抽象劳动和把早先存在的价值在新形态的有用产品中再生产出来的有用的具体劳动之间的区别①。

在解决资本主义社会中的国民收入问题时,阐明社会总资本的再生产和流通过程是非常必要的。特别值得注意的是:亚·斯密在谈到国民收入这个问题时,已经不能坚持他那个把不变资本从国家总产品中排除掉的错误理论了。"一个大国全体居民的总收入,包括他们的土地和劳动的全部年产品;纯收入是在先扣除固定资本的维持费用,再扣除流动资本的维持费用之后,余下供他们使用的部分,或者说,是他们不占用资本就可以列入消费储备或用

---

① 参看《马克思恩格斯文集》第5卷第232—234页。——编者注

于生活必需品、舒适品和享乐品的部分。"(亚·斯密的书第 2 篇
《论储备之本性、积累和使用》第 2 章,第 2 卷第 18 页;俄译本第 2
卷第 21 页)这样,亚·斯密把资本从国家总产品中排除掉,断定
它分解为工资、利润和地租,即(纯)收入;可是他却把资本包括在
社会总收入中,把它同消费品(=纯收入)分开。马克思就抓住了
亚当·斯密的这个矛盾:既然**资本**不包括在**产品**中,**资本**又怎么能
包括在**收入**中呢? (参看《资本论》第 2 卷第 355 页)①在这里,亚
当·斯密自己不知不觉地承认了总产品价值的三个组成部分:不
仅有可变资本和额外价值,而且还有不变资本。在接下去的议论
中,亚当·斯密遇到了另一个在实现论中有巨大意义的极重要的
区别。他说:"维持固定资本的全部费用,显然要从社会纯收入中
排除掉。无论是为维持有用机器、生产工具和有用建筑物等等所
必需的原料,**还是为使这些原料转化为适当的形式所必需的劳动
的产品,从来都不可能成为社会纯收入的一部分**。这种劳动的价
格,当然可以是社会纯收入的一部分,因为从事这种劳动的工人,
可以把他们工资的全部价值用在他们的直接的消费储备上。"但
是在其他各种劳动中,不论是(劳动)"价格","或者是"(劳动)
"产品","都加入这个消费储备;价格加入工人的消费储备,产品
则加入另一些人的消费储备。"(上引亚·斯密的书)这里透露出
必须把两种劳动区分开来的想法:一种劳动提供能够加入"纯收
入"的消费品;另一种劳动提供"有用机器、生产工具和建筑物等
等",即提供那些决不能加入个人消费的物品。由此,他已经近于
承认,要阐明实现问题就绝对必须区分两种消费:个人消费和生产

---

① 参看《马克思恩格斯文集》第 6 卷第 402—404 页。——编者注

消费(=投入生产)。纠正了斯密的上述两点错误(从产品价值中抛掉不变资本,把个人消费和生产消费混同起来),才使马克思有可能建立起他的关于资本主义社会中社会产品实现的卓越理论。

至于说到亚当·斯密之后和马克思之前的其他经济学家,他们全都重复了亚当·斯密的错误①,并没有前进一步。因此,在关于收入的种种学说中充满着多么糊涂的观念,这一点,我们还要在下面谈到。在关于是否可能发生整个商品生产过剩的争论中,站在一方的李嘉图、萨伊、穆勒等人和站在另一方的马尔萨斯、西斯蒙第、查默斯、基尔希曼等人,所依据的都是斯密的错误理论,因此,按谢·布尔加柯夫先生公正的评论来说就是:"由于出发点不正确和问题本身的提法不正确,这种争论只会导致空洞的和烦琐的争吵。"(上引书第 21 页。见杜冈-巴拉诺夫斯基对这些争吵的叙述:《现代英国的工业危机及其原因和对人民生活的影响》1894年圣彼得堡版第 377—404 页)

六　马克思的实现论

从以上所述自然可以看出,马克思的理论所依据的基本前提是下面两个原理。第一个原理,资本主义国家的总产品和个别产品一样,是由下面三个部分组成的:(1)不变资本,(2)可变资本,(3)额外价值。对了解马克思的《资本论》第 1 卷关于资本生产过

---

①　例如,李嘉图断言:"每个国家的土地和劳动的全部产品都分为三部分:其中一部分用做计件工资,另一部分用做利润,第三部分用做地租。"(《李嘉图全集》季别尔译本 1882 年圣彼得堡版第 221 页)

程的分析的人来说,这个原理是不言而喻的。第二个原理,必须区分资本主义生产的两大部类:第 I 部类是生产资料的生产,即用于生产消费、用于投入生产的物品的生产,不是由人消费而是由资本消费的物品的生产;第 II 部类是消费品的生产,即用于个人消费的物品的生产。"仅仅这一划分,就比早先关于市场理论的一切争吵更有理论意义。"(上引布尔加柯夫的书第 27 页)于是发生了一个问题:为什么正是在现在,在分析社会资本再生产时,需要把产品按其实物形式作这样的划分,而在分析单个资本的生产和再生产时,却可以不作这样的划分,根本不谈产品的实物形式问题呢? 根据什么,我们能把产品的实物形式问题纳入完全建立在产品交换价值上的资本主义经济的理论研究中去呢? 问题是:在分析单个资本的生产时,关于产品在哪里和怎样出售,工人在哪里和怎样购买消费品,以及资本家在哪里和怎样购买生产资料的问题被撇开了,因为这个问题无助于这种分析并且与这种分析无关。那时我们所考察的只是各个生产要素的价值和生产的结果问题。而现在的问题正在于:工人和资本家从哪里获得自己的消费品? 资本家从哪里获得生产资料? 生产出来的产品怎样满足这些需求和怎样使扩大生产成为可能? 因而这里不仅是"价值补偿,而且是物质补偿"(Stoffersatz。——《资本论》第 2 卷第 389 页)①,因此把各种在社会经济过程中起着完全不同作用的产品加以区分,是绝对必要的。

如果注意到这些基本原理,资本主义社会中社会产品的实现问题就没有什么困难了。首先假定是简单再生产,即生产过程在

---

① 见《马克思恩格斯文集》第 6 卷第 438 页。——编者注

原有规模上的重复,没有积累。显而易见,第 II 部类的(以消费品形式存在的)可变资本和额外价值,是由本部类的工人和资本家的个人消费来实现的(因为简单再生产的前提就是剩余价值全部消费掉,任何一部分剩余价值都不转化为资本)。其次,以生产资料形式存在的(第 I 部类)可变资本和额外价值,必须交换成供制造生产资料的资本家和工人所需的消费品才能实现。另一方面,以消费品形式存在的(第 II 部类)不变资本,只有交换成生产资料,以便下年度重新投入生产才能实现。这样一来,生产资料中的可变资本和额外价值同消费品中的不变资本进行了交换:生产资料部类中的工人和资本家因而获得生活资料,而消费品部类中的资本家则销售了自己的产品并获得进行新的生产的不变资本。在简单再生产的条件下,这些交换部分应当彼此相等,即生产资料中的可变资本与额外价值之和应该等于消费品中的不变资本。相反,如果假定是规模扩大的再生产,就是说有积累,那么前者就应该大于后者,因为必须有生产资料的多余部分来开始**新的**生产。不过我们还是回过来谈简单再生产。我们这里还有一部分社会产品没有得到实现,这就是生产资料中的不变资本。它的实现,部分是通过本部类的资本家之间的交换(例如煤和铁的交换,因为其中每一种产品都是生产另一种产品所必需的材料或工具),部分是通过直接投入生产(例如,为在本企业中重新用于采煤而开采的煤,农业中的种子等等)。至于积累,正如我们所知道的,其来源是生产资料的剩余(它们取自本部类资本家的额外价值),这种剩余也要求消费品中的部分额外价值转化为资本。这种追加生产怎样同简单再生产结合的问题,我们认为无须详加考察。我们的任务并不是专门考察实现论,而为了说明民粹派经济学家的错误,为了能对国内市场问题作出一定的理论结论,上面所说的就已经足够了。①

在我们所关心的国内市场问题上,从马克思的实现论中得出的主要结论如下:资本主义生产的扩大,因而也就是国内市场的扩大,与其说是靠消费品,不如说是靠生产资料。换句话说,生产资料的增长超过消费品的增长。事实上我们看到,消费品(第 II 部类)中的不变资本是在同生产资料(第 I 部类)中的可变资本+额外价值进行交换。但是,按照资本主义生产的一般规律,不变资本比可变资本增长得快。因而,消费品中的不变资本应该比消费品中的可变资本和额外价值增长得快,而生产资料中的不变资本应该增长得最快,它既要超过生产资料中的可变资本(+额外价值)的增长,也要超过消费品中的不变资本的增长。因此,制造生产资料的社会生产部类应该比制造消费品的社会生产部类增长得快。可见,资本主义国内市场的扩大,在某种程度上并"不依赖"个人消费的增长,而更多地靠生产消费。

---

① 参看《资本论》第 2 卷第 3 篇(《马克思恩格斯文集》第 6 卷第 389—397 页。——编者注),本篇详细地研究了积累、消费品之分为必需品与奢侈品、货币流通、固定资本的损耗等等。对没有机会阅读《资本论》第 2 卷的读者,可向他们推荐上引谢·布尔加柯夫先生书中关于马克思的实现论的叙述。布尔加柯夫先生的叙述较米·杜冈-巴拉诺夫斯基先生的叙述(《现代英国的工业危机及其原因和对人民生活的影响》第 407—438 页)令人满意,因为杜冈-巴拉诺夫斯基先生在制定自己的图式时很不恰当地背离了马克思,并且对马克思的理论说明得不够;布尔加柯夫先生的叙述也较亚·斯克沃尔佐夫先生的叙述(《政治经济学原理》1898 年圣彼得堡版第 281—295 页)令人满意,因为亚·斯克沃尔佐夫先生在关于利润和地租这些十分重要的问题上持有不正确的观点。

但是,如果把这种"不依赖性"理解为生产消费完全脱离个人消费,那就错了:前者能够而且也应该比后者增长得快(其"不依赖性"也仅限于此);但是不言而喻,生产消费最终总是同个人消费相关联的。马克思对这一点说道:"正如我们以前已经说过的(第2卷第3篇)①,不变资本和不变资本〈马克思指的是经本部类资本家之间交换而实现的生产资料中的不变资本〉之间会发生不断的流通……这种流通就它从来不会加入个人的消费来说,首先不以个人消费为转移,但是它最终要受个人消费的限制,因为不变资本的生产,从来不是为了不变资本本身而进行的,而只是因为那些生产个人消费品的生产部门需要更多的不变资本。"(《资本论》第3卷第1部分第289页,俄译本第242页)②

这里所谓更多地使用不变资本,不过是用交换价值的术语来表达生产力的高度发展,因为迅速发展的"生产资料"的主要部分,是由大生产和机器工业所需要的材料、机器、工具、建筑物和其他一切装备组成的。因此,资本主义生产在发展社会生产力,创立大生产和机器工业时,其特点就是特别扩大由生产资料所组成的那部分社会财富,这是十分自然的……"在这里〈即在制造生产资料方面〉,资本主义社会和野蛮人的区别,并不像西尼耳所认为的那样,仿佛野蛮人的特权和特性是有时耗费自己的劳动而不能使他获得任何可以分解为(转化为)收入即消费资料的果实。区别在于:

---

① 参看《马克思恩格斯文集》第6卷第470—473、478—483页。——编者注
② 同上,第7卷第340页。——编者注

（a）资本主义社会把它所支配的年劳动的较大部分用来生产生产资料（即不变资本），而生产资料既不能以工资形式也不能以剩余价值形式分解为收入，而只能作为资本执行职能。

（b）野蛮人在制作弓、箭、石槌、斧子、筐子等等的时候，非常明确地知道，他所花的时间不是用来生产消费资料的，也就是说，是用来满足他对生产资料的需要的，仅此而已。"（《资本论》第2卷第436页，俄译本第333页）①对自己同生产的关系的这种"明确的认识"，在资本主义社会中则丧失殆尽，因为资本主义社会固有的拜物教把人的社会关系表现为产品关系，因为每一种产品都变成了为不知道的消费者生产和必须在不知道的市场上实现的商品。因为对个别企业主来说，他所生产的物品的**种类**完全无关紧要（一切产品都提供"收入"），所以这种肤浅的、单个人的观点就被经济理论家用来说明整个社会，并且阻碍了认识资本主义经济中社会总产品的再生产过程。

生产的发展（因而也是国内市场的发展）主要靠生产资料，看来是令人难以置信的，并且显然是有矛盾的。这是真正的"为生产而生产"，就是说生产扩大了，而消费没有相应地扩大。但这不是理论上的矛盾，而是实际生活中的矛盾；这正是一种同资本主义的本性本身和这个社会经济制度的其他矛盾相适应的矛盾。正是这种生产扩大而消费没有相应扩大的现象，才符合于资本主义的历史使命及其特有的社会结构，因为资本主义的历史使命是发展社会生产力，而资本主义特有的社会结构却不让人民群众利用这些技术成就。在资本主义固有的无限制扩大生产的趋向和人民群

---

① 　见《马克思恩格斯文集》第6卷第489页。——编者注

众有限的消费(所以是有限的,是因为他们处于无产阶级地位)之间,存在着明显的矛盾。马克思在一些原理中也确认了这种矛盾,而民粹派却喜欢用这些原理来论证他们所谓国内市场在缩小、资本主义不先进等等的观点。下面是其中的几个原理:"资本主义生产方式中的矛盾:工人作为商品的买者,对于市场来说是重要的。但是作为他们的商品——劳动力——的卖者,资本主义社会的趋势是把它的价格限制在最低限度。"(《资本论》第2卷第303页)①

"……实现……条件……受不同生产部门的比例和社会消费力的限制…… 生产力越发展,它就越和消费关系的狭隘基础发生冲突。"(同上,第3卷第1部分第225—226页)②"以广大生产者群众的被剥夺和贫穷化为基础的资本价值的保存和增殖,只能在一定的限制以内运动,这些限制不断与资本为它自身的目的而必须使用的并旨在无限制地增加生产,为生产而生产,无条件地发展劳动社会生产力的生产方法相矛盾…… 因此,如果说资本主义生产方式是发展物质生产力并且创造同这种生产力相适应的世界市场的历史手段,那么,这种生产方式同时也是它的这个历史任务和同它相适应的社会生产关系之间的经常的矛盾。"(第3卷第1部分第232页,俄译本第194页)③"一切现实的危机的最终原因,总是群众的贫穷和他们的消费受到限制,而与此相对比的是,资本主义生产竭力发展生产力,好像只有社会的绝对的消费能力

---

① 见《马克思恩格斯文集》第6卷第350页。——编者注
② 同上,第7卷第272—273页。——编者注
③ 同上,第7卷第278—279页。——编者注

才是生产力发展的界限。"①(第 3 卷第 2 部分第 21 页,俄译本第 395 页)②在所有这些原理中,只不过是确认了上面讲的无限制扩大生产的趋向和有限的消费之间的矛盾而已。③ 如果从《资本论》的这些地方得出结论,说什么马克思不认为资本主义社会有实现额外价值的可能,说什么他用消费不足来解释危机等等,那就是再荒谬不过的了。马克思在分析实现时指出:"不变资本和不变资本之间……的流通最终要受个人消费的限制"④;但是这个分析也指出了这种"限制"的真正性质,指出了消费品在国内市场形成过程中的作用要比生产资料小些。其次,如果从资本主义的种种矛盾中得出结论说,资本主义是不可能的和不进步的等等,那就是再荒谬不过的了,——这是想逃避不愉快的但却是明显的现实,而躲

---

① 有名的(有赫罗斯特拉特名声的**36**)爱·伯恩施坦在其《社会主义的前提》(1899 年斯图加特版第 67 页)中引证的正是这一段。自然,我们这位从马克思主义转到旧资产阶级经济学的机会主义者赶紧声明说,这是马克思的危机论中的矛盾,马克思这种观点"同洛贝尔图斯的危机论没有多大区别"。而事实上,"矛盾"仅存在于下边两个方面之间:一方面是伯恩施坦的自负,另一方面是他的荒谬的折中主义和对马克思理论的不求甚解。伯恩施坦是何等地不懂得实现论,这从他十分可笑的议论中可以看出,似乎剩余产品的大量增长**必然**是有产者人数的增加(或者是工人生活福利的提高),因为请看,资本家本身及其"仆役"(原文如此! 第 51—52 页)是不能把全部剩余产品都"消费"掉的!!**(第 2 版注释)**

② 见《马克思恩格斯文集》第 7 卷第 548 页。——编者注

③ 杜冈-巴拉诺夫斯基先生的看法是错误的,他认为马克思提出的这些原理同马克思自己对实现的分析相矛盾(1898 年《世间》杂志**37**第 6 期第 123 页《资本主义与市场》一文)。在马克思那里并没有什么矛盾,因为他在分析实现时就已指出了生产消费和个人消费的联系。

④ 参看《马克思恩格斯文集》第 7 卷第 340 页。——编者注

到虚无缥缈的浪漫主义幻想中去。无限制扩大生产的趋向和有限的消费之间的矛盾并不是资本主义唯一的矛盾,而资本主义没有矛盾就根本不能存在和发展。资本主义的种种矛盾,证明了它的历史暂时性,说明了它瓦解和向高级形态转化的条件和原因,——但这些矛盾决不排除资本主义的可能性,也决不排除它与从前各种社会经济制度相比起来的进步性。①

第 八 章
国内市场的形成

六　资本主义的"使命"

最后,我们还要对著作界称之为资本主义的"使命"问题,即资本主义在俄国经济发展中的历史作用问题作出总结。承认这种作用的进步性,与完全承认资本主义的消极面和黑暗面,与完全承认资本主义所必然具有的那些揭示这一经济制度的历史暂时性的深刻的全面的社会矛盾,是完全一致的(我们在叙述事实的每一阶段上都力求详细指明这一点)。正是民粹派竭尽全力把事情说成这样,仿佛承认资本主义的历史进步性就是充当资本主义的辩护人,正是他们犯了过低估计(有时是抹杀)俄国资本主义最深刻的矛盾的毛病,他们掩盖农民的分化、我国农业演进的资本主义性

---

① 参看《评经济浪漫主义。西斯蒙第和我国的西斯蒙第主义者》。(《列宁全集》中文第2版增订版第2卷。——编者注)

质、具有份地的农村雇佣工人与手工业雇佣工人阶级的形成,掩盖资本主义最低级最恶劣的形式在著名的"手工"工业中完全占优势的事实。

资本主义的进步的历史作用,可以用两个简短的论点来概括:社会劳动生产力的提高和劳动的社会化。但这两个事实是在国民经济各个部门的各种极不相同的过程中表现出来的。

社会劳动生产力的发展,只有在大机器工业时代才会十分明显地表现出来。在资本主义这个高级阶段以前,还保持着手工生产与原始技术,这种技术的进步纯粹是自发的,极端缓慢的。改革后的时代,在这方面与以前各个俄国历史时代截然不同。浅耕犁与连枷、水磨与手工织布机的俄国,开始迅速地变为犁与脱粒机、蒸汽磨与蒸汽织布机的俄国。资本主义生产所支配的国民经济各个部门,没有一个不曾发生这样完全的技术改革。这种改革的过程,根据资本主义的本质,只能通过一系列的不平衡与不合比例来进行:繁荣时期被危机时期所代替,一个工业部门的发展引起另一工业部门的衰落,农业的进步在一个区域包括农业的一方面,在另一区域则包括农业的另一方面,工商业的增长超过农业的增长,等等。民粹派著作家的许多错误,都来源于他们企图证明这种不合比例的、跳跃式的、寒热病似的发展不是发展。①

---

① "我们看一看……即使我们把英国沉入海底并取其地位而代之,资本主义的进一步发展究竟能带给我们什么东西。"(尼·—逊先生《概况》第 210 页)英国和美国的棉纺织工业,满足了世界消费的$\frac{2}{3}$,其所雇用的工人仅有 60 余万。"由此可见,即使我们获得了最大一部分的世界市场……资本主义也还不能够使用它现在正不断使之丧失职业的全部劳动力。事实上,与几百万整月整月坐着没有事干的农民比较起来,英国和美国的区区 60 万工人又算得了什么呢。"(第 211 页)

资本主义所造成的社会生产力发展的另一特点,是生产资料(生产消费)的增长远远超过个人消费的增长。我们不止一次地指出了这个现象在农业与工业中是怎样表现出来的。这个特点是从资本主义社会中产品实现的一般规律所产生的,是与这个社会的对抗性质完全适应的。①

资本主义所造成的劳动社会化,表现在下列过程中。第一,商品生产的增长本身破坏自然经济所固有的小经济单位的分散性,并把小的地方市场结合成为广大的国内市场(然后结合成为世界市场)。为自己的生产变成了为整个社会的生产;资本主义愈高度发展,生产的这种集体性与占有的个人性之间的矛盾就愈剧烈。第二,资本主义在农业中和工业中都造成了空前未有的生产集中

"以前有历史,现在没有了。"以前,纺织工业中资本主义发展的每一步,都伴随着农民的分化,商业性农业及农业资本主义的增长,人口的离开农业而转入工业,"成百万农民的"转入建筑业、木材业及其他各种非农业的雇佣劳动,大批人口的迁移到边疆地区,以及这些边疆地区的变为资本主义市场。然而这一切都只是以前的事情,现在不再有这类事情了!

① 对生产资料的意义的忽视和对"统计"缺乏分析的态度,使尼·—逊先生作出下述经不住任何批判的论断:"……在加工工业部门中,整个〈!〉资本主义生产所产生的新的价值,最多不会超过4—5亿卢布。"(《概况》第328页)尼·—逊先生以三分税和摊派税的资料作为这个计算的根据,没有想一想这类资料能否包括"加工工业部门中的全部资本主义生产"。此外,他采用了未包括(根据他自己的话)采矿工业的资料,并且只把额外价值与可变资本算做"新价值"。我们的理论家忘记了,在生产个人消费品的工业部门中,不变资本**对于社会**也是新价值,同制造生产资料的工业部门(采矿工业、建筑业、木材业、铁路建筑等等)中的可变资本与额外价值进行交换。如果尼·—逊先生不把"工厂"工人人数与加工工业中按资本主义方式被雇用的工人总数混淆起来,那么他就会容易看出自己计算的错误。

以代替过去的生产分散。这是我们所考察的资本主义特点的最明显和最突出的但决非唯一的表现。第三,资本主义排挤人身依附形式,它们是以前的经济制度不可缺少的组成部分。俄国资本主义的进步性,在这方面表现得特别显著,因为生产者的人身依附,在我国不仅曾经存在(在某种程度上现在还继续存在)于农业中,并且还存在于加工工业(使用农奴劳动的"工厂")、采矿工业及渔业中①等等。与依附的或被奴役的农民的劳动比起来,自由雇佣工人的劳动在国民经济一切部门中是一种进步的现象。第四,资本主义必然造成人口的流动,这种人口流动是以前各种社会经济制度所不需要的,在这些经济制度下也不可能有较大的规模。第五,资本主义不断减少从事农业的人口的比例(在农业中最落后的社会经济关系形式始终占着统治地位),增加大工业中心数目。第六,资本主义社会扩大居民对联盟、联合的需要,并使这些联合具有一种与以前的各种联合不同的特殊性质。资本主义破坏中世纪社会狭隘的、地方的、等级的联盟,造成剧烈的竞争,同时使整个社会分裂为几个在生产中占着不同地位的人们的大集团,大大促进了每个这样的集团内部的联合。② 第七,上述一切由资本主义

---

① 例如,在俄国渔业主要中心之一的摩尔曼斯克沿岸,"古老的"与真正"万古神圣的"经济关系形式,就是在 17 世纪已经完全形成而直到最近差不多没有改变的"分成制"**38**。"分成制渔工同其主人的关系并不只限于捕鱼的时候;相反,这些关系包括了分成制渔工的一生,他们终身在经济上依附自己的主人。"(《俄国劳动组合材料汇编》1874 年圣彼得堡版第 2 编第 33 页)幸而资本主义在这个部门中大概"对自己过去的历史抱着轻蔑的态度"。"垄断……正被使用自由雇佣工人捕鱼的资本主义组织所代替。"(《俄国的生产力》第 5 编第 2—4 页)

② 参看《评论集》第 91 页脚注 85;第 198 页。(《列宁全集》中文第 2 版增订版第 2 卷第 208、332—334 页。——编者注)

列宁《俄国资本主义的发展》一书的几种较早中译本和收载
这一著作的 1942 年解放社版《列宁选集》第 1 卷封面

所造成的旧经济制度的改变,必然也会引起人们精神面貌的改变。经济发展的跳跃性,生产方式的急剧改革及生产的高度集中,人身依附与宗法关系的一切形式的崩溃,人口的流动,大工业中心的影响等等,——这一切不能不引起生产者性格的深刻改变,而俄国调查者们有关这方面的观察,我们已经指出过了。

我们再来谈谈民粹派经济学。我们曾经不断同这一经济学的代表人物进行论战,现在可以把我们与他们的意见分歧的原因概述如下。第一,民粹派对正在俄国进行的资本主义发展过程的理解,以及他们对俄国资本主义以前的经济关系结构的观念,我们不能不认为是绝对错误的,而且在我们看来,特别重要的是他们忽视农民经济(不论是农业的或手工业的)结构中的资本主义矛盾。其次,至于说到俄国资本主义发展快慢的问题,那么这完全要看把这种发展同什么东西相比较。如果把俄国前资本主义时代同资本主义时代作比较(而这种比较正是正确解决问题所必要的),那就必须承认,在资本主义下,社会经济的发展是非常迅速的。如果把这一发展速度与现代整个技术文化水平之下所能有的发展速度作比较,那就确实必须承认,俄国当前的资本主义发展是缓慢的。它不能不是缓慢的,因为没有一个资本主义国家内残存着这样多的旧制度,这些旧制度与资本主义不相容,阻碍资本主义发展,使生产者状况无限制地恶化,而生产者"不仅苦于资本主义生产的发展,而且苦于资本主义生产的不发展"①。最后,我们与民粹派的意见分歧的最深刻原因,可以说是对社会经济过程基本观点的不同。在研究社会经济过程时,民粹派通常作这种或那种道德上的

① 见《马克思恩格斯文集》第 5 卷第 9 页。——编者注

结论;他们不把各种生产参加者集团看做是这种或那种生活形式的创造者;他们的目的不是把社会经济关系的全部总和看做是利益不同与历史作用各异的这些集团间的相互关系的结果……　如果本书作者能为阐明这些问题提供若干材料,那么他就可以认为自己的劳动不是白费的了。

1899 年 3 月底印成单行本　　　　　　选自《列宁全集》中文第 2 版增订版

　　　　　　　　　　　　　　　　　第 3 卷第 29—42、549—553 页

俄国社会民主党人抗议书³⁹

（1899 年 8 月）

<blockquote>

某地①17 个社会民主党人举行会议，

一致通过如下的决议，并决定把它公布，

交全体同志讨论

</blockquote>

近来，俄国社会民主党人中间出现了一种离开俄国社会民主党基本原则的倾向，即离开由党的创始人和先进战士们——"劳动解放社"**40**成员宣布过，又由 90 年代俄国工人组织的社会民主主义出版物宣布过的原则的倾向。下面所引的《信条》，旨在表明某些（所谓的"青年派"）俄国社会民主党人的基本观点，它试图系统而明确地叙述"新观点"。这个《信条》的全文如下。

西欧存在过行会和工场手工业时期，这深刻地影响了后来的全部历史，特别是社会民主党的历史。资产阶级必须争得自由的形式和力求摆脱束缚生产的行会规章，所以它（资产阶级）就成了革命的因素；它在西欧各国都是从主张 liberté，fraternité，égalité（自由、博爱、平等），从争取自由的政治形式开始活动的。但是，正如俾斯麦所说的，它争得了这种形式，却给了自己的对手即工人阶级一张将来必须兑现的期票。在西欧，工人阶级作为一个阶级，几

---

① 《工人事业》杂志的抽印本增加了"（俄国境内）"几个字。——俄文版编者注

乎在任何地方都没有争得过民主制度,而只是坐享其成。有人可能会反驳我们,说工人阶级参加过革命。但是从历史上加以考证就会推翻这种意见,因为正当1848年西欧确立宪法的时候,工人阶级还只是城市手工业者,还只是小市民民主派;工厂无产阶级当时几乎还不存在,而大生产中的无产阶级(如霍普特曼所描写的德国织工,以及里昂的织工),还是一群粗野的人,只会骚动,根本不能提出什么政治要求。1848年的宪法可以直言不讳地说是由资产阶级和小市民、手艺匠争得的。另一方面,工人阶级(手艺匠与手工工场工人,印刷工,织工,钟表匠等等)从中世纪起,就习惯于参加各种组织,参加互助储金会、宗教团体等等。西欧熟练工人中间至今还保持着这种组织精神,这也就使他们同工厂无产阶级有很大的不同,因为要组织工厂无产阶级既很难又很慢,他们只能加入所谓 lose Organisation(临时组织),而不能参加定有规章的永久性组织。这些手工工场的熟练工人就是社会民主党的核心。结果就形成了这样一种局面:一方面,比较容易和完全可能进行政治斗争,另一方面,又有可能把那些在工场手工业时期受到训练的工人吸收来有计划地组织这个斗争。在这种背景下,西欧就形成了理论的和实践的马克思主义。它以议会政治斗争为出发点,其前途(只在表面上近似布朗基主义,成因的性质则完全不同)一方面是夺取政权,另一方面是 Zusammenbruch(崩溃)。马克思主义是当时流行的那种实践在理论上的表现,即比经济斗争占优势的政治斗争在理论上的表现。在比利时、法国,特别是在德国,工人组织政治斗争非常容易,而组织经济斗争则感到困难重重,意见纷纭。直到现在,经济组织与政治组织比较起来(除开英国不说),仍然异常薄弱,极不稳定,到处都laissent à désirer quelque chose(尚嫌不足)。在政治斗争的精力尚未消耗殆尽之前,Zusammenbruch 曾是一个必要的、起组织作用的 Schlagwort(流行提法),它本应起巨大的历史作用。在研究工人运动时所能得出的基本规律就是阻力最小的路线。在西欧,这样的路线就是政治活动,而《共产党宣言》表述出来的那种马克思主义,是运动当时所应采取的最合适不过的形式。但是,由于目前政治活动的精力已经消耗殆尽,政治运动已经搞得过于紧张,以至难以进展,甚至无法进展(近来选票数目增长得很慢,集会的群众情绪冷淡,书报上的论调低沉),另一方面,由于议会活动软弱无力,以及无组织的和几乎无法组织的工厂无产阶级愚昧群众走上舞台,所以,在西欧造成了现在称为伯恩施坦主义的东西,造成了马克思主义的危机。工人运动从《共产党宣言》发表时起到伯恩施坦主义出现时止的发展时期是一种最合事物逻辑的进程,把这全部进程加以细心研究,就能像天文学家那样准确地断定这个"危机"的结局。这里说的当然不是伯恩施坦主义的成败问题,因为这并没有多大意义;这里说的是党内早已逐渐发生的实际活动方面的根本变化。

这种变化不仅使党更加努力进行经济斗争,巩固经济组织,并且最重要的是促使党改变对其他反对派政党的态度。固执己见的马克思主义,否定一切的马克思主义,原始的马克思主义(对于社会阶级的划分持过分死板的看法),将让位于民主主义的马克思主义,而党在现代社会中的社会地位也就会发生急剧的变化。党**将承认**社会;党的狭隘小团体的、多半是宗派主义性的任务,将扩大为社会的任务,而它的夺取政权的意图,就会变成适应现代实际情况和根据民主原则改变或改良现代社会的意图,以求最有效最充分地保护劳动阶级的权利(各种各样的权利)。"政治"这一概念的内容,就会扩大得具有真正的社会意义,而目前的一些实际要求就会具有更大的分量,就会引起比以前更大的注意。

从上面关于西欧工人运动发展进程的概述中,不难得出对于俄国的结论。我们这里阻力最小的路线,绝对不在政治活动方面。不堪忍受的政治压迫虽然使人们不得不时常谈到这种压迫,并专心注意这个问题,但是它却始终不会推动人们采取实际行动。在西欧,力量薄弱的那部分工人,一卷入政治活动就其中成长壮大起来,我国的情形却与此相反,力量薄弱的工人面对很沉重的政治压迫,不仅没有什么实际的办法来同这种压迫作斗争,从而求得本身的发展,而且还经常为这种政治压迫所窒息,甚至发不出纤弱的幼芽。更何况我国工人阶级又不像西欧战士那样具有组织精神的传统,所以我们这里的情景将会十分悲惨,连那些认为每增加一个工厂烟囱就是一件莫大幸事的最乐观的马克思主义者也会感到沮丧。进行经济斗争也很困难,极其困难,但它终究还是可能进行的,并且群众自己也已经在实际进行了。俄国工人既然能在经济斗争中学习如何组织,并能时时刻刻在这个斗争中触及政治制度问题,他们就终究会建立起称得上工人运动形式的一种东西,建立起某个或某些最适合俄国实际情况的组织。现在可以肯定地说,俄国工人运动还处在原始状态中,还没有建立起任何形式。罢工运动有各种各样的组织形式,因此还不能称为俄国运动的固定形式,至于不合法组织,单从数量来看,也是不值得注意的(更不必说这种组织在现时条件下有什么益处了)。

情形就是这样。此外,还有饥荒和农村破产现象助长着破坏罢工的行为,因而也就更难把工人群众的文化水平提到比较过得去的程度……试问,俄国马克思主义者究竟能有什么办法呢?!关于独立工人政党的议论,无非是把他人的任务,把他人的成绩搬到我国土地上来的结果。俄国马克思主义者现在还处在一种可怜的状态。他们现在的实际任务还很渺小,而他们的理论知识——由于**不是用做研究的工具**,而是当做活动的公式,——甚至对执行这些渺小的实际任务也没有什么价值。而且,从他人手中接过来的这些公式,从实践的意义来说也是有害的。我国马克思主义者忘记了西欧工人阶级是在已经打扫干净的政治活动场所行动的,因此也就过分藐视了其他一切非工人的社会阶层所进行的激进主义或自由主义反对派的活动。只要有人对带有自由主义政治性质的社会现象稍表关注,正统派马克思主义者就会表示反对,他们忘记了,许多历史条件使我们不能成为西欧那种马克思主义者,而要求我们拿出另一种马克思主义,一种适合俄国条件并为俄国条件所需要的马克思主义。每个俄国公民都缺乏政治感觉和政治嗅觉,这一点显然不能靠对政治的高谈阔论或者向根本不存在的势力呼吁来求得弥补。政治嗅觉只能用教育来培养,就是说,只有参加俄国的现实生活(尽管它完全不是马克思主义性的)才能得到。在西欧,"否定"曾是(一时)适宜的,在我国就有害了,因为由一个有组织有实力的团体提出否定是一回事,而由没有组织起来的散漫的一群人提出否定,又是另一回事。

俄国马克思主义者的出路只有一条:参加,也就是帮助无产阶级的经济斗争,并且参加自由主义反对派的活动。俄国马克思主义者很早就以"否定者"的身份出现了,这种否定削弱了他本应用在政治激进主义方面的那一份精力。这一切暂时还不可怕,可是,如果阶级公式妨碍俄国知识分子积极参加实际生活,并且使之远离各个反对派集团,结果就会使所有在争取法的形式时只好不同尚未提出政治任务的工人阶级携手合作的那些人受到重大损失。俄国马克思主义知识分子那种以政治空谈来掩盖的政治上的天真,可能使他们上一个大当。

我们不知道是不是会有许多俄国社会民主党人赞成这种观点。但是,无疑总会有人赞成这种思想的。所以我们认为必须坚决反对这种观点,并且告诫全体同志务必防止俄国社会民主党脱离既定路线,这条路线就是组织一个同无产阶级阶级斗争密切联系的、以争取政治自由为当前任务的独立的工人政党。

上面引录的《信条》，第一，是"西欧工人运动发展进程的概述"，第二，是"对于俄国的结论"。

首先，《信条》作者们对于以往西欧工人运动的看法就是完全不正确的。说西欧工人阶级没有参加过争取政治自由的斗争和政治革命，这是不正确的。宪章运动[41]的历史，1848年法国、德国和奥地利的革命就是一种反证。"马克思主义是当时流行的那种实践在理论上的表现，即比经济斗争占优势的政治斗争在理论上的表现"这句话，是完全不正确的。恰恰相反，"马克思主义"是正当非政治的社会主义（欧文主义、"傅立叶主义"、"真正的社会主义"[42]等等）流行的时候出现的，所以《共产党宣言》立即出来反对非政治的社会主义。甚至当马克思主义已经具有全副理论武装（《资本论》），并且组织了著名的国际工人协会[29]的时候，政治斗争也绝不是一种流行的实践（当时在英国有狭隘的工联主义，在罗曼语国家有无政府主义和蒲鲁东主义）。在德国，拉萨尔的伟大历史功绩，就是他使工人阶级从自由资产阶级的尾巴变成了独立的政党。马克思主义把工人阶级的经济斗争和政治斗争结合成了一个不可分割的整体，所以《信条》作者们企图把这两种斗争形式分开，就是一种最拙劣最可悲地背弃马克思主义的行为。

其次，《信条》作者们对于西欧工人运动的现状以及作为这个运动旗帜的马克思主义理论，也持有完全不正确的见解。谈论"马克思主义的危机"，不过是重复资产阶级下流文人无聊的议论，他们竭力想把社会党人之间发生的任何争论都加以夸大，以促成各社会党的分裂。臭名远扬的"伯恩施坦主义"[43]，按照广大公众特别是《信条》作者们通常所了解的含义来说，就是企图缩小马克思主义的理论,把革命的工人政党变为改良主义者的党,而这种企图理所当然地受到了大多数德国社会民主党人的坚决谴责。在德国社会民主党内,机会主义的派别已经出现过不止一次,但是每次都遭到忠实地恪守革命国际社会民主党原则的党的谴责。我们深信,把机会主义观点搬到俄国来的一切企图,也会遭到绝大多数俄国社会民主党人同样坚决的回击。

与《信条》作者们所说的相反,也根本谈不到西欧工人政党有什么"实际活动方面的根本变化",因为马克思主义一开始就承认无产阶级经济斗争的重大意义和必要性,马克思和恩格斯早在40年代就已经驳斥了否认经济斗争的意义的空想社会主义者①。

过了20年左右,成立了国际工人协会,在1866年日内瓦第一次代表大会上就提出了工会和经济斗争的意义的问题。在这次代表大会的决议中,确切地指明了经济斗争的意义,警告社会党人和工人既不要夸大这种斗争的意义(当时在英国工人中间有过这种表现),也不要对这种斗争的意义估计不足(在法国人和德国人中间,特别是在拉萨尔派中间,有过这种表现)。决议认为在资本主义存在的情况下,工会不仅是合乎规律的现象,而且是必然的现象;认为工会对于组织工人阶级进行反对资本的日常斗争和消灭雇佣劳动,都是非常重要的。决议认为工会不应该仅仅注意"反对资本的直接斗争",不应该回避工人阶级的一般政治运动和社会运动;工会不应该抱着"狭小的"目的,而应该争取千百万被压迫工人大众普遍的解放。从那时起,各国工人政党已经不止一次提出,将来当然还会不止一次提出一个问题:在某个时候是否应该

---

① 参看《马克思恩格斯文集》第1卷第649—656页。——编者注

偏重无产阶级的经济斗争或者偏重无产阶级的政治斗争。但是总的或原则的问题,现在还是同马克思主义原先提出的一样。至于无产阶级的统一的阶级斗争必须把政治斗争和经济斗争结合起来的信念,则早已深入国际社会民主运动的血肉之中了。其次,历史经验又确凿地证明,当无产阶级没有政治自由或者政治权利受到限制的时候,始终必须把政治斗争提到首位。

工人政党对其他反对派政党的态度更谈不到有什么重大变化。就是在这方面,马克思主义也指明了一个正确的立场,一方面反对夸大政治的意义,反对密谋主义(布朗基主义等等),另一方面又反对轻视政治,或者把政治缩小为对社会进行机会主义的、改良主义的修补(无政府主义,空想的和小资产阶级的社会主义,国家社会主义[44],教授社会主义等等)。无产阶级应该努力建立独立的工人政党,党的主要目的应该是由无产阶级夺取政权来组织社会主义社会。无产阶级决不应该把其他阶级和政党看做"反动的一帮"[45],恰恰相反,它应该参加整个政治生活和社会生活,应该支持进步阶级和进步政党去反对反动阶级和反动政党,应该支持一切反对现存制度的革命运动,应该成为一切被压迫的民族或种族的保护者,成为一切被压制的宗教以及无权的女性等等的保护者。《信条》作者们关于这个问题的议论,只是证明他们力图抹杀无产阶级斗争的阶级性质,用所谓空洞的"承认社会"来削弱这个斗争,把革命的马克思主义降低为一种庸俗的改良主义的思潮。我们深信,绝大多数俄国社会民主党人都会坚决摒弃这种曲解社会民主党的基本原则的观点。由于《信条》作者们关于西欧工人运动的前提不正确,他们得出的"对于俄国的结论"就更不正确了。

硬说俄国工人阶级"尚未提出政治任务",这只能证明他们对俄国革命运动的无知。1878 年成立的"俄国北方工人协会"[46] 和 1875 年成立的"南俄工人协会"[47],就已经在自己的纲领中提出了政治自由的要求。经过 80 年代的反动时期以后,工人阶级又在 90 年代不止一次提出同样的要求。他们断定"关于独立工人政党的议论,无非是把他人的任务,把他人的成绩搬到我国土地上来的结果",这也只能证明他们完全不懂得俄国工人阶级的历史作用和俄国社会民主党的最迫切的任务。《信条》作者们自己提出的纲领,显然是想使工人阶级"沿着阻力最小的路线"前进,局限于经济斗争,而让"自由主义反对派"在马克思主义者的"参加"下去争取"法的形式"。俄国社会民主党实行这样的纲领,就等于政治上自杀,就等于大大阻碍并降低俄国工人运动和俄国革命运动(我们认为这两个概念是一样的)。仅仅是这样一个纲领能够出现一事,就足以证明俄国社会民主党中的一位先进战士帕·波·阿克雪里罗得所表示的忧虑是多么有根据。他在 1897 年底谈到有可能出现这种前途:

> "工人运动不越出工人和企业主间的纯经济冲突的狭小范围,它本身整个说来也就缺乏政治性质,而无产阶级先进部分在为政治自由斗争的时候,就会追随由所谓知识分子组成的革命小组和派别。"(阿克雪里罗得《论俄国社会民主党人的当前任务和策略问题》1898 年日内瓦版第 19 页)

俄国社会民主党人应该对《信条》所表述的整个思想体系坚决宣战,因为这种思想会直接使上述的前途得以实现。俄国社会民主党人应当极力设法实现帕·波·阿克雪里罗得在下面所说的另一种前途:

"另一种前途就是社会民主党把俄国无产阶级组织成一个独立政党,它在争取自由的时候**一方面要同资产阶级革命派**(因为①将来会有这种派别)**并肩战斗并结成联盟**,另一方面要把知识界中最热爱人民的最革命的分子直接吸收到自己的队伍中来,或者引导他们前进。"(同上,第 20 页)

当帕·波·阿克雪里罗得写这段话的时候,俄国社会民主党人的声明清楚地表明他们绝大多数都是持这种观点的。固然,有一家彼得堡工人报纸,即《工人思想报》[48],好像同意了《信条》作者们的思想,竟令人遗憾地在发刊词(1897 年 10 月创刊号)中发表了一种根本错误的、同社会民主主义相对立的思想,说"运动的经济基础"可能"由于力求牢记政治理想而模糊起来"。但是同时彼得堡另一家工人报纸,即《圣彼得堡工人小报》[49](1897 年 9 月第 2 号),却坚决主张,"只有组织坚强而且人数众多的工人政党,才能推翻专制制度……",工人"组成强有力的政党","就能使自己和整个俄国从一切政治的和经济的压迫下解放出来"。还有一家报纸,即《工人报》[50],在第 2 号(1897 年 11 月)的社论上写道:"反对专制政府,争取政治自由,是俄国工人运动的当前任务。""俄国工人运动要是成为具有共同名称和严密组织的统一而严密的整体,就会使自己的力量增加十倍……""各个单独的工人小组应当组成一个共同的政党。""俄国的工人政党将是社会民主主义的政党。"当时绝大多数俄国社会民主党人都完全赞同《工人报》的这种信念,下面的事实就是证明:1898 年春举行的俄国社会民主党人代表大会[51]成立了"俄国社会民主工党",发表了党的宣言,并且承认《工人报》为党的正式机关报。可见,《信条》作者们

---

① 以下无手稿。——俄文版编者注

竟从俄国社会民主党已经达到了的、在《俄国社会民主工党宣言》上明文确定了的发展阶段大大倒退了一步。现在,俄国政府的残酷迫害使党的活动暂时削弱,使党的正式机关报停刊,因此,全体俄国社会民主党人的任务就是要竭力使党彻底巩固起来,制定党纲,恢复党的正式机关报。像上面分析过的《信条》那样的纲领竟能出现,这一事实本身就证明现在存在着一种思想动摇,所以我们认为很有必要把《宣言》中所阐述的对于俄国社会民主党有非常重要意义的基本原则着重说明一下。第一,俄国社会民主运动"自始至终都要成为有组织的工人群众的阶级运动"。由此就应该得出结论:社会民主党的座右铭,应当是不仅要帮助工人进行经济斗争,而且要帮助工人进行政治斗争;不仅要针对当前的经济要求进行鼓动,而且要针对一切政治压迫进行鼓动;不仅要宣传科学社会主义思想,而且要宣传民主主义思想。只有革命马克思主义的理论,才能成为工人阶级运动的旗帜,所以俄国社会民主党应该设法继续发展并且实现这个理论,同时要保卫它,使它不致像许多"时髦理论"(俄国革命的社会民主党的成就已经使马克思主义变成"时髦"理论了)那样常常被曲解和庸俗化。现在社会民主党应当全力以赴地到工厂工人和矿业工人中去进行活动,同时不应该忘记,随着运动的扩大,一定会有家庭工人、手工业者、农村工人以及千百万破产的饥寒交迫的农民加入它所组织的工人群众的队伍。

第二,"俄国工人阶级应当而且一定能够用自己健壮的肩膀承担起争取政治自由的事业"。社会民主党既然把推翻专制制度作为当前任务,它就应当做争取民主的先进战士,而且仅仅为了这一点也必须从各方面援助俄国居民中所有的民主分子,吸引他们来做自己的同盟者。只有独立的工人政党才能成为反对专制制度斗争的坚固堡垒,其余一切争取政治自由的战士只有同这样一个政党结成同盟并且给它援助才能发挥积极作用。

最后,第三,"作为社会主义运动和社会主义派别的俄国社会民主党,继承俄国以前一切革命运动的事业和传统;社会民主党把争取政治自由当做全党当前任务中最主要的任务,向着老'民意党'[52]的光荣活动家早已明确提出的目标前进"。俄国以前一切革命运动的传统,要求社会民主党现在集中全力来组织党,加强党内纪律并发展秘密活动的技术。如果说老"民意党"的活动家在俄国历史上起了巨大的作用,而且当时拥护这些为数不多的英雄的社会阶层十分狭小,运动的旗帜也根本不是革命的理论,那么社会民主党依靠无产阶级的阶级斗争,就一定能成为不可战胜的力量。"俄国无产阶级将摆脱专制制度的桎梏,以便用更大的毅力去继续同资本主义及资产阶级作斗争,直到社会主义完全胜利。"

我们请俄国一切社会民主党人的团体和一切工人小组都来讨论上面引用的《信条》和我们的决议,并且明确表示自己对这个问题的态度,以便消除各种意见分歧,促进组织和巩固俄国社会民主工党的事业。

各团体和各小组的决议,可以报告国外"俄国社会民主党人联合会"[53],该联合会按1898年俄国社会民主党人代表大会决议第10条的规定,是俄国社会民主党的一部分,并且是党的国外代表机关。①

1899年12月在国外印成《工人事业》杂志第4—5期合刊抽印本

选自《列宁全集》中文第2版增订版第4卷第144—156页

---

① 在《指南》中缺最后一段。——俄文版编者注

我们的纲领

（为《工人报》写的文章）**54**

（不早于 1899 年 10 月）

目前国际社会民主党正处于思想动摇的时期。马克思和恩格斯的学说一向被认为是革命理论的牢固基础,但是,现在到处都有人说这些学说不完备和过时了。凡自称为社会民主党人并且打算出版社会民主党机关报的人,都应该以明确的态度对待这个不仅只是德国社会民主党人才关心的问题。

我们完全以马克思的理论为依据,因为它第一次把社会主义从空想变成科学,给这个科学奠定了巩固的基础,指出了继续发展和详细研究这个科学所应遵循的道路。它揭示了现代资本主义经济的实质,说明了雇用工人、购买劳动力怎样掩盖着一小撮资本家、土地占有者、厂主、矿山主等等对千百万贫苦人民的奴役。它表明了现代资本主义发展的整个过程怎样使小生产逐渐受大生产的排挤,怎样创造条件,使社会主义社会制度成为可能和必然。它教导我们透过那些积习、政治手腕、奥妙的法律和诡辩的学说看出**阶级斗争**,看出形形色色的有产阶级同广大的贫苦人民、**同**领导一切贫苦人民的**无产阶级**的斗争。它说明了革命的社会党的真正任务不是臆造种种改造社会的计划,不是劝导资本家及其走狗改善工人的处境，不是策划密谋，**而是组织无产阶级的阶级斗争，领导这一斗争，而斗争的最终目的是由无产阶级夺取政权并组织社会主义社会。**

我们现在要问，那些纠集在德国社会党人伯恩施坦周围、在这一时期大喊大叫要"革新"这个理论的人，究竟对这个理论有什么新的贡献呢？**什么也没有**，他们并没有把马克思和恩格斯嘱咐我们加以发展的科学推进一步；他们并没有教给无产阶级任何新的斗争方法；他们只是向后退，借用一些落后理论的片言只语，不是向无产阶级宣传斗争的理论，而是宣传让步的理论，宣传对无产阶级的死敌、对无休止地寻找新花招来迫害社会党人的政府和资产阶级政党实行让步的理论。俄国社会民主党创始人和领袖之一普列汉诺夫，对伯恩施坦的最时髦的"批评"作了无情的批判[55]，他做得完全正确。现在连德国工人的代表人物也摒弃了伯恩施坦的观点（在汉诺威代表大会上）[56]。

我们知道，说这些话会受到百般的责难，有人会大叫大嚷，说我们想把社会党变成一个"正统教徒"会，迫害那些背弃"教条"、具有独立见解等等的"异端分子"。我们熟悉所有这些时髦的刻薄话。不过这些话一点也不正确，也毫无意义。没有革命理论，就不会有坚强的社会党，因为革命理论能使一切社会党人团结起来，他们从革命理论中能取得一切信念，他们能运用革命理论来确定斗争方法和活动方式；维护这个具有起码理解力的人都认为是正确的理论，反对毫无根据的攻击，反对败坏这个理论的企图，这决不等于敌视**任何**批评。我们决不把马克思的理论看做某种一成不变的和神圣不可侵犯的东西；恰恰相反，我们深信：它只是给一种科学奠定了基础，社会党人如果不愿落后于实际生活，就**应当在各**

方面把这门科学推向前进。我们认为,对于俄国社会党人来说,尤其需要**独立地**探讨马克思的理论,因为它所提供的只是总的**指导**原理,而这些原理的应用**具体地说**,在英国不同于法国,在法国不同于德国,在德国又不同于俄国。因此我们很愿意在我们的报纸上登载有关理论问题的文章,请全体同志来公开讨论争论之点。

在俄国运用各国社会民主党人共同的纲领时,究竟会产生哪些主要问题呢?我们已经说过,这个纲领的实质就是组织无产阶级的阶级斗争,领导这一斗争,而斗争的最终目的是由无产阶级夺取政权和组织社会主义社会。无产阶级的阶级斗争分为经济斗争(反对个别资本家或个别资本家集团,争取改善工人生活状况)和政治斗争(反对政府,争取扩大民权,即争取民主和争取扩大无产阶级的政治权力)。有些俄国社会民主党人(主办《工人思想报》的那些人大概可以包括在内)认为经济斗争重要得多,而政治斗争则似乎可以推延到比较遥远的将来。这种见解是完全不正确的。所有的社会民主党人都认为必须组织工人阶级的经济斗争,必须在这个基础上到工人中间进行鼓动,即帮助工人去同厂主进行日常斗争,叫他们注意压迫的种种形式和事实,从而向他们说明联合起来的必要性。但是,因为经济斗争而忘掉政治斗争,那就是背弃了全世界社会民主党的基本原则,那就是忘掉了全部工人运动史所教导我们的一切。资产阶级的忠实拥护者和为资产阶级服务的政府的忠实拥护者,甚至不止一次地试图组织纯经济性的工会来引诱工人离开"政治",离开社会主义。俄国政府也很可能会采取某种类似的办法,因为它总是设法给人民小恩小惠,确切些说,假仁假义地施与人民小恩小惠,目的只是使人民不去考虑自己毫无权利和备受压迫的状况。如果工人不能像德国工人和欧洲其他一切国家(土耳其和俄国除外)工人那样享有自由集会、结社、办报纸、派代表参加人民的集会这些权利,那么任何经济斗争都不能给他们带来持久的改善,甚至不可能大规模地进行任何经济斗争。而要想获得这些权利,就必须进行**政治斗争**。在俄国,不但工人而且全体公民都被剥夺了政治权利。俄国是一个专制君主制即无限君主制的国家。沙皇独自颁布法律,任命官吏,监督官吏。因此,看来**好像**俄国沙皇和沙皇政府不从属于任何阶级,对所有的人都一视同仁。但是**实际上**所有的官吏都来自有产者阶级,而且都受大资本家的支配。大资本家可以任意驱使各个大臣,可以为所欲为。俄国工人阶级受着双重压迫:他们受资本家和地主的抢劫和掠夺,为了使他们不能反抗,警察还把他们的手脚束缚起来,把他们的嘴堵住,对一切试图维护民权的人进行迫害。每次反对资本家的罢工都会引起军警对工人的袭击。一切经济斗争都必然要变成政治斗争,所以社会民主党应该把这两种斗争紧紧地结合成**无产阶级统一的阶级斗争**。这种斗争的首要目的应该是争取政治权利,**争取政治自由**。既然彼得堡一个城市的工人在社会党人的帮助不大的情况下能够很快地迫使政府让步——颁布关于缩短工作日的法令[57],那么整个俄国工人阶级在"俄国社会民主工党"的统一领导下就一定能够通过顽强的斗争获得无比重大的让步。

俄国工人阶级即使得不到其他任何阶级的帮助,也能单独进行经济斗争和政治斗争。但是在政治斗争中工人并不是孤立的。人民毫无权利,强盗官吏横行霸道,也激怒了一切对限制言论自由和思想自由的行为不能容忍的比较正直的知识界人士,激怒了受迫害的波兰人、芬兰人、犹太人和俄国的教派信徒,激怒了受官吏和警察欺压而又无处投诉的小商人、小企业主和小农。所有这些居民集团是无力单独进行坚决的政治斗争的,但是只要工人阶级举起斗争的旗帜,他们就会从各方面向工人阶级伸出援助的手。俄国社会民主党一旦成为一切争民权、争民主的战士的领袖,那它就会是不可战胜的!

这就是我们的基本观点,我们将在我们的报纸上系统而全面地发挥这些观点。我们深信,这样做我们就能沿着"俄国社会民主工党"的《宣言》所指引的道路前进。

载于 1925 年《列宁文集》俄文版第 3 卷

选自《列宁全集》中文第 2 版增订版第 4 卷第 160—164 页

怎 么 办？

我们运动中的迫切问题⁵⁸（节选）

（1901 年秋—1902 年 2 月）

一 教条主义和"批评自由"

（四）恩格斯论理论斗争的意义

"教条主义、学理主义"、"党的僵化（由于强制束缚思想而必然受到的惩罚）"，——这就是《工人事业》杂志的那些捍卫"批评自由"的骑士们所拼命攻击的敌人。把这个问题提到日程上来，我们当然极表欢迎，不过我们还主张再提出一个问题：

可是评判者是些什么人呢？

我们面前有两个书刊出版声明：一个是《俄国社会民主党人联合会的定期机关刊物〈工人事业〉杂志的纲领》（《工人事业》杂志第 1 期单张），另一个是《关于恢复"劳动解放社"出版物的声明》⁵⁹。两个声明都标明是在 1899 年发表的，当时"马克思主义的危机"早已显现出来了。而我们看到的又是些什么呢？在第一个声明中，你们丝毫没有指出这个现象，也没有确切说明新的机关刊物对这个问题打算采取的立场。关于理论工作及其在目前的迫切任务问题，无论在这个纲领中，或在 1901 年"联合会"第三次代表大会**60**通过的对这个纲领的补充条文中(《两个代表大会》第15—18页),都只字未提。在这整个时期内,《工人事业》杂志编辑部始终都把理论问题搁在一边,虽然这些问题是全世界一切社会民主党人都很关心的问题。

与此相反,另一个声明首先就指出了近年来人们对理论的兴趣减弱的事实,坚决要求"密切注意无产阶级革命运动的理论方面",并号召大家"无情地批评"我们运动中的"伯恩施坦主义的倾向以及其他反对革命的倾向"。已经出版的几期《曙光》杂志,表明了这个纲领的执行情况。

由此可见,所谓反对思想僵化等等的响亮词句,只不过是用来掩饰人们对理论思想发展的冷淡和无能。俄国社会民主党人的例子非常明显地说明了全欧洲的普遍现象(这是德国马克思主义者也早已指出的现象):臭名远扬的批评自由,并不是用一种理论来代替另一种理论,而是自由地抛弃任何完整的和周密的理论,是折中主义和无原则性。凡是稍微了解我国运动的实际情况的人,都不能不看到,随着马克思主义的广泛传播,理论水平有了某种程度的降低。有不少理论修养很差甚至毫无理论修养的人,由于看见运动有实际意义和实际成效而加入了运动。由此可见,《工人事业》杂志得意扬扬地提出马克思的一句名言——"一步实际运动比一打纲领更重要"①,是多么不合时宜。在理论混乱的时代来重复这句话,就如同在看到人家送葬时高喊"但愿你们拉也拉不完!"**61**一样。而且上面马克思的这句话,是从他评论哥达纲领**62**的信里摘引来的,马克思在信里**严厉地斥责**了人们在说明原则时

---

① 　见《马克思恩格斯文集》第3卷第426页。——编者注

的折中主义态度。马克思写信给党的领袖们说,如果需要联合,那么为了达到运动的具体目标,可以缔结协定,但是决不能拿原则来做交易,决不要作理论上的"让步"。马克思的意思就是这样,而我们这里却有人假借马克思的名义来竭力贬低理论的意义!

没有革命的理论,就不会有革命的运动。在醉心于最狭隘的实际活动的偏向同时髦的机会主义说教结合在一起的情况下,必须始终坚持这种思想。而对俄国社会民主党来说,由于存在三种时常被人忘记的情况,理论的意义就显得更为重要了。这三种情况就是:第一,我们的党还刚刚在形成,刚刚在确定自己的面貌,同革命思想中有使运动离开正确道路危险的其他派别进行的清算还远没有结束。相反,正是在最近时期,非社会民主党的革命派别显得活跃起来了(这是阿克雪里罗得早就对"经济派"说过的[63])。在这种条件下,初看起来似乎并"不重要的"错误也可能引起极其可悲的后果;只有目光短浅的人,才会以为进行派别争论和严格区别各派色彩,是一种不适时的或者多余的事情。这种或那种"色彩"的加强,可能决定俄国社会民主党许多许多年的前途。

第二,社会民主主义运动就其本质来说是国际性的运动。这不仅意味着我们应当反对民族沙文主义。这还意味着在年轻的国家里开始的运动,只有在运用别国的经验的条件下才能顺利发展。但是,要运用别国的经验,简单了解这种经验或简单抄袭别国最近的决议是不够的。为此必须善于用批判的态度来看待这种经验,并且独立地加以检验。只要想一想现代工人运动已经有了多么巨大的成长和扩展,就会懂得,为了完成这个任务,需要有多么雄厚的理论力量和多么丰富的政治经验(以及革命经验)。

第三,俄国社会民主党担负的民族任务是世界上任何一个社会党都不曾有过的。我们在下面还要谈到把全体人民从专制制度压迫下解放出来这个任务所赋予我们的种种政治责任和组织责任。现在我们只想指出一点,就是**只有以先进理论为指南的党,才能实现先进战士的作用**。读者如果想要稍微具体地了解这句话的意思,就请回想一下俄国社会民主主义运动的先驱者赫尔岑、别林斯基、车尔尼雪夫斯基以及 70 年代的那一批杰出的革命家;就请想想俄国文学现在所获得的世界意义;就请……只要想想这些也就足够了!

现在让我们引证一下恩格斯 1874 年谈到理论在社会民主主义运动中的意义问题时所发表的意见吧。恩格斯认为,社会民主党的伟大斗争**并不是有两种形式**(政治的和经济的),像在我国通常认为的那样,**而是有三种形式,同这两种斗争并列的还有理论的斗争**。他对实践上和政治上都已经巩固的德国工人运动所作的指示,从现代各种问题和争论的观点来看是非常有教益的,因此我们希望读者不要因为我们从那部早已成了非常罕见的珍本书的《德国农民战争》①的序言中,摘引很长一段话而埋怨我们:

"德国工人同欧洲其他各国工人比较起来,有两大优越之处。第一,他们属于欧洲最有理论修养的民族,他们保持了德国那些所谓'有教养的人'几乎完全丧失了的理论感。如果不是先有德国哲学,特别是黑格尔哲学,那么德国科学社会主义,即过去从来没有过的唯一科学的社会主义,就决不可能创立。如果工人没有理论感,那么这个科学社会主义就决不可能像现在这样深入他们的血肉。这个优越之处无比重要,表现在以下的事实中:一方面,英

---

① 1875 年莱比锡合作出版社第 3 版。

国工人运动虽然在各个行业中有很好的组织，但是发展得非常缓慢，其主要原因之一就是对于一切理论的漠视；另一方面，法国人和比利时人由于受初始形态的蒲鲁东主义的影响而产生谬误和迷惘，西班牙人和意大利人则由于受经巴枯宁进一步漫画化的蒲鲁东主义的影响而产生谬误和迷惘。

第二个优越之处，就是德国人参加工人运动，从时间上来说，差不多是最迟的。德国的理论上的社会主义永远不会忘记，它是站在圣西门、傅立叶和欧文这三个人的肩上的。虽然这三个人的学说含有十分虚幻和空想的性质，但他们终究是属于一切时代最伟大的智士之列的，他们天才地预示了我们现在已经科学地证明了其正确性的无数真理。同德国的理论上的社会主义一样，德国的实践的工人运动也永远不应当忘记，它是站在英国和法国的运动的肩上发展起来的，它能够直接利用英国和法国的运动用很高的代价换来的经验，而在现在避免它们当时往往无法避免的那些错误。如果没有英国工联运动和法国工人政治斗争的榜样，如果没有特别是巴黎公社所给予的那种巨大的推动，我们现在会处在什么境地呢？

必须承认，德国工人非常巧妙地利用了自己地位的有利之处。自从有工人运动以来，斗争是第一次在其所有三个方面——理论方面、政治方面和实践经济方面（反抗资本家）互相配合，互相联系，有计划地推进。德国工人运动所以强大有力和不可战胜，也正是由于这种可以说是集中的攻击。

一方面由于德国工人具有这种有利的地位，另一方面由于英国工人运动具有岛国的特点，而法国工人运动又受到暴力的镇压，所以现在德国工人是处于无产阶级斗争的前列。形势究竟容许他们把这种光荣地位占据多久,现在还无法预先断言。但是,只要他们还占据着这个地位,我们就希望他们能履行在这个地位所应尽的职责。要做到这一点,就必须在斗争和鼓动的各个方面都加倍努力。特别是领袖们有责任越来越透彻地理解种种理论问题,越来越彻底地摆脱那些属于旧世界观的传统言词的影响,并且时刻注意到:社会主义自从成为科学以来,就要求人们把它当做科学来对待,就是说,要求人们去研究它。必须以高度的热情把由此获得的日益明确的意识传播到工人群众中去,必须不断增强党组织和工会组织的团结……

……如果德国工人将来继续这样发展下去,那么虽然不能说他们一定会走在运动的最前列(只是某一个国家的工人走在运动的最前列,这并不符合运动的利益),但是毕竟会在战斗行列中占据一个光荣的地位;而将来如果有出乎意料的严峻考验或者重大事变要求他们表现出更大的勇气、更大的决心和毅力的时候,他们一定会有充分的准备。"①

恩格斯的话果然有先见之明。几年之后,德国工人遇到了反社会党人非常法这样出乎意料的严峻考验。而德国工人确实是有充分准备地迎接了这次考验,并且胜利地通过了这次考验。

俄国无产阶级将要遇到无比严峻的考验,将要同凶猛的怪物作斗争,宪制国家中的非常法同这个怪物比较起来,真是小巫见大巫。历史现在向我们提出的当前任务,是比其他任何一个国家的无产阶级的一切**当前**任务**都更革命的**任务。实现这个任务,即摧毁这个不仅是欧洲的同时也是(我们现在可以这样说)亚洲的反

---

① 见《马克思恩格斯文集》第2卷第217—219页。——编者注

动势力的最强大的堡垒,就会使俄国无产阶级成为国际革命无产阶级的先锋队。而我们有理由指望,只要我们能够用我们的先驱者即 70 年代的革命家那种献身的决心和毅力,来鼓舞我们的比当时更广阔和更深刻千百倍的运动,我们就一定能够获得我们的先驱者在当时已经享有的这个光荣称号。

载于 1902 年 4 月 1 日《火星报》第 19 号

选自《列宁全集》中文第 2 版增订版第 6 卷第 21—27 页

进一步，退两步

（我们党内的危机）**64**（节选）

（1904 年 2—5 月）

（九）党章第 1 条

我们已经列举了在代表大会上引起热烈的有意义的争论的不同条文。这种争论几乎占了两次会议的时间，并且是以**两次记名**投票结束的（如果我没有记错的话，在整个代表大会期间只举行过八次记名投票，这种记名投票花费时间太多，所以只在特别重要的情况下才采用）。当时涉及的问题无疑是原则问题。代表大会对于争论的兴趣是很大的。**所有**代表都参加了表决——这是我们代表大会（正如任何一个大的代表大会一样）少有的现象，这也证明，所有参加争论的人都很关心这个问题。

试问，所争论的问题的实质究竟是什么呢？我在代表大会上已经说过，后来又不止一次地重复过："我决不认为我们的意见分歧（关于党章第 1 条）是决定党的生死存亡的重大分歧。我们还决不至于因为党章有一条不好的条文而灭亡！"（第 250 页）①这种意见分歧，虽然暴露出原则上的不同色彩，它本身无论如何也不会

---

① 见《列宁全集》中文第 2 版增订版第 7 卷第 269 页。——编者注

引起代表大会以后所形成的那种分离(其实,如果老实不客气地说,这是分裂)。但是,任何一种**小的**意见分歧,如果有人坚持它,如果把它提到首位,如果**硬要**去寻找这种分歧的全部来龙去脉,那它就会变成**大的**意见分歧。任何一种小的意见分歧,如果成为**转向**某些错误见解的出发点,如果这些错误见解又由于新增加的分歧而同使党分裂的**无政府主义**行动结合起来,那么这种意见分歧就会有**重大的**意义了。

这一次也正是这样。党章第 1 条引起的比较不大的意见分歧,现在竟有了重大的意义,因为正是这种意见分歧成了少数派(特别是在同盟代表大会上以及后来在新《火星报》上)走向机会主义的深奥思想和无政府主义的空谈的转折点。正是这种意见分歧**奠定了**火星派少数派同反火星派以及泥潭派结成联盟的**基础**,这个联盟到选举时已经有了确定的形式,不了解这个联盟,就**不能了解**在中央机关人选问题上发生的主要的根本的分歧。马尔托夫和阿克雪里罗得在党章第 1 条问题上所犯的小错误,原是我们的罐子上的一个小裂缝(正如我在同盟代表大会上所说的那样)。这个罐子本来可以用绳子打个**死结**(而不是用绞索,就像在同盟代表大会期间几乎陷于歇斯底里状态的马尔托夫所听错的那样)把它捆紧。也可以**竭尽全力**扩大裂缝,使它完全破裂。由于热心的马尔托夫分子采取了抵制等等无政府主义的手段,结果出现了后一种情况。关于党章第 1 条的意见分歧在中央机关选举问题上起了不小的作用,而马尔托夫在这个问题上遭到失败,也就使他走向用粗暴机械的、甚至是无理取闹的(在俄国革命社会民主党人国外同盟代表大会上的发言)手段进行"原则斗争"。

现在,经过这一切事件以后,党章第 1 条问题就有了**重大的意**

义,所以我们应当确切地认识到代表大会在表决这一条时形成的派别划分的性质,同时更重要的是,应当确切地认识到在讨论党章第 1 条时就已经显现或者开始显现出来的那些**观点的色彩**的真实性质。**现在**,在读者熟悉的各种事件发生以后,问题的**提法**已经是这样,究竟是得到阿克雪里罗得拥护的马尔托夫的条文,像我在党代表大会上所说的那样(第 333 页),反映了他的(或者他们的)不坚定性、动摇性和政治态度模糊,或像普列汉诺夫在同盟代表大会上所指出的那样(同盟记录第 102 页及其他各页),反映了他(或者他们)倾向于饶勒斯主义和无政府主义呢,还是得到普列汉诺夫拥护的我的条文,反映了我在集中制问题上有官僚主义的、形式主义的、彭帕杜尔**65**式的、非社会民主主义的错误观点呢?**是机会主义和无政府主义呢,还是官僚主义和形式主义**?——**现在**,当小的分歧变成大的分歧时,问题的**提法**已经是这样了。在**从实质上**讨论那些赞成和反对我的条文的理由时,我们应当**注意**的正是事态的发展强加给我们大家的,甚至可以说(如果不是有点夸张的话)是由历史进程形成的**这种**问题的提法。

让我们从分析代表大会的讨论来开始剖析这些理由吧。第一个发言,即叶戈罗夫同志的发言所以值得注意,只是因为他的态度(不明白,我还不明白,我还不知道真理在哪里)很可以说明当时还难以认清这个确实是新的、相当复杂而细致的问题的许多代表的态度。第二个发言,即阿克雪里罗得的发言,立刻从原则上提出问题。这是阿克雪里罗得同志的第一个原则性的发言,其实这就是他在代表大会上的第一次发言,而且很难说他这个谈到有名的"大学教授"的发言是特别成功的。阿克雪里罗得同志说:"我认为,我们必须分清党和组织这两个概念。而这里有人把这两个概念混淆了。这种混淆是危险的。"这就是用来反对我的条文的第一个理由。请你们仔细看一看这个理由吧。如果我说,党应当是**组织**①的总和(并且不是什么简单的算术式的总和,而是一个整体),那么,这是不是说我把党和组织这两个概念"混淆了"呢? 当然不是。我只是以此来十分明确地表示自己的愿望,自己的要求,使作为阶级的先进部队的党成为尽量**有组织的**,使党只吸收**至少能接受最低限度组织性**的分子。反之,我的论敌却把有组织的分子和无组织的分子,接受领导的分子和不接受领导的分子,先进的分子和不可救药的落后分子——因为还可救药的落后分子是能够加入组织的——**混淆**在党内。**这样的混淆才真正是危险的**。随后,阿克雪里罗得同志援引"从前那些十分秘密的集中的组织"("土地和自由"社**66**和"民意党"**52**)作例子,说这些组织周围"聚集了许多虽然没有加入组织,却以某种方式帮助它,并被认为是党员的人。…… 这个原则应当在社会民主党组织内更严格地实行"。于是我们就接触到一个**关键**问题:"这个原则",即许可那些不加入任何一个党组织而只是"以某种方式帮助它"的人自称为

---

① "组织"一词通常有两种含义,即广义的和狭义的。狭义的是指人类集体中的,至少是有最低限度确定形式的人类集体中的单个细胞。广义的是指结合成一个整体的这种细胞的总和。例如,海军、陆军和国家,既是许多组织(从该词的狭义来说)的总和,同时又是一种社会组织(从该词的广义来说)。教育主管机关是一个组织(从该词的广义来说),同时它又是由许多组织(从该词的狭义来说)组成的。同样,党也是一个组织,而且**应当是**一个组织(从该词的广义来说);同时党又应当是由许多不同的组织(从该词的狭义来说)组成的。所以,阿克雪里罗得同志在谈论划分党和组织这两个概念时,第一,他没有注意到组织一词的广义和狭义的这个区别,第二,他没有发现他自己**把**有组织的分子和无组织的分子**混淆起来了**。

党员的原则,真的是社会民主党的原则吗?普列汉诺夫对这个问题作了唯一可能的回答,他说:"阿克雪里罗得援引70年代的情况作例子是不正确的。当时有组织严密、纪律良好的中央机关,在它周围有它所成立的各种组织,而在这些组织以外是一片混乱和无政府状态。这一混乱状态中的分子虽然也自称为党员,对于事业却并没有好处,反而造成了损失。我们不应当仿效70年代的无政府状态,而要避免这种状态。"可见,阿克雪里罗得同志想要冒充为社会民主党的原则的"这个原则",其实是**无政府主义的原则**。谁要想推翻这个结论,就必须证明在组织以外**有可能**实现监督、领导和纪律,就必须证明**有必要**授予"混乱状态中的分子"以党员称号。拥护马尔托夫同志的条文的人,对于**以上两点**都没有加以证明,而且也无法加以证明。阿克雪里罗得同志拿了"自认为是社会民主党人并声明这一点的大学教授"作例子。要把这个例子所包含的思想贯彻到底,阿克雪里罗得同志就应当进一步说明:有组织的社会民主党人本身是否承认这位大学教授是社会民主党人?阿克雪里罗得同志既然没有提出这个更进一步的问题,那他就是中途抛弃了自己的论据。的确,二者必居其一:或者是有组织的社会民主党人承认我们所谈的这位大学教授是社会民主党人,那么他们为什么又不把他编到某一个社会民主党组织里面呢?只有把他编进去,这位大学教授的"声明"才会同他的行动相符合,才不致成为空话(大学教授们的声明往往是空话);或者是有组织的社会民主党人**不**承认这位大学教授是社会民主党人,那么给这位大学教授以享有光荣而又责任重大的党员称号的权利,就是荒谬的,毫无意义的,而且是**有害的**。所以,归结起来说,问题正在于是彻底实行组织原则,还是崇尚涣散状态和无政府状态。我们究竟是以已经形成的、已经团结起来的**社会民主党人**核心——譬如说，已经召开党代表大会并且将扩大和增设各种党组织的社会民主党人核心——为出发点来建设党呢，还是满足于一切帮助党的人都是党员这种聊以自慰的**空话**？阿克雪里罗得同志接着又说：“我们采纳列宁的条文，就会把虽然不能直接吸收到组织中，但终究还是党员的那一部分人抛弃掉。”在这里，阿克雪里罗得同志本人十分明显地犯了他想归罪于我的那种混淆概念的错误：他竟把所有帮助党的人**都是**党员这一点当做既成事实，其实正是这一点引起了争论，而我的论敌还应当来**证明**这种解释是必要的和有益的。所谓“抛弃”这样一个初看起来似乎可怕的词，究竟有什么内容呢？如果说只有被承认为党组织的那些组织中的成员才能称为党员，那么不能“直接”加入任何一个党组织的人，也还是能在靠近党的非党组织中工作的。因此，所谓抛弃，如果是指取消工作机会，取消参加运动的机会，那是根本谈不上的。相反，我们容纳**真正的**社会民主党人的党组织愈坚强，党**内**的动摇性和不坚定性愈少，党对于在它周围的、受它领导的工人**群众**的影响也就会愈加广泛、全面、巨大和有效。把作为工人阶级先进部队的党同整个阶级混淆起来，显然是绝对不行的。阿克雪里罗得同志说：“当然我们要建立的首先是党的最积极的分子的组织，革命家的组织，但是我们既然是阶级的党，就应当想法不把那些也许并不十分积极然而却自觉靠近这个党的人抛在党外。”他这样说，正是犯了上述把党同整个阶级混淆起来的错误（这种错误是我们的整个机会主义经济派的特点）。第一，列为社会民主工党积极部分的，决不单是革命家组织，还有**许多**被承认为党组织的工人组织。第二，究竟有什么理由，按照什么逻辑，可以根据我们是阶级的党这一事实，就作出结论说不必把**加入**党的人和**靠近**党的人区分开来呢？恰恰相反:正因为人们的觉悟程度和积极程度有差别,所以必须区别他们同党的关系的密切程度。我们是阶级的党,因此,**几乎整个阶级**(而在战争时期,在国内战争年代,甚至是整个阶级)都应当在我们党的领导下行动,都应当尽量紧密地靠近我们党,但是,如果以为在资本主义制度下,不论在什么时候,几乎整个阶级或者整个阶级都能把自己的觉悟程度和积极程度提高到自己的先进部队即自己的社会民主党的水平,那就是马尼洛夫精神和"尾巴主义"。还没有一个明白事理的社会民主党人怀疑过,在资本主义制度下,连职业的组织(比较原始的、比较容易为落后阶层的觉悟程度接受的组织)也不能包括几乎整个工人阶级或者整个工人阶级。忘记先进部队和倾向于它的所有群众之间的区别,忘记先进部队的经常责任是把愈益广大的阶层**提高**到这个先进的水平,那只是欺骗自己,无视我们的巨大任务,缩小这些任务。抹杀靠近党的分子和加入党的分子之间的区别,抹杀自觉、积极的分子和帮助党的分子之间的区别,正是这种无视和遗忘的表现。

拿我们是阶级的党作借口来为组织界限模糊**辩护**,为把有组织和无组织现象混淆起来的观点**辩护**,就是重复纳杰日丁的错误,因为纳杰日丁"把运动在'深处'的'根子'这一哲学的和社会历史的问题,同……组织技术问题混淆起来了"(《怎么办?》第91页)①。阿克雪里罗得同志首创的这种混淆,后来被拥护马尔托夫同志条文的那些发言人重复了几十次。"党员称号散布得愈广泛愈好"——马尔托夫这样说,但是他没有说明这种名不副实的**称**

---

① 见《列宁全集》中文第 2 版增订版第 6 卷第 115 页。——编者注

号散布得广泛究竟有什么好处。对不加入党组织的党员实行监督不过是一句空话,这能否定得了吗? 空话如果广泛散布,那是有害而无益的。"如果每一个罢工者,每一个示威者,在对自己行动负责的情况下,都能宣布自己是党员,那我们只会对此表示高兴。"(第 239 页)真的吗? **每一个罢工者**都应当有权**宣布自己是党员吗**? 马尔托夫同志的这个论点一下子就把他的错误弄到了荒谬的地步,他把社会民主主义**降低**为罢工主义,重蹈阿基莫夫们的覆辙。如果社会民主党能够领导每一次罢工,我们只会对此表示高兴,因为社会民主党的直接的和责无旁贷的义务就是领导无产阶级的一切表现形式的阶级斗争。而罢工就是这种斗争最深刻最强有力的表现形式之一。但是,如果我们把这种初步的、按实质来说不过是工联主义的斗争形式同全面的自觉的社会民主主义的斗争**等同起来**,那么我们就会是尾巴主义者了。如果我们给每一个罢工者以"宣布自己是党员"的权利,那么我们就是以机会主义态度**使一件分明不真实的事情合法化**,因为这样的"宣布"在大多数场合都是**不真实的**。如果我们想自欺欺人,硬说那些"没有受过训练的"非熟练工人的极广大阶层在资本主义制度下必然是十分涣散、备受压迫、愚昧无知,在这种情况下,**每一个罢工者**都可以**成为**社会民主主义者和社会民主党党员,那么我们就是沉湎于马尼洛夫的幻想了。正是根据"**罢工者**"的例子,可以特别明显地看出力求本着社会民主主义精神领导每一次罢工的**革命意向**同宣布**每一个罢工者**为党员的**机会主义词句**之间的区别。我们是阶级的党,这是就我们**在事实上**本着社会民主主义精神领导几乎整个或者甚至整个无产阶级来说的,但是,只有阿基莫夫们才能由此作出结论说,我们**在提法上**应当把党和阶级等同起来。

马尔托夫同志在同一次发言中说，"我不怕密谋组织"，但是，他补充说，"在我看来，密谋组织，只有当它由广泛的社会民主工党围绕着的时候，才是有意义的"（第239页）。为了说得确切些，应当说，只有当它由广泛的社会民主主义工人**运动**围绕着的时候，才是有意义的。如果马尔托夫同志的论点是以这种形式表达的，那就不仅是不容争辩，而且是不言自明的定论了。我所以要讲到这一点，只是因为以后发言的人把马尔托夫同志的这个不言自明的定论变成非常**流行**和**非常庸俗的**论据。说什么列宁想"使党员总数以密谋者人数为限"。当时作出这个只能令人好笑的结论的有波萨多夫斯基同志以及波波夫同志，而当马尔丁诺夫和阿基莫夫发言附和这个结论时，这个结论的真正性质，即机会主义词句的性质，就充分暴露出来了。目前阿克雪里罗得同志在新《火星报》上又发挥了这个论据，想使读者们了解新编辑部的新的组织观点。还在代表大会讨论党章第1条问题的第1次会议上，我就发现我的论敌想要利用这种廉价的武器，所以我在发言中告诫说："不要以为党的组织只应当由职业革命家组成。我们需要有不同形式、类型和色彩的极其多种多样的组织，从极狭小极秘密的组织直到非常广泛、自由的组织（松散的组织）。"（第240页）①这本来是有目共睹、不言自明的真理，所以我当时认为这是不必多谈的。但是，在目前时期，有人在很多很多方面把我们拉向后退，这就使人不得不在这个问题上也"重提旧事"。因此我要从《怎么办？》和《给一位同志的信》中摘录几段话：

　　"……像阿列克谢耶夫和梅什金、哈尔图林和热里雅鲍夫这

---

① 　见《列宁全集》中文第2版增订版第7卷第269页。——编者注

样一些卓越的活动家的小组,却是能够胜任最切实最实际的政治任务的。他们所以能够胜任,正是并且只是因为他们的热烈的宣传能够获得自发觉醒起来的群众的响应,因为他们的沸腾的毅力能够得到革命阶级的毅力的响应和支持。"①要成为社会民主**党**,就必须得到本**阶级的支持**。不是像马尔托夫同志所想象的那样,党应当去围绕密谋组织,而是革命阶级即无产阶级应当围绕既包括密谋组织又包括非密谋组织的党。

"……为进行经济斗争而建立的工人组织应当是职业的组织。每个工人社会民主党人都应当尽量帮助这种组织并在其中积极工作……   但是要求只有社会民主党人才能成为行业工会会员,那就完全不符合我们的利益了,因为这会缩小我们影响群众的范围。让每一个了解必须联合起来同厂主和政府作斗争的工人,都来参加行业工会吧。行业工会如果不把一切只要懂得这种起码道理的人都联合起来,如果它们不是一种很**广泛的**组织,就不能达到行业工会的目的。这种组织愈广泛,我们对它们的影响也就会愈广泛,但这种影响的发生不仅是由于经济斗争的'自发的'发展,而且是由于参加工会的社会党人对同事给以直接的和自觉的推动。"(第86页)②顺便说一下,对于评价关于党章第1条的争论,工会的例子是特别值得注意的。说工会**应当**在社会民主党组织的"监督和领导下"进行工作,这在社会民主党人中间是不会产生异议的。但是**根据这一点**就给工会全体会员以"宣布自己"为社会民主党党员的权利,那就是十分荒谬的了,而且**势**必有两个害

---

① 见《列宁全集》中文第 2 版增订版第 6 卷第 101 页。——编者注
② 同上,第 108 页。——编者注

处:一方面是**缩小工会运动的规模并且削弱工人在工会运动基础上的团结**,另一方面,这会把模糊不清和动摇不定的现象带进社会民主党内。德国社会民主党在发生了有名的汉堡泥瓦工做包工活事件⁶⁷的具体情况下曾解决过类似的问题。当时社会民主党毫不迟疑地认为工贼行为是社会民主党人所不齿的无耻行为,即认为领导罢工和支援罢工是**自己的**切身事业,但是同时它又十分坚决地否定了把党的利益和行业工会的利益等同起来、**要党**对个别工会所采取的个别步骤**承担责任**的要求。党应当并且将力求把自己的思想灌输到行业工会中去,使工会接受自己的影响,但是,正是为了这种影响,党应当把这些工会中完全是社会民主主义的(加入社会民主党的)人和那些不十分自觉和政治上不十分积极的人区别开来,而不是像阿克雪里罗得同志所希望的那样,把他们混为一谈。

"……革命家组织把最秘密的职能集中起来,这决不会削弱而只会扩大其他许许多多组织的活动范围和内容,这些组织既然要把广大群众包括在内,就应当是一些形式尽量不固定、秘密性尽量少的组织,如工会、工人自学小组、秘密书刊阅读小组以及其他**一切**居民阶层中的社会主义小组和民主主义小组等等。这样的小组、工会和团体必须**遍布各地**,履行各种不同的职能;但是,如果**把这些组织同革命家的组织混为一谈**,抹杀这两者之间的界限……那就是荒唐和有害的了。"(第96页)①从这种引证中可以看出,马尔托夫同志是多么不合时宜地对我提醒说,革命家组织应当由广泛的工人组织**围绕起来**。我在《怎么办?》中就已经指出了这一

---

① 　见《列宁全集》中文第2版增订版第6卷第120页。——编者注

点,而在《给一位同志的信》中更具体地发挥了这个思想。我在这封信中写道,工厂小组"对我们特别重要:运动的全部主要力量就在于各**大**工厂工人的组织性,因为大工厂里集中的那一部分工人,不但数量上在工人阶级中占优势,而且在影响、觉悟程度和斗争能力方面更占优势。每个工厂都应当成为我们的堡垒⋯⋯ 工厂分委员会应当力求通过各种小组(或代办员)网掌握整个工厂,吸收尽量多的工人参加工作⋯⋯ 所有的小组和分委员会等,都应当是委员会的附属机构或分部。其中一些人将直接申请加入俄国社会民主工党,**一经**委员会**批准**就成为党员,(受委员会委托或经委员会同意)担负一定的工作,保证服从党机关的指示,**享有党员的权利**,可以成为委员会委员的直接候选人,等等。另一些人将**不加入俄国社会民主工党**,他们是由党员建立的那些小组的成员,或者是与某个党小组接近的那些小组的成员,等等"(第 17 — 18页)①。从我加上着重标记的地方可以特别明显地看出,我的第 1条条文的**思想**在《给一位同志的信》中已经充分表明了。那里直接指出了入党的条件:(1)一定程度的组织性;(2)由党委员会批准。在下一页,我又大致指出什么样的团体和组织,根据什么理由应当(或者不应当)吸收入党:"书刊投递员小组成员必须是俄国社会民主工党的党员,应该认识一定数量的党员和党的负责人。研究职工劳动条件和拟定职工各种要求的小组,其成员不一定必须是俄国社会民主工党的党员。大学生自学小组、军官自学小组和职员自学小组都有一两个党员**参加**,有时甚至根本不该让人知

---

① 见《列宁全集》中文第 2 版增订版第 7 卷第 10、12 — 13 页。——编者注

道他们是党员,等等。"(第 18—19 页)①

请看这又是一种可以说明"光明正大"问题的材料！马尔托夫同志的草案上的条文甚至完全没有讲到党对于各组织的关系,而我几乎在代表大会一年以前就已经指出,一些组织应该包括在党内,另一些组织不应该包括在党内。在《给一位同志的信》里已经很明确地提出我在代表大会上所辩护的那个思想。这一点可以具体表述如下。一般按照组织程度,尤其是按照秘密程度来说,各组织大致可以分为以下几种:(1)革命家组织;(2)尽量广泛和多种多样的工人组织(我只说到工人阶级,当然,在一定条件下,这里也包括其他阶级中的某些分子)。这两种组织就构成为党。其次,(3)靠近党的工人组织;(4)不靠近党,但是事实上服从党的监督和领导的工人组织;(5)工人阶级中没有参加组织的分子,其中一部分——至少在阶级斗争的重大事件中——也是服从社会民主党的领导的。按照我的看法,情况大致就是这样。相反,按照马尔托夫同志的看法,党的界限是极不明确的,因为"每一个罢工者"都可以"宣布自己是党员"。试问,这种界限模糊有什么好处呢?可以使"称号"广泛散布。它的害处就是会产生一种把党和阶级混淆起来的**瓦解组织**的思想。

为了说明我们所提出的一般原理,我们还要粗略地看一看代表大会继续讨论党章第 1 条的情况。布鲁凯尔同志发言(这一点使马尔托夫同志感到满意)赞成我的条文,但是**他**和我的联盟是跟阿基莫夫同志和马尔托夫的联盟不同的,这只是出于误会。布鲁凯尔同志"不同意整个党章和它的整个精神"(第 239 页),而他

---

① 见《列宁全集》中文第 2 版增订版第 7 卷第 13 页。——编者注

拥护我的条文，是因为他把我的条文**看成是**《工人事业》杂志的拥护者所希望的那种**民主制的基础**。布鲁凯尔同志当时还没有认识到在政治斗争中有时不得不选择**害处较少**的办法；布鲁凯尔同志没有觉察到，在我们这样的代表大会上为民主制辩护，是徒劳无益的。阿基莫夫同志就比较精明了。他完全正确地提出问题，认为"马尔托夫同志和列宁同志争论的是哪一种〈条文〉更能达到他们的共同目的"（第252页）。他继续说："我和布鲁凯尔，想挑选一个**比较不能达到这个目的的条文**。于是我就挑选了马尔托夫的条文。"阿基莫夫同志又坦率地解释说，他认为"他们的目的〈即普列汉诺夫、马尔托夫和我三个人的目的——建立一个起领导作用的革命家组织〉是实现不了的，而且是有害的"；他像马尔丁诺夫同志一样①，拥护经济派所谓不必有"革命家组织"的思想。他"**完全相信，实际生活终究会闯进我们党组织中来**，不管你们是用马尔托夫的条文还是用列宁的条文阻挡它的去路"。本来，这种"尾巴主义的""实际生活"观点是不值一提的，如果我们没有在马尔托夫同志那里也看到这种观点的话。马尔托夫同志的第二次发言（第245页）一般讲来是很有意思的，所以值得详细分析一番。

---

① 不过，马尔丁诺夫同志想同阿基莫夫同志区别开来，他想证明，密谋似乎不等于秘密，在这两个词的差别的后面掩盖着概念上的差别。究竟是什么差别，无论马尔丁诺夫同志或者现在跟着他走的阿克雪里罗得同志都没有加以说明。马尔丁诺夫同志"装出一副样子"，使人感到，似乎我，例如在《怎么办？》中，没有坚决（如在《任务》（见《列宁全集》中文第2版增订版第2卷第426—449页。——编者注）中那样）反对"把政治斗争**缩小**成密谋"。马尔丁诺夫同志想使听众**忘记**一件事实，就是我当时所反对的那些人**认为不**需要**革命家组织**，正如阿基莫夫同志现在认为不需要这种组织一样。

　　马尔托夫同志的第一个理由是说:党组织对于不加入组织的党员的监督是"可以实现的,因为委员会既然委托某人担负某种职务,就有可能对其考察"(第 245 页)。这个论点非常值得注意,因为它可以说是"道破了"马尔托夫的条文究竟是**谁**需要的,**事实上**是为谁效劳的:是为知识分子个人效劳呢,还是为工人团体和工人群众效劳。原来,马尔托夫的条文有可能作两种解释:(1)凡是在党的某一个组织的领导下经常亲自协助党的人,都有权"**宣布自己**"(这是马尔托夫同志本人的话)是党员;(2)每一个党组织**都有权承认**凡是在它的领导下经常亲自协助党的人是党员。只有第一种解释才真正有可能使"每一个罢工者"自称为党员,所以也**只有这种解释**才立刻得到了李伯尔们、阿基莫夫们以及马尔丁诺夫们的衷心拥护。但是,这种解释显然是一句空话,因为这样就会把整个工人阶级都包括进去,从而抹杀党和阶级之间的区别;所谓监督和领导"每一个罢工者",那只能是"象征性地"谈一谈。正因为如此,马尔托夫同志在第二次发言时立刻就倒向第二种解释(不过,顺便说一下,**这种解释被代表大会直接否决了**,因为代表大会否决了科斯季奇的决议案**68**,第 255 页),即认为委员会将委托人们担负各种职务并考察其执行情况。这种专门职务当然从来不会委托给工人**群众**,不会委托给**数以千计的**无产者(即阿克雪里罗得同志和马尔丁诺夫同志所说的那些无产者),而恰恰是常常委托给阿克雪里罗得同志所提起的**大学教授**,委托给李伯尔同志和波波夫同志所关心的**中学生**(第 241 页),委托给阿克雪里罗得同志在第二次发言中所提到的**革命青年**(第 242 页)。总之,马尔托夫同志的条文要么是一纸空文和空洞的辞藻,要么就多半是而且几乎完全是有利于那些"**浸透了资产阶级个人主义**"而不愿意加入组织的"知识分子"。马尔托夫的条文**在口头上**是维护无产阶级广大阶层的利益的，但是**事实上**却是为那些害怕无产阶级的纪律和组织的**资产阶级知识分子**的利益效劳。谁也不敢否认，**作为现代资本主义社会中特殊阶层的知识分子**，他们的特点，一般和整个说来，**正是个人主义**和不能接受纪律和组织（可以参看一下考茨基论述知识分子的一些著名论文）；这也就是这个社会阶层不如无产阶级的地方；这就是使无产阶级常常感觉到的知识分子意志消沉、动摇不定的一个原因；知识分子的这种特性是同他们通常的生活条件，同他们在很多方面接近于**小资产阶级生存**条件的谋生条件（单独工作或者在很小的集体里工作等等）有密切联系的。最后，拥护马尔托夫同志条文的那些人恰恰必须拿大学教授和中学生作例子，也不是偶然的！在关于党章第 1 条的争论中并不像马尔丁诺夫和阿克雪里罗得两位同志所想的那样，是坚决主张广泛进行无产阶级斗争的人反对坚决主张搞激进密谋组织的人，而是拥护**资产阶级知识分子个人主义**的人同拥护**无产阶级组织和纪律**的人发生了冲突。

波波夫同志说："在彼得堡，也像在尼古拉耶夫或敖德萨一样，据这些城市的代表说，到处都有数以十计的散发书刊和进行口头鼓动的工人不能成为组织中的成员。可以把他们编到组织里面，但是不能看做组织中的成员。"（第 241 页）为什么他们不能成为组织中的成员呢？这始终是波波夫同志的一个秘密。上面我引了《给一位同志的信》中的一段话，正是说明把所有这些工人（是数以百计，而不是数以十计）编到组织里面是可能的而且是必要的，其中有许许多多这样的组织能够而且应当包括在党内。

马尔托夫同志的第二个理由是说："列宁认为党内除了党组

129

织以外,再也不能有其他什么组织……"完全对啊! ……"反之,我却认为这样的组织应当存在。实际生活在十分迅速地建立和繁殖这些组织,以致我们来不及把它们一一纳入我们职业革命家的战斗组织的体系……" 这个说法在两方面都是不正确的:(1)"实际生活"繁殖真正干练的革命家组织,要比我们所需要的,要比工人运动所要求的少得多;(2)我们党应当是一个不仅包括革命家组织而且包括许许多多工人组织在内的体系……"列宁认为中央委员会只会批准那些在原则方面完全可靠的组织为党的组织。可是,布鲁凯尔同志清楚地了解,实际生活〈原文如此!〉一定会显示自己的力量,中央委员会为了不致把许多组织抛在党外,就会不管它们是不是完全可靠而一概批准;因此,布鲁凯尔同志也就附和了列宁的意见……" 请看,这真是尾巴主义的"实际生活"观点! 当然,如果中央委员会**一定要**由一些不是按照自己的意见而是按照别人的意见行事的人(见组委会事件)组成,那"实际生活"就真正会"显示自己的力量",就是说,党内最落后的分子就会占上风(**现在由于党内存在着由落后分子组成的"少数派",情况正是如此**)。但是,无论如何也找不到一个**适当的**理由能迫使一个**干练的**中央委员会把那些"不可靠的"分子吸收到党内来。马尔托夫同志拿"实际生活""繁殖"不可靠的分子作借口,正好十分明显地暴露了他的组织计划的机会主义性质! ……他继续说:"而我认为,如果这样的组织〈不完全可靠的组织〉同意接受党纲,接受党的监督,我们可以把它吸收入党,但并不因此就把它变成党的组织。例如,如果某个'独立派'协会决定接受社会民主党的观点和党纲,并加入党,那我就会认为这是我们党的一个重大胜利,然而这还不是说,我们就把这个协会编入党组织中了……" 请看,马尔托夫的条文竟混乱到什么程度:加入党的非党组织! 请看一看**他的**公式吧:党 =(1)革命家组织,+(2)被承认是党组织的工人组织,+(3)没有被承认是党组织的工人组织(多半是"独立派"组织),+(4)执行各种任务的个人,如大学教授、中学生等等,+(5)"每一个罢工者"。可以同这个出色的计划相媲美的只有李伯尔同志的下面一段话:"我们的任务不只是要建立一个组织〈!!〉,我们能够并且应当建立一个党。"(第241页)是的,当然我们能够并且应当做到这一点,但是要做到这一点,需要的并不是什么"建立一些组织"的废话,而是向党员**直接**提出**要求**,要他们切实地从事**建立组织**的工作。说是"建立一个党",而又拥护用"党"这个词来掩盖一切无组织性和一切涣散状态,那就是说空话。

马尔托夫同志说:"我们的条文是表示一种想使革命家组织和群众之间有一系列组织的意图。"恰恰不是这样。马尔托夫的条文恰恰**不是表示**这种真正必要的意图,因为它并**不是促使大家组织起来**,不是要求大家组织起来,不是把有组织的东西和无组织的东西区分开来。它只是给大家一个**称号**①。说到这里,不能不

_____

① 马尔托夫同志在同盟代表大会上又提出一个令人好笑的论据来为自己的条文辩护。他说:"我们可以指出,列宁的条文按字面意义来了解,是把**中央代办员**置于党外,因为这些代办员并不组成一个组织。"(第59页)这个论据在同盟代表大会上曾受到**嘲笑**,这一点从记录上可以看出来。马尔托夫同志以为他所指出的"困难",只有中央代办员加入"中央委员会的组织"才能够解决。但是问题不在这里。问题在于马尔托夫同志所引用的例子清楚地表明**他完全不了解党章第1条的思想**,表明那种纯粹咬文嚼字的批评方式确实值得嘲笑。**从形式上说**,只要成立一个"中央代办员组织",起草一个把这个组织编到党内来的**决议**,那个使马尔托夫同志大伤脑筋的"困难"就会立刻消失。而我提出的党章第1条条文的**思想**是要**促使**大家"组织起来!",是要**保证**

回想起阿克雪里罗得同志说过的一段话:"无论用什么命令都不能禁止它们〈革命青年小组等等〉以及个别人自称为社会民主主义者〈十足的真理!〉,甚至自认为是党的一部分……" 这就**大错特错**了!禁止人家自称为社会民主主义者是不可能的,而且也**没有必要**,因为这个词**直接**表示的只是一种信念体系,而不是一定的组织关系。当个别小组和个别人危害党的事业、败坏和瓦解党的组织时,禁止这些小组和个人"自认为是党的一部分",是可以而且应该的。如果党竟不能"用命令禁止"小组"自认为是"整体的"一部分",那么说**党**是个整体,是个政治单位,就太可笑了!如果这样,那又何必规定开除党籍的手续和条件呢?阿克雪里罗得同志显然已经把马尔托夫同志的基本错误弄到了荒谬的地步;他甚至把这个错误发挥成**机会主义理论**,因为他补充说:"按照列宁的条文,党章第1条是直接同无产阶级社会民主党的实质〈!!〉及其任务根本矛盾的。"(第243页)这恰恰等于说:对党提出的要求高于对阶级的要求,是同无产阶级任务的实质根本矛盾的。怪不得阿基莫夫要竭力拥护这样的**理论**。

必须公正地指出,阿克雪里罗得同志**现在**想把这个显然有机

实在的监督和领导。从**实质**上看,中央代办员应不应当包括在党内这个问题本身就是可笑的。因为对他们的**实在的**监督,**由于他们被任命为代办员**,由于他们被留在代办员的职位上,**已经**有了完全的和绝对的保证。所以,这里根本谈不上把有组织的东西和无组织的东西混为一谈(而这正是马尔托夫同志条文的错误的根源)。马尔托夫同志的条文所以要不得,就是因为它使每一个人,使每一个机会主义者,每一个夸夸其谈的人,每一个"大学教授"和每一个"中学生"都可以**宣布自己**是党员。这就是马尔托夫同志条文的**阿基里斯之踵**[69],而马尔托夫同志却枉费心机地企图**掩饰**这个致命弱点,举了一些根本谈不上什么自封为党员、自行宣布为党员的例子。

会主义倾向的错误条文变成**新**观点的种子,但是他当时在代表大会上倒是表示愿意"磋商",他说:"但是我发觉,我原来敲的是敞开的大门"(我在新《火星报》上也发觉了这一点),"因为列宁同志及其被认为是党的一部分的外层小组表示赞同我的要求。"(不仅外层小组,而且还有各种各样的工人联合会:参看记录第 242 页斯特拉霍夫同志的发言,以及上面从《怎么办?》和《给一位同志的信》里摘录的一些话)"剩下的还有个别人。但是在这里也是可以磋商的。"我当时回答阿克雪里罗得同志说,一般说来,我并不反对磋商①,但是我现在应当解释一下,这句话究竟是指什么而言。正是关于个别人,关于所有这些大学教授和中学生等等,我是最不同意作什么让步的。但是,如果引起怀疑的是工人组织问题,那我就会同意(虽然上面我已经证明,这种怀疑是完全没有根据的)给我的第 1 条条文加上这样一个附注:"凡是接受俄国社会民主工党党纲和党章的工人组织,应当尽量列入党组织。"当然,严格说来,党章应当以法律式的定义为限,这种愿望不适于在党章中规定,而只适于在解释性的注解中、在小册子中加以说明(我已经指出,还在党章制定之前很久,我就在自己的小册子中作过这样的解释了);但是,这样的附注至少丝毫不会有什么可能导致瓦解组织的**错误**思想,丝毫不会有马尔托夫条文中显然包含的**机会主义的**论断②和"**无政府主义的观念**"。

---

① 见《列宁全集》中文第 2 版增订版第 7 卷第 269 页。——编者注

② 在企图论证马尔托夫的条文时必然涌现出来的这些论断中,特别值得提出的是托洛茨基同志的一段话(第 248 页和第 346 页),他说:"机会主义是由一些比党章某一条文更复杂的原因造成的〈或者说:由更深刻的原因决定的〉,——它是由资产阶级民主运动和无产阶级二者的相对发展水平引起的……" 但是问题不在于党章条文能造成机会主义,

我加了引号的最后一个说法，是巴甫洛维奇同志的。他当时很公正地把承认"**不负责任的和自行列名入党的分子**"是党员的

而在于要利用党章条文锻造出比较锐利的武器来反对机会主义。机会主义产生的原因愈深刻，这种武器也就应当愈锐利。因此，以机会主义有"深刻的原因"作理由来为向机会主义敞开大门的条文**辩护**，那就是十足的尾巴主义。当托洛茨基同志还在反对李伯尔同志时，他了解党章是整体对部分、先进部队对落后部队所表示的"有组织的不信任"；而当托洛茨基同志站到李伯尔同志方面时，他却忘记了这一点，甚至用"复杂的原因"、"无产阶级的发展水平"等等，为**我们**在组织这种不信任（对机会主义的不信任）方面所表现的**软弱**和动摇辩护了。托洛茨基同志的另一个论据是说："已有某种组织的青年知识分子，是更容易**自行列入**〈黑体是我用的〉党员名单的。"正是这样。所以，有知识分子模糊不清的毛病的，正是那个甚至容许无组织的分子**自行宣布**为党员的条文，而不是我的**绝对不许**人们"**自行列入**"名单的条文。托洛茨基同志说，中央委员会"不承认"机会主义者的组织，只是因为注意到这些人的性质，但是既然大家都知道这些人的政治面貌，那么他们就没有什么危险，因为可以用全党抵制的办法把他们驱逐出去。这一点只有在必须把某人**驱逐出党**的情况下才是对的（而且只是对了一半，因为有组织的党不是用抵制的办法而是用表决的办法**实行驱逐**的）。这一点在很多日常情况下，即在只需要**实行监督**而绝对不能**实行驱逐**时，是完全不正确的。中央委员会为了实行监督，可以**有意**把某一个虽然不完全可靠，但有工作能力的组织在一定条件下接纳到党内来，以便考验它，试图**把它引上正确道路**，用自己的领导来克服它的局部的偏向，等等。**如果**根本不允许"**自行列入**"党员名单，那么这样的接纳是没有危险的。为了能使人公开地和**负责地**，即在有监督的条件下表达（并讨论）其错误观点和错误策略，这样的接纳往往是有好处的。"但是，如果说法律式的定义应当适合事实上的关系，那么列宁同志的条文就应当被否决。"——托洛茨基同志这样说，但这又是机会主义者的说法。事实上的关系并不是死的，而是有生气的和不断发展的。法律式的定义能适合这些关系的进步发展，但是也能（如果这些定义是坏定义的话）"适合"退化或停滞。后一种情况也就是马尔托夫同志的"情况"。

主张看做**无政府主义**。巴甫洛维奇同志向李伯尔同志解释我的条文时说，"如果翻译成普通话"，——这个条文就是说："既然你想做一个党员，就应当也承认组织关系，而且不只是抽象地承认。"这种"翻译"虽然很简单，但是它不仅对于那些各种各样可疑的大学教授和中学生，而且对于最真实的党员，对于上层人物，都不是多余的（正如代表大会以后的事件证明的那样）……　巴甫洛维奇同志同样公正地指出，马尔托夫同志的条文是同马尔托夫同志引证得很不恰当的那个不容争辩的科学社会主义原理相抵触的。"我们党是不自觉过程的自觉表现者。"正是如此。并且正因为如此，要"每一个罢工者"都能自称为党员是不正确的，因为假使"每次罢工"都不只是强大的阶级本能和必然引向社会革命的阶级斗争的自发表现，而是这个过程的**自觉表现**，那么……那么，总罢工就不会是无政府主义的空话，那么我们的党就会立刻一下子**包括**整个工人阶级，因而也就会一下子把**整个资产阶级社会**消灭掉。为了**真正**成为自觉的表现者，党应当善于造成一种能**保证有相当的觉悟水平**并不断提高这个水平的组织关系。巴甫洛维奇同志说："按照马尔托夫的道路走去，首先就要删掉关于承认**党纲**的条文，因为要接受党纲，就必须领会和了解这个党纲……　承认党纲是要有相当高的政治觉悟水平才能做到的。"我们从来不容许用任何要求（领会、了解等等）来人为地**限制**人们**支持**社会民主党以及**参加**它所领导的斗争，因为单是**参加**斗争这一事实本身就能**提高**觉悟性和组织本能，但是，既然**我们结成一个党**，以便进行有计划的工作，那我们就应当设法保证这种计划性。

巴甫洛维奇同志关于党纲问题的警告看来不是多余的，这在**同一次**会议过程中**就立即**显示出来了。保证马尔托夫同志的条文得以通过①的阿基莫夫同志和李伯尔同志**立刻就**暴露出自己的真正本性,他们要求(第254—255页)对于党纲也只要(为了取得"党员资格")抽象地加以承认,即只承认它的"基本原理"就行了。巴甫洛维奇同志指出:"阿基莫夫同志的提议,从马尔托夫同志的观点看来,是完全合乎逻辑的。"可惜,我们从记录中看不出究竟有**多少票**赞成阿基莫夫的这个提议,——大概不少于七票(五个崩得分子,再加上阿基莫夫和布鲁凯尔)。正因为**七个代表**退出了代表大会,所以原先在讨论党章第1条时形成的"紧密的多数派"(反火星派分子、"中派"和马尔托夫分子)结果变成了紧密的少数派!正因为**七个代表**退出了代表大会,主张批准旧编辑部的提议才遭到了失败,《火星报》办报的"继承性"才受到这种似乎惊人的破坏!这奇异的**七个人**竟是《火星报》的"继承性"的唯一救星和保证,而这七个人就是崩得分子以及阿基莫夫和布鲁凯尔,也就是说,正是那些对承认《火星报》为中央机关报的**理由**投过反对票的代表,而他们的机会主义立场曾经由代表大会肯定地指出过几十次了,并且是由马尔托夫和普列汉诺夫两人在讨论关于**缓和**第一条有关党纲的提法问题时就肯定地指出过的。反火星派分子捍卫《火星报》的"继承性"!——这就是代表大会以后展开的一出悲喜剧的**开端**。

*　　　*　　　*

---

① 投票赞成这个条文的有28票,反对的有22票。八个反火星派分子中有七个人赞成马尔托夫,有一个人赞成我。假如没有机会主义者的帮忙,马尔托夫同志就不能使自己的机会主义条文通过。(马尔托夫同志在同盟代表大会上毫无成效地企图驳倒这件不成问题的事实,不知为什么只指出崩得分子的票数,而把阿基莫夫同志和他的朋友们忘记了,确切些说,**只有**在这一点可以作为攻击我的证据——布鲁凯尔同志同意我的条文——时,才想起这些人。)

表决党章第 1 条条文时形成的派别划分,也跟语言平等事件暴露的情况完全相同:由于火星派多数派方面有四分之一(大概数目)的票数脱离出去,结果就使"中派"所追随的反火星派有可能取得胜利。当然,这里也有个别的票数破坏了画面的完整性,——在像我们代表大会这样一个大规模的会议上,必然有一部分"野"票偶然地有时跑到这方有时跑到那方,尤其是在讨论党章第 1 条这样的问题时情况是这样,因为在这个问题上发生意见分歧的实质才刚刚显露出来,许多人简直**还来不及**把问题弄清楚(因为这个问题预先没有在书刊上探讨过)。从火星派多数派方面跑出去五票(各有两票表决权的鲁索夫和卡尔斯基以及有一票表决权的连斯基);同时,又有一个反火星派分子(布鲁凯尔)和三个中派分子(梅德维捷夫、叶戈罗夫和察廖夫)归附到火星派多数派方面;结果多数派共有 23 票(24-5+4),比后来进行选举时最终形成的派别划分少一票。**反火星派分子使马尔托夫取得了多数,**反火星派分子中有七个人赞成马尔托夫,有一个人赞成我("中派"方面也有七票赞成马尔托夫,三票赞成我)。火星派少数派和反火星派以及"中派"的联盟——即在代表大会快结束时和在代表大会以后组成的紧密的少数派的那个联盟——**开始形成起来。**马尔托夫和阿克雪里罗得在提出党章第 1 条条文时,特别是在为这个条文辩护时所犯的**无疑是向机会主义和无政府个人主义迈进了一步**的政治错误,由于有代表大会这样一个自由的公开的舞台,立刻和特别明显地暴露出来了,具体表现就是,最不坚定的和最不坚持原则的分子马上发动了他们的全部力量来扩大社会民主党革命派观点中出现的裂缝,或者说缺口。在组织方面公开追求**不同目的**(见阿基莫夫的发言)的人们共同参加代表大会的事实,立刻就推动了**在原则上**反对我们的组织计划和反对我们的章程的人去支持马尔托夫同志和阿克雪里罗得同志的错误。在这个问题上也仍然忠实于社会民主党革命派观点的火星派分子竟成了**少数**。这是一件**有重大意义的**事实，因为谁如果没有弄清楚这件事实，谁就根本无法了解由于争论党章的细节问题而发生的斗争，也无法了解由于争论中央机关报和中央委员会人选问题而发生的斗争。

1904 年在日内瓦印成单行本　　　　　选自《列宁全集》中文第 2 版增订版
　　　　　　　　　　　　　　　　　　第 8 卷第 247—272 页

社会民主党在民主革命中的
两种策略[70]（节选）

（1905 年 6—7 月）

序　　言

三　庸俗的资产阶级专政观和马克思的专政观

梅林出版了 1848 年马克思在《新莱茵报》上发表的论文集，他在论文集的说明中说，资产阶级书刊还对《新莱茵报》提出过如下指责，说它要求"立刻实行专政，以此作为实现民主的唯一手段"（《马克思遗著》第 3 卷第 53 页）[71]。从庸俗的资产阶级观点看来，专政和民主这两个概念是互相排斥的。资产者不懂阶级斗争的理论，看惯了政治舞台上各个资产阶级小集团之间的无谓争吵，认为专政就是废除一切自由和一切民主保障，就是恣意横行，就是滥用权力以谋专政者个人的利益。实质上，我们的马尔丁诺夫正表现了这种庸俗的资产阶级观点，他在新《火星报》上的那篇"新讨伐"文章的结语中说，《前进报》和《无产者报》所以偏爱专政这个口号，是因为列宁"很想碰碰运气"（《火星报》第 103 号第 3 版第 2 栏）。这个绝妙的解释完全可以和资产阶级指责《新莱茵报》鼓吹专政的说法相媲美。可见，马克思也被揭发为调换革命和专政的概念，——不过不是为社会民主党人所揭发，而是为资产阶级民主派所揭发！为了向马尔丁诺夫说清阶级专政的概念和个人专政的区别，以及民主专政的任务和社会主义专政的任务的区别，谈一谈《新莱茵报》的观点也许不是无益的。

1848年9月14日的《新莱茵报》写道："在革命之后，任何临时性的政局下都需要专政，并且是强有力的专政。我们一开始就指责康普豪森〈1848年3月18日以后的内阁首脑〉没有实行专政，指责他没有马上粉碎和清除旧制度的残余。正当康普豪森先生陶醉于立宪的幻想时，被打垮的党派〈即反动的党派〉已在官僚机构和军队中巩固他们的阵地，甚至敢于在各处展开公开的斗争。"①

梅林说得很对：这段话把《新莱茵报》在几篇长篇论文中所作的关于康普豪森内阁的详细论述归纳成扼要的几点。马克思的这段话告诉了我们些什么呢？它告诉我们，临时革命政府**必须**实行专政（规避专政口号的《火星报》无论如何不能理解这一点）；它告诉我们，这个专政的任务就是消灭旧制度的残余（我们上面已经说过，这恰恰是俄国社会民主工党第三次代表大会关于同反革命斗争的决议中所清楚地指出的，而且是代表会议的决议所忽略的）。最后，第三，从这段话中可以看出，马克思因为资产阶级民主派在革命和公开内战时期迷恋于"立宪的幻想"而痛斥了他们。从1848年6月6日《新莱茵报》的论文中可以特别明显地看出这段话的含义。马克思写道："制宪国民议会首先应该是具有革命积极性的积极的议会。而法兰克福议会却像小学生做作业似的在

---

① 见《马克思恩格斯文集》第2卷第69页。——编者注

议会制度上兜圈子,对各邦政府的行动听之任之。就算这个学术会议在极其周密的酝酿之后挖空心思炮制出最好的议事日程和最好的宪法吧。但是,如果各邦政府在这个时候已经把刺刀提到议事日程上来,那么,最好的议事日程和最好的宪法又有什么用呢?"①

专政这个口号的含义就是如此。由此可以看出,马克思会怎样对待那些把"决定召开立宪会议"叫做彻底胜利或者号召"始终如一地做一个持极端革命反对派态度的政党"的决议!

各国人民生活中的重大问题,只有用强力才能解决。反动阶级通常都是自己首先使用暴力,发动内战,"把刺刀提到议事日程上来",俄国专制制度就这样做过,而且从1月9日起在全国各地还继续不断地这样做。既然已经形成这样的局面,既然刺刀已经真正摆在政治日程上的首要地位,既然起义已经成了必要的和刻不容缓的事情,那么立宪幻想和像小学生做作业似的在议会制度上兜圈子,就只能起掩饰资产阶级出卖革命,掩饰资产阶级"退出"革命的作用。这时,真正革命的阶级所应当提出的正是专政的口号。

关于这个专政的任务的问题,马克思在《新莱茵报》上还写道:"国民议会本来只需在各个地方用专政手段来抵御腐朽政府的反动干预,这样它就能在人民的舆论中赢得强大的力量,在这种力量面前所有的刺刀……都会碰得粉碎。……这个议会不去引导德国人民或者接受德国人民的引导,而是使人民对它感到厌倦。"②

---

① 参看《马克思恩格斯全集》中文第1版第5卷第45页。——编者注
② 同上,第46页。——编者注

按马克思的意见,国民议会应当"消除德国现存制度中一切和人民专制的原则相抵触的东西",然后"巩固议会的革命基础,保护革命的成果即人民专制不受任何侵犯"①。

可见,马克思在 1848 年向革命政府或专政提出的任务,按内容来说,首先就是实行**民主**革命:抵御反革命势力,在事实上消除一切和人民专制相抵触的东西。这正好就是革命民主专政。

还有,按马克思的意见,当时有哪些阶级能够而且应当实现这个任务(把人民专制的原则真正贯彻到底,并打退反革命的袭击)呢? 马克思说的是"人民"。但是我们知道,马克思一向都是无情地反对那些认为"人民"是一致的、认为人民内部没有阶级斗争的小资产阶级幻想。马克思在使用"人民"一语时,并没有用它来抹杀各个阶级之间的差别,而是用它来概括那些能够把革命进行到底的一定的成分。

在柏林无产阶级 3 月 18 日的胜利以后,——《新莱茵报》写道,——革命产生了两方面的结果:"一方面是人民有了武装,获得了结社的权利,实际上争得了人民专制;另一方面是保存了君主政体,成立了康普豪森—汉泽曼内阁,即代表大资产阶级的政府。这样,革命就有了两种必然会背道而驰的结果。人民胜利了;他们获得了无疑是具有民主性质的自由,但是直接的统治权并没有转到他们的手中,而落入了大资产阶级的手中。总而言之,革命没有进行到底。人民让大资产者去组阁,而这些大资产者却邀请旧普鲁士的贵族、官僚与自己结盟,这就立即表明了他们的倾向。加入内阁的有阿尔宁、卡尼茨和什未林。

---

① 参看《马克思恩格斯全集》中文第 1 版第 5 卷第 14 页。——编者注

一开始就反对革命的大资产阶级由于害怕人民,即害怕工人和民主派资产阶级,同反动派订立了攻守同盟"(黑体是我们用的)。①

总之,要取得革命的彻底胜利,不仅"决定召开立宪会议"很不够,甚至真正召集立宪会议也还是很不够!甚至在武装斗争中得到局部的胜利(柏林工人1848年3月18日对军队的胜利)以后,革命也还可能"没有完成","没有进行到底"。革命是否进行到底,究竟取决于什么呢?取决于直接统治权究竟转到谁的手里:是转到彼特龙凯维奇和罗季切夫之流,即转到康普豪森和汉泽曼之流的手里,还是转到**人民**,即工人和民主派资产阶级的手里。在前一种场合下,资产阶级拥有政权,而无产阶级有"批评的自由",有"始终如一地做一个持极端革命反对派态度的政党"的自由。革命一胜利,资产阶级立刻就会和反动势力结成联盟(譬如说,如果彼得堡的工人在和军队进行的巷战中仅仅获得局部的胜利,而让彼特龙凯维奇之流的先生们去成立政府,那么这种情形在俄国也是免不了要发生的)。在后一种场合下就有可能实现革命民主专政,即革命的完全胜利。

现在还需要更确切地断定,马克思拿来和工人合在一起统称为人民而与大资产阶级相对立的那个"民主派资产阶级"(demokratische Bürgerschaft)究竟是指的什么?

对于这个问题,1848年7月29日《新莱茵报》一篇文章中的下面的话给了明白的回答:"……1848年的德国革命只不过是对1789年法国革命的滑稽讽刺的模仿。

①　参看《马克思恩格斯全集》中文第1版第5卷第72—73页。——编者注

1789 年 8 月 4 日,攻占巴士底狱后三个星期,法国人民在一天之内就取消了封建义务。

1848 年 7 月 11 日,三月街垒战后四个月,封建义务就压在德国人民身上。Teste Gierke cum Hansemanno。①

1789 年的法国资产阶级一刻也没有抛开自己的同盟者——农民。资产阶级知道:它的统治的基础就是消灭农村中的封建制度,就是形成一个自由的占有土地的(grundbesitzenden)农民阶级。

1848 年的德国资产阶级毫无顾忌地出卖这些农民,出卖自己的天然的同盟者,可是农民与它骨肉相连,没有农民,它就无力反对贵族。

保存封建权利,在(虚幻的)赎买的幌子下批准这些权利,——这就是 1848 年德国革命的结果。真是雷声大雨点小。"②

这是些很有教益的话,这些话告诉我们四个重要的原理:(1)没有完成的德国革命和已经完成的法国革命的不同之处,就在于德国资产阶级不仅是背叛了民主主义,而且特别是背叛了农民。(2)完全实现民主革命的基础是形成一个自由的农民阶级。(3)形成这样一个阶级,就是废除封建义务,消灭封建制度,但这还决不是社会主义革命。(4)农民是资产阶级即民主派资产阶级的"天

---

① "见证人就是吉尔克先生和汉泽曼先生。"汉泽曼是大资产阶级政党的阁员(相当于俄国的特鲁别茨科伊或罗季切夫等等)。吉尔克是汉泽曼内阁中的农业大臣,他拟定了一个"大胆的"草案,表面上似乎是要"无偿地""废除封建义务",实际上只是废除一些无关紧要的小的义务,而把较重大的义务保存下来,或实行赎买。吉尔克先生很像俄国的卡布鲁柯夫、曼努伊洛夫、赫尔岑施坦一类与农夫为友的资产阶级自由派先生们,他们愿意"扩大农民占有的土地",但是不愿意得罪地主。
② 参看《马克思恩格斯全集》中文第 1 版第 5 卷第 331 页。——编者注

然的"同盟者,没有这种同盟者,资产阶级就"无力"反对反动势力。

只要根据具体的民族特点作相应的改变,只要把封建制度改成农奴制度,所有这些原理就完全适用于 1905 年的俄国了。毫无疑问,当我们从马克思所阐明的德国经验中吸取教训时,我们所能得出的保证革命彻底胜利的口号就只能是无产阶级和农民的革命民主专政。毫无疑问,马克思在 1848 年拿来和那些进行反抗的反动势力及叛变的资产阶级相对立的"人民",其主要组成部分就是无产阶级和农民。毫无疑问,在我们俄国,自由派资产阶级和解放派先生们也在背叛农民,而且将来还会背叛农民,就是说,他们会用假的改良来敷衍了事,会在地主和农民决战的时候站到地主方面去。只有无产阶级能够在这个斗争中彻底支持农民。最后,毫无疑问,在我们俄国,农民斗争的成功,即全部土地转归农民所有,也将意味着完全的民主革命,也是进行到底的革命的社会支柱,但决不是社会主义革命,也决不是小资产阶级思想家即社会革命党人所说的"社会化"。农民起义的成功,民主革命的胜利,只会为在民主共和制的基地上真正而坚决地进行争取社会主义的斗争扫清道路。农民是土地占有者阶级,他们在这个斗争中,也会像资产阶级现在在争取民主的斗争中一样地扮演叛卖的、不稳定的角色。忘记这一点就是忘记社会主义,就是在无产阶级的真正利益和任务问题上自欺欺人。

为了详尽地说明马克思在 1848 年的观点,必须指出当时德国社会民主党(或无产阶级的共产党,如果用当时的话说)和现代俄国社会民主党之间的一个本质的区别。我们听听梅林是怎样说的:

"《新莱茵报》是作为'民主派的机关报'出现在政治舞台上的。不能不看到贯穿在它的一切文章中的那条基本线索。但是它的直接目标,与其说是保护无产阶级的利益,反对资产阶级的利益,不如说是保护资产阶级革命的利益,反对专制制度和封建制度。在该报的各栏很少有专门讨论革命时期工人运动问题的材料,虽然不应当忘记,和它同时并存的还有每星期出版两次的莫尔和沙佩尔两人编辑的一个专门的科隆工人联合会机关报⁷²。无论如何,很使当代读者注意的,是《新莱茵报》很少注意当时的德国工人运动,虽然当时德国工人运动中一位最能干的活动家斯蒂凡·波尔恩曾在巴黎和布鲁塞尔两地向马克思和恩格斯学习过,而且1848年还在柏林为他们的报纸写通讯。波尔恩在他的《回忆录》中说,马克思和恩格斯从来没有向他说过一句话,表示他们不赞同他在工人中进行的鼓动工作。可是,根据恩格斯后来的声明,可以推想,他们至少是不满意这种鼓动工作的方法。他们的不满是有根据的,因为波尔恩曾经不得不对德国大多数地区中还完全没有发展的无产阶级阶级意识作了许多让步,作了许多从《共产党宣言》的观点看来完全经不起批驳的让步。他们的不满又是没有根据的,因为波尔恩毕竟还是把他领导的鼓动工作保持在相当高的水平上……毫无疑问,马克思和恩格斯认为工人阶级的最重要的利益首先是尽量推进资产阶级革命,这从历史上看、从政治上看都是正确的……　虽然如此,但是有一件事实卓越地证明了工人运动的起码的本能能够纠正最天才的思想家的观念,这就是他们在1849年4月主张成立专门的工人组织,并且决定参加特别是由易北河以东(东普鲁士)的无产阶级准备召集的工人代表大会。"①

---

① 参看《马克思恩格斯全集》中文第1版第6卷第509、697、698、703—704页。——编者注

可见，只是在 1849 年 4 月，在革命报纸出版了几乎一年以后（《新莱茵报》是从 1848 年 6 月 1 日开始出版的），马克思和恩格斯才主张成立专门的工人组织！在此以前，他们只办了一个和独立工人政党在组织上没有任何联系的"民主派的机关报"！这件事实，这件从我们现在的观点看来是骇人听闻的和不可思议的事实，清楚地向我们表明，当时的德国社会民主工人政党和现在的俄国社会民主工人政党之间有多么大的差别。这件事实向我们表明，在德国民主革命中所显露出来的运动的无产阶级特征和无产阶级潮流要少得多（因为德国 1848 年在经济方面和在政治方面还落后——国家没有统一）。这在评价马克思当时和不久以后关于必须独立组织无产阶级政党的多次声明时，是不应当忘记的（例如普列汉诺夫就忘记了这一点①）。马克思只是根据民主革命的经验，几乎经过了一年才实际作出这个结论来，可见德国当时的整个气氛充满了多么浓厚的市侩性、小资产阶级性。对我们来说，这个结论是早就从国际社会民主运动半世纪的经验中得到的坚固的成果，而我们就是根据这个成果**开始**组织俄国社会民主工党的。例如，在我们这里根本谈不上无产阶级的革命报纸会站在无产阶级的社会民主党之外，根本谈不上这种报纸哪怕有片刻会作为"民主派的机关报"出现。

可是，在马克思和斯蒂凡·波尔恩之间刚刚开始显露出来的那种对立，在我们这里却以成熟得多的形式存在着，而且我国革命民主巨流中的无产阶级潮流愈是强大，这种对立就愈厉害。梅林说马克思和恩格斯对斯蒂凡·波尔恩的鼓动工作可能不满时，话

---

① 括号中的话在以前各版中都被略去了。——俄文版编者注

说得太缓和,太闪烁其词了。请看恩格斯在 1885 年写的评论波尔恩的一段话(引自《揭露科隆共产党人案件》1885 年苏黎世版序言):

共产主义者同盟[5]的盟员到处领导极端民主运动,这就证明同盟是革命活动的最好的学校。"曾在布鲁塞尔和巴黎作为同盟盟员积极活动的排字工人斯蒂凡·波尔恩,在柏林建立了'工人兄弟会'(Arbeiterverbrüderung)[73],这个组织有过很广泛的发展,并且一直存在到 1850 年。波尔恩是一个有才能的青年,但是他有些太急于要成为政治家,竟和各色各样的坏家伙(Kreti und Plethi)'称兄道弟',只图在自己周围纠合一群人。他完全不是一个能统一各种矛盾意向,澄清混乱状况的人物。因此,他那个兄弟会所发表的正式文件往往混乱不堪,竟把《共产主义宣言》①的观点同行会习气和行会愿望、同路易·勃朗和蒲鲁东的观点的残屑碎片、同拥护保护关税政策的立场等等混杂在一起;一句话,这些人想讨好一切人(Allen alles sein)。**他们特别致力于组织罢工,组织工会和生产合作社,却忘记了首要任务是通过政治上的胜利先取得一个**唯一能够持久地实现这一切的**活动场所**〈黑体是我们用的〉。所以,当反动势力的胜利迫使这个兄弟会的首脑们感到必须直接参加革命斗争的时候,原先集合在他们周围的乌合之众就自然而然地离开了他们。波尔恩参加了 1849 年 5 月德累斯顿的起义[74],并幸免于难。但是,工人兄弟会则对无产阶级的伟大政治运动采取袖手旁观的态度,成为一个孤独自在的团体,在很大程度上只是徒有虚名,它的作用无足轻重,所以直到 1850 年反动派才觉得有必

---

① 即《共产党宣言》。——编者注

要取缔它,而它的分支则过了几年以后才被认为有必要取缔。真姓是布特尔米尔希①的波尔恩没有成为大政治家,而成了瑞士的一个小小的教授,他不再把马克思著作译成行会语言,而是把温情的勒南的作品译成甜腻的德语。"②

恩格斯就是这样评价社会民主党在民主革命中的两种策略的!

我们的新火星派也是狂热地追求"经济主义",甚至因为自己"省悟"而博得君主派资产阶级的赞扬。他们也是把各色各样的人纠合在自己周围,奉承"经济派",用"主动性"、"民主主义"和"自治"等等口号来拉拢落后群众。他们的工会也是往往只存在于他们那个赫列斯塔科夫**76**式的新《火星报》上。他们的口号和决议暴露出他们同样不了解"无产阶级伟大政治运动"的任务。

1905 年 7 月由俄国社会民主工党中央委员会在日内瓦印成单行本

选自《列宁全集》中文第 2 版增订版第 11 卷第 114—124 页

---

① 我在本书第 1 版中翻译恩格斯的这一段话时犯了一个错误,不是把 Buttermilch(酸牛奶。——编者注)一字看做专有名词,而是把它看成了普通名词。这个错误当然使孟什维克们极为高兴。柯尔佐夫写文章说我"加深了恩格斯"(该文曾转载在《两年来》文集中),普列汉诺夫现在还在《同志报》上提起这个错误**75**,总而言之,他们找到一种**绝妙的借口来抹杀** 1848 年德国的**工人运动中有两种趋向存在的问题**,一种是波尔恩(我们的"经济派"的亲属)的趋向,另一种是马克思主义的趋向。利用论敌的错误——即使是关于波尔恩的姓氏问题的错误,本来是非常自然的事情。但是利用纠正译文的手段来抹杀有两种策略存在这一问题的本质,这就是害怕涉及争论的实质。(这是作者为 1907 年版加的注释。——编者注)

② 参看《马克思恩格斯文集》第 4 卷第 240—241 页。——编者注

游击战争（节选）

（1906 年 9 月 30 日〔10 月 13 日〕）

游击活动问题引起我们党和工人群众的极大兴趣。我们已经不止一次顺便谈到这个问题，现在打算把我们的观点作一次比较完整的叙述，这是我们曾经说过的①。

一

让我们从头说起吧。每个马克思主义者对于考察斗争形式问题，应当提出些什么基本要求呢？第一，马克思主义同一切原始形式的社会主义不同，它不把运动限于某一种固定的斗争形式。它承认各种各样的斗争形式，并且不是"臆造"这些形式，而只是对运动进程中自然而然产生的革命阶级的斗争形式加以概括、组织，并使其带有自觉性。马克思主义同任何抽象公式、任何学理主义方法是绝对不相容的，它要求细心对待进行中的**群众**斗争，因为群众斗争随着运动的发展，随着群众觉悟的提高，随着经济危机和政

---

① 见《列宁全集》中文第 2 版增订版第 13 卷第 361 页。——编者注

治危机的加剧,会产生愈来愈新和愈来愈多的防御和攻击的方式。因此,马克思主义决不拒绝任何斗争形式。马克思主义决不局限于只是在当前可能的和已有的斗争形式,它认为,随着当前社会局势的变化,**必然**会出现新的、为这个时期的活动家所不知道的斗争形式。马克思主义在这方面可以说是向群众的实践**学习**的,决不奢望用书斋里的"分类学家"臆造的斗争形式来**教导**群众。例如,考茨基在考察社会革命的形式时说:我们知道,即将到来的危机会给我们带来我们现在还预见不到的新的斗争形式。

第二,马克思主义要求我们一定要**历史地**来考察斗争形式的问题。脱离历史的具体环境来谈这个问题,就是不懂得辩证唯物主义的起码常识。在经济演进的各个不同时期,由于政治、民族文化、风俗习惯等等条件各不相同,也就有各种不同的斗争形式提到首位,成为主要的斗争形式,而各种次要的附带的斗争形式,也就随之发生变化。不详细考察某个运动在它的某一发展阶段的具体环境,要想对一定的斗争手段问题作肯定或否定的回答,就等于完全抛弃马克思主义的立脚点。

这就是我们应当遵守的两个基本理论原理。在西欧,马克思主义的历史给我们提供了无数证实上述原理的例证。欧洲社会民主党人认为议会制度和工会运动是目前主要的斗争形式,但是,他们同俄国立宪民主党人[77]和无题派[78]之类的自由派资产者的意见相反,过去承认过起义,并且在将来局势发生变化的时候,还是完全准备承认起义的。70年代,社会民主党不承认总罢工是解决社会问题的万应灵丹,不承认它是通过非政治途径能立即推翻资产阶级的手段,但是,社会民主党现在完全承认群众性的政治罢工(特别是有了1905年俄国革命的经验以后)是**一种在一定**条件下必要的斗争手段。社会民主党承认过 19 世纪 40 年代的街垒斗争,以后又根据 19 世纪末的一定情况把它否定了,而在有了莫斯科的经验以后,又表示完全愿意修改这种否定街垒斗争的观点,承认这种斗争是适当的,因为莫斯科的经验,用考茨基的话来说,提供了新的街垒战术。

四

俄国革命同欧洲资产阶级革命相比,特点是斗争形式繁多。考茨基在一定程度上预见到了这一点,他在 1902 年说过,将来的革命(他补充说,**也许**俄国例外),与其说是人民和政府之间的斗争,不如说是两部分人之间的斗争。我们看到,在俄国,这**第二种**斗争显然要比在西方的资产阶级革命中发展得更广。我国革命的敌人在人民中间为数不多,但是随着斗争的尖锐化,他们日益组织起来,并且得到了资产阶级中反动阶层的支持。因此,在**这样的**时代,在发生全民政治罢工的时代,**起义**也就不能采取那种只适用于间隔时期很短和地区很小的单独行动的旧形式,这是十分自然的,也是不可避免的。因此,起义采取遍及全国的长期的国内战争这种更高的更复杂的形式,即采取两部分人之间的武装斗争形式,这也是十分自然的和不可避免的。这样的战争,只能是连续发生的几次间隔时期较长的大战役和大量的、在这些间隔时期内发生的小冲突。既然这样——而这是确定无疑的——社会民主党也就绝对应该提出自己的任务:建立能够在这些大战役中也能够尽量在这些小冲突中最大限度地领导群众的组织。在阶级斗争已经尖锐到发生国内战争这个时代,社会民主党的任务就是不仅应当参加**这场国内战争**,而且应当在**这场国内战争**中起领导作用。社会民主党应当培养和训练自己的组织,使它们能够真正成为**交战的一方**,不错过任何一个打击敌人力量的机会。

不用说,这是一个困难的任务。它不是一下子就能完成的。正如在国内战争进程中全体人民都在斗争中重新受到教育和进行学习一样,我们的各级组织也应当受到教育,应当根据实际经验进行改造,以适应这个任务。

我们一点也不想硬要实际工作者接受什么杜撰的斗争形式,甚至也不想在书斋里解决某种游击战争形式在俄国国内战争的总进程中的作用问题。我们决不想把具体估计某种游击行动的问题,看做是社会民主党的**方针**问题。但是,我们认为自己的任务就是尽量帮助大家**从理论上**正确估计实际生活所提出的新的斗争形式,就是毫不留情地反对各种死板公式和偏见,因为它们妨碍觉悟工人正确地提出这一新的困难问题并正确地解决这一问题。

载于 1906 年 9 月 30 日《无产者报》第 5 号

选自《列宁全集》中文第 2 版增订版第 14 卷第 1—3、10—12 页

卡·马克思致路·库格曼书信集俄译本序言

(1907 年 2 月 5 日〔18 日〕)

现在我们把德国社会民主党《新时代》周刊上发表的马克思给库格曼的信,全部汇集成册出版,目的是想使俄国读者更好地了解马克思和马克思主义。马克思在通信中对他自己的私事谈得很多,这是理所当然的。对于写传记的人来说,这些材料都是异常宝贵的。但是对于广大读者,特别是对于俄国工人阶级来说,这些书信内包含着理论和政治材料的那些地方,却更加重要得多。正是在我国,在目前的革命时代,细心研究马克思对工人运动和世界政治的各种问题的直接评论材料,是特别富有教益的。《新时代》杂志编辑部说得完全对:"认识那些在大变革时代形成其思想和意志的人物的面貌,就能提高我们自己。"在 1907 年,俄国社会党人更是加倍需要有这种认识,因为他们从这种认识中间可以得到许多极宝贵的指示,从而了解他们在本国所经历的一切革命中的直接任务。俄国现在正处于"大变革"的时代。马克思在相当动荡的 19 世纪 60 年代所采取的政策,在很多情况下是社会民主党人在目前俄国革命中采取的政策的直接榜样。

因此,我们现在只是简单地提一下马克思书信中理论上特别重要的地方,而比较详细地谈谈他作为无产阶级的代表所采取的革命政策。

从更全面和更深刻地弄懂马克思主义的观点来看,特别值得注意的是他在 1868 年 7 月 11 日写的一封信(第 42 页及以下各页)①。马克思在这封信里通过反驳庸俗经济学家的方式,非常清晰地说明了**自己**对所谓"劳动"价值论的见解。马克思把素养较差的《资本论》读者会很自然产生、因而被庸俗的"教授式的"资产阶级"科学"的代表人物百般利用的那些反对马克思价值论的意见,作了一个简单扼要而又异常透彻的分析。这里马克思指出了他怎样说明和应当怎样说明价值规律。他以最通常的反对意见为例,说明了他自己所运用的**方法**。他阐明了价值论这样一个(似乎是)纯粹抽象的理论问题同那些要求"**把缺乏思想的混乱永远保持下去**"的"统治阶级利益"之间的联系。我希望,凡是开始研究马克思和阅读《资本论》的人,在钻研《资本论》最难懂的头几章的时候,能把我们上面提到的那封信反复地读一读。

书信中另外一些在理论上特别有意思的地方,就是马克思对于各个作家的评论。马克思的这些评论写得非常生动,充满热情,可以看到他对一切重大思潮都全神贯注地进行考察分析。当你读到这些评论的时候,就会觉得自己好像是在亲自聆听这位天才思想家讲话一样。除了那些顺便谈到的对于狄慈根的评论以外,特别值得读者注意的是他对蒲鲁东派[79]的评论(第 17 页)。只是轻轻几笔就把那些在社会大动荡时期投靠"无产阶级",但不能领会工人阶级的观点,不能刻苦认真地在无产阶级组织"行列中间"进

---

① 见《马克思恩格斯文集》第 10 卷第 289—291 页。——编者注

行工作的资产阶级的"优秀的"知识青年描绘得惟妙惟肖。①

对杜林的评论(第35页)②好像是预示了恩格斯(同马克思一起)在9年以后所写的有名的《反杜林论》一书的内容。这本书有策杰尔包姆的俄译本,可惜这个译本翻译得很糟,不仅有许多遗漏,而且有不少错误。信里还有对杜能的一段评论,其中也牵涉到李嘉图的地租论。③ 马克思早在1868年就坚决驳斥了"李嘉图的错误",而在1894年出版的《资本论》第3卷中则已把这些错误彻底驳倒了。但是,直到现在,从我国十足资产阶级的、甚至是"黑帮"的布尔加柯夫先生起,直到"准正统派"马斯洛夫,所有这些修正主义者都仍然在重复这些错误。

还值得注意的是对于毕希纳的评论,其中谈到他的庸俗唯物主义和从朗格著作("教授式的"资产阶级哲学的正常的依据!)中抄来的"肤浅的废话"(第48页)④。

现在我们来谈谈马克思的革命政策。我们俄国社会民主党人中居然流行着一种对马克思主义的市侩观念,以为具有特殊斗争方式和无产阶级的特殊任务的革命时期是变态,而"宪制"和"极端反对派"却是常规。当今世界上无论哪一个国家也没有像俄国这样发生如此深刻的革命危机,同时无论哪一个国家也没有对革命采取如此怀疑和庸俗态度的"马克思主义者"(降低马克思主义,把马克思主义庸俗化)。我们这里的人总是从革命内容是资产阶级的这一事实得出肤浅的结论,认为资产阶级是革命的**动力**,

---

① 见《马克思恩格斯文集》第10卷第243页。——编者注
② 同上,第280—281页。——编者注
③ 同上。——编者注
④ 参看《马克思恩格斯全集》中文第1版第32卷第567页。——编者注

而无产阶级在这个革命中则负担次要的、附属的任务,认为无产阶级不能领导这个革命!

马克思在他给库格曼的书信中是多么有力地揭穿了这种对马克思主义的肤浅看法呀!拿 1866 年 4 月 6 日写的一封信来说吧。马克思当时已经完成了他的主要著作。在他写这封信的 14 年前,他已经最后作出了对于德国 1848 年革命的估价。**80** 1850 年,他自己否定了自己在 1848 年认为社会主义革命即将到来的社会主义幻想①。在 1866 年,他刚开始看见新的政治危机在日益增长的时候,便写道:

"但愿我们的庸人〈指德国自由派资产者〉最终会认识到,如果没有一次推翻哈布斯堡和霍亨索伦王朝的革命,结果必将再一次引起一场三十年战争……"(第 13—14 页)②

这里丝毫也没有幻想即将到来的革命(这次革命是从上面发生的,而不是像马克思所期待的那样从下面发生的)会推翻资产阶级和资本主义。这里十分明确地指出,这个革命只是推翻普鲁士和奥地利的君主制度。而他对这个资产阶级革命具有多么大的信心啊!这位了解资产阶级革命对社会主义运动的发展有巨大作用的无产阶级战士充满着多么强烈的革命热情啊!

过了三年,在拿破仑帝国崩溃的前夜,马克思指出法国发生了"非常有趣的"社会运动,他**非常高兴地**说道,"巴黎人为了准备去从事即将到来的新的革命斗争,又在细心研究他们不久前的革命经历了"。马克思描写了在评价这段历史时揭示出来的阶级斗争

---

① 参看《马克思恩格斯全集》中文第 1 版第 7 卷第 512—514 页。——编者注

② 同上,第 31 卷第 518 页。——编者注

以后,得出结论说(第 56 页):"这样一来,整个历史的涡流就翻腾起来了! 什么时候**我们那里**〈德国〉的形势也会发展到这一步呢!"①

这正是俄国知识分子马克思主义者应该向马克思学习的地方。他们因怀疑论而软弱无能,因书呆子气而麻木不仁,他们惯于念忏悔词,很快就厌倦革命,像盼望节日似的盼望葬送革命,渴望用宪法条文来代替革命。他们应该向无产者的这位理论家和领袖学习对革命的信心,学习号召工人阶级把自己的直接的革命任务坚持到底的本领,学习那种决不因革命暂时失利而灰心丧气的坚韧不拔的精神。

马克思主义的学究们以为这全是伦理的空谈,全是浪漫主义,缺乏现实主义! 不,先生们,这是革命理论和革命政策的结合,不把这两者结合起来,马克思主义就会变成布伦坦诺主义[81]、司徒卢威主义[82]和桑巴特主义[83]。马克思的学说把阶级斗争的理论和实践结成一个不可分割的整体。因此,谁把冷静地肯定客观情况的理论曲解为替现状辩护,以至于尽快地使自己去适应每次革命的暂时低潮,尽快地抛弃"革命幻想"而去从事"现实主义的"小事,那他就不是马克思主义者。

马克思就是在那些仿佛最平静的、如他所形容的"田园诗般的"时期,或如《新时代》杂志编者所说的"死水一潭的沉闷"时期,也能够觉察到革命即将临近,而**启发**无产阶级去认识他们所担负的先进的革命任务。而我们俄国那些把马克思庸俗化的知识分

---

① 参看《马克思恩格斯全集》中文第 1 版第 32 卷第 584—585 页。——编者注

子,却在最革命的时期教导无产阶级采取消极的政策,采取"随波逐流"、悄悄支持时髦的自由主义政党的最不稳定分子的政策!

马克思对公社的评价是他给库格曼的书信中的精华。拿这种评价来和俄国社会民主党右翼所采用的手段对照一下,是特别有益的。普列汉诺夫在 1905 年 12 月以后灰心丧气地喊道:"本来就用不着拿起武器。"[84]他居然还把自己同马克思相比,说马克思在 1870 年也曾阻止过革命。

是的,马克思**也曾**阻止过革命。但请看看,普列汉诺夫所作的这种比拟,正好表明普列汉诺夫和马克思有天渊之别。

在 1905 年 11 月,即第一次俄国革命高潮的一个月以前,普列汉诺夫不但没有坚决警告过无产阶级,反而公开说必须**学会掌握武器**,必须**武装起来**。[85]而一个月以后,当斗争已经爆发的时候,普列汉诺夫却又毫不分析这次斗争的意义、分析这次斗争在整个事变进程中的作用以及同以前斗争形式的联系,就马上扮做一个悔罪的知识分子说道:"本来就用不着拿起武器。"

1870 年 9 月,即在公社成立**半年以前**,马克思已在有名的国际宣言[86]中直接警告过法国工人,说实行起义是**蠢举**。他**事前**就揭露了以为 1792 年的运动可能再现的民族主义幻想。他**不是事后**,而是好几个月以前就说过"用不着拿起武器"。

当他自己在九月声明中认为**毫无希望的**这件事情在 1871 年 3 月开始实现的时候,他又采取了怎样的态度呢? 马克思是否利用这一点(像普列汉诺夫利用十二月事件那样)来专门"挖苦"自己的对手,即那些领导了公社的蒲鲁东派和布朗基派呢? 他是否像一位女训导员那样唠叨说,我曾经讲过,我曾经警告过你们,而现在你们看,你们的浪漫主义,你们的革命狂想,搞出了什么名堂

呢？他是否也像普列汉诺夫教训十二月起义的战士那样,用什么
"本来就用不着拿起武器"这类自鸣得意的庸人的说教来教训公
社活动家呢？

不。马克思在 1871 年 4 月 12 日给库格曼写了一封**热情洋溢
的信**①,我们希望每个俄国社会民主党人,每个识字的俄国工人都
把这封信当做座右铭。

马克思在 1870 年 9 月把起义说成是蠢举,但到了 1871 年 4
月,当他看见人民的群众运动已经起来的时候,他就以参加者的态
度,对这个标志着具有世界历史意义的革命运动前进一大步的伟
大事变表示莫大的关切。

他当时说,这是要打破官僚军事机器的**尝试**,而不是简简单单
把这个机器从一些人的手里转到另一些人的手里。他讴歌蒲鲁东
派和布朗基派所领导的巴黎"**英勇的**"工人。他当时写道:"这些
巴黎人,具有何等的灵活性,何等的历史主动性,何等的自我牺牲
精神!"(第 88 页)……"历史上还没有过这种英勇奋斗的范例"。

马克思最重视的是群众的**历史主动性**。要是我们俄国社会民
主党人从马克思身上学到怎样来估计俄国工人和农民在 1905 年
10 月和 12 月所表现的**历史主动性**,那该多好啊!

一方面是半年前就预见到失败的一位深思熟虑的思想家竭力
推崇群众的**历史主动性**,另一方面是毫无生气的麻木不仁的迂腐说
法:"本来就用不着拿起武器!"这岂不是一个天上,一个地下吗?

马克思当时虽然流亡在伦敦,但他却以他特有的全部热情对
待这一群众斗争,并且作为这一斗争的**参加者**来批评那些"奋不

①　见《马克思恩格斯文集》第 10 卷第 352—353 页。——编者注

顾身的"、"冲天的"巴黎人所采取的**直接步骤**。

现在俄国马克思主义者中那些在 1906 — 1907 年大骂革命浪漫主义的"现实主义的"聪明才子们,在当时不知会怎样讥笑马克思!他们看到这位**唯物主义者**和**经济学家**,这位空想的敌人赞扬冲天的"尝试"时,不知会怎样嘲笑他呢!那些套中人[87]看到这种所谓暴动意图和空想主义等等,看到对冲天的运动所作的这种估价时,不知会怎样掉泪、冷笑或表示怜悯!

而马克思丝毫没有像绝顶聪明的鲍鱼那样害怕讨论革命斗争最高形式的**技术**问题。他讨论的正是起义的**技术**问题。是防御,还是进攻呢?——他写道。好像军事行动就在伦敦附近发生似的。接着他自己解答说:一定要进攻,"**本来是应该立刻向凡尔赛进军的……**"

这是在 1871 年 4 月,在伟大的流血的五月的几个星期前写的……

一个是当起义者开始了冲天的"蠢举"(这话是 1870 年 9 月说的)时说,"本来是应该立刻向凡尔赛进军的"。

另一个是当在 1905 年 12 月必须用武力来抵抗敌人夺取我们已经赢得的自由的初次侵犯时说:"本来就用不着拿起武器"……

是啊,难怪普列汉诺夫把自己同马克思相比!

马克思继续从**技术**上提出批评说:"第二个错误是中央委员会〈请注意,这是**军事指挥机关**,是指国民自卫军中央委员会〉**过早地**放弃了自己的权力……"

马克思善于警告**领导者**不要举行尚未成熟的起义。但他对待冲天的**无产阶级**,却是以实际的顾问,以群众**斗争**的参加者的姿态出现的,因为群众不管布朗基和蒲鲁东的荒谬理论和错误怎样,终究把**整个**运动提到了**更高的阶段**。

他当时写道:"不管怎样,巴黎的这次起义,即使它会被旧社会的豺狼、瘟猪和下贱的走狗们镇压下去,它还是我们党从巴黎六月起义以来最光荣的业绩。"

马克思没有向无产阶级隐讳公社所犯的**任何一个**错误,他为这一**业绩**而写的一部著作,**至今**还是"冲天的"斗争的最好的指南,同时也是自由派和激进派的"**瘟猪**"最害怕的东西。①

普列汉诺夫为十二月事件写的一部"著作",却几乎成了立宪民主党人的福音书。

是啊,难怪普列汉诺夫把自己同马克思相比。

库格曼在写给马克思的回信中,大概是表示怀疑,认为事情没有希望,说必须采取现实主义态度而不要采取浪漫主义态度,——至少他是拿公社,即拿**起义**同巴黎 1849 年 6 月 13 日的和平示威相比较。

马克思立刻(1871 年 4 月 17 日)对库格曼作了严厉的驳斥。

他写道:"**如果斗争只是在机会绝对有利的条件下才着手进行,那么创造世界历史未免就太容易了。**"

马克思在 1870 年 9 月把起义叫做蠢举。但一旦**群众**举行了起义,马克思就愿意同他们一起前进,同他们一起在斗争过程中学习,而不是打官腔,教训他们。他懂得,谁想事先**绝对确切地**估计成功的机会,谁就是有意欺骗,或者是不可救药的书呆子气。他**最重视的**是工人阶级英勇地奋不顾身地积极地**创造**世界历史。马克思观察世界历史,是从正在**创造**历史,但无法事先**绝对准确地**估计

—————————

① 见《马克思恩格斯文集》第 3 卷第 131—186 页。——编者注

成功机会的那些人们的观点出发的,而不是从瞎说"本来容易预见到……本来就用不着拿起……"等等的小市民知识分子的观点出发的。

同时,马克思能够理解到历史上常有这种情形,即**群众**进行殊死的斗争甚至是为了一件没有胜利希望的事业,但对于进一步教育这些群众,对于训练这些群众去作**下一次**斗争却**是必需的**。

我们现在那些冒牌马克思主义者喜欢滥引马克思的话,只愿仿效他估计已往而不愿仿效他创造未来,他们完全不能理解,甚至根本反对问题的这种**提法**。普列汉诺夫在 1905 年 12 月后开始"阻止……"时,根本就没有想到问题的这种提法。

而马克思正是提出了这个问题,同时丝毫也没有忘记自己在 1870 年 9 月认为起义是蠢举这一事实。

他写道:"资产阶级的凡尔赛恶棍们要巴黎人抉择:或是进行战斗,或是不战而降。**工人阶级**在后一场合下的**消沉**,是比无论多少领导者遭到牺牲**更严重得多的**不幸。"①

我们对于马克思在给库格曼的信中教给我们的真正无产阶级政策的教训的简短介绍就到此结束。

俄国工人阶级已一度证明,并且还将不断证明,它有"冲天的"本领。

1907 年 2 月 5 日

载于 1907 年由新杜马出版社在彼得堡出版的小册子

选自《列宁全集》中文第 2 版增订版第 14 卷第 373—382 页

---

① 见《马克思恩格斯文集》第 10 卷第 353—354 页。——编者注

《约·菲·贝克尔、约·狄慈根、弗·恩格斯、卡·马克思等致弗·阿·左尔格等书信集》俄译本序言

(1907 年 4 月 6 日〔19 日〕)

对社会民主党内的知识分子机会主义派的经典评价

　　1894 年。农民问题。恩格斯在 1894 年 11 月 10 日写道："在大陆上,随着各种成果的取得,渴望获得更大成果的心理也在增强,而名副其实的争取农民的活动也就风行起来了。起初,法国人在南特通过拉法格不仅声明说:通过直接干预去加速小农的破产,这不是我们的事情,这一点资本主义会替我们操心;而且还说:必须直接保护小农,使他们不受国库、高利贷者和大地主的剥削。但是这一点我们是不能赞同的,因为第一,这是愚蠢的;第二,这是不可能的。接着,福尔马尔又在法兰克福发表演说,他打算收买**全体农民**,但是他在上巴伐利亚要收买的农民,不是莱茵地区的负债累累的小农,而是剥削男女雇工并大批出卖牲口和粮食的中农甚至大农。除非我们放弃一切原则,否

则是不能同意这一点的。"①

1894 年 12 月 4 日:"……巴伐利亚人已经变得非常机会主义了,并且几乎成了鄙俗的人民党(我指的是大多数领袖和许多新入党的人);他们在巴伐利亚邦议会中投票赞成整个预算,特别是福尔马尔还在农民中间进行鼓动,其目的是为了吸引上巴伐利亚那些占有 25—80 英亩(10—30 公顷)土地因而不得不使用雇工的大农,而不是为了吸引那些大农手下的雇农。……"②

可见,马克思和恩格斯十多年来始终不渝地在对德国社会民主党内的机会主义作斗争,批评社会主义运动中的知识分子庸俗习气和市侩习气。这是一个极重要的事实。一般人都知道德国社会民主党被看做实行无产阶级马克思主义政策和策略的模范,但是不知道马克思主义创始人怎样经常不断地同该党"右翼"(恩格斯的说法)作斗争。恩格斯逝世不久,这种斗争就从秘密转向公开了,这不是偶然的。这是德国社会民主党数十年历史发展的必然结果。

现在,我们可以十分清楚地看出,在恩格斯(以及马克思)所作的劝告、指示、纠正、威胁和教导中,贯穿着两条路线。对于英美社会主义者,他们总是坚持不懈地号召同工人运动打成一片,铲除自己组织中的狭隘的顽固的宗派主义精神。对于德国社会民主党人,他们总是坚持不懈地教导不要陷入庸俗习气、"议会迷"(马克思在 1879 年 9 月 19 日信里使用的说法)③和市侩知识分子机会主义的泥坑。

我国社会民主党中的长舌妇喋喋不休地谈论前一种劝告,而闭口不谈后一种劝告,这难道不值得玩味吗?在评论马克思和恩

---

① 见《马克思恩格斯文集》第 10 卷第 673—674 页。——编者注
② 参看《马克思恩格斯全集》中文第 1 版第 39 卷第 318 页。——编者注
③ 同上,第 34 卷第 391 页。——编者注

格斯书信时所表现的**这种**片面性,难道不是我们俄国某些社会民主党人的……"片面性"的明证吗?

现在,当国际工人运动出现严重动荡和动摇的征兆的时候,当机会主义、"议会迷"和庸俗改良主义的极端表现引起完全相反的革命工团主义的极端表现的时候,马克思和恩格斯"纠正"英美社会主义运动和德国社会主义运动时所采取的总路线就获得了特别重要的意义。

在**根本没有**社会民主工党、**根本没有**社会民主党的代表参加议会、不论在选举中或报刊上都**根本看不到**一贯的坚定的社会民主主义政策的国家里,马克思和恩格斯就教导社会党人**无论如何**要打破狭隘的宗派圈子,**参加到**工人运动**中去**,以便使无产阶级**在政治上振作起来**,因为在 19 世纪最后三分之一的年代里,无产阶级不论在英国或美国都**几乎**没有表现出**任何**政治独立性。这两个国家的政治舞台——在几乎完全没有资产阶级民主性的历史任务的条件下——**完全**被趾高气扬的资产阶级占据着,被这个在欺骗、腐蚀和收买工人的手腕上举世无双的资产阶级占据着。

如果谁认为马克思和恩格斯对英美工人运动的劝告可以简单地直接地应用到俄国来,那他运用马克思主义就不是为了弄清马克思主义的**方法**,不是为了**研究**各特定国家工人运动的具体历史特点,而是为了打知识分子的、派别组织的小算盘。

相反,在资产阶级民主革命还没有完成、过去和现在都被"以议会形式粉饰门面的军事专制"(马克思在他的《哥达纲领批判》中使用的说法)①统治着、无产阶级早已参加政治生活并实行社会

---

① 参看《马克思恩格斯文集》第 3 卷第 446 页。——编者注

民主主义政策的国家,马克思和恩格斯最怕的是用议会活动来限制和用庸人观点来缩小工人运动的任务和规模。

在俄国资产阶级民主革命时代,我们尤其应当把马克思主义的**这一**方面加以强调,提到首位,因为我国自由派资产阶级广大的、"出色的"、富有的报刊正用各种办法向无产阶级鼓吹邻邦德国工人运动"模范的"忠顺态度和合法的议会活动,鼓吹它如何温文尔雅。

背叛俄国革命的资产阶级分子制造这种别有用心的谎言,并不是出于偶然,也不是由于立宪民主党营垒中某些过去的大臣或未来的大臣品德败坏。他们这样做是出于俄国自由派地主和自由派资产者的根本的经济利益。俄国一切社会党人在同这种谎话、这种"愚化群众"("Massenverdummung"——恩格斯 1886 年 11 月 29 日信中使用的说法)①的行为作斗争中,都应当把马克思和恩格斯的书信当做必不可少的武器。

自由派资产者制造的别有用心的谎言,要人民相信德国社会民主党人举止如何"文雅"。德国社会民主党人的领袖、马克思主义理论的创始人则告诉我们说:

"法国人的革命言论和行动,使菲勒克分子及其同伙〈即德国社会民主党国会党团中的社会民主党人机会主义分子〉的哀鸣显得更加苍白无力〈这里是指法国众议院里工人政党的形成和德卡泽维尔工人罢工**88**迫使法国激进党人离开法国无产阶级一事〉。在最近关于反社会党人法的辩论中,只有倍倍尔和李卜克内西发了言,他们两人都讲得很好。经过这次辩论,我们又能给高尚正直

---

① 　见《马克思恩格斯文集》第 10 卷第 559 页。——编者注

的人们留下良好的印象了,而过去的辩论并不总能收到这样的效果。特别是在德国人推选这么多庸人参加帝国国会(当然这是难免的)以后,有人出来同他们争夺一下领导权,一般说来是件好事。**德国在平静时期一切都变得庸俗了。**在这种时候,法国竞争的刺激是**绝对必要的**……"(1886年4月29日的信)①

这就是深受德国社会民主党思想影响的俄国社会民主工党应当好好吸取的教训。

给予我们这种教训的,并不是19世纪两位最伟大人物的书信中的个别词句,而是他们对无产阶级国际经验所作的批评的全部精神和全部内容,这种批评是同志式的、坦率的,绝无外交辞令,决不使用心计。

至于这种精神在马克思和恩格斯的全部书信中究竟贯穿到什么程度,还可以从下面一些虽属较为局部性的但是极能说明问题的言论中看出来。**89**

1889年,英国开始了由没有受过训练的不熟练的普通工人(煤气工人、码头工人等)进行的年轻的、生气勃勃的、充满新的革命精神的运动。恩格斯对这件事特别高兴。马克思的女儿"杜西"(Tussy)当时在这些工人中间进行鼓动工作,恩格斯对她极为夸奖。1889年12月7日他从伦敦写信说:"这里最可恶的,就是那种已经深入工人肺腑的资产阶级式的'体面'。社会分成大家公认的许多等级,其中每一个等级都有自己的自尊心,但同时还有一种生来就对比自己'更好'、'更高'的等级表示尊敬的心理;这种东西已经存在得这样久和这样根深蒂固,使得资产者要搞欺骗

---

① 参看《马克思恩格斯全集》中文第1版第36卷第471页。——编者注

还相当容易。例如,我决不相信,在约翰·白恩士(Burns)心中,他在本阶级中享有的声望会比他在曼宁红衣主教、市长和一般资产者那里的声望更使他感到自豪。秦平(Champion)(退伍的中尉)历来同资产阶级分子、主要是保守派分子串通一气,却在教会的教士会议上鼓吹社会主义等等。甚至连我认为是他们中间最优秀的人物汤姆·曼(Mann)也喜欢谈他将同市长大人共进早餐。只要把他们同法国人比较一下,就会发现革命有什么好处。"①

这段话是用不着解释的。

再举一个例子。1891年,欧洲出现了战争危险。恩格斯当时常常同倍倍尔通信讨论这件事,他们一致认为,如果德国受到俄国侵犯,德国社会党人就要同俄国人及其同盟者进行殊死的战斗,不管这些同盟者是谁。"德国如被扼杀,我们也会和它一起同归于尽。如果发生最有利的情况,斗争变得异常激烈,以至德国只有采取革命的手段才能站住脚,那样一来我们就很可能不得不掌握政权,演一次1793年。"(1891年10月24日)②

请那些向全世界大喊大叫,说俄国工人政党在1905年所设想的"雅各宾式的"远景不合社会民主主义原则的机会主义者们听听吧!恩格斯直截了当地向倍倍尔指出,社会民主党人有可能不得不参加临时政府。

马克思和恩格斯既然对社会民主工党的任务有这样的看法,他们对俄国革命及其伟大的世界意义充满了极其乐观的信心,就是十分自然的了。从这本书信集中,可以看出他们将近二十年来

---

① 见《马克思恩格斯文集》第10卷第576—577页。——编者注
② 参看《马克思恩格斯全集》中文第1版第38卷第181页。——编者注

始终这样热情地期待着俄国的革命。

拿马克思 1877 年 9 月 27 日的一封信来看。东方的危机**90**使马克思非常高兴。"俄国早已站在变革的门槛前面,为此所必需的一切因素都已成熟了。由于土耳其好汉……打击了……这就将变革的爆发提前了许多年。按照一般规则("secundum artem"),变革将从**立宪的把戏**开始,接着就会有一场惊人的剧变(il y aura un beau tapage)。要是大自然母亲不特别苛待我们,我们该能活到这个胜利的日子吧。"①(马克思当时 59 岁)

大自然母亲没有让而且看来也不可能让马克思活到"这个胜利的日子"。但是"立宪的把戏"被他**说中了**,他的话就像是昨天针对俄国第一、二两届杜马说的。要知道,告诫人民防止"立宪的把戏",正是自由派和机会主义者非常痛恨的那个抵制策略的"灵魂"……

再看看马克思 1880 年 11 月 5 日的一封信。由于《资本论》在俄国大受欢迎**91**,他感到十分高兴,并站在民意党人一边反对当时刚刚产生的土地平分派**92**。马克思准确地看出了土地平分派观点中的无政府主义成分(他当时不知道而且也不可能知道民粹派-土地平分派后来会变成社会民主党人),并且用尖刻的讥讽词句猛烈地抨击了土地平分派:

"这些先生反对一切政治革命行动。按照他们的主张,俄国应当一个筋斗就翻进无政府主义、共产主义、无神论的千年王国中去。他们现在就用令人讨厌的学理主义为翻这种筋斗作准备,而这种学理主义的所谓原则,是由已故的巴枯宁首创而流行起来的。"②

---

① 参看《马克思恩格斯全集》中文第 1 版第 34 卷第 275 页。——编者注
② 同上,第 453 页。——编者注

由此可以想见,马克思会怎样估计社会民主党的"政治革命行动"对于 1905 年和以后年代的俄国的重要意义了①。

再看看恩格斯 1887 年 4 月 6 日的一封信。"而俄国看来会发生危机。最近的几次谋刺**94**使一切都陷入混乱……"②1887 年 4 月 9 日的信上也这样说:"军队中尽是心怀不满和搞密谋活动的军官〈恩格斯当时对民意党人的革命斗争印象很深,他把希望寄托在军官身上,还看不到俄国士兵和水兵在 18 年后极其光辉地表现出来的革命性〉。……我认为这种局面不会拖到年底……如果人们在俄国动手干起来("losgeht"),那就太好了!"③

1887 年 4 月 23 日的一封信说:"在德国,一个迫害接着一个迫害〈迫害社会党人〉。看样子,俾斯麦似乎要将一切都准备停当,以便在俄国爆发革命时(现在看来,这也许只是几个月内的事),人们在德国也会立即揭竿而起("losgeschlagen werden")。"④

事实证明,这几个月很长很长。毫无疑问,肯定会有一些庸人要皱眉蹙额,严厉指责恩格斯的"革命主义",或者取宽容态度,对这位亡命国外的老革命家的陈旧的空想一笑置之。

是的,马克思和恩格斯在估计革命时机很快到来这一点上,在希望革命(例如 1848 年的德国革命)获得胜利这一点上,在相信德

---

① 顺便谈一下,我记得是普列汉诺夫还是维·伊·查苏利奇 1900—1903 年期间对我说过,恩格斯曾给普列汉诺夫写过一封信,谈到了《我们的意见分歧》和俄国当前革命的性质。我们很想知道是否确实有过这样一封信,它是否还保存着,现在是否应该把它公布出来。**93**
② 参看《马克思恩格斯全集》中文第 1 版第 36 卷第 622—623 页。——编者注
③ 同上,第 624—625 页。——编者注
④ 同上,第 629 页。——编者注

意志"共和国"很快成立这一点上("为共和国捐躯",——恩格斯回忆他 1848—1849 年期间参加维护帝国宪法的运动的情绪时这样称呼那个时代[95]),有很多错误,常常犯错误。他们在 1871 年也犯了错误——当时他们一心一意想"把法国南部发动起来,他们〈贝克尔写的是"我们",这是指他自己和他的亲密朋友,见 1871 年 7 月 21 日的第 14 封信〉为此而牺牲了一个人所能牺牲的一切,冒了一个人所能冒的一切危险……"在同一封信里还说:"如果我们能在三四月间多筹集一些钱,我们也许就能把整个法国南部发动起来,使巴黎公社得到挽救。"(第 29 页)但是两位伟大的革命思想家在努力提高(并且确实提高了)全世界无产阶级的水平,使他们摆脱日常的琐碎的任务时所犯的**这种**错误,同官气十足的自由派在宣扬、喊叫和诉说他们的谬论(说革命是无谓忙碌,革命斗争是徒劳,反革命的"立宪"幻想妙不可言)时所表现的平庸智慧比较起来,要千倍地高尚,千倍地伟大,千倍地**有历史价值**,千倍地**正确**……

　　俄国工人阶级一定能用他们充满错误的革命行动来争得自由,推动欧洲前进。让那些在革命方面没有行动的庸人以没有错误而自夸吧。

尼·列宁

1907 年 4 月 6 日

载于 1907 年圣彼得堡出版的《约·菲·贝克尔、约·狄慈根、弗·恩格斯、卡·马克思等致弗·阿·左尔格等书信集》一书

选自《列宁全集》中文第 2 版增订版第 15 卷第 208—216 页

反 对 抵 制

（摘自社会民主党政论家的札记）**96**（节选）

（1907 年 6 月 26 日〔7 月 9 日〕）

一

抵制布里根杜马**97**无疑是我国革命在实行抵制方面最重要的经验。况且这次抵制还获得了最完全、最直接的成功。所以我们的首要任务是研究抵制布里根杜马的历史条件。

在研究这个问题时，首先会看到两点。第一，抵制布里根杜马是一场反对我国革命转上（即使是暂时地转上）君主立宪道路的斗争。第二，这次抵制是在最广泛、最普遍、最强大、最急剧的革命高潮的形势下进行的。

我们来谈谈第一点。对某一机关的任何抵制都不是在该机关范围内进行的斗争，而是反对该机关的产生，或者说得广一点，是反对该机关变为现实的斗争。所以，谁要像普列汉诺夫及其他许多孟什维克那样，以马克思主义者必须利用代表机关这种空泛的论断来反对抵制，那就只能暴露出他们的可笑的学理主义。这样来谈论问题，无异于再三重复无可争辩的真理以回避所争论的问题的实质。马克思主义者应该利用代表机关，这是无可争辩的。但是能不能因此就得出结论说，马克思主义者在一定条件下只能赞成在某个机关的范围内进行的斗争,而不能赞成反对建立这个机关的斗争呢? 不,得不出这样的结论,因为这种空泛的论断只有在不可能进行反对这类机关产生的斗争的情况下才适用。所以在抵制问题上争论的焦点就在于有没有可能来进行反对这类机关产生的斗争。普列汉诺夫之流**自己**提出的那些反对抵制的论据,暴露了他们并不懂得问题之所在。

其次,如果说对某一机关的任何抵制都不是在该机关范围内进行的斗争,而是反对建立该机关的斗争,那么抵制布里根杜马同时也是反对建立整套君主立宪类型的机关的斗争。1905 年清楚地表明,存在着进行总罢工(1 月 9 日[98]以后的罢工浪潮)和军队起义("波将金"号)[99]这种直接的群众斗争的可能性。也就是说,群众的直接的革命斗争是事实。另一方面,企图把运动从革命(就最直接最狭窄的意义而言)道路引上君主立宪道路的 8 月 6 日的法令[100]也是事实。群众的直接的革命斗争道路和君主立宪道路之间的斗争,在客观上是不可避免的。可以说,当时需要对革命下一步发展的**道路作出选择**,并且决定这个选择的当然不是这些或那些集团的意志,而是各革命阶级和各反革命阶级的力量。而力量又只有在斗争中才能衡量和考验。抵制布里根杜马的口号也就是坚持直接的革命斗争**道路**反对立宪君主制道路的斗争口号。当然,在立宪君主制道路上也可能有斗争,不但可能有,而且还不可避免有斗争。在君主立宪的范围内也可能继续进行革命并酝酿新的革命高潮;在君主立宪的范围内,革命的社会民主党也可能进行斗争,而且一定要进行斗争——阿克雪里罗得和普列汉诺夫在 1905 年曾经非常热心但非常不合时宜地论证过的这个最起码的真理,现在仍然不失为真理。可是当时历史提出的并不是这个问题,阿克雪里罗得或普列汉诺夫的议论都是"文不对题",换句话说,他们是用从新版德国社会民主主义教科书中找出的问题来代替历史提出的让斗争着的各种力量解决的问题。当时,出现一场**选择**下一步**斗争道路的斗争**是历史的必然。是由旧政权召集俄国第一个代表机关,从而在一定的时间内(时间也许很短,也许较长)把革命引上君主立宪的道路呢,还是由人民以直接的冲击去扫除(或者至少动摇)旧政权,使它不能把革命引上君主立宪的道路,从而保证(也是在或长或短的时间内)群众的直接的革命斗争的道路? 这正是阿克雪里罗得和普列汉诺夫当时没有察觉到的问题,而 1905 年秋天,历史却把这个问题向俄国各革命阶级提了出来。社会民主党对积极抵制的宣传,就是提出这个问题的一种方式,就是无产阶级政党自觉地提出这个问题的一种方式,就是提出一个**为选择斗争道路而斗争**的口号。

宣传积极抵制的布尔什维克正确地理解了历史客观地提出的问题。1905 年 10—12 月斗争实际上是一场选择斗争道路的斗争。这场斗争起伏很大:起初革命人民占了上风,使旧政权不可能立即把革命引上君主立宪的轨道,扫除了警察自由派类型的代表机关,建立了纯革命类型的**代表机关**,即工人代表苏维埃,等等。10—12 月时期是群众最自由、主动精神最充分、工人运动发展得最广泛最迅速的时期,因为当时人民的冲击清除了君主立宪的机关、法律和种种障碍,因为出现了一个"政权空白时期"——旧政权已被削弱,而人民的革命新政权(工农兵代表苏维埃等)**还没有**强大到足以完全代替旧政权。十二月斗争的结果却相反:旧政权胜利了,击退了人民的冲击,保住了自己的阵地。但是不言而喻,当时还没有理由认为这个胜利是决定性的胜利。1905 年十二月起义得到了继续,表现为 1906 年夏天爆发了一连串分散的、局部的军队起义和罢工。抵制维特杜马[101]的口号是为把这些起义集中和联合起来而斗争的口号。

所以,研究俄国革命抵制布里根杜马的经验得出的第一个结论是:抵制的客观根据是一场由历史提到日程上来的决定下一步发展道路形式的斗争,是一场决定由旧政权还是由新的自发的人民政权来召开俄国第一次代表会议的斗争,是一场决定走直接的革命道路还是(在一定时间内)走君主立宪道路的斗争。

因此,过去在书刊中常常出现而在讨论本题时又一再提出的一个问题就是所谓抵制口号简单、明了和"走直线"的问题,以及是选择直接发展道路还是曲折发展道路的问题。直接推翻或者至少削弱旧政权,由人民直接建立新的政权机关,这无疑是一条最**直接的**道路,它对人民最有利,但是也需要为之付出极大的力量。在力量占压倒优势时,用直接的正面攻击也能取得胜利。在力量不足时,就可能需要走迂回的道路,需要等待时机、曲折行进、实行退却等等。当然,君主立宪的道路一点也不排斥革命,这条道路**也**在间接地酝酿并发展革命的因素,不过这条道路要漫长一些,曲折一些。

在所有孟什维克的书刊中,尤其是 1905 年(10 月以前)的书刊中,都贯穿着对布尔什维克的责难和劝导,责难他们"走直线",劝导他们必须重视历史发展的曲折道路。孟什维克书刊的这个特征也是一种空谈的例证,他们好像在说什么马吃燕麦、伏尔加河流入里海[102],用这种再三重复无可争辩的事实的办法来混淆所争论的问题的实质。历史通常都是循着曲折的道路发展的,马克思主义者必须善于重视历史的极其复杂奇特的曲折道路,这是无可争辩的。但是,当历史本身提出是选择直接道路还是曲折道路这个问题让斗争着的各种力量去解决的时候,再三重复无可争辩的东西就丝毫无助于解决马克思主义者该怎么办的问题。在发生这种情况的时刻或时期,用空谈历史通常的曲折性的办法来支吾搪塞,那就等于变成套中人[87],一门心思地去琢磨马吃燕麦这样一个人所共知的事情。而革命时期正好多半是这样的历史时期,即斗争着的各种社会力量的冲突要在相对短的时间内解决国家在一个相对说来很长的时期内是走直接发展道路还是走曲折发展道路的问题。重视曲折的道路是必要的,但这绝不排斥马克思主义者应该在群众的历史的决定关头善于向群众解释走直接道路的好处,应该善于帮助群众为选择直接的道路而斗争,善于提出这种斗争的口号等等。所以只有不可救药的庸人和非常愚蠢的学究才会**在否定直接道路而确定曲折道路的决定性的历史性战斗结束以后**,讥笑那些为直接道路斗争到底的人。这正像特赖奇克之流的德国警察的御用历史学家讥笑1848年马克思提出的革命口号和所走的革命直线一样。

马克思主义对历史的曲折道路的态度,实际上同它对妥协的态度是一样的。历史的任何曲折转变都是妥协,是已经没有足够的力量彻底否定新事物的旧事物同还没有足够的力量彻底推翻旧事物的新事物之间的妥协。马克思主义并不拒绝妥协,马克思主义认为必须利用妥协,但这决不排斥马克思主义作为活跃的经常起作用的历史力量去全力进行反对妥协的斗争。谁弄不明白这个似乎矛盾的道理,那他就是对马克思主义一窍不通。

恩格斯有一次在一篇论公社布朗基派流亡者的宣言的文章中

(1874 年)①非常清楚生动、简明扼要地表明了马克思主义对妥协的态度。公社布朗基派流亡者在他们的宣言中写道,他们不容许任何妥协。恩格斯嘲笑这个宣言,他说,问题不在于拒绝利用**形势注定我们实行的妥协**(或者是:形势强迫我们实行的妥协——因为无法查对原文,只能凭记忆引用,谨向读者致歉),问题在于明确地意识到无产阶级的真正的革命目的,善于在各种形势下通过曲折道路和妥协来追求这些目的②。

只有从这个角度出发,才能对向群众提出的抵制口号的简单、直接和明了的特点加以评价。这个口号的上述一切特点之所以好,并不是因为这些特点本身好,而只是因为这个口号所适应的客观形势中存在着为选择直接发展道路或曲折发展道路而斗争的条件。在布里根杜马时期,这个口号之所以是工人政党的正确的和唯一革命的口号,并不是因为它是最简单、最直接和最明了的口号,而是因为当时的历史条件向工人政党提出了参加争取简单的直接的革命道路、反对曲折的君主立宪道路的斗争这样一个任务。

试问,究竟根据什么标准,说当时存在着这些特殊的历史条件呢? 究竟根据什么主要的标志,说客观形势的特点使简单、直接、明了的口号没有成为空话,而成了唯一适合实际斗争的口号呢? 我们现在就来谈这个问题。

---

① 这篇论文编入德文文集《〈人民国家报〉国际问题论文集》(《Internationales aus dem《Volksstaat》》)。俄译本:《〈人民国家报〉论文集》知识出版社版。
② 参看《马克思恩格斯文集》第 3 卷第 362—364 页。——编者注

五

抵制是俄国革命中事变迭起的英勇时期的优良革命传统之一。前面我们说过,我们的任务之一就是小心爱护这些传统,扶持这些传统,肃清其中自由派(和机会主义)寄生虫的影响。我们必须对这个任务稍加分析,以便正确地确定任务的内容并消除很可能产生的曲解和误解。

马克思主义和其他一切社会主义理论的不同之处在于,它出色地把以下两方面结合起来:既以完全科学的冷静态度去分析客观形势和演进的客观进程,又非常坚决地承认群众(当然,还有善于摸索到并建立起同某些阶级的联系的个人、团体、组织、政党)的革命毅力、革命创造性、革命首创精神的意义。从马克思的全部历史观点出发,必然会对人类发展的革命时期给予高度的评价,因为正是在这样的时期,所谓和平发展时期慢慢积累起来的许多矛盾才能够解决。正是在这样的时期,各个不同的阶级在确定社会生活形式方面的直接作用才得到最有力的表现,而后来长期以更新了的生产关系基础为依托的政治"上层建筑"的基本方面才得以建立。而且,马克思和自由派资产阶级的理论家不同,他并不认为这样的时期是脱离了"正常的"道路,是"社会病态"的表现,是过激和谬误的可悲的结果,他认为这是人类社会历史中最有生气、最重要、最本质、最具有决定性的关头。马克思和恩格斯参加1848—1849年的群众革命斗争的时期,是他们一生活动中最令人瞩目的中心点。他们从这一中心点出发来判定各国的工人运动和民主运动的成败。他们为了最明白最清楚地判定各个不同阶级的内在本性及其倾向也总是回过来研究这一中心点。他们总是从当年的革命时期出发来评价后来出现的较小的政治派别、政治组织、政治任务和政治冲突。像桑巴特这样的自由派思想领袖对马克思的活动和著作的这一特点恨之入骨，把它说成是"流亡者怨气的表现"，决不是没有缘故的。警察式资产阶级的大学中的学蠹们把马克思和恩格斯的整个革命世界观的最不可分割的组成部分归结为他们的流亡生活中的个人怨气和个人困苦的表现，这原是不足为奇的!

马克思在一封好像是给库格曼的信中，曾经附带提出了一个从我们现在所讨论的问题来看很能说明问题、特别有意思的见解。他指出，德国的反动派成功地把对1848年革命时期的回忆和这一时期的传统从人民的意识中几乎完全抹掉。① 这里，反动派和无产阶级政党在对待本国的革命传统的问题上各自所担负的任务恰成鲜明的对照。反动派的任务是抹掉这些传统，把革命说成是"丧失理智的自发势力"（这是司徒卢威对德文"das tolle Jahr"的译法，德文本意为"丧失理智的一年"，是德国警察式资产阶级的历史学家们以至德国大学的历史学教授们形容1848年的用语）。反动派的任务是迫使人民忘掉革命时期所产生的丰富多彩的斗争方式、组织形式、思想和口号。愚蠢地赞美英国小市民的韦伯夫妇力图把宪章运动[41]这个英国工人运动的革命时期说成不过是傻呵呵的幼稚，是"幼年的罪孽"[103]，是不值一提的天真，是偶然的反常的越轨。而德国的资产阶级历史学家也是这样藐视德国的

---

① 参看《马克思恩格斯全集》中文第1版第32卷第584页。——编者注

1848 年。反动派对法国大革命的态度也是如此。这场大革命至今还遭到强烈的敌视，这证明它对人类至今还具有深远而有力的影响。我国的反革命的英雄们，尤其是像司徒卢威、米留可夫、基泽韦捷尔以及诸如此类的昨天的"民主主义者"，在卑鄙地诬蔑俄国革命的革命传统时也是这样争先恐后。自从无产阶级的直接的群众斗争赢得了为旧政权的自由派奴才们赞不绝口的一点点自由到现在还不到两年，而在我国的政论界，已经形成了一个自称为**自由主义的**(！！)大流派，它在立宪民主党的报刊的扶持下，专门把我国的革命、革命斗争方法、革命口号、革命传统说成是某种低级的、原始的、幼稚的、自发的、疯狂的……甚至罪恶的东西……　在这方面，从米留可夫到卡梅尚斯基，中间可说是只有一步之差！而反动派的业绩，即起初把人民从工农代表苏维埃赶到杜巴索夫—斯托雷平杜马中去，现在又把他们赶到十月党人[104]杜马中去的业绩，反过来却被俄国自由派英雄们当成是"俄国**立宪**意识成长的过程"。

俄国社会民主党无疑有责任极其仔细而全面地研究我国的革命，普遍向群众介绍革命的斗争方式和组织形式等等，应巩固人民中的革命传统，使群众深信唯有通过革命斗争才能多少得到一点重大而持久的改善，应始终如一地彻底揭发那些沾沾自喜的自由派的卑鄙行径，因为这些人用"立宪的"卑躬屈膝、背叛变节行为和莫尔恰林习气[105]把社会搞得乌烟瘴气。在争取自由的历史上，十月罢工或十二月起义中的一天，比起立宪民主党人在杜马中奴颜婢膝地高谈没有责任的君主、高谈君主立宪制度的几个月来，其意义始终要大上一百倍。我们必须注意——除了我们谁也不会注意——使人民对于这些充满生气、内容丰富、意义伟大和果实丰硕的日子的了解,比对于令人窒息的"立宪"以及巴拉莱金[106]和莫尔恰林们崭露头角的那几个月的了解要仔细得多,详尽得多,具体得多,因为在斯托雷平及其书报检查机关的宪兵们的蓄意纵容下,我国自由派政党的机关报和无党派的"民主主义的"(呸!呸!)报刊正在卖力地大肆渲染那几个月。

毫无疑问,许多人之所以同情抵制,正是因为革命家令人钦佩地努力维护以往的优良的革命传统,用勇敢、公开、坚决的斗争的火花使现时沉闷的日常生活的一潭死水重现生机。可是正因为我们珍视这种爱护革命传统的态度,我们才应该坚决反对这样一种观点,即以为采用了特定历史时期的一个口号,就能促使这个时期的基本条件重新出现。维护革命的传统,善于利用这些传统来进行经常的宣传鼓动,来向群众介绍对旧社会直接采取攻势应该具备的条件——这是一回事;把一个口号从过去使它产生并获得成功的全部条件中抽出来加以重复,并在根本不同的条件下去运用——则是另一回事。

马克思高度重视革命的传统,严厉抨击对革命传统的叛卖和庸俗的态度,而同时要求革命家要善于**思考**,善于**分析**采用旧的斗争手段的条件,而不是简单地重复某些口号。1792年法国的"民族"传统也许永远是某些革命斗争手段的**典范**,然而马克思却于1870年在著名的第一国际《宣言》中,提醒法国无产阶级不要错误地在另一时期的条件下搬用这些传统。[107]

我国的情况也是如此。我们应该研究实行抵制的条件,我们应该向群众灌输这样的思想:在革命高潮时期抵制是完全合理的、有时是必不可少的手段(不管那些枉费心机地滥用马克思名字的学究说些什么)。但是现在是否存在这个高潮,是否存在宣布抵制的这个基本条件,这个问题应当善于独立地提出来,并且在认真分析材料的基础上加以解决。我们的责任就是在力所能及的范围内为这样的高潮的到来作准备,并在适当的时机不拒绝实行抵制,可是,如果认为总可以用抵制的口号来对付任何糟糕的或非常糟糕的代表机关,那就是绝对错误的了。

只要看一看那些为在"自由日子"里实行抵制进行辩解和论证的理由,你就会立即知道,在现在的形势下简单地搬用这些论据是不行的。

1905年和1906年初,我们在主张抵制时曾经说过,参加选举会挫伤士气,会把阵地让给敌人,会把革命的人民引入歧途,会使沙皇政府容易同反革命资产阶级达成协议等等。这些论据的基本前提是什么呢?这个前提并不是任何时候都能明白地说出来的,但任何时候都能意会到,**在当时**这是不言而喻的。这个前提就是不经过任何"立宪的"渠道而寻求**直接**表现并且已经**直接**表现出来的群众的充沛的革命毅力。这个前提就是革命势力不断地向反动势力**进攻**。敌人为了削弱对他们的全面冲击会故意交出阵地,如果我们因占领和防守这些阵地而削弱对他们的进攻,那我们就是犯罪。如果**没有**这种基本前提而硬搬这些论据,你就会立即感到你的整个"音乐"走了调,基调不对头。

企图借口第二届杜马和第三届杜马不同来为抵制辩护,这也是徒然的。认为立宪民主党人(他们在第二届杜马中把人民完全出卖给了黑帮分子)同十月党人有重大的和根本的区别,认为被六三政变所中断的臭名远扬的"立宪制"多少有些现实意义——所有这一切与其说符合革命的社会民主党的精神,倒不如说更符合庸俗民主主义的精神。我们总是一而再、再而三地说,第一届和第二届杜马的"立宪制"不过是海市蜃楼,立宪民主党人的空谈不过是转移人们的视线,以掩盖他们的十月党人的本质,杜马这种机构根本不是能满足无产阶级和农民要求的手段。对我们来说,1907 年六三政变是 1905 年十二月失败的自然的和必然的结果。我们从来没有对"杜马"立宪制的好处"入迷",我们也不会因为涂脂抹粉的、用罗季切夫的空话加以美化的反动变为露骨的、公开的、粗暴的反动而感到特别的失望。这后一种反动倒可能是一个好得多的手段,它能使一切鲁莽的自由派傻瓜以及被他们引入歧途的各类居民清醒过来⋯⋯

只要把孟什维克关于国家杜马的斯德哥尔摩决议同布尔什维克关于国家杜马的伦敦决议[108]比较一下,就可以看出,前一个决议舞文弄墨,言之无物,尽唱些有关杜马意义的高调,因肩负杜马工作重任而趾高气扬。后一个决议则简单扼要,严谨朴实。前一个决议充满着小市民由于社会民主党同立宪("来自人民的新政权"以及诸如此类的官方炮制的谎言)相结合而扬扬得意的情绪。后一个决议则可以大致转述如下:既然万恶的反革命势力把我们赶入这个万恶的畜栏,我们在那里也要为革命的利益工作,不叫苦,也不吹嘘。

还在直接的革命斗争时期,孟什维克就拥护杜马,反对抵制,他们可以说曾经向人民许过愿,说杜马将是一种革命的工具。可是他们许的这个愿是完全落空了。而我们布尔什维克,如果说曾许过什么愿的话,那么我们只是作了这样的保证:杜马是反革命的产物,不能指望它会办出什么真正的好事。迄今为止,我们的观点已经得到了很好的证明,可以担保说,这种观点还将从以后的事件中得到证明。不根据新的材料来"修改"和沿用 10 — 12 月的战略,俄国就决不会有自由。

因此,如果有人对我说,第三届杜马不能像第二届杜马那样加以利用,也不能向群众说清参加这届杜马的必要性,那我就要回答说,要是"利用"指的是孟什维克侈谈的所谓杜马是革命的工具等等,那当然是不能利用的。可是连前两届杜马事实上也都不过是通往十月党人杜马的阶梯,而我们还是利用过这两届杜马来达到简单而微不足道的①目的(宣传和鼓动,批判和向群众阐明当前发生的事情),为了这个目的,我们总是会利用那些坏透了的代表机关的。在杜马中发表演说绝不会引起"革命",**利用杜马**进行宣传绝没有什么特殊,但社会民主党从这两方面得到的好处,并不比从书刊上发表的文章或在其他会议上发表的演说中得到的好处少,而有时还要多些。

我们也应该同样简单明了地向群众说明我们参加十月党人杜马的原因。由于 1905 年 12 月的失败,由于 1906—1907 年"挽回"这次失败的尝试没有成功,反动派必然要,而且**以后还要**不断地把我们**赶进**愈来愈糟的冒牌立宪机关。我们要随时随地坚持我们的信念,宣传我们的观点,并且总是反复地说,只要旧政权还存在,只要它还没有连根拔掉,我们就不能指望它办什么好事。我们要为新的高潮创造条件,而在这个高潮到来以前,同时也为了这个

① 参看 1905 年《无产者报》**109**(日内瓦出版)关于抵制布里根杜马的文章(见《列宁全集》中文第 2 版增订版第 11 卷第 160—167 页。——编者注),该文指出:我们并不笼统地拒绝利用杜马,但是**现在**我们要解决我们当前的另外一个课题——为争取直接的革命道路而斗争。还可参看 1906 年《无产者报》**110**(俄国出版)第 1 号上的文章《论抵制》(见《列宁全集》中文第 2 版增订版第 13 卷第 336—343 页。——编者注),这篇文章强调,杜马工作所带来的好处是**微不足道的**。

高潮的到来,我们必须更顽强地工作,不要提出只是在高潮的条件下才有意义的口号。

如果把抵制看做是使无产阶级和一部分革命的资产阶级民主派同自由派和反动派对立起来的一种**策略方针**,那也是错误的。抵制并不是一种策略方针,而是适用于特殊条件的一种特殊的斗争手段。把布尔什维主义同"抵制主义"混为一谈,正如把布尔什维主义同"战斗主义"混为一谈一样,都是错误的。1905年春在伦敦召开的布尔什维克第三次代表大会[111]和在日内瓦召开的孟什维克代表会议[112]分别通过的两个具有原则区别的决议,已经充分说明并体现了孟什维克**策略方针**和布尔什维克**策略方针**的区别。当时没有谈到、而且也不可能谈到抵制或"战斗主义"。无论在第二届杜马选举中(当时我们不是抵制派),还是在第二届杜马中,我们的**策略方针**都与孟什维克的策略方针截然不同,这是人所共知的。**这两种策略方针**在一切斗争的方法和手段上,在每一个斗争场合都有分歧,但是绝没有形成任何特殊的、为某种策略方针所特有的斗争方法。因此,如果用**革命**对**第一届或第二届杜马**的期望的破灭,即"合法的"、"强有力的"、"持久的"和"真正的"立宪制的破产,来证明抵制第三届杜马是正确的,或者由此提出这种抵制,那么这就是一种糟透了的孟什维主义。

载于1907年7月底圣彼得堡出版的《论抵制第三届杜马》小册子

选自《列宁全集》中文第2版增订版第16卷第2—8、19—27页

唯物主义和经验批判主义

对一种反动哲学的批判[113]（节选）

（1908 年 2—10 月）

第 二 章

经验批判主义的认识论和
辩证唯物主义的认识论（二）

6. 认识论中的实践标准

我们已经看到，马克思在 1845 年，恩格斯在 1888 年和 1892 年，都把实践标准作为唯物主义认识论的基础。[114]马克思在关于费尔巴哈的提纲第 2 条里说：离开实践提出"人的思维是否具有对象的〈即客观的〉真理性"的问题，是经院哲学。恩格斯重复说：对康德和休谟的不可知论以及其他哲学怪论（Schrullen）的最有力的驳斥就是实践。他反驳不可知论者说："我们行动的结果证明我们的知觉符合（Übereinstimmung）所感知的事物的对象〈客观〉本性。"①

---

① 参看《马克思恩格斯文集》第 1 卷第 503—504 页，第 4 卷第 279 页，第 3 卷第 507 页。——编者注

请把马赫关于实践标准的言论和上面的言论对比一下。"在日常的思维和谈话中,通常把**假象**、**错觉**同**现实**对立起来。把一支铅笔举在我们面前的空气中,我们看见它是直的;把它斜放在水里,我们看见它是弯的。在后一种情况下,人们说:'铅笔**好像是弯的,但实际上是直的**。'可是我们有什么理由把**一个**事实说成是现实,而把**另一个**事实贬斥为错觉呢?……当我们犯着在非常情况下仍然期待通常现象的到来这种自然错误时,那么我们的期待当然是会落空的。但事实在这点上是没有过失的。在这种情况下谈**错觉**,从实践的观点看来是有意义的,从科学的观点看来却是毫无意义的。世界是否真的存在着或者它只是我们的像梦一样的错觉,这个常常引起争论的问题,从科学的观点看来同样是毫无意义的。但是,就连最荒唐的梦也是一个事实,它同任何其他事实比较起来并不逊色。"(《感觉的分析》第 18 — 19 页)

真的,不仅荒唐的梦是事实,而且荒唐的哲学也是事实。只要知道了恩斯特·马赫的哲学,对这点就不可能有什么怀疑。马赫是一个登峰造极的诡辩论者,他把对人们的谬误、人类的种种"荒唐的梦"(如相信鬼神之类)的科学史的和心理学的研究,同真理和"荒唐"在认识论上的区分混淆起来了。这正好像一位经济学家说:西尼耳所谓资本家的全部利润是由工人的"最后一小时"的劳动所创造的理论[115]和马克思的理论同样都是事实,至于哪一种理论反映客观真理以及哪一种理论表现资产阶级的偏见和资产阶级教授们的卖身求荣的问题,从科学的观点看来是没有意义的。制革匠约·狄慈根认为科学的即唯物主义的认识论是"反对宗教信仰的万能武器"(《短篇哲学著作集》第 55 页),而正式的教授恩斯特·马赫却认为,唯物主义认识论和主观唯心主义认识论的差别,"从科学的观点看来是没有意义的"!科学在唯物主义反对唯心主义和宗教的斗争中是无党性的,这不仅是马赫一个人所喜爱的思想,而且是现代所有的资产阶级教授们所喜爱的思想,这些教授,按照约·狄慈根的公正的说法,就是"用生造的唯心主义来愚弄人民的有学位的奴仆"(同上,第53页)。

恩·马赫把每个人用来区别错觉和现实的实践标准置于科学的界限、认识论的界限之外,这正是这种生造的教授唯心主义。马克思和恩格斯都说过,人类的实践证明唯物主义认识论的正确性,并且把那些想离开实践来解决认识论的基本问题的尝试称为"经院哲学"和"哲学怪论"。但马赫认为,实践是一回事,而认识论完全是另外一回事;人们可以把它们并列在一起,不用前者来制约后者。马赫在他的最后一本著作《认识和谬误》中说:"认识是生物学上有用的(förderndes)心理体验。"(德文第2版第115页)"只有结果才能把认识和谬误区别开来。"(第116页)"概念是物理学的作业假说。"(第143页)我们俄国的那些想当马克思主义者的马赫主义者,天真到了惊人的地步,他们竟把马赫的这些话当做他**接近**马克思主义的证明。但是,马赫在这里接近马克思主义,就像俾斯麦接近工人运动或叶夫洛吉主教接近民主主义一样。在马赫那里,这些论点**是**和他的唯心主义的认识论**并列在一起的**,但是它们并不决定在认识论上选择哪一条确定的路线。认识只有在它反映不以人为转移的客观真理时,才能成为生物学上有用的认识,成为对人的实践、生命的保存、种的保存有用的认识。在唯物主义者看来,人类实践的"结果"证明着我们的表象同我们所感知的事物的客观本性相符合。在唯我论者看来,"结果"是**我在实践中**所需要的一切,而实践是可以同认识论分开来考察的。马克思主义者说:

如果把实践标准作为认识论的基础,那么我们就必然得出唯物主义。马赫说:就算实践是唯物主义的,但理论却完全是另外一回事。

马赫在《感觉的分析》中写道:"在实践方面,我们在从事某种活动时不能缺少**自我**这个观念,正如我们在伸手拿一个东西时不能缺少物体这个观念一样。在生理学方面,我们经常是一个利己主义者和唯物主义者,正如我们经常看到日出一样。但是在理论方面,我们决不应该坚持这种看法。"(第284—285页)

这里说到利己主义,真是牛头不对马嘴,因为它根本不是认识论的范畴。这里和表面看到的太阳环绕地球的运行也毫不相干,因为,我们用来作为认识论的标准的实践应当也包括天文学上的观察、发现等等的实践。剩下来的只是马赫的有价值的供状:人们在自己的实践中完全地唯一地以唯物主义的认识论为指导。至于在"理论方面"逃避唯物主义认识论的尝试,只不过是表现着马赫的学究式的经院哲学的倾向和生造的唯心主义的倾向罢了。

为了给不可知论和唯心主义扫清地盘,竭力想把实践作为一种在认识论上不值得研究的东西加以排除,这毫不新鲜,我们可以从下面一个德国古典哲学史上的例子看出。在康德与费希特之间有一个戈·恩·舒尔采(在哲学史上叫做舒尔采-埃奈西德穆)。他公开拥护哲学上的怀疑论路线,自称为休谟(以及古代哲学家皮浪和塞克斯都)的追随者。他坚决否认任何自在之物和客观认识的可能性,坚决要求我们不要超出"经验"、感觉之外,同时他也预见到了来自另一阵营的反驳:"既然怀疑论者在参加实际生活时承认客观对象的真实性是无可怀疑的,并且依据这点进行活动和承认真理的标准,那么他自己的这种行为就是对他的怀疑论的最好的和最明白的驳斥。"①舒尔采愤慨地回答说:"这类论据只是对于小民百姓(Pöbel)才是有用的"(第 254 页),因为"我的怀疑论并不涉及到日常生活的事情,而只是停留在哲学的范围之内"(第 255 页)。

主观唯心主义者费希特,同样也希望在唯心主义哲学的范围内给这样一种实在论留个地盘,"这种实在论是我们每个人、甚至最坚决的唯心主义者在行动时都不能回避的(sich aufdringt),也就是承认对象是完全不依赖于我们,在我们之外存在的"(《费希特全集》第 1 卷第 455 页)。

马赫的最新实证论并不比舒尔采和费希特高明多少!作为一个笑柄,我们要指出:在这个问题上,巴扎罗夫还是以为除普列汉诺夫以外世界上再没有别人了,再没有比猫更凶的野兽了。巴扎罗夫嘲笑"普列汉诺夫的获生的跳跃的哲学"(《论丛》第 69 页)**116**,的确,普列汉诺夫曾经写过这样拙劣的词句,说什么"信仰"外部世界的存在就是"哲学的不可避免的获生的跳跃(salto vitale)"(《〈路·费尔巴哈〉注释》第 111 页)。"信仰"这个字眼,是重复休谟的,虽然加上了引号,但暴露了普列汉诺夫用语的混乱,这是毫无疑问的。可是为什么要找普列汉诺夫呢?? 为什么巴扎罗夫不举其他的唯物主义者,哪怕是费尔巴哈呢? 仅仅是因为他不知道费尔巴哈吗? 但无知并不是论据。费尔巴哈和马克思、恩

---

① **戈·恩·舒尔采**《埃奈西德穆或关于耶拿的赖因霍尔德教授先生提出的基础哲学的原理》1792 年版第 253 页。

格斯一样,在认识论的基本问题上也向实践作了在舒尔采、费希特和马赫看来是不能容许的"跳跃"。在批判唯心主义的时候,费尔巴哈引证了费希特的一段典型的话来说明唯心主义的实质,这段话绝妙地击中了整个马赫主义的要害。费希特写道:"你所以认为物是现实的,是存在于你之外的,只是因为你看到它们、听到它们、触到它们。但是视、触、听都只是感觉…… 你感觉的不是对象,而只是你自己的感觉。"(《费尔巴哈全集》第 10 卷第 185 页)费尔巴哈反驳说:人不是抽象的**自我**,他不是男人,就是女人,可以把世界是否是感觉的问题同别人是我的感觉还是像我们在实践中的关系所证明的那样不是我的感觉这一问题同等看待。"唯心主义的根本错误就在于:它只是从理论的角度提出并解决世界的客观性或主观性、现实性或非现实性的问题。"(同上,第 189 页)费尔巴哈把人类实践的总和当做认识论的基础。他说:当然唯心主义者在实践中也承认我们的**自我**和他人的**你**的实在性。不过在唯心主义者看来,"这是一种只适合于生活而不适合于思辨的观点。但是,这种和生活矛盾的思辨,把死的观点、脱离了肉体的灵魂的观点当做真理的观点的思辨,是僵死的、虚伪的思辨"(第 192 页)。我们要**感觉**,首先就得呼吸;没有空气,没有食物和饮料,我们就不能生存。

"愤怒的唯心主义者大叫大嚷地说:这样说来,在研究世界的观念性或实在性的问题时要讨论饮食问题吗? 多么卑下! 在哲学和神学的讲坛上竭力谩骂科学的唯物主义,而在公共餐桌上却醉心于最粗俗的唯物主义,这多么有失体统啊!"(第 195 页)费尔巴哈大声说:把主观感觉和客观世界同等看待,"就等于把遗精和生孩子同等看待"(第 198 页)。

这种评语虽然不十分文雅,却击中了宣称感性表象也就是存在于我们之外的现实的那些哲学家的要害。

生活、实践的观点,应该是认识论的首要的和基本的观点。这种观点必然会导致唯物主义,而把教授的经院哲学的无数臆说一脚踢开。当然,在这里不要忘记:实践标准实质上决不能**完全地**证实或驳倒人类的任何表象。这个标准也是这样的"不确定",以便不让人的知识变成"绝对",同时它又是这样的确定,以便同唯心主义和不可知论的一切变种进行无情的斗争。如果我们的实践所证实的是唯一的、最终的、客观的真理,那么,因此就得承认:坚持唯物主义观点的科学的道路是走向这种真理的唯一的道路。例如,波格丹诺夫同意承认马克思的货币流通理论只是在"我们的时代"才具有客观真理性,而把那种认为这个理论具有"超历史的客观的"真理性的见解叫做"独断主义"(《经验一元论》第3卷第VII页)。这又是一个糊涂观点。这个理论和实践的符合,是不能被将来任何情况所改变的,原因很简单,正如拿破仑死于1821年5月5日这个真理**是永恒的**一样。但是,实践标准即**一切**资本主义国家近几十年来的发展进程所证明为客观真理的,是马克思的**整个**社会经济理论,而不是其中的某一部分、某一表述等等,因此很明显,在这里说什么马克思主义者的"独断主义",就是向资产阶级经济学作不可宽恕的让步。从马克思的理论是客观真理这一为马克思主义者所同意的见解出发,所能得出的唯一结论就是:**沿着马克思的理论的道路**前进,我们将愈来愈接近客观真理(但决不会穷尽它);而**沿着任何其他的道路**前进,除了混乱和谬误之外,我们什么也得不到。

第 六 章

经验批判主义和历史唯物主义

4. 哲学上的党派和哲学上的无头脑者

我们还须要考察一下马赫主义对宗教的关系问题。但是这个问题扩大成了哲学上究竟有没有党派以及哲学上的无党性有什么意义的问题。

在以上的整个叙述过程中，在我们所涉及的每个认识论问题上，在新物理学所提出的每个哲学问题上，我们探究了**唯物主义**和**唯心主义**的斗争。透过许多新奇的诡辩言词和学究气十足的烦琐语句，我们总是毫无例外地看到，在解决哲学问题上有**两条**基本路线、两个基本派别。是否把自然界、物质、物理的东西、外部世界看做第一性的东西，而把意识、精神、感觉（用现今**流行的**术语来说，即经验）、心理的东西等等看做第二性的东西，这是一个**实际上仍**然把哲学家划分为**两大阵营**的根本问题。这方面的成千上万的错误和糊涂观念的根源就在于：人们在各种术语、定义、烦琐辞令、诡辩字眼等等的外表下，**忽略了**这两个基本倾向（例如，波格丹诺夫不愿意承认自己的唯心主义，因为他所采用的不是"自然界"和"精神"这类"形而上学的"概念，而是物理的东西和心理的东西这类"经验的"概念。字眼改变了啊！）。

马克思和恩格斯的天才正是在于：他们在很长时期内，在**差不多半个世纪**里，发展了唯物主义，向前推进了哲学上的一个基本派别。他们不是踏步不前，只重复那些已经解决了的认识论问题，而是把**同样的**唯物主义彻底地贯彻（而且表明了应当**如何**贯彻）在社会科学的领域中，他们把胡言乱语、冠冕堂皇的谬论以及想在哲学上"发现""新"路线和找出"新"方向等等的无数尝试当做垃圾毫不留情地清除掉。这类尝试的胡诌瞎说的性质，玩弄哲学上新"主义"的烦琐把戏，用诡辩辞令混淆问题的实质，不能了解和看清认识论上两个基本派别的斗争，——这一切正是马克思和恩格斯在其毕生活动中所抨击和痛斥的。

我们刚才说，差不多有半个世纪。其实早在 1843 年，当马克思刚刚成为马克思，即刚刚成为科学社会主义的创始人，成为比以往一切形式的唯物主义无比丰富和彻底的**现代唯物主义**的创始人的时候，他就已经异常明确地指出了哲学上的根本路线。卡·格律恩曾引用过马克思在 1843 年 10 月 20 日写给费尔巴哈的信[117]，马克思在这封信里请费尔巴哈为《德法年鉴》杂志[4]写一篇反对谢林的文章。马克思写道：这位谢林是个无聊的吹牛大王，他妄想包罗和超越一切已往的哲学派别。"谢林向法国的浪漫主义者和神秘主义者说：我把哲学和神学结合起来了。向法国的唯物主义者说：我把肉体和观念结合起来了。向法国的怀疑论者说：我把独断主义摧毁了。"①马克思在当时就已经看出，不管"怀疑论者"叫做休谟主义者或康德主义者（在 20 世纪，或者叫做马赫主义者），他们都大声叫嚷反对唯物主义的和唯心主义的"独断主义"；他没有被千百种不足道的哲学体系中的任何一个体系所迷

---

① **卡尔·格律恩**《路德维希·费尔巴哈的书简、遗稿及其哲学特征的阐述》1874 年莱比锡版第 1 卷第 361 页。

惑,而能够经过费尔巴哈直接走上反唯心主义的唯物主义道路。过了 30 年,马克思在《资本论》第 1 卷第 2 版的跋①中,同样明确地把**他的唯物主义**跟黑格尔的**唯心主义**,即最彻底最发展的**唯心主义**对立起来,同时轻蔑地抛开孔德的"实证论",把当时的一些哲学家称为可怜的模仿者,他们自以为消灭了黑格尔,而事实上却是重犯了黑格尔以前的康德和休谟的错误。马克思在 1870 年 6 月 27 日给库格曼的信中也轻蔑地斥责"毕希纳、朗格、杜林、费希纳等人"②,因为他们不能理解黑格尔的辩证法,并且还对他采取轻视的态度③。最后,如果把马克思在《资本论》和其他著作中的一些哲学言论考察一下,那么你们就会看到一个**始终不变的**主旨:坚持**唯物主义**,轻蔑地嘲笑一切模糊问题的伎俩、一切糊涂观念和一切向**唯心主义**的退却。马克思的**全部**哲学言论,都是以说明这二者的根本对立为中心的,但从教授哲学的观点看来,这种"狭隘性"和"片面性"也就是马克思的全部哲学言论的缺点之所在。事实上,鄙弃这些调和唯物主义和唯心主义的无聊的伎俩,正是沿着十分明确的哲学道路**前进**的马克思的最伟大的功绩。

　　和马克思完全一致并同马克思密切合作的恩格斯,在自己的一切哲学著作中,在**一切**问题上都简单明白地把唯物主义路线跟唯心主义路线对立起来。不论在 1878 年、1888 年或 1892 年**118**,

---

① 见《马克思恩格斯文集》第 5 卷第 14—23 页。——编者注
② 参看《马克思恩格斯文集》第 10 卷第 338 页。——编者注
③ 关于实证论者比斯利(Beesly),马克思在 1870 年 12 月 13 日的信中写道:"比斯利教授是一个孔德主义者,因此不能不抛出各种各样的怪论(crotchets)。"(见《马克思恩格斯文集》第 10 卷第 347 页。——编者注)请把这一点同 1892 年恩格斯对赫胥黎之流的实证论者的评价(参看《马克思恩格斯文集》第 3 卷第 504—509 页。——编者注)比较一下。

他对于"超越"唯物主义和唯心主义的"片面性"而创立**新路线**（如创立什么"实证论"、"实在论"或其他教授的骗人理论）的无数煞费苦心的企图，一概表示轻视。恩格斯同杜林的全部斗争**始终**是在彻底贯彻唯物主义这个口号下进行的。恩格斯谴责唯物主义者杜林用空洞的字眼来混淆问题的实质，谴责他夸夸其谈，采用向唯心主义让步和转到唯心主义立场上去的论断方法。在《反杜林论》的**每一节**中都是这样提出问题的：不是彻底的唯物主义，就是哲学唯心主义的谎言和糊涂观点。只有头脑被反动教授哲学腐蚀了的人才会看不见这种提法。直到1894年恩格斯给《反杜林论》的最后增订版写最后一篇序言的时候，他还是继续探究新的哲学和新的自然科学，还是像以前那样坚持自己的明确坚定的立场，把大大小小新体系的垃圾清除掉。

关于恩格斯探究过新哲学这一点可以从《路德维希·费尔巴哈》中看出来。他在1888年写的序言中甚至提到德国古典哲学在英国和斯堪的纳维亚各国复活的现象，而对于当时占统治地位的新康德主义和休谟主义，他除了表示极端的轻蔑之外什么话也没有说（不论在序言里或该书正文里）。很明显，恩格斯在看到德国和英国的**时髦**哲学重复黑格尔以前的康德主义和休谟主义的旧错误时，甚至认为**转向黑格尔**[119]（在英国和斯堪的纳维亚各国）也会是有好处的，他希望这位大唯心主义者和大辩证论者能帮助人们看出浅薄的唯心主义的和形而上学的谬误。

恩格斯没有详细考察德国新康德主义和英国休谟主义的许许多多小流派，而**根本**否定它们的背弃唯物主义的基本立场。恩格斯宣称这两个学派的**整个倾向**是"在科学上开倒车"。那么，对于这些新康德主义者和休谟主义者（例如他们之中的赫胥黎，恩格斯是不可能不知道的)的无疑地是"实证论"的倾向,如果用流行的术语来说,无疑地是"实在论的"倾向,恩格斯是怎样评价的呢?恩格斯宣称:曾经迷惑过并且还在迷惑着无数糊涂人的那种"实证论"和"实在论",**至多也不过是暗中偷运唯物主义**而当众对它谩骂和拒绝的**一种庸俗手段**!① 只要稍微想一想恩格斯对托·赫胥黎这样一位最大的自然科学家,这样一位比马赫、阿芬那留斯之流更讲实在论的实在论者和更讲实证论的实证论者所作的**这种**评价,就可以懂得恩格斯会怎样鄙视现在的一小撮沉溺于"最新实证论"或"最新实在论"等等的马克思主义者。

马克思和恩格斯在哲学上自始至终都是有党性的,他们善于发现一切"最新"流派对唯物主义的背弃,对唯心主义和信仰主义的纵容。因此他们对赫胥黎的评价**完全是**从彻底坚持唯物主义的观点出发的。因此他们责备费尔巴哈没有把唯物主义贯彻到底,责备他因个别唯物主义者犯有错误而拒绝唯物主义,责备他同宗教作斗争是为了革新宗教或创立新宗教,责备他在社会学上不能摆脱唯心主义的空话而成为唯物主义者。

约·狄慈根不管在阐述辩证唯物主义时曾犯过一些什么样的局部性的错误,但他充分重视并接受了他的导师的这个最伟大和最宝贵的传统。约·狄慈根由于发表一些欠妥的违背唯物主义的言论而犯了许多错误,可是他从来没有企图在原则上脱离唯物主义而独树"新的"旗帜,在紧要关头他总是毅然决然地声明:我是唯物主义者,我的哲学是唯物主义哲学。我们的约瑟夫·狄慈根公正地说道:"在一切党派之中,最可鄙的就是中间党派…… 正

① 参看《马克思恩格斯文集》第 4 卷第 280 页。——编者注

如政治上各党派日益集成两个阵营一样……科学也正在划分为两个基本集团(Generalklassen)：一边是形而上学者①，另一边是物理学家或唯物主义者。名目繁多的中间分子和调和派的骗子，如唯灵论者、感觉论者、实在论者等等，在他们的路途上一会儿卷入这个潮流，一会儿又卷入那个潮流。我们要求坚决性，我们要求明确性。反动的蒙昧主义者(Retraitebläser②)称自己为唯心主义者③，而所有那些竭力把人类理智从形而上学的荒诞思想中解放出来的人应当称为唯物主义者……　如果我们把这两个党派比做固体和液体，那么中间就是一摊糊状的东西。"④

正是如此！包括"实证论者"、马赫主义者等在内的"实在论者"等等，就是这样一种讨厌的糊状的东西，就是哲学上的可鄙的**中间党派**，它在每一个问题上都把唯物主义派别和唯心主义派别混淆起来。在哲学上企图超出这两个基本派别，这不过是玩弄"调和派的骗人把戏"而已。

唯心主义哲学的"科学的僧侣主义"，不过是通向公开的僧侣主义的前阶，这一点在约·狄慈根看来是毫无疑义的。他写道："科学的僧侣主义极力想帮助宗教的僧侣主义。"（上引书第51页）"尤其是认识论的领域，对人类精神的无知"，是这两种僧侣主

---

① 这又是一个欠妥的、不确切的说法，不应当用"形而上学者"，而应当用"唯心主义者"。约·狄慈根本人在其他地方是把形而上学者和辩证论者对立起来的。
② 直译是：吹倒退号的人。——编者注
③ 请注意，约·狄慈根已经改正了错误，并且**更确切地**说明了谁是唯物主义的敌对派。
④ 见他在1876年写的论文《社会民主党的哲学》，载于《短篇哲学著作集》1903年版第135页。

义在其中"产卵"的"虱巢（Lausgrube）"。约·狄慈根眼里的哲学教授是"高谈'理想财富'、用生造的（geschraubter）唯心主义来愚弄人民的有学位的奴仆"（第53页）。"正如魔鬼是上帝的死对头一样，唯物主义者是僧侣教授（Kathederpfaffen）的死对头。"唯物主义认识论是"反对宗教信仰的万能武器"（第55页），它不仅反对"僧侣所宣传的那种人所共知的、正式的、普通的宗教，而且反对沉醉的（benebelter）唯心主义者所宣传的清洗过的高尚的教授宗教"（第58页）。

在狄慈根看来，自由思想的教授们的"不彻底性"还比不上"宗教的诚实"（第60页），因为在后一种情况下，还"有一个体系"，还有不把理论跟实践分开的完整的人。对于教授先生们说来，"哲学不是科学，而是防御社会民主党的手段"（第107页）。"那些自称为哲学家的教授和讲师，尽管主张自由思想，但总是或多或少地沉溺于偏见和神秘主义……他们形成了一个反对社会民主党的……反动集团。"（第108页）"为了循着正确道路前进而不致被任何宗教的和哲学的谬论（Welsch）所迷惑，必须研究错误道路中的错误道路（der Holzweg der Holzwege），即研究哲学。"（第103页）

现在我们从哲学的党派观点来看一看马赫、阿芬那留斯以及他们的学派。这些先生们**以无党性自夸**；如果说他们有什么死对头，那么只有一个，**只有……唯物主义者**。在**一切**马赫主义者的**一切**著作中，像一根红线那样贯穿着一种愚蠢奢望："凌驾"于唯物主义和唯心主义之上、超越它们之间"陈旧的"对立。而**事实上这帮人每时每刻**都在陷入唯心主义，同唯物主义进行不断的和始终不渝的斗争。像阿芬那留斯这类人精心制造出来的认识论的怪论,不过是教授们的虚构,创立"自己的"哲学小宗派的企图而已。**其实**,在现代社会的各种思想和派别互相斗争的总的形势下,这些认识论的诡计所起的**客观**作用却只有一个,就是给唯心主义和信仰主义扫清道路,替它们忠实服务。因此,华德之流的英国唯灵论者、赞扬马赫攻击唯物主义的法国新批判主义者以及德国的内在论者,都拼命地抓住这个小小的经验批判主义者学派,这实在不是偶然的! 约·狄慈根所谓的"信仰主义的有学位的奴仆"这一说法,正是击中了马赫、阿芬那留斯以及他们的整个学派的要害。①

企图"调和"马赫主义和马克思主义的俄国马赫主义者的不幸就在于:他们相信反动的哲学教授,他们既然相信了,也就沿着斜坡滚下去了。他们企图发展和补充马克思学说的那些手法是很不高明的。他们读了奥斯特瓦尔德的著作,就相信奥斯特瓦尔德,

---

① 还可以举出一个例子来说明马赫主义事实上正在为那些广泛流行的反动资产阶级哲学流派所利用。在最新的美国哲学中,"最时髦的东西"可以说是"实用主义**120**了("实用主义"来自希腊文 pragma——行为、行动,即行动哲学)。在哲学杂志上谈论得最多的恐怕也要算是实用主义了。实用主义既嘲笑唯物主义的形而上学,也嘲笑唯心主义的形而上学;它宣扬经验而且仅仅宣扬经验;认为实践是唯一的标准;依靠一般实证论思潮,**特别是依靠奥斯特瓦尔德、马赫、毕尔生、彭加勒、杜恒**,依靠科学不是"实在的绝对复写"的说法;并且……极其顺利地从这一切中推演出上帝,这是为了实践的目的,而且仅仅为了实践,这里没有任何形而上学,也没有丝毫超越经验界限(参看**威廉·詹姆斯**《实用主义。某些旧思想方法的新名称》1907 年纽约和伦敦版,特别是第 57 页和第 106 页)。从唯物主义的观点看来,马赫主义和实用主义之间的差别,就像经验批判主义和经验一元论之间的差别一样,是微不足道的和极不重要的。请比较一下波格丹诺夫的真理定义和实用主义者的真理定义:"在实用主义者看来,真理就是经验中的各种特定作业价值(working-values)的类概念。"(同上,第 68 页)

转述奥斯特瓦尔德的话,说这就是马克思主义。他们读了马赫的
著作,就相信马赫,转述马赫的话,说这就是马克思主义。他们读
了彭加勒的著作,就相信彭加勒,转述彭加勒的话,说这就是马克
思主义!这些教授们虽然在化学、历史、物理学等专门领域内能够
写出极有价值的著作,可是一旦谈到哲学问题的时候,他们中间**任
何一个人所说的任何一句话都不可相信**。为什么呢?其原因正如
政治经济学教授虽然在实际材料的专门的研究方面能够写出极有
价值的著作,可是一旦说到政治经济学的一般理论时,他们中间**任
何一个人所说的任何一句话**都不可相信一样。因为在现代社会
中,政治经济学正像**认识论**一样,是一门**有党性的**科学。总的说
来,经济学教授们不过是资产阶级手下的有学问的帮办;而哲学教
授们不过是神学家手下的有学问的帮办。

    无论在哲学上或经济学上,马克思主义者的任务就是要善于
汲取和改造这些"帮办"所获得的成就(例如,在研究新的经济现
象时,如果不利用这些帮办的著作,就不能前进一步),并且要**善
于消除它们的反动倾向,善于贯彻自己的路线**,同敌视我们的各种
力量和阶级的**整个路线**作斗争。而我们的那些**奴颜婢膝地**追随反
动教授哲学的马赫主义者就是不善于做到这一点。卢那察尔斯基
代表《论丛》的作者们写道:"也许我们错了,但我们是在探索。"其
实,不是**你们**在探索,而是别人**在探索你们**,不幸的地方就在这里!
不是你们根据你们的即马克思主义的观点(因为你们想当马克思
主义者)去探讨资产阶级时髦哲学的每一转变,而是这种时髦哲
学在探寻你们,把它的那些适合唯心主义胃口的新花样塞给你们,
今天是奥斯特瓦尔德的花样,明天是马赫的花样,后天又是彭加勒
的花样。你们所天真地信仰的那些愚蠢的"理论"把戏(例如"唯

能论"、"要素"、"嵌入"等等），始终没有超出狭隘的小学派的圈子，但这些把戏的思想倾向和**社会倾向**却立刻被华德分子、新批判主义者、内在论者、洛帕廷分子、实用主义者所抓住，并且**尽着自己应尽的职责**。对经验批判主义和"物理学"唯心主义的迷恋，正像对新康德主义和"生理学"唯心主义的迷恋一样，很快就会消逝，而信仰主义却从每一次这样的迷恋中得到好处，并千方百计地变换自己的花招，以利于哲学唯心主义。

对宗教的态度和对自然科学的态度，最好地说明了资产阶级反动派**确实**为了本阶级的利益而在利用经验批判主义。

我们来看一看前一个问题吧！卢那察尔斯基在**反对**马克思主义哲学的那部集体著作中谈到了"人类最高潜在力的神化"、"宗教的无神论"①等等，你们以为这是偶然的吗？如果你们以为这是偶然的，那么只是因为俄国的马赫主义者没有把欧洲的**整个**马赫主义思潮及其对宗教的态度正确地告诉读者。这个思潮对宗教的态度不仅跟马克思、恩格斯、约·狄慈根，甚至跟费尔巴哈的态度毫不相同，而且**根本相反**。例如，彼得楚尔特说经验批判主义"无论与有神论或无神论都不矛盾"（《纯粹经验哲学引论》第 1 卷第 351 页），马赫说"宗教的见解是私人的事情"（法译本第 434 页），而科内利乌斯（他极力赞扬马赫，马赫也极力赞扬他）、卡鲁斯以及一切内在论者则宣传**露骨的信仰主义**、鼓吹露骨的**黑帮思想**。**哲学家**在这个问题上保守中立，**就是**向信仰主义卑躬屈膝，而马赫和阿芬那留斯没有超出而且也不能超出中立态度，这是由他们的

---

① 《论丛》第 157、159 页。这位作者在《国外周报》[121] 上曾谈到"宗教意义上的科学社会主义"（第 3 号第 5 页），而在《教育》杂志[122] 上（1908 年第 1 期第 164 页）又公然写道："新的宗教在我心中早已成熟了……"

认识论的出发点所决定的。

　　只要你们否定我们通过感觉感知的客观实在，你们就失去了任何反对信仰主义的武器，因为你们已经陷入不可知论或主观主义，而这正是信仰主义所需要的。如果说感性世界就是客观实在，那么其他的任何"实在"或冒牌实在（请回想一下，巴扎罗夫曾相信那些把神说成是"实在概念"的内在论者的"实在论"），就没有立足的余地了。如果说世界是运动着的物质，那么我们可以而且应该从**这个**运动、即**这个**物质的运动的无限错综复杂的表现来对物质进行无止境的研究；在物质之外，在每一个人所熟悉的"物理的"外部世界之外，不可能有任何东西存在。对唯物主义的仇视，对唯物主义者的种种诽谤，所有这一切在文明的民主的欧洲都是司空见惯的，而且直到今天还依然如此。而俄国的马赫主义者在大众面前**把**这一切**掩盖起来**，他们甚至**一次**也没有打算把马赫、阿芬那留斯、彼得楚尔特之流攻击唯物主义的胡言乱语同费尔巴哈、马克思、恩格斯、约·狄慈根**维护**唯物主义的言论简单地对比一下。

　　但是"掩盖"马赫和阿芬那留斯同信仰主义的关系，是无济于事的。事实是抹杀不掉的。这些反动教授由于华德、新批判主义者、舒佩、舒伯特-索尔登、勒克列尔、实用主义者等等同他们亲吻而遭到的奇耻大辱，是世界上任何办法都不能洗刷干净的。现在列举的这些身为哲学家和教授的人物的影响之大，他们的思想在"有教养的"即资产阶级的人士中间传播之广，他们写的专门著作之多，都比马赫和阿芬那留斯的那个小小的专门学派要胜过十倍。这个小小的学派该为谁服务，就为谁服务；该被怎样利用，就被怎样利用。

1930—1950 年我国出版的
列宁《唯物主义和经验批判主义》一书的部分中译本

　　卢那察尔斯基说出的可耻言论,并不是什么例外,而是俄国和德国的经验批判主义的产物。我们决不能用作者的"善良意图"、他的话的"特殊含义"来为这些可耻言论辩护。如果他的话里有直接的、普通的、即纯粹信仰主义的含义,那么我们就不会再同作者交谈了,因为,大概没有一个马克思主义者会认为这些言论**不使**阿纳托利·卢那察尔斯基和彼得·司徒卢威**完全**站在一个立场上。如果不是这样(而且的确**还**不是这样),那么这完全是因为我们看到了"特殊"含义,并且**在还有可能**实行同志式的斗争的**时候**同他**进行斗争**。卢那察尔斯基的言论之所以可耻,就是因为他**居然**把这些言论和他的"善良的"意图联系起来了。他的"理论"之所以有害,就是因为这种理论为了实现善良的意图竟采用**这样的**手段或作出**这样的**结论。糟糕的是:所谓"善良的"意图,**至多**也不过是卡尔普、彼得、西多尔的主观的事情而已,至于这类言论的**社会意义**却是绝对肯定的、无可争辩的,并且是任何的声明和解释所不能削弱的。

　　只有瞎子才看不出,在卢那察尔斯基的"人类最高潜在力的神化"和波格丹诺夫的心理东西对整个物理自然界的"普遍代换"之间有着思想上的血缘关系。这是同一种思想,不过前者主要是用美学观点来表达的,而后者主要是用认识论观点来表达的。"代换说"**默默地**从另一个方面来处理问题,它把"心理的东西"跟人分割开来,用无限扩大了的、抽象的、神化了的、僵死的、"一般心理的东西"来代换**整个物理自然界**,这样就把"人类最高潜在力"**神化了**。而尤什凯维奇的导入"非理性的知觉流"的"逻各斯"又怎样呢?

　　一爪落网,全身被缚。我们的马赫主义者全都落到了唯心主义即冲淡了的精巧的信仰主义的网里去了；从他们认为"感觉"不是外部世界的映象而是特殊"要素"的时候起，他们就落网了。如果不承认那种认为人的意识**反映**客观实在的外部世界的唯物主义理论，就必然会主张不属于任何人的感觉，不属于任何人的心理，不属于任何人的精神，不属于任何人的意志。

1909 年 5 月由莫斯科环节出版社
印成单行本

选自《列宁全集》中文第 2 版增订版
第 18 卷第 139 — 145、351 — 363 页

马克思主义和修正主义[123]

（1908 年 4 月 3 日〔16 日〕以前）

　　有一句著名的格言说：几何公理要是触犯了人们的利益，那也一定会遭到反驳的。自然史理论触犯了神学的陈腐偏见，引起了并且直到现在还在引起最激烈的斗争。马克思的学说直接为教育和组织现代社会的先进阶级服务，指出这一阶级的任务，并且证明现代制度由于经济的发展必然要被新的制度所代替，因此这一学说在其生命的途程中每走一步都得经过战斗，也就不足为奇了。

　　官方教授按官方意图讲授资产阶级的科学和哲学，是为了愚弄那些出身于有产阶级的青年，为了"训练"他们去反对内外敌人，关于这种科学和哲学没有什么可说的。这种科学对马克思主义连听都不愿听，就宣布马克思主义已经被驳倒，已经被消灭。无论是借驳斥社会主义来猎取名利的青年学者，或者是死抱住各种陈腐"体系"的遗教不放的龙钟老朽，都同样卖力地攻击马克思。马克思主义的发展、马克思主义思想在工人阶级中的传播和扎根，必然使资产阶级对马克思主义的这种攻击更加频繁，更加剧烈，而马克思主义每次被官方的科学"消灭"之后，却愈加巩固，愈加坚强，愈加生气勃勃了。

　　就是在那些同工人阶级的斗争有联系而且主要在无产阶级中

间流传的学说中,马克思主义也远远不是一下子就巩固了自己的地位的。马克思主义在它存在的头半个世纪中(从19世纪40年代起)一直在同那些与它根本敌对的理论进行斗争。在40年代前5年,马克思和恩格斯清算了站在哲学唯心主义立场上的激进青年黑格尔派[124]。40年代末,在经济学说方面进行了反对蒲鲁东主义[125]的斗争。50年代完成了这个斗争,批判了在狂风暴雨的1848年显露过头角的党派和学说。60年代,斗争从一般的理论方面转移到更接近于直接工人运动的方面:从国际中清除巴枯宁主义[126]。70年代初在德国名噪一时的是蒲鲁东主义者米尔柏格,70年代末则是实证论者杜林。但是他们两人对无产阶级的影响都已经微不足道了。马克思主义已经绝对地战胜了工人运动中的其他一切意识形态。

到上一世纪90年代,这一胜利大体上完成了。甚至在蒲鲁东主义传统保持得最久的罗曼语各国[127],工人政党实际上也把自己的纲领和策略建立在马克思主义的基础上。重新恢复起来的国际工人运动组织,即定期举行的国际代表大会,几乎没有经过什么斗争就立即在一切重大问题方面都站到马克思主义立场上来了。但是,在马克思主义把一切比较完整的、同马克思主义相敌对的学说排挤出去以后,这些学说所表现的倾向就开始给自己另找出路。斗争的形式和起因改变了,但是斗争还在继续。马克思主义创立以后的第二个50年(从19世纪90年代起)一开始就是同马克思主义内部的一个反马克思主义派别进行斗争。

这个派别因前正统的马克思主义者伯恩施坦而得名,因为伯恩施坦叫嚣得最厉害,最完整地表达了对马克思学说的修正,对马克思学说的修改,即修正主义。甚至在俄国这样一个由于经济落后,由于被农奴制残余所蹂躏的农民占人口大多数而非马克思主义的社会主义自然会支持得最久的国家里,这个非马克思主义的社会主义也清清楚楚地在我们眼前转变成修正主义了。我们的社会人民党人无论在土地问题上(全部土地地方公有化的纲领),或者在纲领和策略的一般问题上,都不断地用对马克思学说的种种"修正"来代替他们的自成系统而同马克思主义根本敌对的旧体系的那些日益消亡、日趋没落的残余。

马克思主义以前的社会主义被击溃了。它已经不是站在自己独立的基地上而是站在马克思主义这一共同基地上,作为修正主义来继续斗争了。现在我们来看看修正主义的思想内容究竟怎样。

在哲学方面,修正主义跟在资产阶级教授的"科学"的屁股后面跑。教授们"回到康德那里去",修正主义就跟在新康德主义者[128]后面蹒跚而行。教授们重复神父们已经说过一千遍的、反对哲学唯物主义的滥调,修正主义者就带着傲慢的微笑嘟哝着(同最新出版的手册一字不差),说唯物主义早已被"驳倒"了。教授们轻蔑地把黑格尔视做一条"死狗"①,耸肩鄙视辩证法,而自己却又宣扬一种比黑格尔唯心主义还要浅薄和庸俗一千倍的唯心主义;修正主义者就跟着他们爬到从哲学上把科学庸俗化的泥潭里面去,用"简单的"(和平静的)"演进"去代替"狡猾的"(和革命的)辩证法。教授们拿他们那些唯心主义的和"批判的"体系去适应占统治地位的中世纪"哲学"(即神学),以酬报官家给的俸禄,修正主义者就向他们靠拢,竭力把宗教变成"私人的事情",不是

---

① 参看《马克思恩格斯文集》第5卷第22页。——编者注

对现代国家来说而是对先进阶级的政党来说的"私人的事情"。

对马克思学说的这种"修正"的真正的阶级意义是什么,这无须加以说明,因为这是不说自明的。我们仅仅指出,在国际社会民主党中,普列汉诺夫是从彻底的辩证唯物主义观点批判过修正主义者在这方面大肆散播的庸俗不堪的滥调的唯一马克思主义者。坚决地着重指出这一点现在尤其必要,因为现在有些人极其错误地企图以批判普列汉诺夫在策略上的机会主义为幌子来偷运陈腐反动的哲学垃圾①。

谈到政治经济学,首先应当指出,修正主义者在这一方面所作的"修正"更广泛详细得多,他们竭力用"经济发展的新材料"来影响公众。他们说,集中和大生产排挤小生产的过程,在农业方面根本没有发生,而在商业和工业方面也进行得极其缓慢。他们说,现在危机已经比较少见、比较微弱了,卡特尔和托拉斯大概会给资本提供根本消除危机的可能。他们说,资本主义正在走向崩溃的"崩溃论"是站不住脚的,因为阶级矛盾有减弱和缓和的趋势。最后他们说,就连马克思的价值理论也不妨按照柏姆-巴维克的观点来加以纠正。

在这些问题上同修正主义者的斗争,正像20年前恩格斯同杜林的论战一样,使国际社会主义运动的理论思想有了颇见成效的活跃。人们用事实和统计数字分析了修正主义者的论据,证明了

---

① 见波格丹诺夫、巴扎罗夫等人合著的《关于马克思主义哲学的论丛》。分析这本书不是本文的任务,我现在只声明一点:在最近的将来,我要写几篇论文或专门写一本小册子来说明,本文中关于新康德派修正主义者所说的**一切**,实质上也适用于这些"新的"新休谟派和新贝克莱派修正主义者。(见《列宁全集》中文第2版增订版第18卷。——编者注)

修正主义者一贯地粉饰现代小生产。不仅在工业中,而且在农业中,**大生产**在技术方面和经营方面都比小生产占优势的事实,由无可辩驳的材料证实了。但是在农业中,商品生产的发展要弱得多,而现代的统计学家和经济学家通常都不大善于特别注意那些表明农业愈来愈卷入世界经济**交换**的农业专业部门(有时甚至是专门的作业)。在自然经济的废墟上,小生产是靠营养不断恶化,经常挨饿,延长工作日,家畜质量及其饲养情况恶化,总之,是靠手工业生产用来对抗资本主义工场手工业的那些手段来维持的。科学和技术每前进一步,都必不可免地、毫不留情地破坏资本主义社会内的小生产的基础,而社会主义经济学的任务是研究这一过程所表现的往往是错综复杂的一切形式,是向小生产者证明,他们在资本主义制度下不可能支持下去,农民经济在资本主义制度下没有出路,农民必须接受无产者的观点。从学术上来说,修正主义者在这个问题上的毛病,是他们对一些片面抽出的事实作肤浅的概括,而没有把它们同整个资本主义制度联系起来看;从政治上来说,他们的毛病就是不管有意还是无意,势必号召农民或推动农民去接受业主的观点(即资产阶级的观点),而不是推动他们去接受革命无产者的观点。

在危机论和崩溃论方面,修正主义的情况更糟。只有在极短促的时间内,只有最近视的人,才会在几年的工业高涨和繁荣的影响下,想要改造马克思学说的原理。现实很快就向修正主义者表明,危机的时代并没有过去:在繁荣之后,接着就来了危机。各个危机的形式、次序和情景是改变了,但是危机仍然是资本主义制度的不可避免的组成部分。卡特尔和托拉斯把生产联合起来了,但是大家都看到,它们同时又使生产的无政府状态变本加厉,使无产阶级的生活更加没有保障,资本的压迫更加严重,从而使阶级矛盾尖锐到空前的程度。最新的巨型托拉斯恰恰特别清楚、特别广泛地表明资本主义正在走向崩溃,不管这是指一次次政治危机和经济危机,还是指整个资本主义制度的完全崩溃。不久前美国的金融危机,全欧洲失业人数惊人的增加,更不用说有许多迹象预示快要到来的工业危机,——这一切使大家都忘记了修正主义者不久以前的"理论",似乎连许多修正主义者自己也忘记了。但是这种知识分子的不坚定性给工人阶级的教训,是不应当忘记的。

关于价值理论,要说的只有一点,就是除了一些柏姆-巴维克式的异常模糊的暗示和叹息,修正主义者在这方面根本没有拿出什么东西来,所以对学术思想的发展也没有留下任何痕迹。

在政治方面,修正主义确实想修正马克思主义的基础,即阶级斗争学说。他们说,政治自由、民主和普选权正在消灭阶级斗争的根据,并且使《共产党宣言》里的工人没有祖国①这个旧原理变得不正确了。他们说,在民主制度下,既然是"多数人的意志"起支配作用,那就不能把国家看做阶级统治的机关,也不能拒绝同进步的社会改良派资产阶级实行联合去反对反动派。

毫无疑义,修正主义者的这些反对意见,是一个相当严整的观点体系,即大家早已知道的自由派资产阶级的观点体系。自由派总是说,资产阶级议会制度正在消灭阶级和阶级的划分,因为一切公民都毫无差别地拥有投票的权利,参与国家事务的权利。19世纪下半叶的全部欧洲史和20世纪初的全部俄国革命史,都很清楚地表明这种观点是多么荒谬。在"民主制的"资本主义的自由下,

---

① 见《马克思恩格斯文集》第2卷第50页。——编者注

经济上的差别并没有缩小，而是日益扩大，日益加深。议会制度并没有消除最民主的资产阶级共和国作为阶级压迫机关的本质，而是不断暴露这种本质。议会制度有助于教育和组织比先前积极参加政治事变的人多得多的广大居民群众，但是这不会消除危机和政治革命，只会在这种革命发生时使国内战争达到最激烈的程度。1871 年春天的巴黎事变和 1905 年冬天的俄国事变，已经再明显不过地表明这种激烈的情况是必然要到来的。法国资产阶级连一秒钟都没有犹豫，立刻就同全民族的敌人，同蹂躏其祖国的外国军队勾结起来镇压无产阶级运动。谁不懂得议会制度和资产阶级民主制度的不可避免的内在的辩证法会导致比先前更激烈地用群众的暴力去解决争执，那他就永远不能在这种议会制度的基地上去进行坚持原则的宣传鼓动工作，真正培养工人群众去胜利地参加这种"争执"。在西欧同社会改良主义自由派、在俄国革命中同自由主义改良派（立宪民主党）实行联合、妥协和联盟的经验，令人信服地表明这种妥协只能模糊群众的意识，因为这种妥协不是提高，而是降低群众斗争的真实意义，把正在斗争的人同最不能斗争、最动摇、最容易叛变的人拴在一起。法国的米勒兰主义[129]是在真正全国的广大范围内运用修正主义政治策略的最大尝试，它给修正主义作了一个使全世界无产阶级永远不会忘记的实际评价。

修正主义对社会主义运动的最终目的所抱的态度，是它的经济倾向和政治倾向的自然补充。"运动就是一切，最终目的算不了什么"，伯恩施坦的这句风行一时的话，要比许多长篇大论更能表明修正主义的实质。临时应付，迁就眼前的事变，迁就微小的政治变动，忘记无产阶级的根本利益，忘记整个资本主义制度、整个资本主义演进的基本特点，为了实际的或假想的一时的利益而牺牲无产阶级的根本利益,——这就是修正主义的政策。从这一政策的实质可以清楚地知道这一政策可能采取各种各样的形式,而每一个稍微"新颖的"问题、每一次稍微出人意料和没有预见到的局势变动(即使这种变动只是在极小的程度上和最短的时期内改变了发展的基本路线),都不可避免地要引起某种形式的修正主义。

修正主义的不可避免,决定于它在现代社会中的阶级根源。修正主义是国际现象。每一个稍有见识、稍有头脑的社会主义者都丝毫不会怀疑:德国正统派和伯恩施坦派、法国盖得派和饶勒斯派(现在尤其是布鲁斯派)[130]、英国社会民主联盟和独立工党[131]、比利时布鲁凯尔和王德威尔得、意大利整体派[132]和改良派、俄国布尔什维克和孟什维克的关系实质上到处都一样,虽然按所有这些国家的现状来说,民族条件和历史因素极不相同。当前国际社会主义运动内部的"分化",在世界上不同的国家里现在实质上已经是按**同一条**路线进行的,这表明比30—40年前有了一个巨大的进步,因为那时在不同的国家里相互斗争的是统一的国际社会主义运动内部的不同类型的倾向。现在在罗曼语各国出现的"革命工团主义"[133]这种"来自左面的修正主义"也趋附马克思主义,同时又对它加以"纠正":意大利的拉布里奥拉、法国的拉葛德尔总是不求助于过去被人误解的马克思学说,而求助于现在被人正确理解的马克思学说。

我们在这里不可能分析**这种**修正主义的思想内容,它还远不如机会主义的修正主义那样成熟,还没有国际化,还没有经受过同任何一国社会党的实际的大搏斗。因此,我们在这里只分析上述那种"来自右面的修正主义"。

为什么修正主义在资本主义社会中是不可避免的呢?为什么

它的根源比民族特点的差别和资本主义发展程度的差别还要深呢？因为在任何资本主义国家里，在无产阶级身旁总是有广泛的小资产者阶层，即小业主阶层。资本主义过去是从小生产中产生的，现在也还在不断地从小生产中产生出来。资本主义必然要重新产生许多"中间阶层"（工厂附属物，如家庭劳动以及适应大工业如自行车工业和汽车工业的需要而散布在全国的小作坊等等）。这些新的小生产者同样必然要被重新抛入无产阶级的队伍。十分自然，小资产阶级世界观也就会不断渗入广大工人政党的队伍。十分自然，情况只能如此，而且一直到无产阶级革命发生急剧变化的时候还会如此，因为，那种认为必须在大多数人口"完全"无产阶级化以后才能实现无产阶级革命的想法，是极其错误的。目前我们往往只是在思想领域经历的事情，即同理论上修正马克思学说的人进行的争论，目前在实践上只是在工人运动某些局部问题上暴露出来的事情，即同修正主义者的策略分歧，以及由此而发生的分裂，在将来无产阶级革命发生时工人阶级还一定会在大得无可比拟的规模上再次经历到，因为无产阶级革命将使一切争论问题尖锐化，将把一切分歧都集中到对决定群众的行动有最直接意义的几点上，将迫使人们在斗争高潮中分清敌友，抛开坏的同盟者，以便给敌人以决定性的打击。

19世纪末革命马克思主义对修正主义的思想斗争，只是不顾小市民的种种动摇和弱点而向着本阶级事业的完全胜利迈进的无产阶级所进行的伟大革命战斗的序幕。

载于1908年圣彼得堡出版的《卡尔·马克思（1818—1883）》文集

选自《列宁全集》中文第2版增订版第17卷第11—19页

论马克思主义
历史发展中的几个特点

(1910 年 12 月 23 日〔1911 年 1 月 5 日〕)

    恩格斯在谈到他本人和他那位著名的朋友时说过：我们的学说不是教条，而是行动的指南。① 这个经典性的论点异常鲜明有力地强调了马克思主义的往往被人忽视的那一方面。而忽视那一方面，就会把马克思主义变成一种片面的、畸形的、僵死的东西，就会抽掉马克思主义的活的灵魂，就会破坏它的根本的理论基础——辩证法即关于包罗万象和充满矛盾的历史发展的学说；就会破坏马克思主义同时代的一定实际任务，即可能随着每一次新的历史转变而改变的一定实际任务之间的联系。

    正是现在，在那些关心马克思主义在俄国的命运的人们中间，往往有一些人恰恰忽视了马克思主义的这一方面。然而谁都知道，俄国近年来发生的急剧变化异常迅速、异常剧烈地改变了形势，改变了迫切地、直接地决定着行动条件，因而也决定着行动任务的社会政治形势。当然我所说的并不是总的基本的任务，只要各阶级间的根本的对比关系没有改变，这样的任务是不会随着历

----

①   参看《马克思恩格斯文集》第 10 卷第 557、560 页。——编者注

史出现转折而改变的。非常明显,俄国经济(不仅是经济)演进的总趋势,也像俄国社会各个阶级间的根本的对比关系一样,近几年,比如说近六年来并没有改变。

但是在这一时期,因为具体的社会政治形势改变了,迫切的直接行动的任务也有了极大的改变,**因此**,马克思主义这一活的学说的**各个不同**方面也就**不能不**分别提到首要地位。

为了说明这个意思,我们且看看近六年来具体的社会政治形势发生了什么变化。我们马上就可以很明显地看到这个时期划分为两个三年,前三年大约在 1907 年夏季结束,后三年大约在 1910 年夏季结束。从纯理论的角度来看,前三年的特征是俄国国家制度的基本特点发生了迅速的变化,而且这些变化的进展很不平衡,向两边摆动的幅度很大。"上层建筑"的这些变化的社会经济基础,就是俄国社会的**各个**阶级在**各个不同**舞台上的活动(杜马内外的活动、出版、结社、集会等等),这些活动的形式之公开,力量之雄厚,规模之巨大,在历史上是罕见的。

反之,后三年的特征(我们再说一遍,这里也是只从纯理论的"社会学的"角度来看)则是演进十分缓慢,几乎等于停滞不动。在国家制度方面没有发生任何比较显著的变化。前一时期**各个阶级**展开各种公开的和多方面的活动的"舞台",现在大多数都完全没有或者几乎完全没有这种活动了。

这两个时期的相同之处在于:俄国的演进在前后两个时期都仍旧是先前的、资本主义的演进。这种经济演进同现存的许多中世纪的封建制度之间的矛盾并没有消除,这个矛盾还是同从前一样,并没有因为某种局部的资产阶级的内容渗入这些或那些个别制度而缓和,反而更加尖锐了。

　　这两个时期的不同之处在于：前一时期摆在历史活动的舞台最前面的问题，是上述那些迅速的、不平衡的变化究竟会引起什么结果。由于俄国的演进具有资本主义的性质，这些变化的内容也就不能不是资产阶级的。但是有各种各样的资产阶级。采取某种温和的自由主义立场的中等资产阶级和大资产阶级，由于自身的阶级地位而害怕剧烈的变化，力求在土地制度和政治的"上层建筑"方面保存大量旧制度的残余。农村小资产阶级是同"自食其力"的农民交织在一起的，因此它不能不力求实现**另一种**资产阶级的改革，给一切中世纪的旧东西保留的余地要少得多。雇佣工人既然自觉地对待自己周围所发生的一切，就不能不对这两种不同趋向的冲突采取明确的态度，因为这两种不同的趋向虽然都仍没有超出资产阶级制度的范围，但是它们所决定的资产阶级制度的形式及其发展速度和进步影响所波及的广度是完全不同的。

　　可见在过去的三年，通常称做策略问题的那些问题被提到马克思主义的首要地位并不是偶然的，而是必然的。形形色色的路标派分子认为，由这些问题所引起的争论和分歧，似乎是"知识分子的"争论，是"争取对不成熟的无产阶级施加影响的斗争"，是"知识分子适应无产阶级"的表现，没有再比这种意见更错误的了。恰恰相反，正因为无产阶级已经成熟，它才不能对俄国整个资产阶级发展中的两种不同趋向的冲突采取漠不关心的态度，这个阶级的思想家才不能不提出适应（直接地或间接地适应，正面地或反面地反映）这两种不同趋向的理论公式。

　　在后三年，俄国资产阶级发展中的两种不同趋向的冲突**没有**成为迫切问题，因为这**两种**趋向都被"死硬派"压下去了，被推到了后面，被逼了回去，被暂时湮没了。中世纪的死硬派不仅挤满了舞台的最前面,而且使资产阶级社会的最广大阶层的内心充满了路标派的情绪,充满了沮丧心情和脱离革命的思想。这时呈现出来的不是改革旧制度的两种方式的冲突,而是对任何改革的丧失信心、"顺从"和"悔罪"的心情、对反社会学说的迷恋、神秘主义的风行等等。

这种异常剧烈的变化,既不是偶然的现象,也不单是"外界"压力的结果。前一个时期使那些几辈子、几世纪以来一直不关心政治问题、不过问政治问题的居民阶层受到了极其剧烈的震动,这就自然而然地、不可避免地要产生"重新估计一切价值",重新研究各种基本问题,重新注意理论,注意基本常识和初步知识的趋向。千百万人骤然从长梦中觉醒过来,一下子碰到许多极其重要的问题,他们不能在这个高度长久地坚持下去,他们不能不停顿一下,不能不回头去研究基本问题,不能不做一番新的准备工作,这有助于"消化"那些极其深刻的教训,使无比广大的群众能够更坚决、更自觉、更自信、更坚定地再向前进。

历史发展的辩证法就是这样:前一时期的迫切任务是在国内生活的各方面实现直接改革,后一时期的迫切任务是总结经验,使更广大的阶层掌握这种经验,使这种经验深入到所谓底层,深入到各阶级的落后群众中去。

正因为马克思主义不是死的教条,不是什么一成不变的学说,而是活的行动指南,所以它就不能不反映社会生活条件的异常剧烈的变化。这种变化的反映就是深刻的瓦解、混乱、各种各样的动摇,总而言之,就是马克思主义运动的极端严重的**内部**危机。坚决地反对这种瓦解,为捍卫马克思主义**基础**而进行坚决顽强的斗争,又成为当前的迫切任务了。在规定自己的任务时不能离开马克思主义的那些阶级的最广大阶层,在前一时期极片面地、极反常地领会了马克思主义,死记硬背了某些"口号"和某些策略问题的答案,而并**不理解**这些答案中的马克思主义的准则。在社会生活各方面"重新估计一切价值",结果就引起了对马克思主义的最抽象和最一般的哲学基本原理的"修正"。带着各种唯心主义色彩的资产阶级哲学的影响,表现在马克思主义者中间的马赫主义的流行病上。重复那些背得烂熟、但并不理解、也没有经过思考的"口号",结果就使得空谈盛行,这种空谈实际上完全是非马克思主义的小资产阶级思潮:如露骨的或者羞羞答答的"召回主义",又如把召回主义认为是马克思主义的"一种合理的色彩"。

另一方面,遍及资产阶级最广大阶层的路标主义精神和脱离革命的思想,也渗透到力图把马克思主义的理论与实践纳入"温和谨慎"的轨道的那个思潮中去了。马克思主义在这里所剩下的已经只是用来掩盖浸透了自由主义精神的关于"等级制度"和"领导权"等等议论的词句了。

本文的目的当然不是研究这些议论。仅仅指出这些议论,就足以说明前面讲到的马克思主义运动经受的危机的深重,以及这种危机同现在整个社会经济形势的联系。对这种危机所引起的问题避而不谈是不行的。企图用空谈来回避这些问题,是最有害的、最无原则的。现在,由于资产阶级的影响遍及马克思主义运动中的各种各样的"同路人",使马克思主义的理论基础和基本原理受到了来自截然相反的各方面的曲解,因此团结**一切**意识到危机的深重和克服危机的必要性的马克思主义者来共同捍卫马克思主义的理论基础和基本原理,是再重要不过的了。

前三年唤起了广大阶层自觉地投入社会生活,这些阶层往往是现在才第一次开始真正认识马克思主义。针对这种情况,资产阶级的刊物炮制了比过去多得多的荒谬言论,而且散布得也更加广泛。在这种条件下,马克思主义运动中的瓦解是特别危险的。因此,弄明白目前必然发生这种瓦解的原因,并且团结起来同这种瓦解进行彻底的斗争,的的确确是马克思主义者的时代任务。

载于 1910 年 12 月 23 日《明星报》第 2 号

选自《列宁全集》中文第 2 版增订版第 20 卷第 84—89 页

马克思学说的历史命运[134]

（1913 年 3 月 1 日〔14 日〕）

马克思学说中的主要的一点，就是阐明了无产阶级作为社会主义社会创造者的世界历史作用。自马克思阐述这个学说以后，全世界的事态发展是不是已经证实了这个学说呢？

马克思首次提出这个学说是在 1844 年。马克思和恩格斯合著的，于 1848 年问世的《共产党宣言》，已对这个学说作了完整的、系统的、至今仍然是最好的阐述。从这时起，世界历史显然分为三个主要时期：（1）从 1848 年革命到巴黎公社（1871 年）；（2）从巴黎公社到俄国革命（1905 年）；（3）从这次俄国革命至今。

现在我们来考察一下马克思学说在每个时期的命运。

一

在第一个时期的开头，马克思学说决不是占统治地位的。它不过是无数社会主义派别或思潮中的一个而已。当时占统治地位的，是那些基本上同我国民粹主义相似的社会主义：它们不懂得历史运动的唯物主义原理，不能分别说明资本主义社会中每个阶级的作用和意义，并且用各种貌似社会主义的关于"人民"、"正义"、"权利"等等的词句来掩盖各种民主变革的资产阶级实质。

1848 年革命给了马克思**以前**的所有这些喧嚣一时、五花八门的社会主义形式以致命的打击。各国的革命使社会各阶级**在行动中**显露出自己的面目。共和派资产阶级在巴黎 1848 年 6 月的那些日子里枪杀工人，最终证明**只有**无产阶级具有社会主义本性。自由派资产阶级害怕这个阶级的独立行动，比害怕任何反动势力还要厉害百倍。怯懦的自由派在反动势力面前摇尾乞怜。农民以废除封建残余为满足，转而支持现存秩序，只是间或动摇于**工人民主派和资产阶级自由派**之间。一切关于非阶级的社会主义和非阶级的政治的学说，都是胡说八道。

巴黎公社（1871 年）最终结束了资产阶级变革的这一发展过程；只是靠无产阶级的英勇，共和制这种最明显地表现出阶级关系的国家组织形式才得以巩固下来。

在欧洲所有的其他国家，比较错综复杂和不那么彻底的发展过程也导致同样的资产阶级社会的形成。到第一个时期（1848—1871 年）即风暴和革命时期的末尾，马克思以前的社会主义已**奄奄一息**。独立的**无产阶级**政党——第一国际（1864—1872 年）和德国社会民主党诞生了。

二

第二个时期（1872—1904 年）同第一个时期的区别，就是它带有"和平"性质，没有发生革命。西方结束了资产阶级革命。东方还没有成熟到实现这种革命的程度。

西方进入了为未来变革的时代作"和平"准备的阶段。到处都在形成就其主要成分来说是无产阶级的社会主义政党,这些政党学习利用资产阶级议会制,创办自己的日报,建立自己的教育机构、自己的工会和自己的合作社。马克思学说获得了完全的胜利,并且**广泛传播开来**。挑选和集结无产阶级的力量、使无产阶级作好迎接未来战斗的准备的过程,正在缓慢而持续地向前发展。

马克思主义在理论上的胜利,逼得它的敌人**装扮成**马克思主义者,历史的辩证法就是如此。内里腐朽的自由派,试图在社会主义的**机会主义**形态下复活起来。他们把为伟大的战斗准备力量的时期解释成放弃这种战斗。他们把改善奴隶的生活状况以便去同雇佣奴隶制作斗争解释成奴隶们为了几文钱而出卖自己的自由权。他们怯懦地宣扬"社会和平"(即同奴隶制讲和平),宣扬背弃阶级斗争,等等。在社会党人议员中间,在工人运动的各种官员以及知识分子"同情者"中间,他们有很多信徒。

三

当机会主义者还在对"社会和平"赞不绝口,还在对实行"民主制"可以避免风暴赞不绝口的时候,极大的世界风暴的新的发源地已在亚洲出现。继俄国革命之后,发生了土耳其、波斯和中国的革命。我们现在正处在这些风暴以及它们"反过来影响"欧洲的时代。不管各种"文明"豺狼现在切齿痛恨的伟大的中华民国的命运如何,世界上的任何力量也不能恢复亚洲的旧的农奴制度,不能铲除亚洲式和半亚洲式国家中的人民群众的英勇的民主精神。

有些人不注意群众斗争进行准备和得以发展的条件,看到欧洲反资本主义的决战长时间地推迟,就陷入绝望和无政府主义。现在我们看到,这种无政府主义的绝望是多么近视,多么懦弱。

八亿人民的亚洲投入了为实现和欧洲相同的理想的斗争,从这个事实中应当得到的不是绝望,而是振奋。

亚洲各国的革命同样向我们揭示了自由派的毫无气节和卑鄙无耻,民主派群众独立行动的特殊意义,无产阶级和一切资产阶级之间分明的界限。有了欧亚两洲的经验,谁若还说什么**非**阶级的政治和**非**阶级的社会主义,谁就只配关在笼子里,和澳洲袋鼠一起供人观赏。

欧洲也跟着亚洲行动起来了,不过不是按照亚洲的方式。1872—1904 年的"和平"时期已经一去不复返了。物价的飞涨和托拉斯的压榨已使经济斗争空前尖锐化,这甚至使那些受自由派腐蚀最深的英国工人也行动起来了。就是在德国这个最"顽固的"资产阶级容克国家里,政治危机也在迅速成熟。疯狂的扩充军备和帝国主义政策,使得目前欧洲的"社会和平"活像一桶火药。而**一切**资产阶级政党的解体和无产阶级的成熟的过程正在持续地进行。

自马克思主义出现以后,世界历史的这三大时期中的每一个时期,都使它获得了新的证明和新的胜利。但是,即将来临的历史时期,定会使马克思主义这个无产阶级的学说获得更大的胜利。

载于 1913 年 3 月 1 日《真理报》第 50 号

选自《列宁全集》中文第 2 版增订版第 23 卷第 1—4 页

马克思主义的
三个来源和三个组成部分[135]

（1913 年 3 月）

马克思学说在整个文明世界中引起全部资产阶级科学（官方科学和自由派科学）极大的仇视和憎恨，这种科学把马克思主义看做某种"有害的宗派"。也不能期望有别的态度，因为建筑在阶级斗争上的社会是不可能有"公正的"社会科学的。**全部**官方的和自由派的科学都这样或那样地为雇佣奴隶制**辩护**，而马克思主义则对这种奴隶制宣布了无情的战争。期望在雇佣奴隶制的社会里有公正的科学，正像期望厂主在应不应该减少资本利润来增加工人工资的问题上会采取公正态度一样，是愚蠢可笑的。

不仅如此，哲学史和社会科学史都十分清楚地表明：马克思主义同"宗派主义"毫无相似之处，它绝不是**离开**世界文明发展大道而产生的一种故步自封、僵化不变的学说。恰恰相反，马克思的全部天才正是在于他回答了人类先进思想已经提出的种种问题。他的学说的产生正是哲学、政治经济学和社会主义极伟大的代表人物的学说的直接**继续**。

马克思学说具有无限力量，就是因为它正确。它完备而严密，它给人们提供了决不同任何迷信、任何反动势力、任何为资产阶级

压迫所作的辩护相妥协的完整的世界观。马克思学说是人类在
19 世纪所创造的优秀成果——德国的哲学、英国的政治经济学和
法国的社会主义的当然继承者。

现在我们就来简短地说明一下马克思主义的这三个来源以及
它的三个组成部分。

一

马克思主义的哲学就是**唯物主义**。在欧洲全部近代史中,特
别是 18 世纪末叶,在同一切中世纪废物,同农奴制和农奴制思想
展开决战的法国,唯物主义成了唯一彻底的哲学,它忠于一切自然
科学学说,仇视迷信、伪善行为及其他等等。因此,民主的敌人便
竭尽全力来"驳倒"、败坏和诋毁唯物主义,维护那些不管怎样总
是为宗教辩护或支持宗教的各种哲学唯心主义。

马克思和恩格斯最坚决地捍卫了哲学唯物主义,并且多次说
明,一切离开这个基础的倾向都是极端错误的。在恩格斯的著作
《路德维希·费尔巴哈》和《反杜林论》里最明确最详尽地阐述了
他们的观点,这两部著作同《共产党宣言》一样,都是每个觉悟工
人必读的书籍。

但是,马克思并没有停止在 18 世纪的唯物主义上,而是把哲
学向前推进了。他用德国古典哲学的成果,特别是用黑格尔体系
(它又导致了费尔巴哈的唯物主义)的成果丰富了哲学。这些成
果中主要的就是**辩证法**,即最完备最深刻最无片面性的关于发展
的学说,这种学说认为反映永恒发展的物质的人类知识是相对的。

不管那些"重新"回到陈腐的唯心主义那里去的资产阶级哲学家的学说怎样说，自然科学的最新发现，如镭、电子、元素转化，都出色地证实了马克思的辩证唯物主义。

马克思加深和发展了哲学唯物主义，而且把它贯彻到底，把它对自然界的认识推广到对**人类社会**的认识。马克思的**历史唯物主义**是科学思想中的最大成果。过去在历史观和政治观方面占支配地位的那种混乱和随意性，被一种极其完整严密的科学理论所代替，这种科学理论说明，由于生产力的发展，如何从一种社会生活结构中发展出另一种更高级的结构，例如从农奴制中生长出资本主义。

正如人的认识反映不依赖于它而存在的自然界即发展着的物质那样，人的**社会认识**（即哲学、宗教、政治等等的不同观点和学说）反映社会的**经济制度**。政治设施①是经济基础的上层建筑。我们看到，例如现代欧洲各国的各种政治形式，都是为巩固资产阶级对无产阶级的统治服务的。

马克思的哲学是完备的哲学唯物主义，它把伟大的认识工具给了人类，特别是给了工人阶级。

二

马克思认为经济制度是政治上层建筑借以树立起来的基础，

---

① 原文为"учреждение"，是指和一定理论观点相适应的制度、组织和机构。——编者注

所以他特别注意研究这个经济制度。马克思的主要著作《资本论》就是专门研究现代社会即资本主义社会的经济制度的。

马克思以前的古典政治经济学是在最发达的资本主义国家英国形成的。亚当·斯密和大卫·李嘉图通过对经济制度的研究奠定了**劳动价值论**的基础。马克思继续了他们的事业。他严密地论证了并且彻底地发展了这个理论。他证明：任何一个商品的价值，都是由生产这个商品所消耗的社会必要劳动时间的数量决定的。

凡是资产阶级经济学家看到物与物之间的关系（商品交换商品）的地方，马克思都揭示了**人与人之间的关系**。商品交换表现着各个生产者之间通过市场发生的联系。**货币**意味着这一联系愈来愈密切，把各个生产者的全部经济生活不可分割地联结成一个整体。**资本**意味着这一联系进一步发展：人的劳动力变成了商品。雇佣工人把自己的劳动力出卖给土地、工厂和劳动工具的占有者。工人用工作日的一部分来抵偿维持本人及其家庭生活的开支（工资），工作日的另一部分则是无报酬地劳动，为资本家创造**剩余价值**，这也就是利润的来源，资本家阶级财富的来源。

剩余价值学说是马克思经济理论的基石。

工人的劳动所创造的资本压迫工人，使小业主破产，造成失业大军。大生产在工业中的胜利是一眼就能看到的，但是在农业中我们也看到同样的现象：资本主义大农业的优势日益扩大，采用机器愈来愈广泛，农民经济纷纷落入货币资本的绞索，由于技术落后而日益衰败和破产。在农业方面，小生产的衰败的形式虽然不同，但是它的衰败也是无可争辩的事实。

资本打击小生产,同时使劳动生产率不断提高,并且造成大资本家同盟的垄断地位。生产本身日益社会化,使几十万以至几百万工人联结成一个有条不紊的经济机体,而共同劳动的产品却被一小撮资本家所占有。生产的无政府状态愈来愈严重,危机日益加深,争夺市场的斗争愈来愈疯狂,人民群众的生活愈来愈没有保障。

资本主义制度在使工人愈来愈依赖资本的同时,创造着联合劳动的伟大力量。

马克思考察了资本主义的发展过程,从商品经济的最初萌芽,从简单的交换一直到资本主义的高级形式,到大生产。

一切资本主义国家(无论老的或新的)的经验,使工人中一年比一年多的人清楚地看到了马克思这一学说的正确性。

资本主义在全世界获得了胜利,但是这一胜利不过是劳动对资本的胜利的前阶。

三

当农奴制被推翻,"自由"资本主义社会出现的时候,一下子就暴露出这种自由意味着压迫和剥削劳动者的一种新制度。于是反映这种压迫和反对这种压迫的各种社会主义学说就立刻产生了。但是最初的社会主义是**空想**社会主义。这种社会主义批判资本主义社会,谴责它,咒骂它,幻想消灭它,臆想较好的制度,劝富人相信剥削是不道德的。

但是空想社会主义没有能够指出真正的出路。它既不会阐明资本主义制度下雇佣奴隶制的本质,又不会发现资本主义发展的规律,也不会找到能够成为新社会的创造者的**社会力量**。

然而,在欧洲各国,特别是在法国,导致封建制度即农奴制崩溃的汹涌澎湃的革命,却日益明显地揭示了**阶级斗争**是整个发展的基础和动力。

战胜农奴主阶级而赢得政治自由,没有一次不遇到拼命的反抗。没有一个资本主义国家,不是经过资本主义社会各阶级间你死我活的斗争,才在比较自由和民主的基础上建立起来。

马克思的天才就在于他最先从这里得出了全世界历史所提示的结论,并且彻底地贯彻了这个结论。这个结论就是**阶级斗争**学说。

只要人们还没有学会透过任何有关道德、宗教、政治和社会的言论、声明、诺言,揭示出这些或那些阶级的**利益**,那他们始终是而且会永远是政治上受人欺骗和自己欺骗自己的愚蠢的牺牲品。只要那些主张改良和改善的人还不懂得,任何一个旧设施,不管它怎样荒谬和腐败,都由某些统治阶级的势力在支撑着,那他们总是会受旧事物拥护者的愚弄。要粉碎这些阶级的反抗,**只有一个办法**,就是必须在我们所处的社会中找出一种力量,教育它和组织它去进行斗争,这种力量可以(而且按它的社会地位来说**应当**)成为能够除旧立新的力量。

只有马克思的哲学唯物主义,才给无产阶级指明了如何摆脱一切被压迫阶级至今深受其害的精神奴役的出路。只有马克思的经济理论,才阐明了无产阶级在整个资本主义制度中的真正地位。

在全世界,从美洲到日本,从瑞典到南非,无产阶级的独立组织正在不断增加。无产阶级一面进行阶级斗争,一面受到启发和教育,他们逐渐摆脱资产阶级社会的偏见,日益紧密地团结起来并且学习怎样衡量自己的成绩,他们正在锻炼自己的力量并且在不可遏止地成长壮大。

载于 1913 年 3 月《启蒙》杂志
第 3 期

选自《列宁全集》中文第 2 版增订版
第 23 卷第 41—48 页

马克思主义和改良主义

（1913年9月12日〔25日〕）

　　马克思主义者不同于无政府主义者，承认争取改良的斗争，即承认争取改善劳动者境况的斗争，尽管这种改善仍然不触动统治阶级手中的政权。但与此同时，马克思主义者又最坚决地反对改良主义者，反对他们直接或间接地用改良来限制工人阶级的意向和活动。改良主义是资产阶级对工人的欺骗，只要存在着资本的统治，尽管有某些改善，工人总还是雇佣奴隶。

　　自由派资产阶级总是一只手搞改良，另一只手又收回这些改良，使之化为乌有，利用这些改良来奴役工人，把工人分成一个个集团，使劳动者永远当雇佣奴隶。因此，改良主义，即使是非常真诚的改良主义，实际上变成了资产阶级腐蚀和削弱工人的工具。各国经验证明，工人相信改良主义者，总是上当受骗。

　　相反，如果工人掌握了马克思的学说，即认识到只要资本的统治地位保持不变，雇佣奴隶制就不可避免，那么他们就不会上资产阶级任何改良的当。工人们懂得了在保持资本主义的条件下改良既不可能是牢靠的，也不可能是认真的，他们就会为争取改善自己的状况而斗争，并且利用这种改善来继续为反对雇佣奴隶制进行更加顽强的斗争。改良主义者竭力用小恩小惠来分化和欺骗工人,使他们放弃他们的阶级斗争。工人们认识了改良主义的欺骗性,就会利用改良来发展和扩大自己的阶级斗争。

改良主义者对工人影响愈厉害,工人就愈软弱无力,就愈依附于资产阶级,资产阶级就愈容易利用各种诡计把改良化为乌有。工人运动愈独立愈深入,目标愈广泛,愈摆脱改良主义狭隘性的束缚,工人巩固和利用某些改善就愈有成效。

改良主义者各国都有,因为资产阶级到处都在想方设法腐蚀工人,使他们甘心当奴隶,不想消灭奴隶制。在俄国,改良主义者就是取消派,他们否定我们的过去,以便用关于新的、公开的、合法的党的幻想来麻痹工人。不久前,迫于《北方真理报》**136**的压力①,彼得堡的取消派不得不出来为他们搞改良主义作辩解。为了把这个非常重要的问题弄个一清二楚,应该把他们的议论仔细剖析一下。

彼得堡的取消派写道:我们不是改良主义者,因为我们没有说过改良就是一切,最终目的微不足道这样的话;我们是说,运动在朝着最终目的发展;我们是说,通过争取改良的斗争完全实现提出的任务。

我们就来看看,这种辩解是否符合真实情况。

第一个事实:取消派分子谢多夫综合了所有取消派分子的意见,他写道,马克思主义者提出的"三条鲸鱼"**137**中,有两条目前不宜用来鼓动。他保留了八小时工作制这一条,因为这一条从理论上讲是可以作为一项改良实现的。他取消或弃置一旁的恰恰是超出改良范围的东西。可见,他堕入了最明显的机会主义,执行的恰

---

① 见《列宁全集》中文第2版增订版第23卷第416—419页。——编者注

恰是以最终目的微不足道这一公式为内容的政策。把"最终目的"（虽然是关于民主主义的）弃置一旁,使之远离鼓动工作,这就是改良主义。

第二个事实:取消派轰动一时的八月(去年)代表会议**138**也是把非改良主义的要求弃置一旁,使之远离(视为特殊情况)而不是靠近鼓动工作,处于鼓动工作的正中心。

第三个事实:取消派否定和轻视"原有的东西",不要原有的东西,因此只限于搞改良主义。当前,改良主义同背弃"原有的东西"有明显的联系。

第四个事实:工人的经济运动只要同超出改良主义范围的口号一挂钩,就会使取消派发火,就会遭到他们的攻击(什么"狂热"、"白费劲"等等)。

那么我们得出什么结论呢? 取消派口头上否认原则上的改良主义,实际上却全面实行改良主义。他们一方面要我们相信,改良对他们来说决不就是一切,而另一方面,对马克思主义者在实践中任何超出改良主义范围的做法,取消派不是进行攻击,就是加以藐视。

与此同时,工人运动各个领域的事态都向我们表明,马克思主义者在实际利用改良和为争取改良而进行的斗争中,不但没有落在后面,反而明显地走在前列。就拿工人选民团的杜马选举——代表们在杜马内外的行动、工人报纸的创办、保险改革的利用、最大的工会五金工会的建立等等来说,你们到处都可以看到,在鼓动、组织、争取改良和利用改良这一直接的、当前的和"日常的"工作方面,马克思主义者工人都胜过取消派。

马克思主义者不倦地进行工作,不放过任何一个"机会"争取改良和利用改良,同时,无论在宣传、鼓动,还是在群众经济活动等等方面,任何超出改良主义范围的做法他们都不横加指责,而是予以支持,关切地加以发展。而背离马克思主义的取消派,却攻击马克思主义者整体[139]的存在,破坏马克思主义的纪律,宣扬改良主义,宣扬自由派的工人政策,这只能瓦解工人运动。

此外,不要忘记,在俄国,改良主义还有一种特殊表现形式,就是把现代俄国和现代欧洲的政治形势的根本条件混为一谈。在自由派看来,这样做是合理的,因为自由派相信并宣扬"谢天谢地,我们立宪了"。自由派反映资产阶级的利益,他们坚决认为10月17日[140]以后,任何超出改良主义范围的民主措施,都是丧失理智、犯罪、作恶的行为,等等。

但是,我国取消派实际上坚持的正是这些资产阶级阶级观点,他们不断系统地把"公开的党"和"争取合法性的斗争"等等"搬到"(以书面形式)俄国。换句话说,他们同自由派一样,也鼓吹把欧洲宪制搬到俄国而**不经过**那条曾经使西欧确立宪制并使之经过几代人有时甚至经过几个世纪得到巩固的独特道路。取消派和自由派就像俗话所说的,又想洗毛皮,又不让毛皮下水。

在欧洲,改良主义实际上就是不要马克思主义,用资产阶级的"社会政策"取代马克思主义。我国取消派的改良主义不仅有这种表现,它还破坏马克思主义的组织,拒绝实现工人阶级的民主任务而代之以自由派的工人政策。

载于 1913 年 9 月 12 日《劳动真理报》第 2 号

选自《列宁全集》中文第 2 版增订版第 24 卷第 1—4 页

马克思和恩格斯通信集[141]

（1913 年底）

早已预告出版的两位著名的科学社会主义创始人的通信集，现在终于问世了。恩格斯曾嘱托倍倍尔和伯恩施坦出版这部通信集，而倍倍尔在辞世前不久才结束他负责的那一部分编辑工作。

几个星期前由斯图加特狄茨出版社刊印的马克思和恩格斯的通信集共 4 大卷。全书共收马克思和恩格斯 1844 年至 1883 年这段漫长的岁月中所写的书信 1 386 封。

编辑工作，也就是为各个时期的通信写前言的工作，是由爱德·伯恩施坦担任的。这个工作无论在技术方面还是在思想方面，都做得不能令人满意，这原是意料中的事情。伯恩施坦既已完成向极端机会主义观点的臭名昭著的"演进"，本来也就不能担任这些充满革命精神的书信的编辑。伯恩施坦写的前言，一部分空洞无物，一部分简直错误百出，例如关于马克思和恩格斯所揭露的拉萨尔和施韦泽的机会主义错误，没有确切、明白、直接的说明，而只有一些折中主义的语句和攻击，如说"马克思和恩格斯反对拉萨尔并不全对"（第 3 卷第 XVIII 页），又如说马克思和恩格斯在策略问题上与其说同李卜克内西"接近"，不如说同施韦泽更为"接近"（第 4 卷第 X 页）。这些攻击除了掩盖和粉饰机会主义外，再没有什么别的内容。遗憾的是,在现代德国社会民主党人中,对马克思同他的许多论敌所作的思想斗争持折中主义态度的人愈来愈多了。

从技术方面来看,索引编得不能令人满意,4卷书只有一个索引(例如,考茨基和斯特林的名字均未收入);对各封书信所加的注解太少,并且不是像左尔格那样,把注解同有关的书信放在一起,而是分散在编辑写的前言里,还有其他一些不足。

这部通信集定价太贵,4卷书将近20卢布。毫无疑问,整部通信集可以而且也不应该印得那么讲究,书价可以便宜一些;此外,为了在工人中广泛传播,可以而且应该把最重要的原则摘要出版。

这个版本存在的这些缺点,对研究这部通信集当然会造成困难。这很可惜,因为这些信件的科学价值和政治价值都非常大。从这些书信中读者清晰地看到的不仅是马克思和恩格斯二人的风貌。在这些书信中,马克思主义的极其丰富的理论内容阐述得非常透彻,一目了然,因为马克思和恩格斯反复谈到他们学说的各个方面,同时对最新(就与先前的观点比较而言)、最重要和最困难的问题加以强调和说明,有时又是共同讨论,互相切磋。

读者从这些信件中可以看到非常生动的全世界工人运动的历史,看到其中最重要的时期和最重大的事件。特别有价值的是工人阶级的**政治**史。马克思和恩格斯在各种不同的历史时期,根据旧大陆各个国家和新大陆所发生的各种各样事件,探讨了有关工人阶级**政治**任务问题最原则的**提法**。而这部通信集所包括的时代,正是工人阶级从资产阶级民主派中分离出来的时代,独立工人运动兴起的时代,确定无产阶级策略和政策原则的时代。我们这个时代,由于资产阶级的停滞和腐败,由于工人领袖把注意力都集中到日常琐事上以及其他种种原因,各国工人运动深受机会主义之害,对这些现象观察愈深,这部通信集极其丰富的材料的价值就愈大,因为从这些材料中可以看到,通信人对无产阶级变革的**根本**目的有非常深刻的理解,并且从这些革命目的出发异常灵活地规定了相当的策略任务,对机会主义或革命空谈则寸步不让。

如果我们试图用一个词来表明整部通信集的焦点,即其中所抒发所探讨的错综复杂的思想汇合的中心点,那么这个词就是**辩证法**。运用唯物主义辩证法从根本上来修改整个政治经济学,把唯物主义辩证法运用于历史、自然科学、哲学以及工人阶级的政治和策略——这就是马克思和恩格斯最为关注的事情,这就是他们作出最重要、最新的贡献的领域,这就是他们在革命思想史上迈出的天才的一步。

———

在下面的叙述中,我们准备首先对通信集作一概述,然后对马克思和恩格斯发表的最有意思的评论和见解作一个大概的介绍,但绝不奢望对信件的全部内容作详尽的叙述。

一 概 述

通信集的开头,就是24岁的恩格斯1844年写给马克思的信。德国当时的情况历历在目。头一封信是1844年9月底写的,寄自巴门。恩格斯的家就住在这里,这里也是他的出生地。恩格斯当时还不满24岁。家庭环境使他厌倦,因此他急于要离开。他父亲是个专横的、信教的工厂主,对儿子四处参加政治集会,对他的共产主义信仰很生气。恩格斯当时写道:我很爱我的母亲,要不是为了她,那我就连离开家前的几天时间也是待不住的。他向马克思诉说:你想象不到,家里为了不让我离开,提出了怎样琐碎的理由,怎样迷信的担心。①

当恩格斯还在巴门的时候,——他因为谈恋爱,又在巴门逗留了一些时候,——他对他父亲作了让步,到工厂的办事处里(他父亲是工厂主)工作了约两个星期。他写信给马克思说:"做生意太讨厌,巴门太讨厌,浪费时间也太讨厌,而特别讨厌的是不仅要做资产者,而且还要做工厂主,即积极反对无产阶级的资产者。"恩格斯继续写道:不过我聊以自慰的是,我正在写工人阶级状况这本书(大家知道,这本书出版于 1845 年,是世界社会主义文献中的优秀著作之一)。"身为共产主义者如果不从事写作,或许还可以在外表地位上做一个资产者和一个做生意的牲口,但是,如果既要广泛地从事共产主义宣传,同时又要从事买卖和工业,那就不行了。我一定要离开这里。此外,再加上这个彻头彻尾基督教的、普鲁士的家庭里的沉闷生活,实在使我再也不能忍受下去了;我留在这里,到头来可能使自己变成一个德国庸人,并把庸人习气带到共产主义运动中去。"②这就是年轻的恩格斯写的。1848 年革命后,他为生活所迫,又回到他父亲的办事处去做了多年"做生意的牲口",然而他却在这种情况下支撑了下来,给自己创造了一个不是基督教普鲁士的,而完全是另一种同志式的环境,成了一个毕生毫

---

① 见《马克思恩格斯文集》第 10 卷第 17 页。——编者注
② 同上,第 30 页。——编者注

不留情地反对"把庸人习气带到共产主义运动中去"的人。

1844年德国外省的社会生活,正与20世纪初期1905年革命前俄国社会生活相似。大家竞相参加政治活动,大家充满了反政府的愤懑情绪,牧师们因为青年相信无神论而呵斥青年,资产者家庭的子弟因为反对父母"用贵族的态度对待仆役或工人"而同父母争吵。

普遍的反政府情绪表现在大家都自称为共产主义者。恩格斯写信给马克思说,"在巴门,警察局长是个共产主义者"。我到过科隆,杜塞尔多夫,埃尔伯费尔德,——到处都可以碰到共产主义者!"有一位非常热心的共产主义者,漫画家,他的名字叫泽耳,两个月后要去巴黎。我将把你们的地址告诉他。你们大家都会喜欢他的,因为他是一个非常热情的人,爱好音乐,而且作为一个漫画家是有用的。"①

"埃尔伯费尔德这里正在出现奇迹。昨天〈此信是1845年2月22日写的〉,我们在这个城市一个上等饭店的大客厅里召开了第三次共产主义者大会。第一次大会有40人参加,第二次大会有130人参加,第三次大会至少有200人参加。整个埃尔伯费尔德和巴门,从金钱贵族到小店主都有代表参加,只有无产阶级例外。"②

恩格斯就是这样写的,一字不差。在德国,当时人人都是共产主义者,无产阶级除外。当时共产主义是大家,特别是资产阶级表达他们的反政府情绪的一种形式。"最迟钝、最无所用心、最庸

---

① 见《马克思恩格斯文集》第10卷第18、20页。——编者注
② 见《马克思恩格斯全集》中文第2版第47卷第343页。——编者注

俗、对世界上任何事情都漠不关心的人,现在差不多也开始向往共产主义来了。"①当时共产主义的主要宣传者,是类似我国民粹派、"社会革命党人"、"人民社会党人"**142**等等的人物,也就是说,实际上是一些好心的资产者,多少有点痛恨政府的人。

可是就在这种情况下,在无数的似是而非的社会主义思潮和派别当中,恩格斯终于能够为自己打通一条走向**无产阶级**社会主义的道路,不怕同许许多多好心人、激烈的革命者然而是坏的共产主义者决裂。

1846 年,恩格斯到了巴黎。当时巴黎政治生活沸腾,大家都在热烈讨论各种不同的社会主义理论。恩格斯如饥似渴地研究社会主义,与卡贝、路易·勃朗以及当时其他杰出的社会主义者结识,奔走于各报刊编辑部和各小组之间。

他的注意力主要集中在最重要的和当时传播最广的社会主义学说,即蒲鲁东主义**125**上。早**在**蒲鲁东的《贫困的哲学》一书出版**前**(该书 1846 年 10 月出版,马克思的答复——著名的《哲学的贫困》一书于 1847 年问世),恩格斯就对蒲鲁东的根本思想进行了严酷无情和异常深刻的批判,而当时德国社会主义者格律恩则竭力为之鼓吹。恩格斯的英语非常好(马克思掌握英语比恩格斯晚得多),熟悉英国书刊,这使他一下子就能够(1846 年 9 月 16 日的信)指出标榜一时的蒲鲁东的"劳动市场"在英国遭到破产的例证②。蒲鲁东**玷污了**社会主义,——恩格斯愤慨地说道,——因为照蒲鲁东的说法,工人应该**赎回**资本!

---

① 见《马克思恩格斯全集》中文第 2 版第 47 卷第 344 页。——编者注
② 见《马克思恩格斯文集》第 10 卷第 35—36 页。——编者注

　　26 岁的恩格斯干脆就在消灭"真正的社会主义"**42**——这一用语我们在他 1846 年 10 月 23 日,即《共产党宣言》出版前很久所写的一封信中就看到过,那封信已经指出格律恩是真正的社会主义的主要代表人物。"反无产阶级的、小资产阶级的和庸人的"学说,"空洞的词句",各种"全人类的"意向,"对'粗鄙的'共产主义〈Löffel-Kommunismus——直译是:"汤匙的共产主义"或"暴食的共产主义"〉的迷信般的恐惧",为人类"造福的和平计划",——这就是恩格斯对马克思以前的**各种**社会主义所作的评断。

　　恩格斯写道:"蒲鲁东主义问题争论了三个晚上,当时差不多所有的人都由格律恩领头来反对我。我所要做的主要就是证明暴力革命的必要性。"(1846 年 10 月 23 日)①最后,我发火了,迫使对方对共产主义进行了公开的攻击。我宣布,必须先表决,我们在这里是不是以共产主义者的身份来集会的。格律恩分子大为震惊,他们就辩解起来了,说他们是"为了人类的幸福"来这里集会的,想知道共产主义**究竟是什么**。我给他们下了一个最简单的定义,使他们无法回避问题的本质。恩格斯写道,我把共产主义者的宗旨规定如下:(1)实现同资产者利益相反的无产者的利益;(2)用消灭私有制而代之以财产公有的手段来实现这一点;(3)除了进行暴力的民主的革命以外,不承认有实现这些目的的其他手段(这是 1848 年革命前一年半写的)。②

　　讨论的结果是,会议以 13 票对格律恩分子的 2 票通过了恩格斯提出的定义。将近 20 个木工手工业者参加了这些会议。这样,

---

① 　参看《马克思恩格斯文集》第 10 卷第 39 页。——编者注
② 　同上,第 40 页。——编者注

67 年前,在巴黎便奠定了德国社会民主工党的基础。

　　一年后,1847 年 11 月 24 日恩格斯写信告诉马克思,说他已经拟好了《共产党宣言》的草稿,并且说他反对用原来决定的那种教义问答形式。恩格斯写道,"我开头写什么是共产主义,随即转到无产阶级——它产生的历史,它和以前的劳动者的区别,无产阶级和资产阶级之间的对立的发展,危机,结论。""最后谈到了共产主义者的党的政策……"①

　　恩格斯这封具有历史意义的信谈到这部著作的最初详细提纲,这部著作后来传遍全世界,它的一切基本上至今还是正确的,有生命力而且有现实意义,就好像是昨天写的。这封信清楚地表明,把马克思和恩格斯两个人的名字作为现代社会主义奠基人的名字并列在一起是很公正的。

载于 1920 年 11 月 28 日《真理报》
第 268 号

选自《列宁全集》中文第 2 版增订版
第 24 卷第 277—284 页

---

①　见《马克思恩格斯文集》第 10 卷第 56 页。——编者注

谈谈辩证法问题[143]

（1915 年）

统一物之分为两个部分以及对它的矛盾着的部分的认识（参看拉萨尔的《赫拉克利特》一书第 3 篇（《论认识》）开头所引的斐洛关于赫拉克利特的一段话①），是辩证法的**实质**（是辩证法的"本质"之一，是它的基本的特点或特征之一，甚至可说是它的基本的特点或特征）。黑格尔也正是这样提问题的（亚里士多德在其著作《形而上学》中经常为**此绞尽脑汁**，并跟赫拉克利特即跟赫拉克利特的思想**作斗争**②）。

辩证法内容的这一方面的正确性必须由科学史来检验。对于辩证法的这一方面，通常（例如在普列汉诺夫那里）没有予以足够的注意：对立面的同一被当做**实例**的总和 "例如种子"；"例如原始共产主义"。恩格斯也这样做过。但这是"为了通俗化"……，而不是当做**认识的规律**（以及客观世界的规律）。

在数学中，+和−，微分和积分。

---

① 见《列宁全集》中文第 2 版增订版第 55 卷第 300 页。—— 编者注
② 见列宁《亚里士多德〈形而上学〉一书摘要》（《列宁全集》中文第 2 版增订版第 55 卷第 313 页）。——编者注

在力学中,作用和反作用。

在物理学中,正电和负电。

在化学中,原子的化合和分解。

在社会科学中,阶级斗争。

对立面的同一(它们的"统一",也许这样说更正确些? 虽然同一和统一这两个术语的差别在这里并不特别重要。在一定意义上二者都是正确的),就是承认(发现)自然界的(也**包括**精神的和社会的)**一切**现象和过程具有矛盾着的、**相互排斥的**、对立的倾向。要认识在"**自己运动**"中、自生发展中和蓬勃生活中的世界一切过程,就要把这些过程当做对立面的统一来认识。发展是对立面的"斗争"。有两种基本的(或两种可能的? 或两种在历史上常见的?)发展(进化)观点:认为发展是减少和增加,是重复;**以及**认为发展是对立面的统一(统一物之分为两个互相排斥的对立面以及它们之间的相互关系)。

按第一种运动观点,**自己**运动,它的**动力**、它的泉源、它的动因都被忽视了(或者这个泉源被移到**外部**——移到上帝、主体等等那里去了);按第二种观点,主要的注意力正是放在认识"**自己**"运动的**泉源**上。

第一种观点是僵死的、平庸的、枯燥的。第二种观点是活生生的。**只有**第二种观点才提供理解一切现存事物的"自己运动"的钥匙,才提供理解"飞跃"、"渐进过程的中断"、"向对立面的转化"、旧东西的消灭和新东西的产生的钥匙。

对立面的统一(一致、同一、均势)是有条件的、暂时的、易逝的、相对的。相互排斥的对立面的斗争是绝对的,正如发展、运动是绝对的一样。

注意:顺便说一下,主观主义(怀疑论和诡辩论等等)和辩证法的区别在于:在(客观)辩证法中,相对和绝对的差别也是相对的。对于客观辩证法说来,相对中有绝对。对于主观主义和诡辩论说来,相对只是相对,因而排斥绝对。

马克思在《资本论》中首先分析资产阶级社会(商品社会)里最简单、最普通、最基本、最常见、最平凡、碰到过亿万次的**关系**:商品交换。这一分析从这个最简单的现象中(从资产阶级社会的这个"细胞"中)揭示出现代社会的**一切**矛盾(或**一切**矛盾的萌芽)。往后的叙述向我们表明这些矛盾和这个社会——在这个社会的各个部分的总和中、从这个社会的开始到终结——的发展(**既是**生长**又是**运动)。

一般辩证法的阐述(以及研究)方法也应当如此(因为资产阶级社会的辩证法在马克思看来只是辩证法的局部情况)。从最简单、最普通、最常见的等等东西开始;从**任何一个命题**开始,如树叶是绿的,伊万是人,茹奇卡是狗**[144]**等等。在这里(正如黑格尔天才地指出过的)就已经有**辩证法:个别就是一般**(参看亚里士多德《形而上学》,施韦格勒译,第 2 卷第 40 页,第 3 篇第 4 章第 8—9 节:"因为当然不能设想:在个别的房屋之外还存在着一般房屋。"——"οὐ γὰρ ἂν θείημεν εἶναί τινα οἰκίαν παρὰ τὰς τινὰς οἰκίας.")。这就是说,对立面(个别跟一般相对立)是同一的:个别一定与一般相联而存在。一般只能在个别中存在,只能通过个别而存在。任何个别(不论怎样)都是一般。任何一般都是个别的(一部分,或一方面,或本质)。任何一般只是大致地包括一切个别事物。任何个别都不能完全地包括在一般之中,如此等等。任何个别经过千万次的过渡而与另一**类**的个别(事物、现象、过程)相联系,如此等等。**这里已经**有自然界的**必然性**、客观联系等概念的因素、胚芽了。这里已经有偶然和必然、现象和本质,因为我们在说伊万是人,茹奇卡是狗,**这**是树叶等等时,就把许多特征**作为偶然的东西抛掉**,把本质和现象分开,并把二者对立起来。

可见,在**任何**一个命题中,很像在一个"单位"("细胞")中一样,都可以(而且应当)发现辩证法**一切**要素的胚芽,这就表明辩证法本来是人类的全部认识所固有的。而自然科学则向我们揭明(这又是要用**任何**极简单的实例来揭明)客观自然界也具有同样的性质,揭明个别向一般的转变,偶然向必然的转变,对立面的过渡、转化、相互联系。辩证法**也就是**(黑格尔和)马克思主义的认识论:正是问题的这一"方面"(这不是问题的一个"方面",而是问题的**实质**)普列汉诺夫没有注意到,至于其他的马克思主义者就更不用说了。

*　　　*　　　*

不论是黑格尔(见《逻辑学》),不论是自然科学中现代的"认识论者"、折中主义者、黑格尔主义的敌人(他不懂黑格尔主义!)保尔·福尔克曼(参看他的《认识论原理》第……页[145])都把认识看做一串圆圈。

> 哲学上的"圆圈":是否一定要以**人物**的年代先后为顺序呢?
> 　　　　　　　　　　　　　　　　　　　　　　不!
> 古代:从德谟克利特到柏拉图以及赫拉克利特的辩证法。
> 文艺复兴时代:笛卡儿对伽桑狄(斯宾诺莎?)。
> 近代:霍尔巴赫——黑格尔(经过贝克莱、休谟、康德)
> 　　　黑格尔——费尔巴哈——马克思。

辩证法是**活生生的**、多方面的(方面的数目永远增加着的)认识,其中包含着无数的各式各样观察现实、接近现实的成分(包含着从每个成分发展成整体的哲学体系),——这就是它比起"形而上学的"唯物主义来所具有的无比丰富的内容,而形而上学的唯物主义的根本**缺陷**就是不能把辩证法应用于反映论,应用于认识的过程和发展。

从粗陋的、简单的、形而上学的唯物主义的观点看来,哲学唯心主义**不过是**胡说。相反地,从**辩证**唯物主义的观点看来,哲学唯心主义是把认识的某一特征、某一方面、某一侧面,**片面地**、夸大地、überschwengliches(狄慈根)**146**发展(膨胀、扩大)为**脱离了**物质、**脱离了**自然的、神化了的绝对。唯心主义就是僧侣主义。这是对的。但("**更确切些**"和"**除此而外**")哲学唯心主义是**经过人的**无限复杂的(辩证的)**认识的一个成分**而通向僧侣主义的**道路**。

注意这个警句

人的认识不是直线(也就是说,不是沿着直线进行的),而是无限地近似于一串圆圈、近似于螺旋的曲线。这一曲线的任何一个片断、碎片、小段都能被变成(被片面地变成)独立的完整的直线,而这条直线能把人们(如果只见树木不见森林的话)引到泥坑里去,引到僧侣主义那里去(在那里统治阶级的阶级利益就会把它**巩固起来**)。直线性和片面性,死板和僵化,主观主义和主观盲目性就是唯心主义的认识论根源。而僧侣主义(=哲学唯心主义)当然有**认识论的**根源,它不是没有根基的,它无疑是一朵**无实花**,然而却是生长在活生生的、结果实的、真实的、强大的、全能的、客观的、绝对的人类认识这棵活树上的一朵无实花。

载于 1925 年《布尔什维克》杂志第 5—6 期合刊

选自《列宁全集》中文第 2 版增订版第 55 卷第 305—311 页

论欧洲联邦口号

(1915 年 8 月 10 日〔23 日〕)

  我们在《社会民主党人报》第 40 号上曾报道说,我们党的国外支部代表会议决定把"欧洲联邦"口号问题推迟到报刊上讨论了这个问题的**经济**方面之后再来解决。①

  我们的代表会议上就这个问题进行的争论,只涉及政治一个方面。其部分原因也许是因为中央委员会的宣言把这个口号直截了当地表述为政治口号(宣言说:"当前的**政治**口号……"),同时,宣言不但提出了共和制的欧洲联邦,而且还特地着重指出,"如果不提以革命推翻德、奥、俄三国的君主制度",这个口号便是毫无意义的和欺骗性的。②

  在对这个口号作政治评价的**范围内**反对这样提出问题,例如,认为这个口号会模糊或削弱……社会主义革命口号,那是完全错误的。真正民主的政治改革,尤其是政治革命,无论何时,无论在何种情形和何种条件下,都不会模糊或削弱社会主义革命口号。相反,它们总是在促使社会主义革命早日到来,为它扩展基础,吸

---

① 见《列宁全集》中文第 2 版增订版第 26 卷第 163 页。——编者注
② 同上,第 17—18 页。——编者注

引更多的小资产阶级和半无产阶级群众参加社会主义斗争。另一方面,政治革命在社会主义革命的过程中是必不可免的,不能把社会主义革命看做是一次行动,而要把它看做是一个充满剧烈的政治和经济动荡、最尖锐的阶级斗争、国内战争、革命和反革命的时代。

但是,如果说同以革命推翻欧洲三国最反动的君主制度(以俄国君主制度为首)联系起来提出的共和制的欧洲联邦这一口号,作为一个政治口号是无懈可击的,那么这里还有一个极其重要的问题,就是这一口号的经济内容和经济意义问题。从帝国主义的经济条件来看,即从"先进的"和"文明的"殖民大国的输出资本和瓜分世界这一点来看,欧洲联邦在资本主义制度下不是无法实现的,便是反动的。

资本已经变成国际的和垄断的资本。世界已经被少数几个大国即依靠大规模掠夺和压迫其他民族而强盛起来的国家瓜分完毕。欧洲四个大国英、法、俄、德,共有 25 000 万—30 000 万人口和将近 700 万平方公里土地,而它们所占领的殖民地却有**近 5 亿**(49 450 万)人口和 6 460 万平方公里土地,即差不多占全球面积的一半(全球面积除两极地区外,共有 13 300 万平方公里)。此外还有亚洲三个国家,即中国、土耳其、波斯,现在正遭到日、俄、英、法这四个进行"解放"战争的强盗的分割。亚洲这三个可以称之为半殖民地(其实它们现在十分之九已经是殖民地)的国家,共有人口 36 000 万,土地 1 450 万平方公里(也就是说差不多等于全欧洲面积的一倍半)。

其次,英、法、德三国在国外的投资不下 700 亿卢布。保证从这笔相当可观的款项上每年能够得到 30 亿卢布以上的"正当"收益的，是百万富翁们的全国委员会即所谓的政府。这些委员会拥有陆军和海军，把"亿万富翁"的子弟"安置"在殖民地和半殖民地充当总督、领事、大使、各种官员、牧师和其他吸血虫。

在资本主义发展到最高程度的时代，少数几个大国对地球上将近 10 亿人口的掠夺，就是这样组织的。在资本主义制度下，也只能这样组织。能够放弃殖民地，放弃"势力范围"，放弃资本输出吗？谁这样想，谁就是把自己降低到牧师的水平，这些牧师每礼拜天都向富人宣扬基督教的崇高教义，劝他们周济穷人……每年如果不能拿出几十亿卢布，至少也拿出几百卢布。

在资本主义制度下建立欧洲联邦，就等于缔结瓜分殖民地的协定。可是在资本主义制度下，除了实力以外，不可能根据别的基础、别的原则进行瓜分。一个亿万富翁只能"按资本"所占比例同别人瓜分资本主义国家的"国民收入"（而且还要多一点，要让最大的资本得到比它应得的更多）。资本主义就是生产资料的私有制和生产的无政府状态。鼓吹在这样的基础上"公平地"分配收入，便是蒲鲁东主义，便是小市民和庸人的痴想。瓜分只能"按实力"进行。而实力是随着经济发展的进程而变化的。1871 年以后，德国实力的增强要比英法快两三倍；日本要比俄国快十来倍。而要测定一个资本主义国家的真正实力，除了战争以外，没有也不可能有别的办法。战争同私有制的基础并不矛盾，而是这些基础的直接的和必然的发展。在资本主义制度下，各个经济部门和各个国家在经济上是不可能平衡发展的。在资本主义制度下，除工业中的危机和政治中的战争以外，没有别的办法可以恢复经常遭到破坏的均势。

当然，资本家之间和大国之间缔结**暂时的**协定是可能的。在这个意义上说,建立欧洲联邦,作为**欧洲**资本家之间的协定,也是可能的……协定的内容是什么呢?仅仅是共同镇压欧洲社会主义运动,共同保卫已经抢得的殖民地,**不让**它们被日本和美国夺走,因为这两个国家对于当前这种瓜分殖民地的状况感到极端委屈,而它们近半个世纪以来实力增强之快,远非落后的、君主制的、已经开始老朽的欧洲所能比拟。与美国相比,欧洲整个说来意味着经济上的停滞。在现代经济基础上,即在资本主义制度下,建立欧洲联邦就等于把反动势力组织起来去阻碍美国的更为迅速的发展。民主事业和社会主义事业仅仅同欧洲相联系的时代,已经一去不复返了。

在共产主义的彻底胜利使一切国家包括民主国家完全消失以前,世界联邦(而不是欧洲联邦)是同社会主义相联系的、各民族实行联合并共享自由的国家形式。然而,把世界联邦口号当做一个独立的口号未必是正确的,第一,因为它是和社会主义交融在一起的;第二,因为它会造成一种曲解,以为社会主义不可能在一个国家内获得胜利,并且会使人曲解这样的国家和其余国家之间的关系。

经济和政治发展的不平衡是资本主义的绝对规律。由此就应得出结论:社会主义可能首先在少数甚至在单独一个资本主义国家内获得胜利。这个国家的获得胜利的无产阶级既然剥夺了资本家并在本国组织了社会主义生产,就会奋起同其余的资本主义世界**抗衡**,把其他国家的被压迫阶级吸引到自己方面来,在这些国家中发动反对资本家的起义,必要时甚至用武力去反对各剥削阶级及其国家。无产阶级推翻资产阶级而获得胜利的社会所采取的政治形式将是民主共和国,它将日益集中该民族或各该民族的无产阶级的力量同还没有转向社会主义的国家作斗争。没有无产阶级这一被压迫阶级的专政,便不可能消灭阶级。没有各社会主义共和国对各落后国家的比较长期而顽强的斗争,便不可能有各民族在社会主义下的自由联合。

正是基于这些考虑,并根据在俄国社会民主工党国外支部代表会议上以及在会议以后对这个问题的反复讨论,中央机关报编辑部得出如下的结论:欧洲联邦口号是不正确的。

载于 1915 年 8 月 23 日《社会民主党人报》第 44 号

选自《列宁全集》中文第 2 版增订版第 26 卷第 364—368 页

帝国主义是资本主义的最高阶段

（通俗的论述）¹⁴⁷（节选）

（1916 年 1—6 月）

七　帝国主义是资本主义的特殊阶段

　　现在我们应当试作一个总结，把以上关于帝国主义的论述归纳一下。帝国主义是作为一般资本主义基本特性的发展和直接继续而生长起来的。但是，只有在资本主义发展到一定的、很高的阶段，资本主义的某些基本特性开始转化成自己的对立面，从资本主义到更高级的社会经济结构的过渡时代的特点已经全面形成和暴露出来的时候，资本主义才变成了资本帝国主义。在这一过程中，经济上的基本事实，就是资本主义的自由竞争为资本主义的垄断所代替。自由竞争是资本主义和一般商品生产的基本特性；垄断是自由竞争的直接对立面，但是我们眼看着自由竞争开始转化为垄断：自由竞争造成大生产，排挤小生产，又用更大的生产来代替大生产，使生产和资本的集中达到这样的程度，以致从中产生了并且还在产生着垄断，即卡特尔、辛迪加、托拉斯以及同它们相融合的十来家支配着几十亿资金的银行的资本。同时，从自由竞争中生长起来的垄断并不消除自由竞争，而是凌驾于这种竞争之上，与之并存,因而产生许多特别尖锐特别剧烈的矛盾、摩擦和冲突。垄断是从资本主义到更高级的制度的过渡。

如果必须给帝国主义下一个尽量简短的定义,那就应当说,帝国主义是资本主义的垄断阶段。这样的定义能包括最主要之点,因为一方面,金融资本就是和工业家垄断同盟的资本融合起来的少数垄断性的最大银行的银行资本;另一方面,瓜分世界,就是由无阻碍地向未被任何一个资本主义大国占据的地区推行的殖民政策,过渡到垄断地占有已经瓜分完了的世界领土的殖民政策。

过于简短的定义虽然方便(因为它概括了主要之点),但是要从中分别推导出应当下定义的现象的那些最重要的特点,这样的定义毕竟是不够的。因此,如果不忘记所有定义都只有有条件的、相对的意义,永远也不能包括充分发展的现象一切方面的联系,就应当给帝国主义下这样一个定义,其中要包括帝国主义的如下五个基本特征:(1)生产和资本的集中发展到这样高的程度,以致造成了在经济生活中起决定作用的垄断组织;(2)银行资本和工业资本已经融合起来,在这个"金融资本的"基础上形成了金融寡头;(3)和商品输出不同的资本输出具有特别重要的意义;(4)瓜分世界的资本家国际垄断同盟已经形成;(5)最大资本主义大国已把世界上的领土瓜分完毕。帝国主义是发展到垄断组织和金融资本的统治已经确立、资本输出具有突出意义、国际托拉斯开始瓜分世界、一些最大的资本主义国家已把世界全部领土瓜分完毕这一阶段的资本主义。

……

八 资本主义的寄生性和腐朽

现在我们还要来研究一下帝国主义的另一个非常重要的方面,大多数关于帝国主义的论述,对这个方面往往认识不足。马克思主义者希法亭的缺点之一,就是他在这一点上比非马克思主义者霍布森还后退了一步。我们说的就是帝国主义所特有的寄生性。

我们已经看到,帝国主义最深厚的经济基础就是垄断。这是资本主义的垄断,也就是说,这种垄断是从资本主义生长起来并且处在资本主义、商品生产和竞争的一般环境里,同这种一般环境始终有无法解决的矛盾。尽管如此,这种垄断还是同任何垄断一样,必然产生停滞和腐朽的趋向。在规定了(即使是暂时地)垄断价格的范围内,技术进步因而也是其他一切进步的动因,前进的动因,就在一定程度上消失了;其次**在经济上**也就有可能人为地阻碍技术进步。例如,美国有个姓欧文斯的发明了一种能引起制瓶业革命的制瓶机。德国制瓶工厂主的卡特尔收买了欧文斯的发明专利权,可是却把这个发明束之高阁,阻碍它的应用。当然,在资本主义制度下,垄断决不能完全地、长久地排除世界市场上的竞争(这也是超帝国主义论荒谬的原因之一)。用改良技术的办法可能降低生产费用和提高利润,这种可能性当然是促进着各种变化的。但是垄断所固有的停滞和腐朽的**趋势**仍旧在发生作用,而且在某些工业部门,在某些国家,在一定的时期,这种趋势还占上风。

垄断地占有特别广大、富饶或地理位置方便的殖民地,也起着同样的作用。

其次,帝国主义就是货币资本大量聚集于少数国家,其数额,如我们看到的,分别达到1 000亿—1 500亿法郎(有价证券)。于是,以"剪息票"为生,根本不参与任何企业经营、终日游手好闲的食利者阶级,确切些说,食利者阶层,就大大地增长起来。帝国主义最重要的经济基础之———资本输出,更加使食利者阶层完完全全脱离了生产,给那种靠剥削几个海外国家和殖民地的劳动为生的整个国家打上了寄生性的烙印。

霍布森写道:"在1893年,不列颠在国外的投资,约占联合王国财富总额的15%。"①我们要指出,到1915年,这种资本又增加了大约一倍半。霍布森又说:"侵略性的帝国主义,要纳税人付出很高代价,对于工商业者来说殊少价值,……然而对于寻找投资场所的资本家〈在英语里,这个概念是用"investor"一词来表示的,意即"投资者",食利者〉,却是大量利润的来源。""据统计学家吉芬计算,1899年大不列颠从全部对外贸易和殖民地贸易(输入和输出)得到的全部年收入是1 800万英镑〈约合17 000万卢布〉,这是按贸易总额8亿英镑的2.5%推算出来的。"尽管这个数目不小,它却不能说明大不列颠侵略性的帝国主义。能够说明它的是9 000万—10 000万英镑从"投资"得到的收入,也就是食利者阶层的收入。

在世界上"贸易"最发达的国家,食利者的收入竟比对外贸易的收入高**4倍**!这就是帝国主义和帝国主义寄生性的实质。

因此,"食利国"(Rentnerstaat)或高利贷国这一概念,就成了

① 霍布森的书第59、62页。

论述帝国主义的经济著作中通用的概念。世界分为极少数高利贷国和极大多数债务国。舒尔采-格弗尼茨写道:"在国外投资中占第一位的,是对政治上附属的或结盟的国家的投资:英国贷款给埃及、日本、中国和南美。在必要时,英国的海军就充当法警。英国的政治力量保护着英国,防止债务人造反。"①萨尔托里乌斯·冯·瓦尔特斯豪森在他所著的《国外投资的国民经济制度》一书中,把荷兰当做"食利国"的典型,并且说现在英国和法国也正在成为这样的国家。② 施尔德尔认为英国、法国、德国、比利时和瑞士这5个工业国家,是"明显的债权国"。他没有把荷兰算进去,只是因为荷兰"工业不大发达"③。而美国仅仅是美洲的债权人。

舒尔采-格弗尼茨写道:"英国逐渐由工业国变成债权国。虽然工业生产和工业品出口有了绝对的增加,但是,利息、股息和发行证券、担任中介、进行投机等方面的收入,在整个国民经济中的相对意义愈来愈大了。依我看来,这个事实正是帝国主义繁荣的经济基础。债权人和债务人之间的关系,要比卖主和买主之间的关系更巩固些。"④关于德国的情形,柏林的《银行》杂志出版人阿·兰斯堡1911年在他的《德国是食利国》一文中写了如下一段话:"德国人喜欢讥笑法国人显露出来的那种渴望变为食利者的倾向。但是他们忘记了,就资产阶级来说,德国的情况同法国是愈来愈相像了。"⑤

① 舒尔采-格弗尼茨《不列颠帝国主义》第320页及其他各页。
② 萨·冯·瓦尔特斯豪森《国外投资的国民经济制度》1907年柏林版第4册。
③ 施尔德尔的著作第393页。
④ 舒尔采-格弗尼茨《不列颠帝国主义》第122页。
⑤ 1911年《银行》杂志第1期第10—11页。

　　食利国是寄生腐朽的资本主义的国家,这不能不影响到这种国家的一切社会政治条件,尤其是影响到工人运动的两个主要派别。为了尽量把这一点说清楚,我们还是引用霍布森的话。他是一个最"可靠的"证人,因为谁也不会疑心他偏袒"马克思主义的正统思想";另一方面他又是英国人,很了解这个殖民地最广大、金融资本最雄厚、帝国主义经验最丰富的国家的情况。

　　霍布森在对英布战争的印象很鲜明的情况下,描述了帝国主义同"金融家"利益的联系,以及"金融家"从承包、供应等业务获得的利润增加的情形,他说:"资本家是这一明显的寄生性政策的指挥者;但是同一动机对工人中间的特殊阶层也起作用。在很多城市中,最重要的工业部门都要依靠政府的订货;冶金工业和造船工业中心的帝国主义,也在不小的程度上可以归因于这个事实。"这位作者认为,有两种情况削弱了旧帝国的力量:(1)"经济寄生性";(2)用附属国的人民编成军队。"第一种情况是经济寄生习气,这种习气使得统治国利用占领地、殖民地和附属国来达到本国统治阶级发财致富的目的,来收买本国下层阶级,使他们安分守己。"我们要补充一句:为了在经济上有可能进行这样的收买,不管收买的形式如何,都必须有垄断高额利润。

　　关于第二种情况,霍布森写道:"帝国主义盲目症的最奇怪的症候之一,就是大不列颠、法国等帝国主义国家走上这条道路时所抱的那种漫不经心的态度。在这方面走得最远的是大不列颠。我们征服印度帝国的大部分战斗都是我们用土著人编成的军队进行的;在印度和近来在埃及,庞大的常备军是由英国人担任指挥的;我们征服非洲的各次战争,除了征服南部非洲的以外,几乎都是由土著人替我们进行的。"

瓜分中国的前景,使霍布森作出了这样一种经济上的估计:"到那时,西欧大部分地区的面貌和性质,都将同现在有些国家的部分地区,如英格兰南部、里夫耶拉以及意大利和瑞士那些游人最盛、富人最多的地方一样,也会有极少数从远东取得股息和年金的富豪贵族,连同一批人数稍多的家臣和商人,为数更多的家仆以及从事运输和易腐坏产品最后加工的工人。主要的骨干工业部门就会消失,而大批的食品和半成品会作为贡品由亚非两洲源源而来。""西方国家更广泛的同盟,即欧洲大国联邦向我们展示的前途就是,这个联邦不仅不会推进全世界的文明事业,反而有造成西方寄生性的巨大危险:产生出这样一批先进的工业国家,这些国家的上层阶级从亚非两洲获得巨额的贡款,并且利用这种贡款来豢养大批驯服的家臣,他们不再从事大宗的农产品和工业品的生产,而是替个人服务,或者在新的金融贵族监督下从事次要的工业劳动。让那些漠视这种理论〈应当说:前途〉、认为这个理论不值得研究的人,去思考一下已经处于这种状态的目前英格兰南部各区的经济条件和社会条件吧。让他们想一想,一旦中国受这种金融家、'投资者'及其政治方面和工商业方面的职员的经济控制,使他们能从这个世界上所知道的最大的潜在富源汲取利润,以便在欧洲消费,这套方式将会扩展到怎样巨大的程度。当然,情况是极为复杂的,世界上各种力量的变化也难以逆料,所以不能很有把握地对未来作出某种唯一的预测。但是,现在支配着西欧帝国主义的那些势力,是在向着这个方向发展的。如果这些势力不遇到什么抵抗,不被引上另一个方面,它们就确实会朝着完成这一过程的方向努力。"①

---

① 霍布森的著作第 103、205、144、335、386 页。

作者说得完全对：如果帝国主义的力量不遇到抵抗，它就确实会走向这种结局。这里对于目前帝国主义情况下的"欧洲联邦"的意义，作了正确的估计。要补充的只有一点，就是**在工人运动内部**，目前在大多数国家暂时获得胜利的机会主义者，**也是**经常地一贯地朝着这个方向"努力"的。帝国主义意味着瓜分世界而不只是剥削中国一个国家，意味着极少数最富的国家享有垄断高额利润，所以，它们在经济上就有可能去收买无产阶级的上层，从而培植、形成和巩固机会主义。不过不要把反对帝国主义、特别是反对机会主义的那些力量忘掉，这些力量，社会自由主义者霍布森自然是看不到的。

德国机会主义者格尔哈德·希尔德布兰德过去因为替帝国主义辩护而被开除出党，现在满可以充当德国所谓"社会民主"党的领袖，他给霍布森作了一个很好的补充，鼓吹"西欧联邦"（俄国除外），以便"共同"行动……反对非洲黑人、反对"大伊斯兰教运动"，以便维持"强大的陆海军"，对付"中日联盟"①，等等。

舒尔采-格弗尼茨对"不列颠帝国主义"的描绘，向我们揭示了同样的寄生性特征。从1865年到1898年，英国的国民收入增加了大约1倍，而这一时期"来自国外"的收入却增加了**8倍**。如果说帝国主义的"功劳"是"教育黑人去劳动"（不用强制手段是不行的……），那么帝国主义的"危险"就在于，"欧洲将把体力劳动，起初把农业劳动和矿业劳动，然后把比较笨重的工业劳动，推给有色人种去干，自己则安然地当食利者，也许这样就为有色人种的经

---

① 格尔哈德·希尔德布兰德《工业统治地位和工业社会主义的动摇》1910年版第229页及以下各页。

济解放以及后来的政治解放作好了准备"。

在英国,愈来愈多的土地不再用于农业生产,而成了专供富人运动作乐的场所。人们谈到苏格兰这个最贵族化的、用做打猎和其他运动的地方时,都说"它是靠自己的过去和卡内基先生〈美国亿万富翁〉生活的"。英国每年单是花在赛马和猎狐上面的费用,就有1 400万英镑(约合13 000万卢布)。英国食利者的人数约有100万。从事生产的人口的百分比日益下降:

	英国人口	主要工业部门的工人人数	工人在人口总数中所占的百分比
	(单位百万)		
1851年……	17.9	4.1	23%
1901年……	32.5	4.9	15%

这位研究"20世纪初的不列颠帝国主义"的资产阶级学者谈到英国工人阶级的时候,不得不经常把工人"**上层**"和"**真正的无产阶级下层**"加以区别。上层中间有大批人参加合作社、工会、体育团体和许多教派。选举权是同这个阶层的地位相适应的,这种选举权在英国"还有**相当多的限制,以排除真正的无产阶级下层**"!!为了粉饰英国工人阶级的状况,人们通常只谈论在无产阶级中占**少数**的这个上层,例如,"失业问题主要是涉及伦敦和无产阶级下层,**这个下层是政治家们很少重视的……**"① 应当说资产阶级政客和"社会党人"机会主义者们很少重视。

从帝国主义国家移往国外的人数逐渐减少,从比较落后的、工资比较低的国家移入帝国主义国家的人数(流入的工人和移民)却逐渐增加,这也是与上面描述的一系列现象有关的帝国主义特

① 舒尔采-格弗尼茨《不列颠帝国主义》第301页。

点之一。据霍布森说，英国移往国外的人数从 1884 年起开始减少：1884 年有 242 000 人，而 1900 年只有 169 000 人。德国移往国外的人数，在 1881 — 1890 年的 10 年中达到了最高峰，有 1 453 000 人，但是在后来的两个 10 年里，又减少到 544 000 人和 341 000 人。同时，从奥、意、俄及其他国家移入德国的工人却增加了。根据 1907 年的人口调查，德国有 1 342 294 个外国人，其中产业工人有 440 800 人，农业工人有 257 329 人。① 法国的采矿工业工人"很大一部分"是外国人——波兰人、意大利人和西班牙人②。在美国，从东欧和南欧移入的侨民做工资最低的工作，在升为监工和做工资最高的工作的工人中，美国工人所占的百分比最大。③ 帝国主义有一种趋势，就是在工人中间也分化出一些特权阶层，并且使他们脱离广大的无产阶级群众。

必须指出：在英国，帝国主义分裂工人、加强工人中间的机会主义、造成工人运动在一段时间内腐化的这种趋势，在 19 世纪末和 20 世纪初以前很久，就已经表现出来了。因为英国从 19 世纪中叶起，就具备了帝国主义的两大特点：拥有广大的殖民地；在世界市场上占垄断地位。马克思和恩格斯在几十年中一直密切注视着工人运动中的机会主义和英国资本主义的帝国主义特点之间的这种联系。例如，恩格斯在 1858 年 10 月 7 日给马克思的信中说："英国无产阶级实际上日益资产阶级化了，因而这一所有民族中最资产阶级化的民族，看来想把事情最终弄到这样的地步，即**除了**资产阶级，它还要有资产阶级化的贵族和资产阶级化的无产阶级。

---

① 《德意志帝国统计》第 211 卷。
② 亨盖尔《法国的投资》1913 年斯图加特版。
③ 古尔维奇《移民与劳动》1913 年纽约版。

自然,对一个剥削全世界的民族来说,这在某种程度上是有道理的。"过了将近¼世纪,恩格斯又在1881年8月11日写的信里说到了"被资产阶级收买了的,或至少是领取资产阶级报酬的人所领导的最坏的英国工联"。恩格斯在1882年9月12日给考茨基的信中又说:"您问我:英国工人对殖民政策的想法如何? 这和他们对一般政策的想法一样。这里没有工人政党,只有保守派和自由主义激进派,工人十分安然地分享英国在世界市场上的垄断权和英国的殖民地垄断权。"①(恩格斯在1892年为《英国工人阶级状况》第2版所写的序言中,也叙述了同样的看法。②)

这里已经把原因和后果明白地指出来了。原因是:(1)这个国家剥削全世界;(2)它在世界市场上占有垄断地位;(3)它拥有殖民地垄断权。后果是:(1)英国一部分无产阶级已经资产阶级化了;(2)英国一部分无产阶级受那些被资产阶级收买或至少是领取资产阶级报酬的人领导。在20世纪初,帝国主义完成了极少数国家对世界的瓜分,其中每个国家现在都剥削着(指榨取超额利润)"全世界"的一部分,只是比英国在1858年剥削的地方稍小一点;每一个国家都由于托拉斯、卡特尔、金融资本以及债权人对债务人的关系等等而在世界市场上占有垄断地位;每个

---

① 《马克思和恩格斯通信集》第2卷第290页;第4卷第433页(见《马克思恩格斯文集》第10卷第165页;参看《马克思恩格斯全集》中文第1版第35卷第18页。——编者注)。卡·考茨基《社会主义与殖民政策》1907年柏林版第79页;这本小册子是考茨基在很早很早以前,当他还是马克思主义者的时候写的(书中所引的恩格斯1882年9月12日给考茨基的信,见《马克思恩格斯文集》第10卷第480—481页。——编者注)。

② 见《马克思恩格斯文集》第1卷第365—381页。——编者注

国家都在一定程度上拥有殖民地垄断权（我们已经看到，世界上
7 500 万平方公里的**全部**殖民地中，有 **6 500 万**平方公里，即 86%
集中在 6 个大国手里；有 **6 100 万**平方公里，即 81%集中在 3 个大
国手里）。

现在局势的特点在于形成了以下这些经济政治条件：帝国主
义已经从萌芽状态生长为统治的体系，资本主义垄断组织在国民
经济和政治中居于首要地位，世界已经瓜分完毕；另一方面我们看
到，作为整个 20 世纪初期特征的已经不是英国独占垄断权，而是
少数帝国主义大国为分占垄断权而斗争。这些经济政治条件，不
能不使机会主义同工人运动总的根本的利益更加不可调和。现
在，机会主义已经不能像在 19 世纪后半期的英国那样，在一个国
家的工人运动里取得完全胜利达几十年之久，但是它在许多国家
里已经成熟，已经过度成熟，已经腐烂，并且作为社会沙文主义而
同资产阶级的政策完全融合起来了。①

十　帝国主义的历史地位

我们已经看到，帝国主义就其经济实质来说，是垄断资本主
义。这就决定了帝国主义的历史地位，因为在自由竞争的基础上、
而且正是从自由竞争中生长起来的垄断，是从资本主义社会经济

---

① 波特列索夫之流、契恒凯里之流、马斯洛夫之流等等先生们所代表的
俄国社会沙文主义，无论是它的公开形式，或是它的隐蔽形式（如齐赫
泽、斯柯别列夫、阿克雪里罗得、马尔托夫等先生），都是从机会主义的
俄国变种即从取消主义生长起来的。

结构向更高级的结构的过渡。必须特别指出能够说明我们研究的这个时代的垄断的四种主要形式,或垄断资本主义的四种主要表现。

第一,垄断是从发展到很高阶段的生产集中生长起来的。这指的是资本家的垄断同盟卡特尔、辛迪加、托拉斯。我们看到,这些垄断同盟在现代经济生活中起着多么大的作用。到20世纪初,它们已经在各先进国家取得了完全的优势。如果说,最先走上卡特尔化道路的,是那些实行高额保护关税制的国家(德国和美国),那么实行自由贸易制的英国也同样表明了垄断由生产集中产生这个基本事实,不过稍微迟一点罢了。

第二,垄断导致加紧抢占最重要的原料产地,尤其是资本主义社会的基础工业部门,即卡特尔化程度最高的工业部门,如煤炭工业和钢铁工业所需要的原料产地。垄断地占有最重要的原料产地,大大加强了大资本的权力,加剧了卡特尔化的工业和没有卡特尔化的工业之间的矛盾。

第三,垄断是从银行生长起来的。银行已经由普通的中介企业变成了金融资本的垄断者。在任何一个最先进的资本主义国家中,为数不过三五家的最大银行实行工业资本同银行资本的"人事结合",集中支配着占全国资本和货币收入很大部分的几十亿几十亿资金。金融寡头给现代资产阶级社会中所有一切经济机构和政治机构罩上了一层依附关系的密网,——这就是这种垄断的最突出的表现。

第四,垄断是从殖民政策生长起来的。在殖民政策的无数"旧的"动机以外,金融资本又增加了争夺原料产地、争夺资本输出、争夺"势力范围"(即进行有利的交易、取得租让、取得垄断利润等等的范围)直到争夺一般经济领土的动机。例如,当欧洲大国在非洲的殖民地占非洲面积十分之一的时候(那还是1876年的情况),殖民政策可以用非垄断的方式,用所谓"自由占领"土地的方式发展。但是,当非洲十分之九的面积已经被占领(到1900年时)、全世界已经瓜分完毕的时候,一个垄断地占有殖民地、因而使瓜分世界和重新瓜分世界的斗争特别尖锐起来的时代就不可避免地到来了。

垄断资本主义使资本主义的一切矛盾尖锐到什么程度,这是大家都知道的。只要指出物价高涨和卡特尔的压迫就够了。这种矛盾的尖锐化,是从全世界金融资本取得最终胜利时开始的过渡历史时期的最强大的动力。

垄断,寡头统治,统治趋向代替了自由趋向,极少数最富强的国家剥削愈来愈多的弱小国家,——这一切产生了帝国主义的这样一些特点,这些特点使人必须说帝国主义是寄生的或腐朽的资本主义。帝国主义的趋势之一,即形成为"食利国"、高利贷国的趋势愈来愈显著,这种国家的资产阶级愈来愈依靠输出资本和"剪息票"为生。如果以为这一腐朽趋势排除了资本主义的迅速发展,那就错了。不,在帝国主义时代,某些工业部门,某些资产阶级阶层,某些国家,不同程度地时而表现出这种趋势,时而又表现出那种趋势。整个说来,资本主义的发展比从前要快得多,但是这种发展不仅一般地更不平衡了,而且这种不平衡还特别表现在某些资本最雄厚的国家(英国)的腐朽上面。

论述德国大银行的那本著作的作者里塞尔谈到德国经济发展的速度时说:"德国前一个时代(1848—1870年)的进步并不太慢,但是同德国现时代(1870—1905年)整个经济特别是银行业发

展的速度比起来,就好像拿旧时邮车的速度同现代汽车的速度相
比一样;现代汽车行驶之快,对于不小心的行人和坐汽车的人都是
很危险的。"这个已经异常迅速地生长起来的金融资本,正因为生
长得这样迅速,所以它不反对转向比较"安稳地"占有殖民地,而
这些殖民地是要用不单是和平的手段从更富有的国家手里夺取
的。美国近几十年来经济的发展比德国还要快,正**因为**如此,最新
的美国资本主义的寄生性特征就表现得特别鲜明。另一方面,就
拿共和派的美国资产阶级同君主派的日本或德国的资产阶级作比
较,也可以看出:在帝国主义时代,它们之间极大的政治差别大大
减弱了,这倒不是因为这种差别根本不重要,而是因为在所有这些
场合谈的都是具有明显寄生性特征的资产阶级。

许多工业部门中的某一部门、许多国家中的某一国家的资本
家获得了垄断高额利润,在经济上就有可能把工人中的某些部分,
一时甚至是工人中数量相当可观的少数收买过去,把他们拉到该
部门或该国家的资产阶级方面去反对其他一切部门或国家。帝国
主义国家因瓜分世界而加剧的对抗,更加强了这种趋向。于是形
成了帝国主义同机会主义的联系,这种联系在英国表现得最早而
且最鲜明,因为某些帝国主义发展特点的出现,在英国比在其他国
家早得多。有些作家,例如尔·马尔托夫,爱用一种"官场的乐观
主义的"(同考茨基、胡斯曼一样)论断,来回避帝国主义同工人运
动中的机会主义相联系这个现在特别引人注目的事实,说什么假
如正是先进的资本主义会加强机会主义,或者,假如正是待遇最好
的工人倾向于机会主义,那么反对资本主义的人们的事业就会没
有希望了,等等。不要看错了这种"乐观主义"的意义:这是对机
会主义的乐观主义,这是用来掩护机会主义的乐观主义。其实,机

会主义特别迅速和特别可恶的发展,决不能保证机会主义取得巩固的胜利,正像健康的身体上的恶性脓疮的迅速发展,只能加速脓疮破口而使身体恢复健康一样。在这方面最危险的是这样一些人,他们不愿意了解:反对帝国主义的斗争,如果不同反对机会主义的斗争密切联系起来,就是空话和谎言。

根据以上对帝国主义的经济实质的全部论述可以得出一个结论,即应当说帝国主义是过渡的资本主义,或者更确切些说,是垂死的资本主义。在这一方面特别耐人寻味的是,资产阶级经济学家在描述最新资本主义时也常用"交织"、"不存在孤立状态"等等这样一些说法;他们也说什么银行"就其任务和发展而言,不是带有单纯私有经济性质的企业,而是日益超出单纯私有经济调节范围的企业"。而就是讲这话的里塞尔,却又非常郑重地宣称,马克思主义者关于"社会化"的"预言""并没有实现"!

"交织"这个说法说明了什么呢?它只抓住了我们眼前发生的这个过程的最引人注目的一点。它表明观察者只看到一棵棵的树木而看不到森林。它盲目地复写表面的、偶然的、紊乱的现象。它暴露出观察者被原始材料压倒了,完全没有认识这些材料的含义和意义。股票的占有,私有者的关系,都是"偶然交织在一起的"。但是隐藏在这种交织现象底下的,构成这种交织现象的基础的,是正在变化的社会生产关系。既然大企业变得十分庞大,并且根据对大量材料的精确估计,有计划地组织原料的供应,其数量达几千万居民所必需的全部原料的$\frac{2}{3}$甚至$\frac{3}{4}$,既然运送这些原料到最便利的生产地点(有时彼此相距数百里数千里)是有步骤地进行的,既然原料的依次加工直到制成许多种成品的所有工序是由一个中心指挥的,既然这些产品分配给数千万数万万的消费者

1925—1949 年我国出版的
列宁《帝国主义是资本主义的最高阶段》一书的部分中译本

是按照一个计划进行的(在美、德两国,煤油都是由美国煤油托拉斯销售的),那就看得很清楚,摆在我们面前的就是生产的社会化,而决不是单纯的"交织";私有经济关系和私有制关系已经变成与内容不相适应的外壳了,如果人为地拖延消灭这个外壳的日子,那它就必然要腐烂,——它可能在腐烂状态中保持一个比较长的时期(在机会主义的脓疮迟迟不能治好的最坏情况下),但终究不可避免地要被消灭。

德国帝国主义的狂热崇拜者舒尔采-格弗尼茨惊叹道:

"如果领导德国银行的责任归根到底是落在十来个人身上,那么现在他们的活动对于人民福利说来,就比大多数国务大臣的活动还要重要〈在这里,把银行家、大臣、工业家和食利者"交织"的情形忘掉,是更有利的……〉…… 如果把我们所看到的那些趋势的发展情况彻底想一番,那么结果就会是:一国的货币资本汇集在银行手里;银行又互相联合为卡特尔;一国寻找投资场所的资本都化为有价证券。到那时就会实现圣西门的天才预言:'现在生产的无政府状态是同经济关系的发展缺乏统一的调节这个事实相适应的,这种状态应当被有组织的生产所代替。指挥生产的将不是那些彼此隔离、互不依赖、不知道人们经济要求的企业家;这种事情将由某种社会机构来办理。有可能从更高的角度去观察广阔的社会经济领域的中央管理委员会,将把这种社会经济调节得有利于全社会,把生产资料交给适当的人运用,尤其是将设法使生产和消费经常处于协调的状态。现在有一种机构已经把某种组织经济工作的活动包括在自己的任务以内了,这种机构就是银行。'我们现在还远远没有实现圣西门的这些预言,但是我们已经走在实现这一预言的道路上:这是和马克思本人所设想的马克思主义不同的马克思主义,不过只是形式上不同。"①

　　这真是对马克思的一个绝妙的"反驳",这样就从马克思的精确科学分析倒退到圣西门的猜测上去了,那虽然是天才的猜测,但终究只是猜测而已。

1917 年年中在彼得格勒由生活和知识出版社印成单行本;法文版和德文版序言载于 1921 年《共产国际》杂志第 18 期

选自《列宁全集》中文第 2 版增订版第 27 卷第 400 — 410、411 — 420、434 — 439 页

---

① 《社会经济概论》第 146 页。

致伊·费·阿尔曼德（节选）

（1916 年 11 月 30 日）

亲爱的朋友：关于"保卫祖国"问题，我不知道我们之间有没有意见分歧。您认为我发表在《纪念马克思》文集上的那篇文章**148**和我目前的说法有矛盾，但又**没有**具体地**摘出**任何一处文字，因此使我难以回答。我手头没有《纪念马克思》文集。当然我不能一字不差地记得我在那里是怎么写的。没有当时的和目前的文章的**具体的**引文，我无法答复您所提出的**这种**论据。

总的说来，我觉得，您的论断多少有些片面性和形式主义。您抓住《共产党宣言》上的**一句话**（工人没有祖国）①，似乎打算无条件地运用它，**直到否定民族战争**。

马克思主义的全部精神，它的整个体系，要求人们对每一个原理都要（α）历史地，（β）都要同其他原理联系起来，（γ）都要同具体的历史经验联系起来加以考察。

祖国这个概念要历史地看待。在为推翻民族压迫而斗争的时代，或者确切些说，在这样的**时期**，祖国是一回事；在民族运动早已结束的时期，祖国则是另一回事。关于祖国和保卫祖国的原理**不**

---

① 见《马克思恩格斯文集》第 2 卷第 50 页。——编者注

可能对"三种类型的国家"(我们关于自决的提纲第 6 条)①都同样适用,在一切条件下都同样适用。

《**共产党宣言**》指出,工人没有祖国。

这是对的。但是,那里**不仅仅**指出这一点。那里还指出,在民族国家形成的时期,无产阶级的作用有些不同。如果只抓住第一个原理(工人没有祖国),而**忘记了**它同第二个原理(工人组织成为民族的阶级,不过这不是资产阶级所理解的那个意思)②的**联系**,这将是天大的错误。

这种联系是什么呢? 我认为,这种联系就是,在**民主**运动中(在这样的时期,在这样的具体情况下)无产阶级不能拒绝支持这个运动(因而,也不能拒绝在民族战争中保卫祖国)。

马克思和恩格斯在《**共产党宣言**》中说:工人没有祖国。可是,同一个马克思曾经不止一次地**号召**进行**民族**战争:马克思在1848 年,恩格斯在 1859 年(恩格斯在《波河与莱茵河》这本小册子的末尾直接激发德国人的**民族**感情,直接号召德国人进行民族**战争**)。**1891** 年,鉴于法国(布朗热)+亚历山大三世反对德国的战争当时已迫在眉睫,恩格斯曾**直接**承认要"保卫祖国"。③

马克思和恩格斯是不是今天说东,明天说西,头脑不清呢? 不是的。依我看,在民族战争中承认"保卫祖国"**完全**符合马克思主义。德国**社会民主党人**在 1891 年真的**应该**在反对布朗热+亚历山大三世的战争中保卫祖国,这会是一种独特的**民族**战争。

---

① 见《列宁全集》中文第 2 版增订版第 27 卷第 262—263 页。——编者注
② 参看《马克思恩格斯文集》第 2 卷第 50 页。——编者注
③ 参看《马克思恩格斯全集》中文第 1 版第 13 卷第 297—299 页;《马克思恩格斯文集》第 4 卷第 431—436 页。——编者注

顺便提一下:我说这些,是在**重复**我在驳斥尤里的文章中说过的东西。不知您为什么对这篇文章只字不提。我觉得,关于您在这里所提出的问题,**恰恰**在该文中有一系列论点透彻地(或者几乎透彻地)说明了我对马克思主义的理解。

从苏黎世发往克拉伦(瑞士)

载于 1949 年《布尔什维克》杂志
第 1 期

选自《列宁全集》中文第 2 版增订版
第 47 卷第 445—447 页

论策略书¹⁴⁹（节选）

（1917 年 4 月 8 日和 13 日〔21 日和 26 日〕之间）

第 一 封 信

对形势的估计

马克思主义要求我们对每个历史关头的阶级对比关系和具体特点作出经得起客观检验的最确切的分析。我们布尔什维克总是努力按照这个要求去做，因为要对政策作科学的论证，这个要求是绝对必需的。

马克思和恩格斯总是说，"我们的学说不是教条，而是行动的指南"①，他们公正地讥笑了背诵和简单重复"公式"的做法，因为公式至多只能指出**一般的**任务，而这样的任务必然随着历史过程中每个特殊**阶段**的**具体的**经济和政治情况而有所改变。

现在，革命无产阶级的政党应该根据哪些确切肯定的客观**事实**来确定自己的任务和活动方式呢？

在登载于 1917 年 3 月 21 日和 22 日《真理报》第 14 号和第 15 号上的我的第一封《远方来信》（《第一次革命的第一阶段》）中，以及在我的提纲里，我指出"俄国当前形势的特点"是从革命的第

---

① 参看《马克思恩格斯文集》第 10 卷第 557 页。——编者注

一阶段向第二阶段**过渡**。因此我认为，**这一**时期的基本口号或"当前任务"就是："工人们，你们在反对沙皇制度的国内战争中，显示了无产阶级的人民的英雄主义的奇迹，现在你们应该显示出无产阶级和全体人民组织的奇迹，以便为革命第二阶段的胜利作好准备。"（《真理报》第15号）①

第一阶段的内容是什么呢？

就是国家政权转到资产阶级手中。

1917年二、三月革命以前，俄国的政权是掌握在一个旧阶级即以尼古拉·罗曼诺夫为首的农奴主-贵族-地主阶级的手里。

这次革命后，政权转到了**另一个**阶级，即**资产阶级**这个新阶级手里。

无论从革命这一概念的严格科学意义来讲，或是从实际政治意义来讲，国家政权从一个**阶级**手里转到另一个**阶级**手里，都是**革命**的首要的基本的标志。

就这一点来说，俄国资产阶级革命或资产阶级民主革命**已经完成了**。

这里，我们会听到喜欢把自己称做"老布尔什维克"的那些反对者的喧嚷声：难道我们不是向来都说只有"无产阶级和农民的革命民主专政"才能完成资产阶级民主革命吗？难道土地革命这一资产阶级民主革命已经完成了吗？难道事实不正相反，土地革命不是**还没有**开始吗？

我回答说：布尔什维克的口号和主张**总的说来**已得到历史充分的证实；但是**具体**实现的结果与任何人所能想象的**不同**，它要新

---

① 　见《列宁全集》中文第2版增订版第29卷第20页。——编者注

奇得多,特殊得多,复杂得多。

忽略或忘记这一事实,就会重蹈我党历史上不止一次起过可悲作用的"老布尔什维克"的覆辙,他们只会无谓地背诵**记得烂熟的**公式,而不去**研究**新的生动现实的特点。

"无产阶级和农民的革命民主专政"在俄国革命中**已经**实现了①,因为这个"公式"所预见到的只是**阶级的对比关系**,而不是**实现**这种对比关系、这种合作的**具体政治机构**。"工兵代表苏维埃"——这就是已由实际生活所实现的"无产阶级和农民的革命民主专政"。

这个公式已经过时了。实际生活已经把它从公式的世界导入现实的世界,使它有血有肉,使它具体化,**从而使它变了样**。

现在提到日程上的已是另一个任务,新的任务:使这个专政**内部**的无产阶级分子(反护国主义的、国际主义的、"公社派的"即主张过渡到公社的分子)同**小业主**或**小资产阶级**分子(齐赫泽、策列铁里、斯切克洛夫、社会革命党人等等革命护国派,即反对走向公社,主张"支持"资产阶级和资产阶级政府的人)实行分裂。

现在谁只谈"无产阶级和农民的革命民主专政",谁就是落在生活的后面,因而实际上**跑到**小资产阶级方面去反对无产阶级的阶级斗争,这种人应当送进革命前的"布尔什维克"古董保管库(也可以叫做"老布尔什维克"保管库)。

无产阶级和农民的革命民主专政已经实现了,但是实现得非常奇特,有许多十分重大的变异。关于这些变异,我将在以后的一封信中专门谈到。现在必须弄清一个不容置辩的真理,这就是马克思

---

① 在一定的形式和一定的程度上。

主义者必须考虑生动的实际生活,必须考虑**现实**的确切事实,而不应当抱住昨天的理论不放,因为这种理论和任何理论一样,至多只能指出基本的、一般的东西,只能**大体上**概括实际生活中的复杂情况。

"我的朋友,理论是灰色的,而生活之树是常青的。"①

谁**按旧方式**提出资产阶级革命的"完成"问题,谁就是为死教条而牺牲活的马克思主义。

按照旧方式,结论是:**继**资产阶级的统治**之后**,才可能和应当是无产阶级和农民的统治,他们的专政。

但是生动的实际生活中**已经**产生了**另外一种**情况,产生了一种非常奇特的、崭新的、从未有过的**两种统治互相交错**的情况。现在同时并存的**一方面是**资产阶级的统治(即李沃夫和古契柯夫的政府),**另一方面是**无产阶级和农民的革命民主专政,后者**自愿把**政权让给资产阶级,自愿做资产阶级的附属品。

因为不要忘记,彼得格勒的政权实际上是在工人和士兵的手里,新政府**没有**而且也无法对他们施加暴力,——无论警察、脱离人民的军队或是权势极大的**居于人民之上**的官吏,都**不存在**。这是事实。这正是反映了巴黎公社类型国家的特征的事实。这个事实是旧公式包括不了的。应当善于使公式适应实际生活,而不是重复一些已经失去意义的关于**一般**"无产阶级和农民的专政"的词句。

我们再从另一个角度来看一下这个问题,以便把问题说得更清楚。

马克思主义者不应该离开分析阶级关系的正确立场。现在执政的是资产阶级。而农民群众难道不**也是**另一阶层、另一类型、另

---

① 见约·沃·歌德《浮士德》第 1 部第 4 场《浮士德的书斋》。——编者注

一性质的资产阶级吗? 怎么能得出结论说**这一**阶层**不能**取得政权来"**完成**"资产阶级民主革命呢? 为什么这是不可能的呢?

老布尔什维克往往是这样议论的。

我的回答是:这是完全可能的。但是,马克思主义者在分析形势时,**不**应当从可能出发,而应当从现实出发。

现实告诉我们这样的**事实**:自由地选举出来的士兵和农民的代表,自由地进入了第二个政府即附属政府,自由地补充、发展和完善着这个政府。同时,他们又同样自由地把政权**让给**了资产阶级——这是一种丝毫没有"**违背**"马克思主义的理论的现象,因为我们向来知道,并曾屡次指出,资产阶级所以能够维持,**不仅**依靠暴力,而且还依靠群众的不觉悟、守旧、闭塞和无组织。

在今天这样的现实面前,不顾事实,只谈"可能性",简直是太可笑了。

农民取得全部土地和全部政权,这是可能的。我不仅没有忘记这种可能,没有把自己的眼界局限于今天,而且我在直接地确切地表述土地纲领时还估计到一种**新**现象,即贫雇农和农民业主之间发生着更深刻的分裂。

但是也有另一种可能:也许农民会听从社会革命党这种小资产阶级政党的劝告;这种小资产阶级政党受了资产者的影响,转向护国主义,劝告人们等待立宪会议,虽然这个会议直到现在连召开的日期都还没有确定!①

———————————

① 为了使我的话不被人误解,我马上要预先声明:我绝对赞成雇农和农民**苏维埃立刻**夺取**全部**土地,但是,它们**自己**要严格遵守秩序和纪律,丝毫不能毁坏机器、建筑物和牲畜,万万不能破坏经济和粮食生产,而要**加强**生产,因为士兵需要**加倍**的粮食,人民也不应当再挨饿。

可能,农民会继续**保持**他们同资产阶级的协议,保持他们目前通过工兵代表苏维埃不仅在形式上而且在实际上同资产阶级达成的协议。

有各种各样的可能。忘记土地运动和土地纲领,将是极大的错误。但是忘记**现实**,同样会是极大的错误,因为现实向我们表明了资产阶级同农民已达成**协议的事实**,或者用更确切的、少带法律含义而多带经济和阶级含义的话来说,就是资产阶级同农民已实行**阶级合作**的事实。

只有这一事实不再成为事实,只有农民离开资产阶级,夺取土地、夺取政权来反对资产阶级,只有那时,才是资产阶级民主革命的新阶段,而这一点要留待以后专门去谈了。

一个马克思主义者只想到将来可能有这样的阶段,而忘记在农民同资产阶级达成**协议**的**现在**自己所负的责任,他就会变成一个小资产者。因为他在实际上会鼓动无产阶级去**信任**小资产阶级("它,这个小资产阶级,这些农民,在资产阶级民主革命的范围内就一定会同资产阶级分开")。他只想到"可能"有一个愉快而甜蜜的未来,那时农民**不**再是资产阶级的尾巴,社会革命党人、齐赫泽、策列铁里、斯切克洛夫之流**不**再是资产阶级政府的附属品,他只想到"可能"有这样一个愉快的未来而忘记了**不愉快的现在**,忘记了农民目前还是资产阶级的尾巴,社会革命党人和社会民主党人目前还在充当资产阶级政府的附属品,充当李沃夫"陛下"的反对派**[150]**。

我们上面所假设的这种人,很像甜蜜蜜的路易·勃朗和媚人的考茨基分子,决不像一个革命的马克思主义者。

但是,我们会不会有陷入主观主义的危险,会不会有想"跳过"尚未完成的（农民运动尚未失去作用的）资产阶级民主革命而进到社会主义革命的危险呢？

如果我说"不要沙皇，而要**工人政府**"**151**，那就有这种危险。但是我说的**不是**这个，而是别的。我是说，在俄国，**除了**工人、雇农、士兵和农民代表苏维埃外，**不能**有别的政府（资产阶级政府除开不算）。我是说，目前俄国的政权**只能**从古契柯夫和李沃夫的手里转到这些苏维埃的手里，而在这些苏维埃中，占大多数的**恰巧**是农民和士兵，如果不用生活上的、习俗上的、职业上的说法，而用阶级的说法，用科学的马克思主义的用语来说，那么占大多数的恰巧是小资产阶级。

在我的提纲中，绝对保险一点也没有跳过尚未失去作用的农民运动或整个小资产阶级运动，一点也没有由工人政府"夺取政权"的**儿戏**，一点也没有布朗基主义的冒险行动，因为我直接提到了巴黎公社的经验。正像大家所知道的，也正像马克思在1871年、恩格斯在1891年所详细论述过的①，这种经验完全排斥布朗基主义，完全根据大多数人的**自觉**行动，充分保证**大多数人**实行直接的、绝对的统治和发挥群众的积极性。

我在提纲中非常明确地把问题归结为要在工人、雇农、农民和士兵代表苏维埃**内部扩大影响**。为了避免对这一点产生任何怀疑，我在提纲中**两次**着重指出，必须进行耐心的、坚持不懈的、"根据群众的实际需要"的"说明"工作。

愚昧无知的人或普列汉诺夫先生这类马克思主义的叛徒，可以叫喊什么无政府主义、布朗基主义等等。谁只要肯思索和学习，

---

① 参看《马克思恩格斯文集》第3卷第151—167、99—112页。——编者注

谁就不能不知道,布朗基主义是主张由少数人夺取政权,而工人等等代表苏维埃却**明明**是**大多数**人民的公开的直接的组织。在这样的苏维埃**内部**扩大影响,自然不会而且绝对**不会**陷入布朗基主义的泥潭。这样做,也不会陷入无政府主义的泥潭,因为无政府主义就是否认在从资产阶级统治向无产阶级统治**过渡**的时期**必须有国家和国家政权**。而我则用丝毫不会引起误会的明确态度,**坚决主张**在这个时期必须有国家,不过根据马克思的学说和巴黎公社的经验,这种国家不是通常的资产阶级议会制国家,而是**没有**常备军、**没有**同人民对立的警察、**没有**居于人民之上的官吏的国家。

普列汉诺夫先生在他的《统一报》上拼命地叫喊无政府主义,这只不过是再次证明他背离了马克思主义。我在《真理报》(第26号)上曾向普列汉诺夫挑战,要他谈一谈马克思和恩格斯在1871、1872、1875年在国家问题上是怎样教导的①,普列汉诺夫先生对于这个问题的实质只能是默不作答,只能像被激怒了的资产阶级那样咆哮一通。

前马克思主义者普列汉诺夫先生,**完全**不懂马克思主义关于国家的学说。顺便提一下,在他那本论无政府主义的德文小册子**152**里,就已经可以看出这种不懂的迹象了。

1917年4月由彼得格勒波涛出版社印成单行本

选自《列宁全集》中文第2版增订版第29卷第136—144页

---

① 参看《列宁全集》中文第2版增订版第29卷第118页。——编者注

无产阶级在我国革命中的任务

（无产阶级政党的行动纲领草案）（节选）

（1917 年 4 月 10 日〔23 日〕）

我们党应当用什么名称，在科学上才是正确的,在政治上才是有助于启发无产阶级意识的？

19. 现在谈一谈最后一个问题,就是我们党的名称问题,我们应该像马克思和恩格斯那样称自己为**共产党**。

我们应该重复说,我们是马克思主义者,我们是以《共产党宣言》为依据的。社会民主党在下面主要两点上歪曲和背叛了这个宣言:(1)工人没有祖国,因此,在帝国主义战争中"保卫祖国"就是背叛社会主义;(2)马克思主义关于国家的学说被第二国际歪曲了。

"社会民主党"这个名称**在科学上**是不正确的,马克思曾经屡次——例如在 1875 年的《哥达纲领批判》中——指出这一点,恩格斯在 1894 年又更通俗地重复谈过这一点。① 人类从资本主义

---

① 参看《马克思恩格斯文集》第 3 卷第 425—450 页,第 4 卷第 448—449 页。——编者注

只能直接过渡到社会主义,即过渡到生产资料公有和按每个人的劳动量分配产品。我们党看得更远些:社会主义必然会逐渐成长为共产主义,而在共产主义的旗帜上写的是:"各尽所能,按需分配"。

这是我的第一个论据。

第二个论据:我们党(**社会民主党人**)的名称的后半部,在科学上也是不正确的。民主是一种**国家**形式,而我们马克思主义者是反对**任何**国家的。

第二国际(1889—1914年)的领袖们,像普列汉诺夫先生、考茨基等等,把马克思主义庸俗化和歪曲了。

与无政府主义不同,马克思主义认为,为了向社会主义过渡,**国家是必需的**,但(正是在这一点上与考茨基之流不同)这种国家**并不是指**通常的资产阶级议会制民主共和国**那样的国家**,而是指1871年巴黎公社以及1905年和1917年工人代表苏维埃那样的国家。

我的第三个论据是:**现实生活**,革命,**实际上已经**在我国创立了这种新"国家",虽然它还处在幼弱的萌芽状态,可是这种国家已经不是原来意义上的国家了。

这**已经**是群众的实践问题而不只是领袖们的理论了。

原来意义上的国家是由脱离人民的武装队伍来控制群众。

我们这个**诞生中的**新国家也是国家,因为我们需要武装队伍,需要**最严格的**秩序,需要用暴力来**无情地**镇压君主派和古契柯夫-资产阶级的一切反革命尝试。

但是,我们这个**诞生中的**新国家已经**不是**原来意义上的国家,因为在俄国许多地方,这种武装队伍就是**群众自己**,就是全体人民,而不是那些居于人民之上、脱离人民、拥有特权、实际上从不撤换的人。

要向前看,不要向后看,不要看通常是资产阶级的那种民主,这种民主通过旧的**君主制的**管理机关即警察、军队和官吏来巩固资产阶级的统治。

要向前看正在诞生的新的民主,这种民主已经不成其为民主,因为民主就是人民的统治,而武装的人民是不能自己统治自己的。

民主这个词用于共产党,不仅仅在科学上不正确。这个词在目前,在1917年3月以后,已成为遮住革命人民眼睛的**眼罩,妨碍**他们自由、大胆、自动地建设新的东西——工农等等代表苏维埃,即"国家"的**唯一政权,一切**国家"消亡"的前驱。

我的第四个论据,就是应当考虑到世界社会主义运动的客观形势。

现在的形势已和1871—1914年不同,那时马克思和恩格斯曾有意识地容忍了"社会民主"这个不正确的、机会主义的用语。因为**当时**,在巴黎公社失败之后,历史把缓慢的组织教育工作提上了日程。此外别无他法。无政府主义者当时(现在还是)不仅在理论上而且在经济上和政治上都是根本错误的。无政府主义者对时局作了错误的估计,不了解当时的世界形势:英国工人被帝国主义的利润所腐蚀,巴黎公社遭到失败,德国的资产阶级民族运动刚刚(1871年)胜利,半农奴制的俄国仍然沉睡不醒。

马克思和恩格斯正确地估计了时局,了解了当时的国际形势,了解了要**慢慢**开始社会革命的任务。

我们也应该了解新时代的任务和特点。我们决不要重蹈那些可怜的马克思主义者的覆辙,马克思在谈到这些人时说过:"我播下的是龙种,而收获的却是跳蚤。"①

资本主义转变为帝国主义,在客观上就必然产生帝国主义战争。战争使全人类**濒临深渊**,使全部文化濒于毁灭,并且不知还会使多少百万人走向粗野和死亡。

除无产阶级革命外,**没有别的出路**。

当这个革命开始的时候,当这个革命怯懦地、不坚决地、不自觉地、对资产阶级过分信任地迈出最初几步的时候,大多数的(这是真情,这是事实)"社会民主党"领袖、"社会民主党"议员、"社会民主党"报纸——要知道影响群众的正是这种**工具**——**背叛了**社会主义,**出卖了**社会主义,跑到"本国"资产阶级方面去了。

群众惶惑不安,糊里糊涂,受了**这些**领袖的欺骗。

我们如果仍旧沿用这个同第二国际一样腐朽了的陈旧名称,就是鼓励这种欺骗,助长这种欺骗!

就让"许多"工人去真诚地**理解**社会民主党吧。现在是学习区别主观的东西和客观的东西的时候了。

主观上,这些工人社会民主党人是无产阶级群众最忠实的领袖。

而全世界的客观形势却是这样:我们党的旧名称**便于**人们欺骗群众,**阻碍**运动前进,因为群众在每种报纸上,在每个议会党团中处处见到那些说话最响亮、行动最引人注目的**领袖**,而这些人"也是社会民主党人",他们都"主张"同社会主义的叛徒,同社会沙文主义者"团结一致",他们都拿着"社会民主党"所开的旧期票要求兑现……

---

① 参看《马克思恩格斯全集》中文第 1 版第 3 卷第 604 页。——编者注

反对的理由是什么呢？"……会把我们同无政府共产主义者混淆起来……"

为什么我们不怕同社会民族主义者和社会自由主义者混淆起来，不怕同法兰西共和国激进社会党人[153]这个用资产阶级手段欺骗群众最高明最狡猾的资产阶级政党混淆起来呢？"……群众已经习惯了，工人已经'爱上了'**自己的**社会民主党……"

这就是唯一的理由，但正是这个理由把马克思主义科学，把明天的革命任务，把世界社会主义运动的客观形势，把第二国际的可耻破产，把包围着无产者的那帮"也是社会民主党人"的家伙对实际事业的破坏都丢开不管了。

这是墨守成规，不求进取和因循守旧的理由。

而我们是要改造世界。我们要结束这场有数万万人卷进去、有千百亿资本利益纠缠在内的世界帝国主义战争，而这场战争除了进行人类史上最伟大的无产阶级革命，是不能用真正民主的和约来结束的。

可是我们又自己怕自己。我们还舍不得脱掉那件"穿惯了的"、"可爱的"脏衬衫……

现在已经是丢掉脏衬衫、穿上整洁的衣服的时候了。

1917 年 4 月 10 日于彼得格勒

1917 年 9 月由彼得格勒波涛出版社印成单行本

选自《列宁全集》中文第 2 版增订版第 29 卷第 178 — 182 页

国家与革命

马克思主义关于国家的学说与无产阶级在
革命中的任务[154]（节选）

（1917 年 8 — 9 月）

第 二 章
国家与革命。1848 — 1851 年的经验

3. 1852 年马克思对问题的提法①

1907 年,梅林把 1852 年 3 月 5 日马克思给魏德迈的信摘要登在《新时代》杂志[155]上（第 25 年卷第 2 册第 164 页）。在这封信里有这样一段精彩的论述：

"至于讲到我,无论是发现现代社会中有阶级存在或发现各阶级间的斗争,都不是我的功劳。在我以前很久,资产阶级历史编纂学家就已经叙述过阶级斗争的历史发展,资产阶级经济学家也已经对各个阶级作过经济上的分析。我所加上的新内容就是证明了下列几点：（1）阶级的存在仅仅同生产

---

① 第 2 版增加的一节。

发展的一定历史阶段相联系;(2)阶级斗争必然导致无产阶级专政;(3)这个专政不过是达到消灭一切阶级和进入无阶级社会的过渡。……"①

在这一段话里,马克思极其鲜明地表达了两点:第一,他的学说同先进的和最渊博的资产阶级思想家的学说之间的主要的和根本的区别;第二,他的国家学说的实质。

马克思学说中的主要之点是阶级斗争。人们时常这样说,这样写。但这是不正确的。根据这个不正确的看法,往往会对马克思主义进行机会主义的歪曲,把马克思主义篡改为资产阶级可以接受的东西。因为阶级斗争学说**不是**由马克思**而是**由资产阶级**在**马克思**以前**创立的,一般说来是资产阶级**可以接受的**。谁要是**仅仅**承认阶级斗争,那他还不是马克思主义者,他还可以不超出资产阶级思想和资产阶级政治的范围。把马克思主义局限于阶级斗争学说,就是阉割马克思主义,歪曲马克思主义,把马克思主义变为资产阶级可以接受的东西。只有承认阶级斗争、**同时也**承认**无产阶级专政**的人,才是马克思主义者。马克思主义者同平庸的小资产者(以及大资产者)之间的最深刻的区别就在这里。必须用这块试金石来检验是否**真正**理解和承认马克思主义。无怪乎当欧洲的历史**在实践上**向工人阶级提出这个问题时,不仅一切机会主义者和改良主义者,而且所有"考茨基主义者"(动摇于改良主义和马克思主义之间的人),都成了**否认**无产阶级专政的可怜的庸人和小资产阶级民主派。1918 年 8 月即本书第 1 版刊行以后很久出版的考茨基的小册子《无产阶级专政》,就是**口头上**假意承认马

---

① 见《马克思恩格斯文集》第 10 卷第 106 页。——编者注

克思主义而**实际上**市侩式地歪曲马克思主义和卑鄙地背弃马克思主义的典型(见我的小册子《无产阶级革命和叛徒考茨基》1918 年彼得格勒和莫斯科版①)。

以过去的马克思主义者卡·考茨基为主要代表的现代机会主义,完全符合马克思对**资产阶级**立场所作的上述评语,因为这种机会主义把承认阶级斗争的领域局限于资产阶级关系的领域。(而在这个领域内,在这个领域的范围内,任何一个有知识的自由主义者都不会拒绝"在原则上"承认阶级斗争!)机会主义恰巧**不把**承认阶级斗争**贯彻**到最主要之点,**贯彻**到从资本主义向共产主义**过渡**的时期,**贯彻**到**推翻**资产阶级并完全**消灭**资产阶级的时期。实际上,这个时期必然是阶级斗争空前残酷、阶级斗争的形式空前尖锐的时期,因而这个时期的国家就不可避免地应当是**新型民主**的(对无产者和一般穷人是民主的)和**新型**专政的(对资产阶级是专政的)国家。

其次,只有懂得**一个**阶级的专政不仅对一般阶级社会是必要的,不仅对推翻了资产阶级的**无产阶级**是必要的,而且对介于资本主义和"无阶级社会"即共产主义之间的整整一个**历史时期**都是必要的,——只有懂得这一点的人,才算掌握了马克思国家学说的实质。资产阶级国家的形式虽然多种多样,但本质是一样的:所有这些国家,不管怎样,归根到底一定都是**资产阶级专政**。从资本主义向共产主义过渡,当然不能不产生非常丰富和多样的政治形式,但本质必然是一样的:都是**无产阶级专政**。[156]

---

① 见《列宁全集》中文第 2 版增订版第 35 卷第 229—327 页。——编者注

第 五 章
国家消亡的经济基础

马克思在他的《哥达纲领批判》(即 1875 年 5 月 5 日给白拉克的信,这封信直到 1891 年才在《新时代》杂志第 9 年卷第 1 册上发表,有俄文单行本)①中对这个问题作了最详尽的说明。在这篇出色的著作中,批判拉萨尔主义的论战部分可以说是遮盖了正面论述的部分,即遮盖了对共产主义发展和国家消亡之间的联系的分析。

1. 马克思如何提出问题

如果把马克思在 1875 年 5 月 5 日给白拉克的信同我们在前面研究过的恩格斯在 1875 年 3 月 28 日给倍倍尔的信粗略地对照一下,也许会觉得马克思比恩格斯带有浓厚得多的“国家派”色彩,也许会觉得这两位著作家对国家的看法有很大差别。

恩格斯建议倍倍尔根本抛弃关于国家的废话,把国家一词从纲领中完全去掉而用“共同体”一词来代替;恩格斯甚至宣布公社已经不是原来意义上的国家。而马克思却谈到“未来共产主义社会的国家制度”②,这就是说,似乎他认为就是在共产主义下也还

---

① 见《马克思恩格斯文集》第 3 卷第 425—450 页。——编者注
② 同上,第 445 页。——编者注

需要国家。

但这种看法是根本不对的。如果仔细研究一下就可以知道，马克思和恩格斯对国家和国家消亡问题的看法是完全一致的，上面所引的马克思的话指的正是**正在消亡**的国家制度。

很清楚，确定**未来**的"消亡"的日期，这是无从谈起的，何况它显然还是一个很长的过程。马克思和恩格斯之间仿佛存在差别，是因为他们研究的题目不同，要解决的任务不同。恩格斯的任务是要清楚地、尖锐地、概括地向倍倍尔指明，当时流行的（也是拉萨尔颇为赞同的）关于国家问题的偏见是十分荒谬的。而马克思只是在论述另一个题目即共产主义社会的**发展**时，顺便提到了**这个**问题。

马克思的全部理论，就是运用最彻底、最完整、最周密、内容最丰富的发展论去考察现代资本主义。自然，他也就要运用这个理论去考察资本主义的**即将到来的**崩溃和**未来**共产主义的**未来的**发展。

究竟根据什么**材料**可以提出未来共产主义的未来发展问题呢？

这里所根据的是，共产主义是从资本主义中**产生出来**的，它是历史地从资本主义中发展出来的，它是资本主义所**产生**的那种社会力量发生作用的结果。马克思丝毫不想制造乌托邦，不想凭空猜测无法知道的事情。马克思提出共产主义的问题，正像一个自然科学家已经知道某一新的生物变种是怎样产生以及朝着哪个方向演变才提出该生物变种的发展问题一样。

马克思首先扫除了哥达纲领在国家同社会的相互关系问题上造成的糊涂观念。

他写道:"……现代社会就是存在于一切文明国度中的资本主义社会,它或多或少地摆脱了中世纪的杂质,或多或少地由于每个国度的特殊的历史发展而改变了形态,或多或少地有了发展。'现代国家'却随国境而异。它在普鲁士德意志帝国同在瑞士不一样,在英国同在美国不一样。所以,'现代国家'是一种虚构。

但是,不同的文明国度中的不同的国家,不管它们的形式如何纷繁,却有一个共同点:它们都建立在现代资产阶级社会的基础上,只是这种社会的资本主义发展程度不同罢了。所以,它们具有某些根本的共同特征。在这个意义上可以谈'现代国家制度',而未来就不同了,到那时,'现代国家制度'现在的根基即资产阶级社会已经消亡了。

于是就产生了一个问题:在共产主义社会中国家制度会发生怎样的变化呢? 换句话说,那时有哪些同现在的国家职能相类似的社会职能保留下来呢? 这个问题只能科学地回答;否则,即使你把'人民'和'国家'这两个词联接一千次,也丝毫不会对这个问题的解决有所帮助。……"①

马克思这样讥笑了关于"人民国家"的一切空话以后,就来提出问题,并且好像是告诫说:要对这个问题作出科学的解答,只有依靠确实肯定了的科学材料。

由整个发展论和全部科学十分正确地肯定了的首要的一点,也是从前被空想主义者所忘记、现在又被害怕社会主义革命的现代机会主义者所忘记的那一点,就是在历史上必然会有一个从资

①　参看《马克思恩格斯文集》第 3 卷第 444—445 页。——编者注

本主义向共产主义**过渡**的特殊时期或特殊阶段。

2. 从资本主义到共产主义的过渡

马克思继续写道:"……在资本主义社会和共产主义社会之间,有一个从前者变为后者的革命转变时期。同个时期相适应的也有一个政治上的过渡时期,这个时期的国家只能是**无产阶级的革命专政**。……"①

这个结论是马克思根据他对无产阶级在现代资本主义社会中的作用的分析,根据关于这个社会发展情况的材料以及关于无产阶级与资产阶级对立的利益不可调和的材料所得出的。

从前,问题的提法是这样的:无产阶级为了求得自身的解放,应当推翻资产阶级,夺取政权,建立自己的革命专政。

现在,问题的提法已有些不同了:从向着共产主义发展的资本主义社会过渡到共产主义社会,非经过一个"政治上的过渡时期"不可,而这个时期的国家只能是无产阶级的革命专政。

这个专政和民主的关系又是怎样的呢?

我们看到,《共产党宣言》是干脆把"无产阶级转化成统治阶级"和"争得民主"②这两个概念并列在一起的。根据上述一切,可以更准确地断定民主在从资本主义向共产主义过渡时是怎样变化的。

在资本主义社会里,在它最顺利的发展条件下,比较完全的民

———————————

① 参看《马克思恩格斯文集》第3卷第445页。——编者注
② 同上,第2卷第52页。——编者注

主制度就是民主共和制。但是这种民主制度始终受到资本主义剥削制度狭窄框子的限制,因此它实质上始终是少数人的即只是有产阶级的、只是富人的民主制度。资本主义社会的自由始终与古希腊共和国的自由即奴隶主的自由大致相同。由于资本主义剥削制度的条件,现代的雇佣奴隶被贫困压得喘不过气,结果都"无暇过问民主","无暇过问政治",大多数居民在通常的平静的局势下都被排斥在社会政治生活之外。

德国可以说是证实这一论断的最明显的例子,因为在这个国家里,宪法规定的合法性保持得惊人地长久和稳定,几乎有半世纪之久(1871—1914 年),而在这个时期内,同其他国家的社会民主党相比,德国社会民主党又做了多得多的工作来"利用合法性",来使工人参加党的比例达到举世未有的高度。

这种在资本主义社会里能看到的有政治觉悟的积极的雇佣奴隶所占的最大的百分比究竟是多少呢? 1 500 万雇佣工人中有100 万是社会民主党党员! 1 500 万雇佣工人中有 300 万是工会会员!

极少数人享受民主,富人享受民主,——这就是资本主义社会的民主制度。如果仔细地考察一下资本主义民主的结构,那么无论在选举权的一些"微小的"(似乎是微小的)细节上(居住年限、妇女被排斥等等),或是在代表机构的办事手续上,或是在行使集会权的实际障碍上(公共建筑物不准"叫花子"使用!),或是在纯粹资本主义的办报原则上,等等,到处都可以看到对民主制度的重重限制。用来对付穷人的这些限制、例外、排斥、阻碍,看起来似乎是很微小的,特别是在那些从来没有亲身体验过贫困、从来没有接近过被压迫阶级群众的生活的人(这种人在资产阶级的政论家和政治家中,如果不占百分之九十九,也得占十分之九)看起来是很微小的,但是这些限制加在一起,就把穷人排斥和推出政治生活之外,使他们不能积极参加民主生活。

马克思正好抓住了资本主义民主的这一**实质**,他在分析公社的经验时说:这就是容许被压迫者每隔几年决定一次究竟由压迫阶级中什么人在议会里代表和镇压他们!①

但是从这种必然是狭隘的、暗中排斥穷人的、因而也是彻头彻尾虚伪骗人的资本主义民主向前发展,并不像自由派教授和小资产阶级机会主义者所想象的那样,是简单地、直线地、平稳地走向"日益彻底的民主"。不是的。向前发展,即向共产主义发展,必须经过无产阶级专政,不可能走别的道路,因为再没有其他人也没有其他道路能够**粉碎**剥削者资本家的**反抗**。

而无产阶级专政,即被压迫者先锋队组织成为统治阶级来镇压压迫者,不能仅仅只是扩大民主。**除了**把民主制度大规模地扩大,使它**第一次**成为穷人的、人民的而不是富人的民主制度**之外**,无产阶级专政还要对压迫者、剥削者、资本家采取一系列剥夺自由的措施。为了使人类从雇佣奴隶制下面解放出来,我们必须镇压这些人,必须用强力粉碎他们的反抗,——显然,凡是实行镇压和使用暴力的地方,也就没有自由,没有民主。

读者总还记得,恩格斯在给倍倍尔的信中很好地阐明了这一点,他说:"无产阶级需要国家不是为了自由,而是为了镇压自己的敌人,一到有可能谈自由的时候,国家本身就不再存在了。"②

---

① 参看《马克思恩格斯文集》第3卷第156页。——编者注
② 同上,第414页。——编者注

人民这个大多数享有民主,对人民的剥削者、压迫者实行强力镇压,即把他们排斥于民主之外,——这就是民主在从资本主义向共产主义**过渡**时改变了的形态。

只有在共产主义社会中,当资本家的反抗已经彻底粉碎,当资本家已经消失,当阶级已经不存在(即社会各个成员在同社会生产资料的关系上已经没有差别)的时候,——**只有**在那个时候,"国家才会消失,才**有可能谈自由**"。只有在那个时候,真正完全的、真正没有任何例外的民主才有可能,才会实现。也只有在那个时候,民主才开始**消亡**,道理很简单:人们既然摆脱了资本主义奴隶制,摆脱了资本主义剥削制所造成的无数残暴、野蛮、荒谬和丑恶的现象,也就会逐渐**习惯于**遵守多少世纪以来人们就知道的、千百年来在一切行为守则上反复谈到的、起码的公共生活规则,而不需要暴力,不需要强制,不需要服从,**不需要**所谓国家这种实行强制的**特殊机构**。

"国家**消亡**"这个说法选得非常恰当,因为它既表明了过程的渐进性,又表明了过程的自发性。只有习惯才能够发生而且一定会发生这样的作用,因为我们在自己的周围千百万次地看到,如果没有剥削,如果根本没有令人气愤、引起抗议和起义而使**镇压**成为必要的现象,那么人们是多么容易习惯于遵守他们所必需的公共生活规则。

总之,资本主义社会里的民主是一种残缺不全的、贫乏的和虚伪的民主,是只供富人、只供少数人享受的民主。无产阶级专政,向共产主义过渡的时期,将第一次提供人民享受的、大多数人享受的民主,同时对少数人即剥削者实行必要的镇压。只有共产主义才能提供真正完全的民主,而民主愈完全,它也就愈迅速地成为不需要的东西,愈迅速地自行消亡。

换句话说,在资本主义下存在的是原来意义上的国家,即一个阶级对另一个阶级、而且是少数人对多数人实行镇压的特殊机器。很明显,剥削者少数要能有系统地镇压被剥削者多数,就必须实行极凶狠极残酷的镇压,就必须造成大量的流血,而人类在奴隶制、农奴制和雇佣劳动制下就是这样走过来的。

其次,在从资本主义向共产主义**过渡**的时候镇压**还是**必要的,但这已经是被剥削者多数对剥削者少数的镇压。实行镇压的特殊机构,特殊机器,即"国家",**还是**必要的,但这已经是过渡性质的国家,已经不是原来意义上的国家,因为由**昨天**还是雇佣奴隶的多数人去镇压剥削者少数人,相对来说,还是一件很容易、很简单和很自然的事情,所流的血会比镇压奴隶、农奴和雇佣工人起义流的少得多,人类为此而付出的代价要小得多。而且在实行镇压的同时,还把民主扩展到绝大多数居民身上,以致对实行镇压的**特殊机器**的需要就开始消失。自然,剥削者没有极复杂的实行镇压的机器就镇压不住人民,但是**人民**镇压剥削者却只需要有很简单的"机器",即几乎可以不要"机器",不要特殊的机构,而只需要有简单的**武装群众的组织**(如工兵代表苏维埃,——我们先在这里提一下)。

最后,只有共产主义才能够完全不需要国家,因为**没有人**需要加以镇压了,——这里所谓"没有人"是指**阶级**而言,是指对某一部分居民进行有系统的斗争而言。我们不是空想主义者,我们丝毫也不否认**个别人**采取极端行动的可能性和必然性,同样也不否认有镇压**这种**行动的必要性。但是,第一,做这件事情用不着什么实行镇压的特殊机器,特殊机构,武装的人民自己会来做这项工作,而且做起来非常简单容易,就像现代社会中任何一群文明人强行拉开打架的人或制止虐待妇女一样。第二,我们知道,产生违反公共生活规则的极端行动的根本社会原因是群众受剥削和群众贫困。这个主要原因一消除,极端行动就必然开始"**消亡**"。虽然我们不知道消亡的速度和过程怎样,但是,我们知道这种行动一定会消亡。而这种行动一消亡,国家也就随之**消亡**。

关于这个未来,马克思并没有陷入空想,他只是较详细地确定了**现在**所能确定的东西,即共产主义社会低级阶段和高级阶段之间的差别。

3. 共产主义社会的第一阶段

马克思在《哥达纲领批判》中,详细地驳斥了拉萨尔关于劳动者在社会主义下将领取"不折不扣的"或"全部的劳动产品"的思想。马克思指出,从整个社会的全部社会劳动中,必须扣除后备基金、扩大生产的基金和机器"磨损"的补偿等等,然后从消费品中还要扣除用做管理费用以及用于学校、医院、养老院等等的基金。

马克思不像拉萨尔那样说些含糊不清的笼统的话("全部劳动产品归劳动者"),而是对社会主义社会必须怎样管理的问题作了冷静的估计。马克思**具体地**分析了这种没有资本主义存在的社会的生活条件,他说:

"我们这里所说的〈在分析工人党的纲领时〉是这样的共产主义社会,它不是在它自身基础上已经**发展了的**,恰好相反,是刚刚从资本主义社会中**产生出来的**,因此它在各方面,在经济、道德和精神方面都还带着它脱胎出来的那个旧社会的痕迹。"①

就是这个刚刚从资本主义脱胎出来的在各方面还带着旧社会痕迹的共产主义社会,马克思称之为共产主义社会的"第一"阶段或低级阶段。

生产资料已经不是个人的私有财产。它们已归全社会所有。社会的每个成员完成一定份额的社会必要劳动,就从社会领得一张凭证,证明他完成了多少劳动量。他根据这张凭证从消费品的社会储存中领取相应数量的产品。这样,扣除了用做社会基金的那部分劳动量,每个劳动者从社会领回的正好是他给予社会的。

似乎"平等"就实现了。

但是,当拉萨尔把这样的社会制度(通常叫做社会主义,而马克思称之为共产主义的第一阶段)说成是"公平的分配",说成是"每人有获得同等劳动产品的平等的权利"的时候,他是错误的,于是马克思对他的错误进行了分析。

马克思说:这里确实有"平等的权利",但这**仍然是**"资产阶级权利",这个"资产阶级权利"同任何权利一样,**是以不平等为前提的**。任何权利都是把**同一**标准应用在**不同的**人身上,即应用在事实上各不相同、各不同等的人身上,因而"平等的权利"就是破坏平等,就是不公平。的确,每个人付出与别人同等份额的社会劳动,就能领取同等份额的社会产品(作了上述各项扣除之后)。

然而各个人是不同等的:有的强些,有的弱些;有的结了婚,有的没有结婚,有的子女多些,有的子女少些,如此等等。

马克思总结说:"……因此,在提供的劳动相同,从而由

---

① 参看《马克思恩格斯文集》第 3 卷第 434 页。——编者注

社会消费基金中分得的份额相同的条件下,某一个人事实上所得到的比另一个人多些,也就比另一个人富些,如此等等。要避免所有这些弊病,权利就不应当是平等的,而应当是不平等的。……"①

可见,在共产主义第一阶段还不能做到公平和平等,因为富裕的程度还会不同,而不同就是不公平。但是人**剥削**人已经不可能了,因为已经不能把工厂、机器、土地等**生产资料**攫为私有了。马克思通过驳斥拉萨尔泛谈**一般**"平等"和"公平"的含糊不清的小资产阶级言论,指出了共产主义社会的**发展进程**,说明这个社会最初**只能**消灭私人占有生产资料这一"不公平"现象,却**不能**立即消灭另一不公平现象:"按劳动"(而不是按需要)分配消费品。

庸俗的经济学家,包括资产阶级教授,包括"我们的"杜冈在内,经常谴责社会主义者,说他们忘记了人与人的不平等,说他们"幻想"消灭这种不平等。我们看到,这种谴责只能证明资产阶级思想家先生们的极端无知。②

马克思不仅极其准确地估计到了人们不可避免的不平等,而且还估计到:仅仅把生产资料转归全社会公有(通常所说的"社会主义")还**不能消除**分配方面的缺点和"资产阶级权利"的不平等,只要产品"按劳动"分配,"资产阶级权利"就会**继续通行**。

马克思继续说道:"……但是这些弊病,在经过长久阵痛刚刚从资本主义社会产生出来的共产主义社会第一阶段,是不可避免的。权利决不能超出社会的经济结构以及由经济结

---

① 见《马克思恩格斯文集》第 3 卷第 435 页。——编者注
② 对杜冈的批判,还可参看列宁《自由派教授论平等》一文(《列宁全集》中文第 2 版增订版第 24 卷第 393—396 页)。——编者注

构制约的社会的文化发展。……"①

因此,在共产主义社会的第一阶段(通常称为社会主义),"资产阶级权利"没有完全取消,而只是部分地取消,只是在已经实现的经济变革的限度内取消,即只是在同生产资料的关系上取消。"资产阶级权利"承认生产资料是个人的私有财产。而社会主义则把生产资料变为公有财产。在这个范围内,也只是在这个范围内,"资产阶级权利"才不存在了。

但是它在它的另一部分却依然存在,依然是社会各个成员间分配产品和分配劳动的调节者(决定者)。"不劳动者不得食"这个社会主义原则已经实现了;"对等量劳动给予等量产品"这个社会主义原则也已经实现了。但是,这还不是共产主义,还没有消除对不同等的人的不等量(事实上是不等量的)劳动给予等量产品的"资产阶级权利"。

马克思说,这是一个"弊病",但在共产主义第一阶段是不可避免的,因为,如果不愿陷入空想主义,那就不能认为,在推翻资本主义之后,人们立即就能学会不要任何权利准则而为社会劳动,况且资本主义的废除不能立即为这种变更创造经济前提。

可是,除了"资产阶级权利"以外,没有其他准则。所以就这一点说,还需要有国家在保卫生产资料公有制的同时来保卫劳动的平等和产品分配的平等。

国家正在消亡,因为资本家已经没有了,阶级已经没有了,因而也就没有什么阶级可以镇压了。

但是,国家还没有完全消亡,因为还要保卫那个确认事实上的

---

① 见《马克思恩格斯文集》第3卷第435页。——编者注

不平等的"资产阶级权利"。要使国家完全消亡,必须有完全的共产主义。

4. 共产主义社会的高级阶段

马克思接着说:

"……在共产主义社会高级阶段,在迫使个人奴隶般地服从分工的情形已经消失,从而脑力劳动和体力劳动的对立也随之消失之后;在劳动已经不仅仅是谋生的手段,而且本身成了生活的第一需要之后;在随着个人的全面发展,生产力也增长起来,而集体财富的一切源泉都充分涌流之后,——只有在那个时候,才能完全超出资产阶级权利的狭隘眼界,社会才能在自己的旗帜上写上:'各尽所能,按需分配'!"①

只是现在我们才可以充分地认识到,恩格斯无情地讥笑那种把"自由"和"国家"这两个名词连在一起的荒谬见解,是多么正确。还有国家的时候就没有自由。到有自由的时候就不会有国家了。

国家完全消亡的经济基础就是共产主义的高度发展,那时脑力劳动和体力劳动的对立已经消失,因而现代**社会**不平等的最重要的根源之一也就消失,而这个根源光靠把生产资料转为公有财产,光靠剥夺资本家,是决不能立刻消除的。

这种剥夺会使生产力有蓬勃发展的**可能**。我们看到,资本主义目前已经在令人难以置信地阻碍这种发展,而在现代已经达到

① 参看《马克思恩格斯文集》第 3 卷第 435—436 页。——编者注

的技术水平的基础上本来是可以大有作为的,因此我们可以绝对有把握地说,剥夺资本家一定会使人类社会的生产力蓬勃发展。但是,生产力将以什么样的速度向前发展,将以什么样的速度发展到打破分工、消灭脑力劳动和体力劳动的对立、把劳动变为"生活的第一需要",这都是我们所不知道而且也**不可能**知道的。

因此,我们只能谈国家消亡的必然性,同时着重指出这个过程是长期的,指出它的长短将取决于共产主义**高级阶段**的发展速度,而把消亡的日期或消亡的具体形式问题作为悬案,因为现在还**没有**可供解决这些问题的材料。

当社会实现"各尽所能,按需分配"的原则时,也就是说,当人们已经十分习惯于遵守公共生活的基本规则,他们的劳动生产率已经极大地提高,以致他们能够自愿地**尽其所能**来劳动的时候,国家才会完全消亡。那时,就会超出"资产阶级权利的狭隘眼界",超出这种使人像夏洛克[157]那样冷酷地斤斤计较,不愿比别人多做半小时工作,不愿比别人少得一点报酬的狭隘眼界。那时,分配产品就无需社会规定每人应当领取的产品数量;每人将"按需"自由地取用。

从资产阶级的观点看来,很容易把这样的社会制度说成是"纯粹的乌托邦",并冷嘲热讽地说社会主义者许诺每个人都有权利向社会领取任何数量的巧克力糖、汽车、钢琴等等,而对每个公民的劳动不加任何监督。就是今天,大多数资产阶级"学者"也还在用这样的嘲讽来搪塞,他们这样做只是暴露他们愚昧无知和替资本主义进行自私的辩护。

说他们愚昧无知,是因为没有一个社会主义者想到过要"许诺"共产主义高级发展阶段的到来,而伟大的社会主义者在**预见**

这个阶段将会到来时所设想的前提,既不是现在的劳动生产率,也不是现在的庸人,这种庸人正如波米亚洛夫斯基作品[158]中的神学校学生一样,很会"无缘无故地"糟蹋社会财富的储存和提出不能实现的要求。

在共产主义的"高级"阶段到来以前,社会主义者要求社会和国家对劳动量和消费量实行极严格的监督,不过这种监督应当从剥夺资本家和由工人监督资本家开始,并且不是由官吏的国家而是由武装工人的国家来实行。

说资产阶级思想家(和他们的走卒,如策列铁里先生、切尔诺夫先生之流)替资本主义进行自私的辩护,正是因为他们一味争论和空谈遥远的未来,而不谈目前政治上的迫切问题:剥夺资本家,把全体公民变为一个大"辛迪加"即整个国家的工作者和职员,并使这整个辛迪加的全部工作完全服从真正民主的国家,即工兵代表苏维埃国家。

其实,当博学的教授,以及附和教授的庸人和策列铁里先生、切尔诺夫先生之流谈到荒诞的乌托邦,谈到布尔什维克的蛊惑人心的许诺,谈到"实施"社会主义不可能做到的时候,他们指的正是共产主义的高级阶段,但是无论是谁都不仅没有许诺过,而且连想也没有想到过"实施"共产主义的高级阶段,因为这根本无法"实施"。

这里我们也就接触到了社会主义和共产主义在科学上的差别问题,这个问题在上面引用的恩格斯说"社会民主党人"这个名称不正确的一段话里已经谈到。共产主义第一阶段或低级阶段同共产主义高级阶段之间的差别在政治上说将来也许很大,但现在在资本主义下来着重谈论它就很可笑了,把这个差别提到首要地位的也许只有个别无政府主义者(在克鲁泡特金之流、格拉弗、科尔纳利森和其他无政府主义"大师"们已经"像普列汉诺夫那样"变成了社会沙文主义者,或者如少数没有丧失廉耻和良心的无政府主义者之一格耶所说,变成了无政府主义卫国战士以后,如果无政府主义者当中还有人丝毫没有学到什么东西的话)。

但是社会主义同共产主义在科学上的差别是很明显的。通常所说的社会主义,马克思把它称做共产主义社会的"第一"阶段或低级阶段。既然生产资料已成为**公有**财产,那么"共产主义"这个名词在这里也是可以用的,只要不忘记这还**不是**完全的共产主义。马克思的这些解释的伟大意义,就在于他在这里也彻底地运用了唯物主义辩证法,即发展学说,把共产主义看成是**从**资本主义**中**发展出来的。马克思没有经院式地臆造和"虚构"种种定义,没有从事毫无意义的字面上的争论(什么是社会主义,什么是共产主义),而是分析了可以称为共产主义在经济上成熟程度的两个阶段的东西。

在第一阶段,共产主义在经济上还**不**可能完全成熟,完全摆脱资本主义的传统或痕迹。由此就产生一个有趣的现象,这就是在共产主义第一阶段还保留着"**资产阶级**权利的狭隘眼界"。既然在**消费品**的分配方面存在着资产阶级权利,那当然一定要有**资产阶级国家**,因为如果没有一个能够**强制**人们遵守权利准则的机构,权利也就等于零。

可见,在共产主义下,在一定的时期内,不仅会保留资产阶级权利,甚至还会保留资产阶级国家,——但没有资产阶级!

这好像是奇谈怪论,或只是一种玩弄聪明的辩证把戏,那些没有花过一点功夫去研究马克思主义的极其深刻的内容的人,就常常这样来谴责马克思主义。

其实,无论在自然界或在社会中,实际生活随时随地都使我们看到新事物中有旧的残余。马克思并不是随便把一小块"资产阶级"权利塞到共产主义中去,而是抓住了**从资本主义脱胎**出来的社会里那种在经济上和政治上不可避免的东西。

在工人阶级反对资本家以争取自身解放的斗争中,民主具有巨大的意义。但是民主决不是不可逾越的极限,它只是从封建主义到资本主义和从资本主义到共产主义的道路上的阶段之一。

民主意味着平等。很明显,如果把平等正确地理解为消灭**阶级**,那么无产阶级争取平等的斗争以及平等的口号就具有极伟大的意义。但是,民主仅仅意味着**形式上的**平等。一旦社会全体成员**在占有生产资料方面**的平等即劳动平等、工资平等实现以后,在人类面前不可避免地立即就会产生一个问题:要更进一步,从形式上的平等进到事实上的平等,即实现"各尽所能,按需分配"的原则。至于人类会经过哪些阶段,通过哪些实际措施达到这个最高目的,那我们不知道,也不可能知道。可是,必须认识到:通常的资产阶级观念,即把社会主义看成一种僵死的、凝固的、一成不变的东西的这种观念,是非常荒谬的;实际上,**只是**从社会主义实现时起,社会生活和个人生活的各个领域才会开始出现迅速的、真正的、确实是群众性的即有**大多数**居民参加然后有全体居民参加的前进运动。

民主是国家形式,是国家形态的一种。因此,它同任何国家一样,也是有组织有系统地对人们使用暴力,这是一方面。但另一方面,民主意味着在形式上承认公民一律平等,承认大家都有决定国家制度和管理国家的平等权利。而这一点又会产生如下的结果:

民主在其发展的某个阶段首先把对资本主义进行革命的阶级——无产阶级团结起来,使他们有可能去打碎、彻底摧毁、彻底铲除资产阶级的(哪怕是共和派资产阶级的)国家机器即常备军、警察和官吏,代之以武装的工人群众(然后是人民普遍参加民兵)这样一种**更**民主的机器,但这仍然是国家机器。

在这里,"量转化为质",因为**这样**高度的民主制度,是同越出资产阶级社会的框子、开始对社会进行社会主义的改造相联系的。如果真是**所有的人**都参加国家管理,那么资本主义就不能支持下去。而资本主义的发展又为真是"所有的人"**能够**参加国家管理创造了**前提**。这种前提就是:在一些最先进的资本主义国家中已经做到的人人都识字,其次是千百万工人已经在邮局、铁路、大工厂、大商业企业、银行业等等巨大的、复杂的、社会化的机构里"受了训练并养成了遵守纪律的习惯"。

在这种**经济**前提下,完全有可能在推翻了资本家和官吏之后,在一天之内立刻着手由武装的工人、普遍武装的人民代替他们去**监督**生产和分配,**计算**劳动和产品。(不要把监督和计算的问题同具有科学知识的工程师和农艺师等等的问题混为一谈,这些先生今天在资本家的支配下工作,明天在武装工人的支配下会更好地工作。)

计算和监督,——这就是把共产主义社会**第一阶段**"调整好",使它能正常地运转所必需的**主要条件**。在这里,**全体**公民都成了国家(武装工人)雇用的职员。**全体**公民都成了**一个**全民的、国家的"辛迪加"的职员和工人。全部问题在于要他们在正确遵守劳动标准的条件下同等地劳动,同等地领取报酬。对这些事情的计算和监督已被资本主义**简化**到了极点,而成为非常简单、任何一个识字的人都能胜任的手续——进行监察和登记,算算加减乘除和发发有关的字据。①

　　当**大多数**人对资本家(这时已成为职员)和保留着资本主义恶习的知识分子先生们开始独立进行和到处进行这种计算即这种监督的时候,这种监督就会成为真正包罗万象的、普遍的和全民的监督,对它就绝对无法逃避、"无处躲藏"了。

　　整个社会将成为一个管理处,成为一个劳动平等和报酬平等的工厂。

　　但是,无产阶级在战胜资本家和推翻剥削者以后在全社会推行的这种"工厂"纪律,决不是我们的理想,也决不是我们的最终目的,而只是为了彻底肃清社会上资本主义剥削制造成的卑鄙丑恶现象和**为了继续**前进所必需的一个**阶段**。

　　当社会全体成员或者哪怕是大多数成员**自己**学会了管理国家,自己掌握了这个事业,对极少数资本家、想保留资本主义恶习的先生们和深深受到资本主义腐蚀的工人们"调整好"监督的时候,对任何管理的需要就开始消失。民主愈完全,它成为多余的东西的时候就愈接近。由武装工人组成的、"已经不是原来意义上的国家"的"国家"愈民主,则**任何**国家就会愈迅速地开始消亡。

　　因为当**所有的**人都学会了管理,都来实际地独立地管理社会生产,对寄生虫、老爷、骗子等等"资本主义传统的保持者"独立地进行计算和监督的时候,逃避这种全民的计算和监督就必然会成为极难得逞的、极罕见的例外,可能还会受到极迅速极严厉的惩罚

---

① 　当国家的最主要职能简化为由工人自己来进行的这样一种计算和监督的时候,国家就不再是"政治国家","社会职能就由政治职能变为简单的管理职能"(参看上面第4章第2节恩格斯同无政府主义者的论战)。

1929—1949 年我国出版的
列宁《国家与革命》一书的部分版本

（因为武装工人是重实际的人，而不是重感情的知识分子；他们未必会让人跟自己开玩笑），以致人们对于人类一切公共生活的简单的基本规则就会很快从**必须**遵守变成**习惯于**遵守了。

到那时候，从共产主义社会的第一阶段过渡到它的高级阶段的大门就会敞开，国家也就随之完全消亡。

1918 年在彼得格勒印成单行本　　　　　选自《列宁全集》中文第 2 版增订版
第 31 卷第 31—33、79—98 页

马克思主义和起义

给俄国社会民主工党(布)中央委员会的信

(1917 年 9 月 13 — 14 日〔26 — 27 日〕)

    现时占统治地位的"社会主义"政党,散布一种机会主义的谎话,说什么准备起义以及像对待艺术那样对待起义就是"布朗基主义"。这是这些政党对马克思主义的最恶毒、也许是最流行的一种曲解。

    机会主义的首领伯恩施坦由于诬蔑马克思主义为布朗基主义,早已弄得声名狼藉,现时的机会主义者又叫喊什么布朗基主义,其实他们一点也没有翻新和"丰富"伯恩施坦的贫乏"思想"。

    马克思主义者像对待艺术那样对待起义,竟有人因此而诬蔑他们是布朗基主义!难道还有什么比这样曲解真理更令人气愤的吗?因为任何一个马克思主义者都不会否认,正是马克思把这个问题说得最肯定、最准确、最无可争辩,正是他把起义叫做**艺术**,他说,必须像对待艺术那样对待起义,必须**赢得**第一次胜利,并且趁敌人张皇失措的时候,不停地向敌人**进攻**,不断地取得胜利,如此等等。

    起义要获得胜利,就不应当依靠密谋,也不是靠一个党,而是靠先进的阶级。此其一。起义应当依靠**人民的革命高潮**。此其二。起义应当依靠革命发展进程中的**转折点**,即人民先进队伍中的积极性表现得最高,敌人队伍中以及**软弱的**、**三心二意的**、**不坚定的革命朋友队伍中的动摇**表现得最厉害的时机。此其三。在这三个条件下提出起义问题,正是**马克思主义和布朗基主义**不同的地方。

既然这些条件已经具备,那么不愿像对待**艺术**那样对待起义,就是背叛马克思主义,背叛革命。

为什么应当承认正是在目前这个时机我们党**必须**承认**起义**已经被客观事变进程提上日程,**必须**像对待艺术那样对待起义呢?要证明这一点,也许最好使用比较法,把7月3—4日的情形和9月间的情形作一对比。

在7月3—4日,可以这样提出问题,而并不违背常理:夺取政权可能更正确些,因为敌人反正会指控我们搞暴动,把我们当做暴动者来惩办。但是,决不能由此得出当时就该夺取政权的结论,因为当时还不具备起义获胜的客观条件。

(1)当时作为革命先锋队的阶级还没有跟我们走。

当时我们在两个首都的工人和士兵中间还没有获得多数。现在我们已经在两个首都的苏维埃中获得多数。这种多数**只是**经过了7月和8月的事变,经过了"惩办"布尔什维克和科尔尼洛夫叛乱才形成的。

(2)当时还没有全民的革命高潮。而现在,在科尔尼洛夫叛乱之后,已经有了这种高潮。外省的情形和许多地方苏维埃掌握政权的事实都证明了这一点。

(3)当时在我们的敌人中间以及在三心二意的小资产阶级中间,还没有发生关系政治全局的严重**动摇**。而现在却发生了很厉害的动摇。我们的主要敌人,即协约国的也是全世界的帝国主义(因为"协约国"是全世界帝国主义的首脑),**开始犹豫了**:究竟是战到最后胜利呢,还是实行单独媾和来反对俄国。我国的小资产阶级民主派在人民中显然失去多数之后,也极厉害地动摇起来,放弃了同立宪民主党人的联盟,即不再同他们联合执政了。

(4)所以说,在7月3—4日举行起义就会犯错误,因为当时我们无论在实力上或者在政治上都不能保持政权。尽管彼得格勒有时也在我们手中,我们在实力上还是不能保持政权,因为当时我们的工人和士兵还不会为占领彼得格勒**去搏斗,去献身**,他们还没有下这样的"狠心",他们**无论对**克伦斯基之流**或者对**策列铁里和切尔诺夫之流都还没有这样切齿痛恨,当时我们的人还没有经受过社会革命党人和孟什维克所参与的对布尔什维克的迫害,没有经受过这种锻炼。

在7月3—4日的时候,我们在政治上也不能保持政权,因为军队和外省**在科尔尼洛夫叛乱之前**有可能而且一定会向彼得格勒进攻。

现在的情况完全不同了。

现在**阶级**的大多数,即能够带动群众的革命先锋队、人民先锋队的大多数已经跟我们走了。

现在人民的**大多数**已经跟我们走了,因为切尔诺夫退出政府虽然远不是唯一的标志,但是是一个极为明显的标志,说明农民从社会革命党人所实行的联盟(以及从社会革命党人本身)是**得不到土地**的。而这正是革命能否具有全民性的关键所在。

现在我们的党所处的地位也对我们有利,当**整个帝国主义**以及整个孟什维克同社会革命党人的联盟都发生空前动摇的时候,我们的党却清楚地知道自己应走的道路。

现在我们已经有了**胜利的保证**,因为人民快要完全绝望了,而我们给全体人民指出了正确的出路,我们"在科尔尼洛夫事变的日子里"向全体人民显示了我们的领导作用,后来我们又向联盟派**提出**妥协的**建议**,而且在他们始终动摇不定的情况下**遭到了他们的拒绝**。

如果现在以为我们的妥协的建议**还没有**遭到拒绝,以为民主会议**还会**接受这个建议,那就大错特错了。妥协是由**一个政党向其他政党**提出来的,不然就没有可能提出来。**其他政党**已经拒绝了这个建议。民主会议只不过是一个**会议**罢了。有一点不能忘记,民主会议里并没有**大多数**革命人民的代表,并没有满腔愤恨的贫苦农民的代表。它是**少数人民**的会议,决不能忘记这一明显的真理。我们如果把民主会议当做议会看待,那就犯了极大的错误,就成了十足的议会迷。因为,**即使**民主会议宣布自己为拥有最高权力的常设的革命议会,它还是丝毫**不能解决问题**,问题只能**在民主会议外面**,只能在彼得格勒和莫斯科的工人区内解决。

现在我们具备了起义胜利的一切客观前提。我们所处的地位非常有利,因为**只有我们**起义的胜利才能消除一切使人民受折磨的动摇,才能消除世界上这种最折磨人的东西,因为**只有我们**起义的胜利才能立即给农民以土地,因为只有**我们起义的胜利**才能**粉碎**用单独媾和来反对革命的鬼把戏,才能公开提议迅速缔结更全面、更公正的和约,**有利于**革命的和约,来粉碎这种鬼把戏。

最后,只有我们党在起义中获得胜利,**才能**拯救彼得格勒。这是因为,如果我们的媾和建议竟遭到拒绝,如果我们连停战都得不到,那时**我们就会成为"护国派"**,成为**各主战政党的首领**,成为**最**

"**主战的**"政党,我们就要以真正革命的方式来进行战争。我们将夺取资本家所有的面包和**所有的**靴子。我们只留给他们一些面包皮,我们要叫他们穿草鞋,我们将把所有的面包和鞋子都送到前线去。

那时,我们一定能捍卫住彼得格勒。

进行真正的革命战争的资源,无论是物质资源或者精神资源,俄国都还非常丰富。德国人至少会跟我们停战,这有百分之九十九的把握,而在目前赢得停战,就无异是战胜了**全世界**。

*　　　　*　　　　*

既然我们意识到绝对必须由彼得格勒和莫斯科工人举行起义来挽救革命,使俄国免遭两个联盟的帝国主义者"单独"瓜分,那么,我们首先应该使我们自己在民主会议上的政治策略适应于日益成熟的起义条件;其次,我们应该证明,我们不是只在口头上接受了马克思的必须像对待艺术那样对待起义的思想。

我们应该立刻在民主会议中巩固布尔什维克党团,不要追求数量,不要怕把动摇分子留在动摇分子的营垒中,他们留在**那里**要比混在坚决忠诚的战士的营垒里对革命事业更有利。

我们应该写一篇布尔什维克的简短的宣言,用最有力的词句着重指出:现在冗长的演说不合时宜,任何"演说"也不合时宜;必须立即行动起来挽救革命;绝对必须同资产阶级一刀两断,撤换现政府的全部阁员,同准备"单独"瓜分俄国的英法帝国主义者完全决裂;必须使全部政权立即转归**革命无产阶级所领导的革命民主派**。

我们的宣言应当以极其简短有力的措词表述**上述**结论,并且同如下纲领性的要求结合起来:给各国人民以和平,给农民以土地,没收骇人听闻的利润,制裁资本家骇人听闻的破坏生产的行为。

这个宣言愈简短愈好,愈有力愈好。在宣言中还必须明确指出极其重要的两点:人民已经吃尽了动摇的苦头,受尽了社会革命党人和孟什维克的犹豫不决的折磨;我们必须同这**两个政党**彻底决裂,因为它们背叛了革命。

另一点是:我们要立刻提议缔结没有兼并的和约,立刻同协约国帝国主义者以及其他一切帝国主义者断绝关系,这样做我们马上就可以赢得停战,或者使整个革命的无产阶级转到保卫国家方面来,使革命民主派在革命无产阶级领导下进行真正正义的、真正革命的战争。

我们宣读了这篇宣言,号召**解决**问题而不是说空话,号召**行动起来**而不是写决议案,我们就应当把整个党团**都派到工厂和兵营里去**,那里才是我们党团工作的地方,那里才是我们的生命线,那里才是挽救革命的力量的源泉,那里才是民主会议的原动力。

在那里,我们应该作慷慨激昂、充满热情的演讲来说明我们的纲领,并且这样提出问题:要么是民主会议**全盘**接受这个纲领,要么是举行起义。中间道路是没有的。等待是不行的。革命危在旦夕。

我们这样提出问题,并且把我们的整个党团都集中到工厂和兵营里去,那么**我们就能正确估计开始起义的时机**。

既然要像马克思主义者那样对待起义,也就是像对待艺术那样对待起义,那么我们就一分钟也不能浪费,应当立即组织起义队伍的**司令部**,配置力量,把可靠的部队调到最重要的据点去,包围亚历山大剧院,占领彼得罗巴甫洛夫卡[159],逮捕总参谋部和政府成员,派遣那些宁可战死也不让敌人向城市各中心地点推进的队伍去抵御士官生和野蛮师;我们应当动员武装的工人,号召他们进行最后的殊死的战斗,一开始就占领电报局和电话局,把**我们的**起义司令部设在中央电话局附近,使它能同所有的工厂、团队、武装斗争地点通话,如此等等。

当然,这都是大概而言的,无非是为了**说明**在目前这个时机要继续忠于马克思主义,忠于革命,**就必须像对待艺术那样对待起义**。

尼·列宁

载于 1921 年《无产阶级革命》杂志第 2 期

选自《列宁全集》中文第 2 版增订版第 32 卷第 235—241 页

预　　言

（1918 年 6 月 29 日）

谢天谢地,现在大家都不相信神奇的事情了。神奇的预言是童话。科学的预言却是事实。如今在我们周围时常可以看到一种可耻的灰心丧气甚至绝望的情绪,在这种时候提一提下面一段已经得到证实的科学预言是有好处的。

1887 年,弗里德里希·恩格斯在为西吉斯蒙德·波克罕所著《纪念 1806 — 1807 年德意志极端爱国主义者》(«Zur Erinnerung für die deutschen Mordspatrioten 1806 — 1807») 一书(这本书就是 1888 年在霍廷根—苏黎世出版的《社会民主主义丛书》第 24 册)写的引言中,曾论及未来的世界战争。

请看弗里德里希·恩格斯在 30 多年前是怎样谈论未来的世界战争的:

"……对于普鲁士德意志来说,现在除了世界战争以外已经不可能有任何别的战争了。这会是一场具有空前规模和空前剧烈的世界战争。那时会有 800 万到 1 000 万的士兵彼此残杀,同时把整个欧洲都吃得干干净净,比任何时候的蝗虫群还要吃得厉害。三十年战争所造成的大破坏会集中在三四年里重演并殃及整个大陆;到处是饥荒、瘟疫,军队和人民群众因极端困苦而普遍野蛮化;

我们在商业、工业和信用方面的人为的运营机构会陷于无法收拾的混乱状态,其结局是普遍的破产;旧的国家及其传统的治国才略一齐被摧毁,以致王冠成打地滚落在街上而无人拾取;绝对无法预料,这一切将怎样了结,谁会成为这场斗争的胜利者;只有一个结果是绝对没有疑问的,那就是普遍的衰竭和为工人阶级的最后胜利创造条件。

如果军备的互相竞赛制度发展到极端而终于产生它的不可避免的结果,前景就是这样。国王和达官显贵老爷们,这就是你们的才略把旧欧洲所弄到的地步。如果你们再也没有别的办法,只能开始跳最后的大战舞,那我们只能听其自然(uns kann es recht sein)。战争可能会把我们暂时抛到次要地位,可能会夺走一些我们已经占领的阵地。但是,如果你们放纵你们以后将无法对付的力量,那么不管那时情况如何,在悲剧结束时你们也就垮台了,而无产阶级的胜利要么已经取得,要么已经(doch)不可避免。

弗里德里希·恩格斯

1887 年 12 月 15 日于伦敦"①

多么天才的预言!在这个明确的、简要的、科学的阶级分析中,每一句话的含义是多么丰富!那些现在陷于可耻的信念动摇、灰心丧气和绝望状态的人,如果……如果那些惯于对资产阶级奴颜婢膝或让资产阶级吓倒的人还能思考,还有一点思考能力,那么,他们应该从这里吸取多少教益啊!

恩格斯所预料的事情有些发生得不像他所预料的那样,因为,

---

① 见《马克思恩格斯文集》第 4 卷第 331—332 页。——编者注

在帝国主义飞速发展的三十年间,世界和资本主义当然不能不发生变化。然而最令人惊奇的是,后来很多事情竟同恩格斯所预料的"一字不差"。其所以如此,是因为恩格斯作了极其确切的阶级分析,而阶级以及阶级间的相互关系仍然同以前一样。

"……战争可能会把我们暂时抛到次要地位……" 实际情形正是这样发展的,并且比这更甚,更坏。有一部分"被抛到次要地位的"社会沙文主义者及其毫无气节的"半反对者"即考茨基主义者,竟赞美他们自己的这种倒退,成了直接背叛和出卖社会主义的人。

"……战争可能会夺走一些我们已经占领的阵地……" 工人阶级的许多"合法"阵地都被夺去了。但是它在种种考验中受到了锻炼,获得了残酷的然而有益的教训,即建立不合法组织,进行不合法斗争,准备本身的力量去作革命冲击。

"……王冠成打地滚落……" 有几顶王冠已经滚落下来了,其中有一顶王冠抵得上整整一打别的王冠,那就是全俄专制君主尼古拉·罗曼诺夫的王冠。

"……绝对无法预料,这一切将怎样了结……" 在四年战争以后,这种绝对无法预料可以说是更加绝对了。

"……我们在商业、工业和信用方面的人为的运营机构会陷于无法收拾的混乱状态……" 在战争第四年末的时候,这种情形已经在被资本家拖入战争的最大、最落后的国家之一——俄国完全表现出来了。而德奥两国饥荒的日益严重,衣服和原料的缺乏,生产资料的损耗,难道不证明这种情形也正迅速地临到其他国家头上吗?

恩格斯描写的仅仅是"外部"战争所引起的后果;他没有说到

内部战争即内战,但是历史上还没有一次不经过内战的大革命,也没有一个严肃的马克思主义者会认为从资本主义向社会主义的过渡可以不经过内战。如果说,外部战争还可以持续一个相当时期而不至于使资本主义的"人为的运营机构"陷于"无法收拾的混乱状态",那么内战要不引起这种后果就显然是完全不可思议的了。

那些继续自称为"社会主义者"的人,如我们的新生活派、孟什维克、右派社会革命党人等等一类的人,恶意地指出这种"无法收拾的混乱状态"的表现,把一切都归罪于革命的无产阶级、苏维埃政权和向社会主义过渡的"空想"。这些人显得多么愚蠢,多么没有气节,也许可以说他们是为了私利而为资产阶级效劳。"混乱状态"——用一个绝妙的俄语说法就是经济破坏——是由战争引起的。惨重的战争不引起经济破坏是不可能的。作为社会主义革命的必要条件和必然伴随现象的内战,不引起经济破坏是不可能的。"因为"经济破坏而离开革命,离开社会主义,那不过是表示自己没有原则和实际上转到资产阶级方面去罢了。

"……到处是饥荒、瘟疫,军队和人民群众因极端困苦而普遍野蛮化……"

恩格斯作的这个不容争辩的结论是多么简单而清楚,这对任何一个多少能够考虑一下多年惨重而残酷的战争带来的客观后果的人,都是很明白的。而那许许多多不愿意或不善于思索这个极简单的论断的"社会民主党人"和可怜的"社会主义者",显得多么惊人的愚蠢。

能够想象军队和人民群众经过多年战争而不**野蛮化**吗?当然不能。多年战争产生的这种后果,在若干年内,甚至在整整一代都是完全不可避免的。我们的那些"套中人",那些资产阶级知识分子中自称为"社会民主党人"和"社会主义者"的意志薄弱的庸人，都附和资产阶级，把野蛮化现象或为制止特别严重的野蛮化现象而不得不采取的严厉手段归罪于革命，其实非常清楚，这种野蛮化完全是由帝国主义战争造成的，任何一个革命，不进行长期斗争，不采取许多严厉的高压手段，便不能摆脱战争的**这些**后果。

《新生活报》、《前进报》或《人民事业报》的我们那些讲漂亮话的笔杆子，不反对"在理论上"承认无产阶级和其他被压迫阶级的革命，只是这个革命是要从天上掉下来的，而不是经过四年各国间的帝国主义大厮杀在鲜血横流的土地上诞生和成长起来的，不是在被这次大厮杀弄得备受折磨、痛苦不堪和野蛮化的千百万人中诞生和成长起来的。

他们听说过并且"在理论上"也承认应该把革命比做分娩，但是一遇到实际，他们就可耻地畏缩起来，这些卑鄙的家伙不再啜泣，而是重新弹起了资产阶级恶意攻击无产阶级起义的老调。就拿那些描写分娩情形的作品来看吧，拿那些想把分娩的一切艰难、痛苦和可怕的情景真实描绘出来的作品，如埃米尔·左拉的《人生乐趣》(«La joie de vivre»)或韦列萨耶夫的《医生笔记》来看吧。人的诞生使妇女备受折磨，痛苦不堪，疼痛昏迷，血流如注，半死不活。但是，如果哪个"个人"认为爱情、爱情的结果和妇女做母亲的意义**不过**如此，有谁会承认这样的"个人"是人呢？有谁会由于**这一点**而发誓拒绝爱情和生育呢？

分娩有顺产，也有难产。科学社会主义的创始人马克思和恩格斯常常谈到从资本主义向社会主义的过渡必然会有的**长久阵痛**。恩格斯分析世界战争的种种后果时，简单而清楚地描写了一个不容争辩的明显事实：紧跟着战争而产生的、同战争相连的革命

（尤其是——我们还要补充一句——在战争时期爆发并且不得不在周围进行着世界战争的时期发展和坚持下去的革命）是**特别困难**的一种分娩。

恩格斯清楚地认识到这个事实，特别慎重地说到在世界战争中灭亡的资本主义社会产生社会主义的问题。他说："只有一个结果〈世界战争的〉是绝对没有疑问的，那就是普遍的衰竭和为工人阶级的最终胜利**创造**条件。"

这种思想在我们所分析的这篇引言的末尾说得更加清楚：

"……在悲剧结束时你们〈资本家和地主，国王和资产阶级达官显贵老爷们〉也就垮台了，而无产阶级的胜利要么已经取得，要么已经不可避免。"

难产使致命病症和致命结局的危险成倍增加。但是，个别的人会死于难产，从旧制度中诞生出来的新社会却不会死亡，只不过是诞生得更加痛苦，时间拖得更长，生长和发展得更慢罢了。

战争的结局还没有到来，而普遍的衰竭却已到来了。至于恩格斯预言中所假定的战争的两种**直接**结果（或者是工人阶级已经争得胜利，或者是**克服一切困难**造成胜利不可避免的条件），这**两种**条件，在目前1918年年中都已具备了。

在一个最不发达的资本主义国家，工人阶级**已经争得了**胜利。在其余的国家，由于闻所未闻的痛苦空前加剧，使这种胜利成为"终于不可避免"的条件正在形成。

让那些"社会主义的"意志薄弱的庸人去说丧气话吧，让资产阶级去痛心疾首和暴跳如雷吧。只有闭着眼睛不看和堵上耳朵不听的人，才觉察不到在全世界范围内孕育着社会主义的资本主义旧社会已经开始分娩的阵痛。被事变进程暂时推到了社会主义革命前列的我国,现在正经受着开始分娩的特别厉害的痛苦。我们有一切根据来极其坚定地和充满信心地展望未来,这个未来正在为我们准备新的同盟者,准备社会主义革命在许多更先进的国家里的新的胜利。我们可以自豪并且深以为幸的,就是我们最先在地球的一角打倒了资本主义这只野兽,它使地球沾满了血污,它把人类引到了饥荒和野蛮化的地步,现在不论它怎样凶狠残暴地作垂死的挣扎,它都必然会很快地遭到灭亡。

1918 年 6 月 29 日

载于 1918 年 7 月 2 日《真理报》
第 133 号

选自《列宁全集》中文第 2 版增订版
第 34 卷第 441—447 页

在马克思恩格斯纪念碑
揭幕典礼上的讲话

（1918 年 11 月 7 日）

今天，我们为世界工人革命的领袖马克思恩格斯的纪念碑举行揭幕典礼。

多少世纪以来，人类都是在一小撮蹂躏千百万劳动人民的剥削者的压迫下受苦受难。旧时代的剥削者地主压榨和掠夺的是分散、愚昧的农奴，而新时代的剥削者资本家所碰到的是被压迫群众的先进部队，即城市工人，工厂工人，产业工人。工厂把工人联合起来了，城市生活启发开导了他们，共同的罢工斗争和革命行动锻炼了他们。

马克思和恩格斯的具有世界历史意义的伟大功绩，在于他们用科学的分析证明了，资本主义必然崩溃，资本主义必然过渡到不再有人剥削人现象的共产主义。

马克思和恩格斯的具有世界历史意义的伟大功绩，在于他们向各国无产者指出了无产者的作用、任务和使命就是率先起来同资本进行革命斗争，并在这场斗争中把**一切**被剥削的劳动者团结在自己的周围。

我们处在一个幸福的时代，处在两位伟大社会主义者的这个预见开始实现的时代。我们大家都看到,在许多国家里已经显露出国际无产阶级社会主义革命的曙光。各民族间的帝国主义大厮杀所造成的不堪言状的惨祸,无论在哪里都激起被压迫群众英勇精神的高涨,大大加强他们争取解放的斗争力量。

愿一个个马克思恩格斯纪念碑都来提醒千百万工人和农民:我们在斗争中不是孤立的。更先进的国家的工人正挺身奋起同我们并肩奋斗。在我们和他们的面前还有艰苦的战斗。通过共同的斗争,我们一定会粉碎资本的压迫,最终赢得社会主义!

载于 1924 年 4 月 3 日《真理报》第 76 号

选自《列宁全集》中文第 2 版增订版第 35 卷第 164—165 页

第三国际及其在历史上的地位

(1919 年 4 月 15 日)

"协约国"帝国主义者封锁俄国,把苏维埃共和国看做传染病的发源地,竭力使它与资本主义世界隔绝。这些夸耀本国制度的"民主精神"的人,由于仇恨苏维埃共和国而失去了理智,竟没有察觉到怎样把自己变成了可笑的人物。不妨想一想,这些先进的、最文明的和"民主的"国家,武装到了牙齿,在军事方面称霸全球,却像害怕火那样,害怕从一个受到严重破坏的、饥饿的、落后的、据他们说甚至是半野蛮的国家散播出来的**思想传染病**!

单是这个矛盾就擦亮了各国劳动群众的眼睛,帮助我们揭露了克列孟梭、劳合-乔治、威尔逊等帝国主义者及其政府的虚伪。

但是,不仅是资本家因仇恨苏维埃而失去理智,而且他们之间互相争吵,互相掣肘对我们都有帮助。他们彼此商定了一种用沉默进行抵制的大阴谋,他们极端害怕传播关于苏维埃共和国的一切真实消息,特别是害怕传播它的正式文件。但是,法国资产阶级的主要报纸《时报》**160**却刊载了在莫斯科建立第三国际即共产国际的消息。

为了这点,我们应向法国资产阶级的主要报纸,向法国沙文主义和帝国主义的这位领袖表示极崇高的谢意。我们很想给《时报》写一封公函,感谢它这样成功、这样巧妙地帮助了我们。

从《时报》如何根据我们的无线电讯来编成自己的消息,可以十分清楚地看出这家富人的报纸的动机。它本想挖苦威尔逊,刺他一下:看,您是在同什么样的人谈判! 这些遵照富人的意旨来舞文弄墨的聪明人没有觉察到:他们拿布尔什维克来恐吓威尔逊,在劳动群众看来,就是替布尔什维克作广告宣传。再说一遍,我们应向法国百万富翁们的报纸表示极崇高的谢意!

第三国际是在这样一种国际环境中成立起来的:不管"协约国"帝国主义者或德国的谢德曼之流、奥地利的伦纳之流这类资本主义的奴才颁布何种禁令,玩弄何种卑鄙手腕,都不能阻碍全世界工人阶级听到关于这个国际的消息并同情这个国际。这种环境是由各地迅速发展的无产阶级革命造成的。这种环境是由劳动群众中间的**苏维埃**运动造成的,苏维埃运动已发展成为真正的**国际**运动了。

第一国际(1864—1872 年)奠定了工人国际组织的基础,使工人做好向资本进行革命进攻的准备。第二国际(1889 — 1914 年)是无产阶级运动的国际组织,这个运动当时是向**横的**方面发展,因此,革命的水平不免暂时降低,机会主义不免暂时加强,而终于使第二国际遭到可耻的破产。

第三国际实际上是在 1918 年创立的,那时,由于多年来特别是战争期间同机会主义和社会沙文主义作了斗争,许多国家都已成立了共产党。第三国际是 1919 年 3 月在莫斯科举行的第一次代表大会上正式成立的。这个国际最突出的特点、它的使命就是执行和实现马克思主义的训诫,实现社会主义和工人运动历来的理想;这个特点一下子就显示出来了,因为新的国际即第三个"国际工人协会"**现时就开始**在一定程度上**与苏维埃社会主义共和国联盟相吻合了。**

第一国际为国际无产阶级争取社会主义的斗争奠定了基础。

第二国际是为这个运动在许多国家广泛的大规模的开展准备基础的时代。

第三国际接受了第二国际的工作成果,清除了它的机会主义的、社会沙文主义的、资产阶级和小资产阶级的脏东西,并**已开始实现**无产阶级专政。

领导世界上最革命的运动即无产阶级推翻资本压迫的运动的政党的国际联盟,现在有了空前巩固的基地:有了几个**苏维埃共和国**,它们在国际范围内体现着无产阶级专政,无产阶级对资本主义的胜利。

第三国际即共产国际的世界历史意义在于,它已开始实现马克思的一个最伟大的口号,这个口号总结了社会主义和工人运动历来的发展,表现这个口号的概念就是无产阶级专政。

这个天才的预见,这个天才的理论正在变为现实。

无产阶级专政这个拉丁词现在不仅译成了现代欧洲各民族的语言,而且译成了世界上所有的语言。

世界历史的新时代开始了。

人类已在摆脱最后一种奴隶制:资本主义奴隶制即雇佣奴隶制。

人类正在摆脱奴隶制,第一次走向真正的自由。

为什么第一个实现了无产阶级专政、成立了苏维埃共和国的国家竟是欧洲最落后的国家之一呢? 我们这样说是不会错的:正是俄国的落后和它向最高形式的民主制的"飞跃"(即越过资产阶级民主而达到苏维埃民主即无产阶级民主)之间的矛盾,正是这个矛盾成了西欧人理解苏维埃的作用特别难或特别慢的原因之一(除社会主义运动大多数领袖受到机会主义习惯和庸人偏见的束缚这个原因以外)。

全世界的工人群众本能地领会到了苏维埃是无产阶级斗争的工具和无产阶级国家的形式。但是为机会主义所腐蚀的"领袖们"还继续崇拜资产阶级民主,把它叫做一般"民主"。

无产阶级专政的实现首先表明了俄国的落后和它**越过资产阶级民主的"飞跃"之间的"矛盾",这难道奇怪吗?假使历史让我们不通过许多矛盾而实现新式民主,那倒是奇怪了。

任何一个马克思主义者,甚至任何一个懂得现代科学的人,如果有人问他"各个不同的资本主义国家平衡地或谐和均匀地过渡到无产阶级专政是否可能",他的回答一定是否定的。在资本主义世界中从来没有而且不会有什么平衡,什么谐和,什么均匀。在每个国家的发展中,都是有时是资本主义和工人运动的这一方面、这一特征或这一类特点特别突出,有时是另一方面、另一特征或另一类特点特别突出。发展过程从来都是不平衡的。

当法国实现伟大的资产阶级革命、促使整个欧洲大陆走向历史上新的生活时,资本主义比法国发达得多的英国竟成了反革命同盟的首领。而当时的英国工人运动却英明地预示了未来马克思主义中的许多东西。

当英国发生世界上第一次广泛的、真正群众性的、政治上已经成型的无产阶级革命运动即宪章运动[41]的时候,欧洲大陆发生的革命大都是软弱的资产阶级革命,而在法国却爆发了无产阶级和资产阶级之间的第一次伟大的国内战争。资产阶级在不同的国家用不同的手段把无产阶级队伍各个击破了。

英国,照恩格斯的说法,是资产阶级同资产阶级化的贵族一起造成了极端资产阶级化的无产阶级上层的典型国家。① 从无产阶级的革命斗争来看,这个先进的资本主义国家竟落后了几十年。法国工人阶级在 1848 年和 1871 年先后两次举行了反资产阶级的英勇起义,对世界历史作出了重大贡献,在这两次起义中,法国无产阶级的力量好像是用尽了。这以后,即从 19 世纪 70 年代起,工人运动国际中的领导权转到了在经济上比英法都落后的德国。而到 20 世纪第二个十年,当德国在经济方面超过了英法两国的时候,领导德国马克思主义工人政党这个全世界的模范政党的,已是一小群十足的恶棍和卖身投靠资本家的最卑鄙的坏蛋,是从谢德曼和诺斯克到大卫和列金这些工人出身的替君主制和反革命资产阶级效劳的最可恶的刽子手。

世界历史始终不渝地走向无产阶级专政,但它所走的远不是平坦笔直的大道。

当卡尔·考茨基还是个马克思主义者,还没有因为主张与谢德曼之流保持统一、拥护资产阶级民主、反对苏维埃民主即无产阶级民主而变成马克思主义的叛徒的时候,他曾在 20 世纪初写了《斯拉夫人和革命》这篇文章。在这篇文章中,他指出由于某种历史条件,国际革命运动的领导权可能转入斯拉夫人的手中。

果然如此。革命无产阶级国际中的领导权暂时(自然只是在一个短时期内)转到俄国人手中去了,正像它在 19 世纪各个不同的时期中曾先后掌握在英国人、法国人和德国人的手中一样。

---

① 参看《马克思恩格斯文集》第 10 卷第 165 页。——编者注

我屡次说过:与各先进国家相比,俄国人**开始**伟大的无产阶级革命是比较容易的,但是把它**继续**到获得最终胜利,即完全组织起社会主义社会,就比较困难了。

我们开始这个革命比较容易,有下列几个原因。第一,沙皇君主国在政治上的非常落后(就 20 世纪的欧洲来说)使得群众的革命冲击力量异常强大。第二,俄国的落后使得无产阶级反对资产阶级的革命与农民反对地主的革命独特地结合了起来。我们在 1917 年 10 月就是这样开始革命的,不然,我们就不会那样容易取得胜利。马克思在 1856 年谈到普鲁士时,就已指出无产阶级革命有与农民战争独特地结合起来的可能①。布尔什维克从 1905 年初起,就坚持无产阶级和农民的革命民主专政的思想。第三,1905年革命使工农群众受到了非常多的政治教育,既使他们的先锋队了解了西欧社会主义运动的"最新成就",又使他们自己懂得了革命**行动**的意义。没有 1905 年的"总演习",1917 年的二月资产阶级革命和十月无产阶级革命都是不可能的。第四,俄国的地理条件使它比其他国家更能长久地对抗资本主义先进国家的军事优势。第五,无产阶级同农民的特殊关系便利了从资产阶级革命过渡到社会主义革命,便利了城市无产者去影响农村半无产的贫苦劳动阶层。第六,罢工斗争的长期锻炼和欧洲群众性工人运动的经验,有助于**苏维埃**这种特殊的无产阶级革命组织形式在深刻而迅速尖锐化的革命形势下产生出来。

以上所述当然是不完备的。但暂时可以就列举这几点。

苏维埃民主即无产阶级民主已在俄国产生。与巴黎公社比起

---

① 参看《马克思恩格斯文集》第 10 卷第 131 页。——编者注

来,它是具有世界历史意义的第二步。无产阶级和农民的苏维埃共和国成了世界上第一个稳固的社会主义共和国。作为一种**新的国家类型**,它是不会灭亡的。它现在已经不是孤立的了。

要继续社会主义建设工作,要把这种工作进行到底,还需要做很多很多的事情。文化程度较高、无产阶级的比重和影响较大的国家所建立的苏维埃共和国,只要走上无产阶级专政的道路,就有一切可能超过俄国。

破产的第二国际正在死去,活活腐烂着。它实际上是替国际资产阶级当奴仆。这是真正的黄色国际。它的最大的思想领袖,如考茨基之流,都颂扬**资产阶级民主**,把它称为一般"民主",甚至更愚蠢更荒唐地称为"纯粹民主"。

资产阶级民主已经过时,正如第二国际已经过时一样,虽然当必须在这种资产阶级民主范围内训练工人群众的时候,第二国际曾做过历史上必要的有益的工作。

最民主的资产阶级共和国从来都是而且不能不是资本镇压劳动者的机器,资本政权的工具,资产阶级的专政。资产阶级民主共和国许诺并且宣告政权属于大多数人,但是它从来没能实现过,因为存在着土地和其他生产资料的私有制。

资产阶级民主共和国中的"自由"实际上是**富人**的自由。无产者和劳动农民可以而且应当利用这种自由来准备力量,以推翻资本,消灭资产阶级民主,但是在资本主义制度下,劳动群众照例是不能**实际**享受民主的。

苏维埃民主即无产阶级民主在世界上第一次把**民主**给了群众,给了劳动者,给了工人和小农。

世界上还从来没有过像苏维埃政权那样的属于**大多数人**的国

家政权，**实际上**属于大多数人的政权。

这个政权压制剥削者及其帮手的"自由"，剥夺他们实行剥削的"自由"、发饥荒财的"自由"、恢复资本权力的"自由"、勾结外国资产阶级来反对本国工农的"自由"。

让考茨基之流去维护这种自由吧。这是只有马克思主义的叛徒、社会主义的叛徒才做得出来的。

第二国际的思想领袖如希法亭和考茨基之流的破产，最清楚地表现在他们完全不能理解苏维埃民主即无产阶级民主的意义，它同巴黎公社的关系，它的历史地位以及它成为无产阶级专政形式的必然性。

德国"独立的"（请读做市侩的、庸人的、小资产阶级的）社会民主党的机关报《自由报》**161**在 1919 年 2 月 11 日第 74 号上，登载了《告德国革命无产阶级》这篇宣言。

这篇宣言是由党的执行委员会和"国民议会"即德国"立宪会议"的整个党团签字发表的。

这篇宣言斥责谢德曼之流力图取消**苏维埃**，而提议把苏维埃与立宪会议（别开玩笑吧！）**结合起来**，给予苏维埃一定的国家管理权，让它在宪法中占一定的地位。

把资产阶级专政和无产阶级专政调和起来，统一起来！这是多么简单！这是多么了不起的庸人思想！

不过可惜的是，在俄国克伦斯基执政时期，这种思想已经由联合起来的孟什维克和社会革命党人这些自命为社会主义者的小资产阶级民主派试验过了。

谁读了马克思的著作而不懂得在资本主义社会中，在每一个紧急关头，在每一次严重的阶级冲突发生时，都只能或者是资产阶级专政或者是无产阶级专政,谁就是对马克思的经济学说和政治学说都一窍不通。

但是要把 2 月 11 日的这篇极美妙、极滑稽的宣言内所充满的经济政治谬论尽行揭露,就需要对希法亭和考茨基之流的把资产阶级专政与无产阶级专政和平结合起来的了不起的庸人思想专门作一次分析。这一点只好留待另文①去做了。

1919 年 4 月 15 日于莫斯科

载于 1919 年 5 月《共产国际》杂志第 1 期

选自《列宁全集》中文第 2 版增订版第 36 卷第 289—297 页

---

① 见《列宁全集》中文第 2 版增订版第 36 卷第 379—388 页。——编者注

共产主义运动中的"左派"
幼稚病¹⁶²（节选）

（1920 年 4—5 月）

二
布尔什维克成功的基本条件之一

　　大概，现在差不多每个人都能看出，如果我们党没有极严格的真正铁的纪律，如果我们党没有得到整个工人阶级全心全意的拥护，就是说，没有得到工人阶级中所有一切善于思考、正直、有自我牺牲精神、有威信并且能带领或吸引落后阶层的人的全心全意的拥护，那么布尔什维克别说把政权保持两年半，就是两个半月也保持不住。

　　无产阶级专政是新阶级对**更强大的**敌人，对资产阶级进行的最奋勇和最无情的战争。资产阶级的反抗，由于资产阶级被推翻（哪怕是在一个国家内）而**凶猛十倍**；资产阶级的强大不仅在于国际资本的力量，在于它的各种国际联系牢固有力，而且还在于**习惯的力量，小生产**的力量。这是因为世界上可惜还有很多很多小生产，而小生产是经常地、每日每时地、自发地和大批地**产生着**资本主义和资产阶级的。由于这一切原因，无产阶级专政是必要的，不进行长期的、顽强的、拼命的、殊死的战争，不进行需要坚持不懈、纪律严明、坚定不移、百折不挠和意志统一的战争,便不能战胜资产阶级。

再说一遍,俄国无产阶级专政取得胜利的经验向那些不善于思索或不曾思索过这一问题的人清楚地表明,无产阶级实现无条件的集中和极严格的纪律,是战胜资产阶级的基本条件之一。

人们时常议论这个问题。但是这到底是什么意思呢?这在什么情况下才是可能的呢?关于这些,他们却考虑得远远不够。在对苏维埃政权和布尔什维克欢呼的同时,是不是应该对布尔什维克**为什么能够建立革命无产阶级所必需的纪律的原因多作些极其认真的分析**呢?

布尔什维主义作为一种政治思潮,作为一个政党而存在,是从1903年开始的。只有布尔什维主义存在的**整个**时期的历史,才能令人满意地说明,为什么它能够建立为无产阶级胜利所必需的铁的纪律并能在最困难的条件下坚持住这种纪律。

这里首先发生这样一个问题:无产阶级革命政党的纪律是靠什么来维持的?是靠什么来检验的?是靠什么来加强的?第一,是靠无产阶级先锋队的觉悟和它对革命的忠诚,是靠它的坚韧不拔、自我牺牲和英雄气概。第二,是靠它善于同最广大的劳动群众,首先是同无产阶级劳动群众,**但同样也同非无产阶级**劳动群众联系、接近,甚至可以说在某种程度上同他们打成一片。第三,是靠这个先锋队所实行的政治领导正确,靠它的政治战略和策略正确,而最广大的群众根据**切身经验**也确信其正确。一个革命政党,要真正能够成为必将推翻资产阶级并改造整个社会的先进阶级的政党,没有上述条件,就不可能建立起纪律。没有这些条件,建立纪律的企图,就必然会成为空谈,成为漂亮话,成为装模作样。可是另一方面,这些条件又不能一下子就产生。只有经过长期的努力和艰苦的实践才能造成这些条件;正确的革命理论——而理论并不是教条——会使这些条件容易造成,但只有同真正群众性的和真正革命的运动的实践密切地联系起来,这些条件才能最终形成。

布尔什维主义所以能够建立并且在 1917—1920 年异常艰难的条件下顺利地实现极严格的集中和铁的纪律,其原因仅仅在于俄国有若干历史特点。

一方面,布尔什维主义是 1903 年在最坚固的马克思主义理论基础上产生的。而这个——也只有这个——革命理论的正确性,不仅为整个 19 世纪全世界的经验所证实,尤其为俄国革命思想界的徘徊和动摇、错误和失望的经验所证实。在将近半个世纪里,大约从上一世纪 40 年代至 90 年代,俄国进步的思想界在空前野蛮和反动的沙皇制度的压迫之下,曾如饥似渴地寻求正确的革命理论,专心致志地、密切地注视着欧美在这方面的每一种"最新成就"。俄国在半个世纪里,经受了闻所未闻的痛苦和牺牲,表现了空前未有的革命英雄气概,以难以置信的毅力和舍身忘我的精神去探索、学习和实验,经受了失望,进行了验证,参照了欧洲的经验,真是**饱经苦难才找到了**马克思主义这个唯一正确的革命理论。由于人们在沙皇政府的迫害下侨居国外,俄国的革命者在 19 世纪下半叶同国际的联系相当广泛,对世界各国革命运动的形式和理论十分熟悉,这是世界上任何一国所不及的。

另一方面,在这个坚如磐石的理论基础上产生的布尔什维主义,有了 15 年(1903—1917 年)实践的历史,这段历史的经验之丰富是举世无比的。这是因为任何一个国家在这 15 年内,在革命经验方面,在各种运动形式——合法的和不合法的、和平的和激烈的、地下的和公开的、小组的和群众的、议会的和恐怖主义的形式——更替的迅速和多样性方面,都没有哪怕类似这样丰富的经历。任何一个国家都没有在这样一个短短的时期内,集中了现代社会**一切**阶级进行斗争的如此丰富的形式、特色和方法,而且由于俄国的落后和沙皇制度的残酷压迫,这个斗争成熟得特别迅速,它如饥似渴又卓有成效地吸取了欧美政治经验方面相宜的"最新成就"。

五

德国"左派"共产党人。
领袖、政党、阶级、群众间的相互关系

我们现在所要讲的那些德国共产党人,他们不是把自己叫做"左派",而是叫做——如果我没有记错的话——"原则上的反对派"[163]。但是他们却完全具有"左派幼稚病"的症候,这从下面的阐述中可以清楚地看出。

有一本持这个反对派观点的小册子,叫做《德国共产党(斯巴达克联盟)的分裂》,是由"美因河畔法兰克福地方组织"出版的;这本小册子把这一反对派的观点的实质,叙述得极其鲜明、确切、清楚、扼要。我们只要从中引证几段,就足以使读者了解这一实质了。

"共产党是进行最坚决的阶级斗争的政党……"

"……从政治方面来看,这个过渡时期〈在资本主义和社会主义之间〉就

是无产阶级专政时期……"

"……现在发生这样一个问题：谁应当是专政的执行者，**是共产党，还是无产阶级**？…… 原则上应该力求实现的是共产党的专政，还是无产阶级的专政？……"

（引文内的着重标记全录自原文。）

往下小册子的作者责难德国共产党"中央"，说这个"中央"在寻求和**德国独立社会民主党结成联盟**的途径，说这个"中央"提出"**原则上承认**"斗争的"**一切政治手段**"（包括参加议会活动）"**的问题**"，只是为了掩饰它想同独立党人结成联盟这一真正的和主要的意图。小册子接着说道：

"反对派选择了另一条道路。它认为共产党的统治和党的专政问题只是一个策略问题。不管怎样，共产党的统治是一切政党统治的最后形式。**原则上应该力求实现无产阶级的专政**。党的一切措施、党的组织、党的斗争形式、党的战略和策略，都应该适应这一目的。因此，凡是同其他政党妥协，凡是回头再去采用在历史上和政治上已经过时的议会制斗争形式，凡是实行机动和通融的政策，都应当十分坚决地拒绝。""无产阶级所特有的革命斗争方法应该大力加以强调。为了把那些应当参加共产党领导的革命斗争的无产阶级各行业各阶层的最广大群众吸收进来，就必须在最广泛的基础上和最广大的范围内建立新的组织形式。这种汇集一切革命分子的场所，便是以工厂组织为基础而建立起来的**工人联合会**。凡是响应'退出工会！'这一口号的工人，都应当联合在这里。在这里，正在斗争的无产阶级组成最广大的战斗队伍。凡承认阶级斗争、苏维埃制度和专政的人，都可以加入。至于进一步对正在斗争的群众进行政治教育和在斗争中进行政治指导，则是站在工人联合会之外的共产党的任务……"

"……于是，现在有两个共产党彼此对立着：

一个是领袖的党，它力图**从上面**来组织和指挥革命斗争，不惜实行妥协和参加议会活动，以便造成一种形势，使他们可以参加掌握专政大权的联合政府。

另一个是群众的党，它等待革命斗争**从下面**高涨起来，为了进行这一斗争,它只知道并且只采用一个明确地引向目的的方法,而排斥任何议会方法和机会主义方法;这个唯一的方法就是无条件地**推翻资产阶级**,以便随后建立无产阶级的阶级专政来实现社会主义……"

"……那里是领袖专政,这里是群众专政!这便是我们的口号。"

这就是表明德国共产党内反对派观点的最重要的论点。

凡是自觉参加过或仔细观察过 1903 年以来布尔什维主义发展过程的布尔什维克,读了这些议论,一定会立刻说:"这是多么熟悉的陈词滥调!这是多么'左的'孩子气!"

不过,我们还是来进一步考察一下这些议论吧。

"是党专政**还是**阶级专政?是领袖专政(领袖的党)**还是**群众专政(群众的党)?"——单是问题的这种提法就已经证明思想混乱到了不可思议的无可救药的地步。这些人竭力要**标新立异**,结果却弄巧成拙。谁都知道,群众是划分为阶级的;只有把不按照生产的社会结构中的地位区分的大多数同在生产的社会结构中占有特殊地位的集团对立时,才可以把群众和阶级对立起来;在通常情况下,在多数场合,至少在现代的文明国家内,阶级是由政党来领导的;政党通常是由最有威信、最有影响、最有经验、被选出担任最重要职务而称为领袖的人们所组成的比较稳定的集团来主持的。这都是起码的常识。这都是简单明了的道理。何必再另来一套胡说八道,另造一套新奇的沃拉皮尤克**164**呢?一方面,大概是由于党的合法状态和不合法状态的迅速更替破坏了领袖、政党和阶级之间那种通常的、正常的和简单的关系,人们面对这种难于理解的情况,思想便发生了混乱。在德国,也像在欧洲其他国家那样,人们过分习惯于合法状态,习惯于由政党定期举行的代表大会自由地正常地选举"领袖",习惯于通过议会选举、群众大会、报章杂志,通过工会和其他团体的情绪变化等方便办法来检验各政党的阶级成分。但是,由于革命的急剧发展和内战的展开,不得不放弃这种通常的办法,而迅速转为交替使用合法的和不合法的方式,结合使用这两种方式,采用"不方便的"和"非民主的"方法来推选或组成或保留"领导集团",在这个时候,人们不知所措,开始臆想出一些荒谬绝伦的东西。大概荷兰共产党某些党员由于不幸生在一个具有特别优越和特别稳定的合法状态的传统和条件的小国,根本没有见过合法状态和不合法状态的相互更替,因此思想上发生了混乱而不知所措,助长了这种荒谬的臆想。

另一方面,很明显,这不过是未经很好考虑就胡乱使用"群众"和"领袖"这类当今"时髦"的字眼而已。这些人时常听到并切实学会了怎样攻击"领袖",怎样把"领袖"同"群众"对立起来;但是他们却不能想一想究竟是怎么回事,不能把事情弄清楚。

在帝国主义战争末期和战后时期,在一切国家里,"领袖"和"群众"的分离表现得特别明显而突出。产生这种现象的基本原因,马克思和恩格斯在1852—1892年间曾以英国为例作过多次说明。① 英国的垄断地位使"群众"分化出一部分半市侩的机会主义的"工人贵族"。这种工人贵族的领袖们总是投靠资产阶级,直接间接地受资产阶级豢养。马克思所以光荣地被这班坏蛋痛恨,就是因为他公开地斥责他们是叛徒。现代(20世纪的)帝国主义造成了某些先进国家的垄断特权地位,正是在这个基础上,第二国际

---

① 参看《马克思恩格斯全集》中文第1版第18卷第724页,第33卷第521、526、637页,第35卷第18页;中文第2版第29卷第321—326页,第49卷第246页;《马克思恩格斯文集》第1卷第374—381页,第10卷第164—165、480—481、575—577页。——编者注

中纷纷出现了叛徒领袖、机会主义者、社会沙文主义者这样一种人,他们只顾自己这个行会的利益,只顾自己这个工人贵族阶层的利益。于是机会主义的政党就脱离了"群众",即脱离了最广大的劳动阶层,脱离了大多数劳动者,脱离了工资最低的工人。不同这种祸害作斗争,不揭露这些机会主义的、背叛社会主义的领袖,使他们大丢其丑,并且把他们驱逐出去,革命无产阶级就不可能取得胜利;第三国际所实行的正是这样的政策。

为此竟把群众专政和领袖专政**根本**对立起来,实在是荒唐和愚蠢得可笑。尤其可笑的是,人们在"打倒领袖"这一口号掩饰下,实际上竟把一些胡说八道、满口谬论的**新领袖**拉出来代替那些对普通事物还能持常人见解的老领袖。德国的劳芬贝格、沃尔弗海姆、霍纳、卡尔·施勒德尔、弗里德里希·文德尔、卡尔·埃勒,就是这样的新领袖。① 埃勒企图使问题"深入一步",他宣称政党是根本不需要的,是"资产阶级性"的,这真是荒谬绝顶,简直使人啼笑皆非。如果坚持错误,深入一步地来为错误辩护,把错误"坚

---

① 《共产主义工人报》**165**(1920 年 2 月 7 日汉堡出版的该报第 32 号所载**卡尔·埃勒**《论解散政党》一文)上说:"工人阶级不消灭资产阶级民主,就不能摧毁资产阶级国家,而不摧毁政党,它就不能消灭资产阶级民主。"

罗曼语国家的工团主义者和无政府主义者中间头脑最糊涂的人物可以"心满意足"了,因为那些显然以马克思主义者自居的庄重的德国人(卡·埃勒和克·霍纳通过在上述报纸上发表的文章特别庄重地证明,他们认为自己是庄重的马克思主义者,可是同时他们又极其可笑地说出一些荒谬绝伦的话,暴露出他们连马克思主义的起码知识都没有),竟也发表出这种极不恰当的议论。只承认马克思主义还不能保证不犯错误。这一点俄国人特别清楚,因为马克思主义在我国曾特别经常地成为"时髦的东西"。

持到底",那就往往真要把小错铸成骇人听闻的大错了。

否定政党和党的纪律,——这就是反对派**得到的结果**。而这就等于完全解除无产阶级的武装而**有利于资产阶级**。这也恰恰就是小资产阶级的散漫、动摇、不能坚持、不能团结、不能步调一致,而这些一旦得到纵容,就必然断送无产阶级的任何革命运动。从共产主义的观点看来,否定政党就意味着从资本主义崩溃的前夜(在德国)跳到共产主义的最高阶段而不是进到它的低级阶段和中级阶段。我们在俄国(推翻资产阶级后的第三年)还刚处在从资本主义向社会主义即向共产主义低级阶段过渡的最初阶段。阶级还存在,而且在任何地方,**在无产阶级夺取政权之后**都还要存在**好多年**。也许,在没有农民(但仍然有小业主!)的英国,这个时期可能会短一些。消灭阶级不仅意味着要驱逐地主和资本家,——这个我们已经比较容易地做到了——而且意味着要**消灭小商品生产者**,可是这种人**不能驱逐**,不能镇压,**必须**同他们**和睦相处**;可以(而且必须)改造他们,重新教育他们,这只有通过很长期、很缓慢、很谨慎的组织工作才能做到。他们用小资产阶级的自发势力从各方面来包围无产阶级,浸染无产阶级,腐蚀无产阶级,经常使小资产阶级的懦弱性、涣散性、个人主义以及由狂热转为灰心等旧病在无产阶级内部复发起来。要抵制这一切,要使无产阶级能够正确地、有效地、胜利地发挥自己的**组织**作用(而这正是它的**主要**作用),无产阶级政党的内部就必须实行极严格的集中和极严格的纪律。无产阶级专政是对旧社会的势力和传统进行的顽强斗争,流血的和不流血的,暴力的和和平的,军事的和经济的,教育的和行政的斗争。千百万人的习惯势力是最可怕的势力。没有铁一般的在斗争中锻炼出来的党,没有为本阶级一切正直的人们所信赖的党,没有善于考察群众情绪和影响群众情绪的党,要顺利地进行这种斗争是不可能的。战胜集中的大资产阶级,要比"战胜"千百万小业主容易千百倍;而这些小业主用他们日常的、琐碎的、看不见摸不着的腐蚀活动制造着资产阶级所需要的,使资产阶级得以**复辟**的**那种**恶果。谁哪怕是把无产阶级政党的铁的纪律稍微削弱一点(特别是在无产阶级专政时期),那他事实上就是在帮助资产阶级来反对无产阶级。

除了领袖、政党、阶级、群众间的相互关系问题外,还必须提出"反动"工会的问题。但是先让我根据我们党的经验讲几句话来结束前一问题。在我们党内,对于"领袖专政"的攻击**是一直都有的**。我记得这样的攻击最早是在 1895 年,那时党还没有正式成立,但是彼得堡的中心小组**166**已经开始形成,并且就要负起领导该城各区小组的责任。在我们党的第九次代表大会**167**(1920 年 4 月)上,有一个小小的反对派,也声言反对"领袖专政",反对"寡头政治"等等。所以德国"左派共产党人"的"幼稚病"是毫不足怪的,既没有什么新东西,也没有什么可怕的地方。这种病没有什么危险,一经治愈,机体甚至会更加强壮。另一方面,合法工作和不合法工作的迅速更替,正是要求我们特别要把总指挥部,把领袖们"藏起来",隐蔽起来,这有时就使我们党内产生十分危险的现象。最糟糕的就是 1912 年奸细马林诺夫斯基混进了布尔什维克中央委员会。他断送了几十个上百个极优秀极忠实的同志,使他们去服苦役,并使其中许多人过早去世。他所以没有能够造成更大的祸害,是因为我们的合法工作和不合法工作配合得正确。为了取得我们的信任,马林诺夫斯基作为党中央委员和杜马代表,曾不得不帮助我们创办合法的日报,这些日报即使在沙皇制度下也能进

1927—1949 年我国出版的
列宁《共产主义运动中的“左派”幼稚病》一书的部分版本

行反对孟什维克机会主义的斗争,并且能采用适当的隐蔽方式宣传布尔什维主义的原理。马林诺夫斯基一只手把几十个上百个极优秀的布尔什维克活动家送去服苦役,使他们丧生,另一只手又不得不通过合法报刊来帮助培养成千上万个新的布尔什维克。对于这个事实,那些必须学会在反动工会里进行革命工作的德国同志(以及英国、美国、法国、意大利的同志),不妨好好地考虑一下。①

在许多国家里,包括最先进的国家在内,资产阶级无疑正在派遣而且今后还会派遣奸细到共产党里来。对付这种危险,办法之一就是把不合法的工作同合法的工作巧妙地结合起来。

1920年6月在彼得格勒由国家
出版社印成单行本

选自《列宁全集》中文第2版增订版
第39卷第3—6、19—26页

---

① 马林诺夫斯基后来在德国被俘。他在布尔什维克掌握政权时回到俄国,立即被送交法庭审判,由我们的工人枪决了。孟什维克特别恶毒地攻击我们竟让一个奸细混进了我们党中央的这个错误。可是当我们在克伦斯基执政时期要求逮捕杜马主席罗将柯并且将他提交法庭审判(因为他在战前就知道马林诺夫斯基的奸细活动,却**没有**把这事**告知**杜马中的劳动派**168**和工人)时,同克伦斯基一起执政的孟什维克和社会革命党人都没有支持我们的要求,因此罗将柯得以逍遥法外,自由自在地投奔邓尼金去了。

《共产主义》

为东南欧国家办的共产国际杂志(德文版)。

维也纳,自 1920 年 2 月 1 日第 1—2 期合刊至

1920 年 5 月 8 日第 18 期

(1920 年 6 月 12 日)

维也纳出版的《共产主义》杂志[169]是一份出色的杂志,它提供了很多有关奥地利、波兰和其他国家共产主义运动发展情况的令人极感兴趣的材料,同时也登载了国际运动的新闻、关于匈牙利和德国的文章、关于总任务和策略等等的文章。但是只要把杂志翻一下就立刻可以发现,它有一个不容忽视的缺点。这就是"共产主义运动中的'左派'幼稚病"的明显症候,这个杂志正害着这种幼稚病,我的那本在彼得格勒刚刚出版的小册子①分析了这种病症。

我想现在就扼要地指出《共产主义》这份出色的杂志的幼稚病的三个症候。在第 6 期(1920 年 3 月 1 日)上登载了卢·乔·同志的一篇文章:《论议会活动问题》,编辑部称它为供讨论的文章,而库·贝·同志,即《论抵制议会的问题》一文(1920 年 5 月 8

---

① 见《列宁全集》中文第 2 版增订版第 39 卷第 1—95 页。——编者注

日第 18 期）的作者（幸而）干脆否定了这篇文章，也就是声明他不同意这篇文章。

卢·乔·的文章左得很，糟得很。文章中的马克思主义纯粹是口头上的；"防御"策略和"进攻"策略的区分是臆想出来的；对十分明确的历史情况缺乏具体分析；没有注意到最本质的东西（即必须夺取和学会夺取资产阶级借以影响群众的一切工作部门和机关等等）。

库·贝·同志在第 14 期（1920 年 4 月 17 日）《德国发生的事件》一文中批评了德国共产党中央委员会 1920 年 3 月 21 日的声明，我在上面提到的那本小册子中也批评过这个声明。但是我们两人的批评性质根本不同。库·贝·同志是援引马克思的话来进行批评的，但是这些话所指的情况跟目前的情况不同，他全盘否定了德国共产党中央委员会的策略，完全忽略了最主要的东西。他忽略了马克思主义的精髓，马克思主义的活的灵魂：对具体情况作具体分析。既然多数城市工人离开谢德曼派靠拢考茨基派，而在考茨基那个（"独立"于正确的革命策略的）党内他们又继续离开右翼靠拢左翼，即实际上靠拢共产主义运动，既然事情是这样，那么是否可以一点不考虑**对这样的工人**采取一些过渡的、妥协的办法呢？ 布尔什维克在 1917 年 4—5 月间实行的实质上正是妥协的政策，那时他们声明，不能简单地把临时政府（李沃夫、米留可夫、克伦斯基等）推翻，因为苏维埃中还有工人支持它，必须首先使这些工人中的多数或者相当一部分人**改变观点**。对于布尔什维克的这一经验，是否可以不加考虑，只字不提呢？

我认为是不可以的。

最后，上面提到的《共产主义》杂志第 18 期上的库·贝·同志的那篇文章,特别明显、清楚、有效地揭示了他的错误在于赞同目前欧洲那种抵制议会的策略。作者在摒弃"工团主义的抵制"、摒弃"消极的"抵制的同时,臆想出一种特殊的"积极的"(哦,多么"左"呀!……)抵制,这就异常清楚地表明他的论断的错误极其严重。

作者写道:"所谓积极的抵制,就是共产党不要满足于传布反对参加选举的口号,为了有利于抵制,就要像党参加了选举那样,像党的鼓动和行动(工作、活动、行为、斗争)指望获得尽可能更多的无产阶级的选票那样,展开广泛的革命的鼓动工作。"(第552页)

这真是精彩的妙论。这比任何批评都更能置反议会派于死地。臆想出"积极的"抵制,"就像"我们参加了选举那样!!大批愚昧无知的和半愚昧无知的工人和农民是认真地参加选举的,因为他们还相信资产阶级民主偏见,还是这些偏见的俘虏。而我们不去帮助这些愚昧无知的(虽然有时也还有"文化水平很高的")小市民通过自身的经验抛掉他们的偏见,反而要回避参加议会,并以**臆想出**一种没有日常的资产阶级恶习的策略来作消遣!!

好极了,好极了,库·贝·同志!您为反对议会活动进行的辩护,比我的批评能更快地杜绝这种愚蠢行为。

1920年6月12日

载于1920年6月14日《共产国际》杂志第11期

选自《列宁全集》中文第2版增订版第39卷第127—129页

青年团的任务

（在俄国共产主义青年团第三次代表大会上的讲话）**170**

（1920 年 10 月 2 日）

（大会向列宁热烈欢呼）同志们！今天我想讲的题目是：共产主义青年团的基本任务是什么，以及社会主义共和国内青年组织应当是怎样的组织。

这个问题应当讲一讲，尤其是因为从某种意义上可以说，真正建立共产主义社会的任务正是要由青年来担负。很明显，从资本主义社会培养出来的一代工作者所能完成的任务，至多是消灭建筑在剥削上面的资本主义旧生活方式的基础。他们至多也只能建立这样一种社会制度，这种社会制度帮助无产阶级和劳动阶级保持自己的政权，奠定巩固的基础，至于在这个基础上进行建设，那就只有靠在新条件下，在人与人之间的剥削关系已不存在的情况下参加工作的一代人去担负。

如果根据这一点来看青年的任务，就应当说，全体青年的任务，尤其是共产主义青年团及其他一切组织的任务，可以用一句话来表达：就是要学习。

当然，这仅仅是"一句话"，还没有答复主要的和最本质的问题——学习什么和怎样学习。而这里的全部关键就在于：在改造资本主义旧社会的同时,将来要建设共产主义社会的新一代人的训练、培养和教育,就不能再像从前那样了。青年的训练、培养和教育应当以旧社会遗留给我们的材料为出发点。我们只能利用旧社会遗留给我们的全部知识、组织和机关,在旧社会遗留下来的人力和物力的条件下建设共产主义。只有把青年的训练、组织和培养这一事业加以根本改造,我们才能做到:青年一代努力的结果将建立一个与旧社会完全不同的社会,即共产主义社会。因此,我们需要详细论述的问题,就是我们应当教给青年什么;真正想无愧于共产主义青年称号的青年应当怎样学习;以及应当如何培养青年,使他们能够彻底完成我们已经开始的事业。

我应当指出,看来首先的和理所当然的回答是:青年团和所有想走向共产主义的青年都应该学习共产主义。

但是"学习共产主义"这个回答未免太笼统了。为了学会共产主义,我们应该怎样呢? 为了学到共产主义知识,我们应该从一般知识的总和中吸取哪些东西呢? 这里我们可能遇到许多危险,如果把学习共产主义的任务提得不正确,或者对这一任务理解得太片面,往往就会出现危险。

初看起来,总以为学习共产主义就是领会共产主义教科书、小册子和著作里所讲的一切知识。但是,给学习共产主义下这样的定义,就未免太草率、太不全面了。如果说,学习共产主义只限于领会共产主义著作、书本和小册子里的东西,那我们就很容易造就出一些共产主义的书呆子或吹牛家,而这往往会使我们受到损害,因为这种人虽然把共产主义书本和小册子上的东西读得烂熟,却不善于把所有这些知识融会贯通,也不会按共产主义的真正要求去行动。

资本主义旧社会留给我们的最大祸害之一，就是书本与生活实践完全脱节，因为那些书本把什么都描写得好得了不得，其实大半都是最令人厌恶的谎言，虚伪地向我们描绘了资本主义社会的情景。

因此，单从书本上来领会关于共产主义的论述，是极不正确的。现在我们的讲话和文章，已经不是简单地重复以前对共产主义所作的那些论述，因为我们的讲话和文章都是同日常各方面的工作联系着的。离开工作，离开斗争，那么从共产主义小册子和著作中得来的关于共产主义的书本知识，可以说是一文不值，因为这样的书本知识仍然会保持旧时的理论与实践的脱节，而这正是资产阶级旧社会的一个最令人厌恶的特征。

如果我们只求领会共产主义的口号，那就更危险了。我们若不及时认清这种危险，不用全力来消除这种危险，那么50万至100万男女青年这样学了共产主义之后，将自称为共产主义者，这就只会使共产主义事业遭到莫大的损害。

这样就向我们提出一个问题：为了学习共产主义，我们应该怎样把这一切结合起来？从旧学校和旧的科学中，我们应当吸取一些什么？旧学校总是说，它要造就知识全面的人，它教的是一般科学。我们知道，这完全是撒谎，因为过去整个社会赖以生存和维持的基础，就是把人分成阶级，分成剥削者和被压迫者。自然，贯穿着阶级精神的旧学校，也就只能向资产阶级的子女传授知识。这种学校里的每一句话，都是根据资产阶级的利益捏造出来的。在这样的学校里，与其说是教育工农的年青一代，倒不如说是对他们进行符合资产阶级的利益的训练。教育这些青年的目的，就是训练对资产阶级有用的奴仆，使之既能替资产阶级创造利润，又不会惊扰资产阶级的安宁和悠闲。因此在否定旧学校的时候,我们给自己提出的任务是:从这种学校中只吸取我们实行真正共产主义教育所必需的东西。

这里我要谈谈经常听到的人们对旧学校的斥责与非难,从这些话中,往往会得出完全不正确的结论。有人说,旧学校是死读书的学校,实行强迫纪律的学校,死记硬背的学校。这说得对,但是,要善于把旧学校中的坏东西同对我们有益的东西区别开来,要善于从旧学校中挑选出共产主义所必需的东西。

旧学校是死读书的学校,它迫使人们学一大堆无用的、累赘的、死的知识,这种知识塞满了青年一代的头脑,把他们变成一个模子倒出来的官吏。但是,如果你们试图从这里得出结论说,不掌握人类积累起来的知识就能成为共产主义者,那你们就犯了极大的错误。如果以为不必领会共产主义本身借以产生的全部知识,只要领会共产主义的口号,领会共产主义科学的结论就足够了,那是错误的。共产主义是从人类知识的总和中产生出来的,马克思主义就是这方面的典范。

你们读过和听说过:主要由马克思创立的共产主义理论,共产主义科学,即马克思主义学说,已经不仅仅是 19 世纪一位社会主义者——虽说是天才的社会主义者——的个人著述,而成为全世界千百万无产者的学说;他们已经运用这个学说在同资本主义作斗争。如果你们要问,为什么马克思的学说能够掌握最革命阶级的千百万人的心灵,那你们只能得到一个回答:这是因为马克思依靠了人类在资本主义制度下所获得的全部知识的坚固基础;马克思研究了人类社会发展的规律,认识到资本主义的发展必然导致共产主义,而主要的是他完全依据对资本主义社会所作的最确切、最缜密和最深刻的研究,借助于充分掌握以往的科学所提供的全部知识而证实了这个结论。凡是人类社会所创造的一切,他都有批判地重新加以探讨,任何一点也没有忽略过去。凡是人类思想所建树的一切,他都放在工人运动中检验过,重新加以探讨,加以批判,从而得出了那些被资产阶级狭隘性所限制或被资产阶级偏见束缚住的人所不能得出的结论。

例如,当我们谈到无产阶级文化的时候,就必须注意这一点。应当明确地认识到,只有确切地了解人类全部发展过程所创造的文化,只有对这种文化加以改造,才能建设无产阶级的文化,没有这样的认识,我们就不能完成这项任务。无产阶级文化并不是从天上掉下来的,也不是那些自命为无产阶级文化专家的人[171]杜撰出来的。如果硬说是这样,那完全是一派胡言。无产阶级文化应当是人类在资本主义社会、地主社会和官僚社会压迫下创造出来的全部知识合乎规律的发展。条条大道小路一向通往,而且还会通往无产阶级文化,正如马克思改造过的政治经济学向我们指明人类社会必然走到哪一步,指明必然过渡到阶级斗争,过渡到开始无产阶级革命。

当我们听到有些青年以及某些维护新教育制度的人常常非难旧学校,说它是死记硬背的学校时,我们就告诉他们,我们应当吸取旧学校中的好东西。我们不应当吸取旧学校的这样一种做法,即用无边无际的、九分无用一分歪曲了的知识来充塞青年的头脑,但是这并不等于说,我们可以只学共产主义的结论,只背共产主义的口号。这样是建立不了共产主义的。只有了解人类创造的一切财富以丰富自己的头脑,才能成为共产主义者。

我们不需要死记硬背,但是我们需要用对基本事实的了解来发展和增进每个学习者的思考力,因为不把学到的全部知识融会贯通,共产主义就会变成空中楼阁,就会成为一块空招牌,共产主义者也只会是一些吹牛家。你们不仅应该掌握知识,而且应该用批判的态度来掌握这些知识,不是用一堆无用的垃圾来充塞自己的头脑,而是用对一切事实的了解来丰富自己的头脑,没有这种了解就不可能成为一个现代有学识的人。如果一个共产主义者不下一番极认真、极艰苦而巨大的功夫,不弄清他必须用批判的态度来对待的事实,便想根据自己学到的共产主义的现成结论来炫耀一番,这样的共产主义者是很可悲的。这种不求甚解的态度是极端有害的。要是知道自己懂得太少,那就要设法使自己懂得多一些,但是如果有人说自己是共产主义者,同时又认为自己根本不需要任何扎实的知识,那他就根本不能成为共产主义者。

旧学校培养资本家所需要的奴仆,把科学人才训练成迎合资本家口味来写作和说话的人。因此我们必须废除这样的学校。我们应当废除这样的学校,摧毁这样的学校,但这是不是说,我们就不应当从这种学校里吸取人类所积累起来而为人们所必需的一切呢?这是不是说,我们就不应当去区别哪些是资本主义所需要的东西,哪些是共产主义所需要的东西呢?

我们废除资产阶级社会内违反大多数人的意志而实行的强迫纪律,代之以工农的自觉纪律,工人和农民不但仇恨旧社会,而且有毅力、有本领、有决心团结和组织力量去进行这一斗争,以便把散居在辽阔国土上的分散而互不联系的千百万人的意志统一为一个意志,因为没有这样的统一意志,我们就必然会遭到失败。没有这样的团结,没有这样的工农的自觉纪律,我们的事业就毫无希望。不具备这些条件,我们就不能战胜全世界的资本家和地主。

我们就会连基础也不能巩固,更谈不到在这个基础上建成共产主义新社会了。同样,我们否定旧学校,对旧学校怀着完全正当和必要的仇恨心理,珍视那种要摧毁旧学校的决心,但是我们应当了解,废除以前的死读书、死记硬背和强迫纪律时,必须善于吸取人类的全部知识,并要使你们学到的共产主义不是生吞活剥的东西,而是经过你们深思熟虑的东西,是从现代教育观点上看来必然的结论。

我们在谈论学好共产主义这一任务时就应该这样来提出基本任务。

为了向你们说明这一点,同时也谈谈怎样学习的问题,让我举一个实际例子。你们都知道,紧接着军事任务即保卫共和国的任务之后,我们即将面临经济任务。我们知道,如果不恢复工业和农业(而且必须不按旧方式来恢复),那么共产主义社会是建设不成的。必须在现代最新科学成就的基础上恢复工业和农业。你们知道,这样的基础就是电;只有全国电气化,一切工业和农业部门都电气化的时候,只有当你们真正担负起这个任务的时候,你们才能替自己建成老一代人所不能建成的共产主义社会。你们面临的任务是振兴全国的经济,要在立足于现代科学技术、立足于电力的现代技术基础上使农业和工业都得到改造和恢复。你们完全了解,不识字的人实现不了电气化,而且仅仅识字还不够。只懂得什么是电还不够,还应该懂得怎样在技术上把电应用到工农业上去,应用到工农业的各个部门中去。你们自己必须学会这一点,而且还要教会全体劳动青年。这就是一切有觉悟的共产主义者的任务,也就是每一个认为自己是共产主义者的青年,每一个明确地认识到加入共产主义青年团之后就负起了帮助党建设共产主义、帮助整个青年一代建立共产主义社会的责任的青年的任务。每个青年必须懂得,只有受了现代教育,他才能建立共产主义社会,如果不受这种教育,共产主义仍然不过是一种愿望而已。

老一代人的任务是推翻资产阶级。那时的主要任务是批判资产阶级,激发起群众对资产阶级的仇恨,提高阶级觉悟,提高团结自己力量的本领。新一代人面临的任务就比较复杂了。你们不只是应当团结自己的一切力量来支持工农政权抗击资本家的侵犯。这一点你们应当做到。这一点你们完全了解,每个共产主义者都非常清楚。但是这还不够。你们应当建成共产主义社会。前一半工作在许多方面已经完成了。旧东西应该摧毁,而且已经摧毁了,它应该变成废墟,而且已经变成了废墟。地基已经清理好,年青一代的共产主义者应当在这块地基上建设共产主义社会。你们当前的任务是建设,你们只有掌握了一切现代知识,善于把共产主义由背得烂熟的现成公式、意见、方案、指示和纲领变成能把你们的直接工作统一起来的活生生的东西,把共产主义变成你们实际工作的指针,那时才能完成这个任务。

这就是你们在教育、培养和发动整个青年一代的事业中应当执行的任务。你们应该是千百万共产主义社会建设者的带头人,一切男女青年都应该成为这样的建设者。不吸收全体工农青年参加共产主义建设,你们就不能建成共产主义社会。

这里我自然要讲到这样的问题:我们应当怎样教授共产主义,我们的方法应该有什么特点。

我在这里首先要谈谈共产主义道德问题。

你们应当把自己培养成共产主义者。青年团的任务就是要这样来安排自己的实际活动:使团员青年在学习、组织、团结和斗争的过程中把他们自己和那些以他们为带头人的人都培养成共产主义者。应该使培养、教育和训练现代青年的全部事业，成为培养青年的共产主义道德的事业。

但是，究竟有没有共产主义道德呢？有没有共产主义品德呢？当然是有的。人们往往硬说我们没有自己的道德；资产阶级常常给我们加上一个罪名，说我们共产主义者否定任何道德。这是一种偷换概念、蒙骗工农的手段。

究竟在什么意义上我们否定道德，否定品德呢？

是在资产阶级所宣传的道德的意义上，这种道德是他们从上帝的意旨中引申出来的。关于这一点，我们当然说，我们不信上帝，并且我们十分清楚，僧侣、地主和资产阶级都假借上帝的名义说话，为的是谋求他们这些剥削者自身的利益。或者他们不是从道德的要求，不是从上帝的意旨，而是从往往同上帝意旨很相似的唯心主义或半唯心主义论调中引申出这种道德来的。

我们否定从超人类和超阶级的概念中引出的这一切道德。我们说这是欺骗，这是为了地主和资本家的利益来愚弄工农，禁锢工农的头脑。

我们说，我们的道德完全服从无产阶级阶级斗争的利益。我们的道德是从无产阶级阶级斗争的利益中引申出来的。

旧社会建筑在地主和资本家压迫全体工农的基础上。我们应当摧毁这个社会，应该打倒这些压迫者，为了这个目的就必须团结起来。而上帝是不会创造这种团结的。

只有工厂，只有受过训练的、从过去的沉睡中觉醒过来的无产阶级，才能创造这种团结。只有当这个阶级已经形成的时候，群众运动才开展起来，才造成了现在我们看到的情形，即无产阶级革命在一个极弱的国家中获得了胜利,这个国家三年来抗击了全世界资产阶级对它的进攻。同时我们还看到,无产阶级革命在全世界日益发展。现在我们可以根据实际经验来说,只有无产阶级才能创造一种团结一致的力量,这种力量在引导分散的农民,并且经受住了剥削者的一切进攻。只有这个阶级才能帮助劳动群众联合起来、团结起来,彻底捍卫和巩固共产主义社会,最终建成共产主义社会。

因此,我们说:在我们看来,超人类社会的道德是没有的;那是一种欺骗。在我们看来,道德是服从于无产阶级阶级斗争的利益的。

这种阶级斗争究竟是什么呢? 这就是推翻沙皇,打倒资本家,消灭资本家阶级。

阶级究竟是怎么回事呢? 这就是允许社会上一部分人占有别人的劳动。如果社会上一部分人占有全部土地,那就有了地主阶级和农民阶级;如果社会上一部分人拥有工厂,拥有股票和资本,而另一部分人却在这些工厂里做工,那就有了资本家阶级和无产者阶级。

赶走沙皇并不困难,这总共用了几天的工夫。赶走地主也不很困难,这在几个月内就做到了;赶走资本家同样也不是很困难的事情。但是,要消灭阶级就无比困难了;工人和农民的区分仍然存在。如果一个农民单独占用一块土地,拥有余粮,即他本人及其家畜都不需要的粮食,而别人却没有粮食吃,那么这个农民也就变成剥削者了。他剩余的粮食愈多,获利就愈大,至于别人,就让他们挨饿去吧,“他们愈饿,我的粮食就卖得愈贵”。应该使所有的人都按照一个共同的计划和共同的规章,在公共的土地上和公共的工厂中工作。这容易做到吗？你们知道，要做到这一点，决不像赶走沙皇、地主和资本家那样容易。这里需要无产阶级去重新教育和改造一部分农民，把劳动农民争取过来，以便消灭那些富裕的和专靠别人贫困来发财致富的农民的反抗。可见，无产阶级斗争的任务，并没有因为推翻了沙皇、赶走了地主和资本家而宣告结束，我们称之为无产阶级专政的制度，正是要来完成这项任务。

阶级斗争还在继续，只是改变了形式。这是无产阶级为了使旧的剥削者不能卷土重来，使分散的愚昧的农民群众联合起来而进行的阶级斗争。阶级斗争在继续，我们的任务就是要使一切利益都服从这个斗争。我们也要使我们的共产主义道德服从这个任务。我们说：道德是为摧毁剥削者的旧社会、把全体劳动者团结到创立共产主义者新社会的无产阶级周围服务的。

共产主义道德是为这个斗争服务的道德，它把劳动者团结起来反对一切剥削，反对一切小私有制，因为小私有制把全社会的劳动所创造的成果交给了个人。而在我国，土地已经是公共财产了。

如果我从这个公共财产中拿一块土地来，种出超过我的需要一倍的粮食，然后用余粮来投机倒把，那又怎样呢？如果我这样盘算：饿肚子的人愈多，我出卖粮食的价钱就愈高，那又怎样呢？难道我这是共产主义者的行为吗？绝对不是，这是剥削者的行为，私有者的行为。应该同这种行为作斗争。如果听之任之，那一切都会开倒车，回复到资本家的政权，资产阶级的政权，就像过去一些革命中常有的情形那样。因此，为了不让资本家和资产阶级的政权恢复，就要禁止投机买卖，就要使某些人不能用损人利己的手段来发财致富，就要使劳动者同无产阶级团结起来建设共产主义社会。这也就是共产主义青年团和共产主义青年组织基本任务的主要特征。

旧社会依据的原则是：不是你掠夺别人，就是别人掠夺你；不是你给别人做工，就是别人给你做工；你不是奴隶主，就是奴隶。可见，凡是在这个社会里教养出来的人，可以说从吃母亲奶的时候起就接受了这种心理、习惯和观点——不是奴隶主，就是奴隶，或者是小私有者、小职员、小官吏、知识分子，总之，是一个只关心自己而不顾别人的人。

既然我种我的地，别人的事就与我无关；别人要是挨饿，那更好，我可以抬高价格出卖我的粮食。如果我有了一个医生、工程师、教员或职员的小职位，那么别人的事也与我无关。也许，只要我讨好、巴结有权势的人，就不仅能保住我的小职位，还可以爬到资产者的地位上去。共产主义者就不能有这种心理和情绪。当工人和农民已经证明我们能用本身的力量捍卫自己并且创造新社会的时候，也就开始了新的共产主义的教育，反对剥削者的教育，同无产阶级联合起来反对利己主义者和小私有者，反对"我赚我的钱，其他一切都与我无关"的心理和习惯的教育。

这就是对青年一代应该怎样学习共产主义的回答。

青年们只有把自己的训练、培养和教育中的每一步骤同无产者和劳动者不断进行的反对剥削者的旧社会的斗争联系起来，才能学习共产主义。当人们向我们讲到道德的时候，我们回答说：在共产主义者看来，全部道德就在于这种团结一致的纪律和反对剥削者的自觉的群众斗争。我们不相信有永恒的道德，并且要揭穿一切关于道德的骗人的鬼话。道德是为人类社会上升到更高的水平，为人类社会摆脱对劳动的剥削服务的。

要实现这一点，必须有这样的青年一代，他们在有纪律地同资产阶级作殊死斗争中已开始成为自觉的人。在这个斗争中,他们中间一定会培养出真正的共产主义者,他们应当使自己的训练、教育和培养中的每一步骤都服从这个斗争,都同这个斗争联系起来。培养共产主义青年,决不是向他们灌输关于道德的各种美丽动听的言词和准则。我们要培养的并不是这些。当人们看到他们的父母在地主和资本家的压迫下怎样生活的时候,当他们自己分担那些开始同剥削者作斗争的人们所受的痛苦的时候,当他们看到为了继续这一斗争以保卫已经取得的成果,付出了多大的牺牲,看到地主和资本家是多么疯狂的敌人的时候,他们就在这种环境中培养成为共产主义者。为巩固和完成共产主义事业而斗争,这就是共产主义道德的基础。这也就是共产主义培养、教育和训练的基础。这也就是对应该怎样学习共产主义的回答。

训练、培养和教育要是只限于学校以内,而与沸腾的实际生活脱离,那我们是不会信赖的。只要工农还受地主和资本家的压迫,只要学校还操纵在地主和资本家手里,青年一代就仍然是愚昧无知的。可是我们的学校应当使青年获得基本知识,使他们自己能够培养共产主义的观点,应该把他们培养成有学识的人。我们的学校应当使人们在学习期间就成为铲除剥削者这一斗争的参加者。共产主义青年团只有把自己的训练、培养和教育中的每一步骤同参加全体劳动者反对剥削者的总斗争联系起来,才符合共产主义青年团这一称号。你们很清楚:目前俄国还是唯一的工人共和国,世界其他各地还存在着资产阶级旧制度,我们还比它们弱;我们随时都有遭到新的进攻的危险;只有学会团结一致,我们才能在今后的斗争中获得胜利,而我们得到巩固之后,就会成为真正不可战胜的力量。因此,做一个共产主义者,就要把全体青年都组织和团结起来,要在这个斗争中作出有教养和守纪律的榜样。那时你们才能着手建设并彻底建成共产主义社会的大厦。

为了把这一点说得更清楚,我来给你们举个例子。我们把自己叫做共产主义者。什么是共产主义者呢?共产主义者是个拉丁词,communis 一词是"公共"的意思。共产主义社会就意味着土地、工厂都是公共的,实行共同劳动——这就是共产主义。

如果每个人都单独经营一块土地,那劳动能是共同的吗?共同劳动不是一下子就能实行的。这是不可能的事。共同劳动不是从天上掉下来的。它需要经过艰苦努力和创造,要在斗争进程中才能实行。这里不能靠旧的书本,书本是谁也不会相信的。这里要靠自己的生活经验。当高尔察克从西伯利亚,邓尼金从南方进攻时,农民是站在他们那边的。当时农民不欢迎布尔什维主义,因为布尔什维克按固定价格收购粮食。但是农民在西伯利亚和乌克兰尝到了高尔察克和邓尼金的政权的滋味之后,就认清了农民没有别的选择余地:或者投奔资本家,那么资本家就要你去给地主当奴隶;或者跟着工人走,虽然工人没有许愿让你过天堂般的生活,而且还要你在艰苦的斗争中遵守铁的纪律并具有坚强的意志,可是他们却能使你摆脱资本家和地主的奴役。甚至是那些愚昧无知的农民,只要根据亲身的经验懂得和认识了这一点,也就成了自觉的、经过艰苦磨炼的共产主义拥护者。共产主义青年团也应当把这种经验作为自己全部活动的基础。

我已经回答了我们应当学什么,应该从旧学校和旧科学中吸取什么的问题。现在我还想来回答一下应当怎样学习这些东西的问题。我的回答是:只有把学校活动的每一步骤,把培养、教育和训练的每一步骤,同全体劳动者反对剥削者的斗争密切联系起来。

我要从某些青年组织的工作经验中举出几个例子,向你们具体说明应该怎样进行这种共产主义教育。大家都在谈论扫除文盲。你们知道,在一个文盲的国家里是不能建成共产主义社会的。单靠苏维埃政权颁布一道命令,或者靠党提出一定的口号,或者派一部分优秀的工作人员去进行这项工作,那是不够的。还需要青年一代自己把这个工作担负起来。共产主义精神体现在参加青年团的男女青年自己站出来说:这是我们的事情,我们要联合起来到农村去扫除文盲,使我们这代青年中不再有文盲。我们要努力使青年们能主动积极地从事这个工作。你们知道,要把俄国从一个愚昧的文盲国家很快变成人人识字的国家是不可能的;但是,如果青年团能担负起这个工作,如果全体青年都能为大家的利益而工作,那么这个团结着 40 万青年男女的组织,就有权称为共产主义青年团了。青年团的任务还在于:除了掌握各种知识,还要帮助那些靠自己的力量摆脱不了文盲愚昧状况的青年。做一个青年团员,就要把自己的工作和精力全部贡献给公共事业。这就是共产主义教育。只有在这样的工作中,青年男女才能培养成真正的共产主义者。只有当他们在这种工作中取得实际的成绩时,他们才会成为共产主义者。

就拿城郊菜园工作来作例子吧。难道这不是该做的事吗?这也是共产主义青年团的任务之一。人民在挨饿,工人在挨饿。为了不再挨饿,应该发展菜园,但是耕作还在按旧的方式进行。因此必须让觉悟较高的人来担任这个工作,这样你们就会看到,菜园数目会增加,面积会扩大,效果会更好。共产主义青年团应当积极参加这个工作。每个青年团组织,每个青年团支部,都必须把这件事看成是自己的事情。

　　共产主义青年团应当是一支能够支援各种工作、处处都表现出主动性和首创精神的突击队。青年团应当成为这样的一个团体，使每个工人都感觉到，这个团体中人们所讲的学说也许是他不了解的，也许是他还不能一下子就相信的，但是从这些人的实际工作和活动可以看出，他们真正是能给他指明正确道路的人。

　　如果共产主义青年团不能在各方面这样来安排自己的工作，那就说明它走上了资产阶级的老路。我们的教育应当同劳动者反对剥削者的斗争结合起来，以便帮助劳动者完成共产主义学说提出的任务。

　　青年团员应当利用自己的每一刻空闲时间去改善菜园工作，或在某个工厂里组织青年学习等等。我们要把俄国这个贫穷落后的国家变成一个富裕的国家。因此共产主义青年团必须把自己的教育、训练和培养同工农的劳动结合起来，不要关在自己的学校里，不要只限于阅读共产主义书籍和小册子。只有在与工农的共同劳动中，才能成为真正的共产主义者。必须使大家都看到，入团的青年个个都是有文化的，同时又都善于劳动。当大家看到，我们已经废除了旧学校里的旧的强迫纪律，代之以自觉的纪律，看到每个青年都去参加星期六义务劳动，看到他们利用每个近郊菜园来帮助居民，那时人民就不会用从前的眼光来看待劳动了。

　　共产主义青年团的任务，是要在农村或自己的街道上帮助做些事情，我举一个小例子，像卫生工作或分配食物的工作。在资本主义旧社会里，这些事情是怎样进行的呢？那时每个人只为自己工作，谁也不注意这里有没有老人或病人；或者全部家务都压在妇女肩上，因而妇女处在受压迫受奴役的地位。谁应当来反对这种现象呢？青年团。青年团应当出来说：我们要改变这种状况，我们

1933—1949 年我国出版的
列宁《青年团的任务》一书的部分版本

组织青年队经常到各家各户去,协助搞卫生工作或分配食物,正确地调配力量,有组织地为全社会的利益工作,让大家看到,劳动应该是有组织的劳动。

现在50岁左右的这一代人,是不能指望看到共产主义社会了,那时候他们都死了。至于现在15岁的这一代人,就能够看到共产主义社会,也要亲手建设这个社会。因而他们就应当知道,他们终身的全部任务就是建设这个社会。在旧社会中,是各家各户单独劳动,除了压迫老百姓的地主和资本家外,谁也没有组织过劳动。任何一种劳动,不管它怎样脏,怎样吃力,我们都应当把它组织起来,使每个工人和农民对自己都有这样的认识:我是自由劳动大军的一分子,不需要地主和资本家,我自己就会建设自己的生活,建立共产主义的秩序。共产主义青年团要使大家从小①就在自觉的有纪律的劳动中受教育。这样我们才有希望完成现在所提出的任务。我们应该估计到,要全国实现电气化,使我国贫瘠化了的土地能采用最新的技术来经营,至少要花10年工夫。因此,现在是15岁、再过10—20年就会生活在共产主义社会里的这一代人,应当这样安排自己的全部学习任务:在每个乡村和城市里,青年每天都能实际完成共同劳动中的某种任务,哪怕是最微小、最平常的任务。能否保证共产主义建设成功,就要看这个工作在每个乡村里进行得怎样,就要看共产主义竞赛开展得怎样,就要看青年组织自己的劳动本领怎样。只有根据共产主义建设的成绩来检查自己的每一步骤,只有经常问问自己:为了成为团结一致的自觉的

---

① 1920年10月7日的《真理报》第223号上刊印的不是"从小",而是"从12岁起"。——编者注

劳动者,我们是否做到了所要做的一切——只有这样,共产主义青年团才能把自己的 50 万团员联合成一支劳动大军并且赢得普遍的尊敬。(掌声如雷)

载于 1920 年 10 月 5、6、7 日《真理报》第 221、222、223 号

选自《列宁全集》中文第 2 版增订版第 39 卷第 328—347 页

论 粮 食 税

（新政策的意义及其条件）**172**（节选）

（1921 年 4 月 21 日）

论粮食税、贸易自由、租让制

上面所引的 1918 年的论断,在估计期限方面有许多错误。实际期限比当时估计的要长。这是毫不足怪的。可是我国经济的基本成分仍然和从前一样。农民中的"贫民"（无产者和半无产者）在很多场合下变成了中农。因此,小私有者的、小资产阶级的"自发势力"加强了。而 1918 年至 1920 年的国内战争,特别加剧了我国的经济破坏,阻碍了我国生产力的恢复,其中受害最深的就是无产阶级。加之,1920 年的歉收,饲料缺乏,牲畜死亡,这就更严重地阻碍了运输业和工业的恢复,例如农民用马匹运输我们的主要燃料木柴的工作就受到了影响。

结果,1921 年春天形成了这样的政治形势:要求必须立刻采取迅速的、最坚决的、最紧急的办法来改善农民的生活状况和提高他们的生产力。

为什么不是改善工人的生活状况,而是改善农民的生活状况呢?

因为要改善工人的生活状况,就需要有粮食和燃料。从整个国家经济的角度来看,现在最大的"阻碍"正是这方面引起的。要增加粮食的生产和收成,增加燃料的收购和运输,非得改善农民的生活状况,提高他们的生产力不可。应该从农民方面开始。谁若不明白这一点,谁若认为把农民提到第一位就等于"放弃"或者类似放弃无产阶级专政,那他简直是不动脑筋,只会空谈。无产阶级专政就是无产阶级对政治的领导。无产阶级作为一个领导阶级、统治阶级,应当善于指导政治,以便首先去解决最迫切而又最"棘手的"任务。现在最迫切的就是采取那种能够立刻提高农民经济生产力的办法。只有**经过**这种办法才能做到既改善工人生活状况,又巩固工农联盟,巩固无产阶级专政。那些想**不经过这种办法**来改善工人生活状况的无产者或无产阶级代表,**实际上**只会成为白卫分子和资本家的帮凶。这是因为不经过这种办法,就无异是把工人的行会利益置于阶级利益之上,就无异是为了工人眼前的暂时的局部的利益,而牺牲整个工人阶级的利益,牺牲工人阶级专政的利益,牺牲工农为反对地主、资本家而结成的联盟的利益,牺牲工人阶级在争取劳动摆脱资本桎梏的斗争中的领导作用的利益。

总之,首先必须采取紧急的、认真的措施来提高农民的生产力。

要做到这点,就非认真改变粮食政策不可。这种改变就是用粮食税来代替余粮收集制,而这种代替是与交完粮食税之后的贸易自由,至少是与地方经济流转中的贸易自由相联系的。

用粮食税来代替余粮收集制这一政策的实质何在呢?

关于这点,现在非常广泛地流行着一些不正确的观念。这些观念所以不正确,大部分是由于人们不深入研究过渡的实质,不自问一下,究竟这一过渡是从什么过渡到什么。照他们看来,这似乎是从共产主义过渡到资产阶级制度。为了批驳这种错误看法,我不得不引用我在 1918 年 5 月说过的话。

粮食税,是从极度贫困、经济破坏和战争迫使我们所实行的特殊的"战时共产主义"向正常的社会主义的产品交换过渡的一种形式。而正常的社会主义的产品交换,又是从带有小农占人口多数所造成的种种特点的社会主义向共产主义过渡的一种形式。

特殊的"战时共产主义"就是:我们实际上从农民手里拿来了全部余粮,甚至有时不仅是余粮,而是农民的一部分必需的粮食,我们拿来这些粮食,为的是供给军队和养活工人。其中大部分,我们是借来的,付的都是纸币。我们当时不这样做就不能在一个经济遭到破坏的小农国家里战胜地主和资本家。我们取得了胜利(尽管世界上一些最强大的国家都支持我国的剥削者)这一事实不仅表明,工人和农民在谋求自身解放的斗争中能创造出什么样的英勇奇迹。这一事实也表明,当孟什维克、社会革命党人、考茨基之流说我们实行这种"战时共产主义"是一种**过错**时,他们实际上起了资产阶级走狗的作用。应当说我们实行"战时共产主义"是一种功劳。

但同样必须知道这个功劳的真正限度。"战时共产主义"是战争和经济破坏迫使我们实行的。它不是而且也不能是一项适应无产阶级经济任务的政策。它是一种临时的办法。在小农国家内实现本阶级专政的无产阶级,其正确政策是要用农民所必需的工业品去换取粮食。只有这样的粮食政策才能适应无产阶级的任务,只有这样的粮食政策才能巩固社会主义的基础,才能使社会主义取得完全的胜利。

粮食税就是向这种粮食政策的过渡。我国的经济破坏至今还十分严重,战争(昨天已经进行过,由于资本家的贪婪和恶毒,明天还可能爆发)所造成的负担还把我们压得喘不过气来,以致我们还拿不出工业品向农民换取我们所必需的**全部**粮食。我们了解到这一点,所以才实行粮食税,即把最必需(对军队和工人来说)的粮食作为税收征来,其余的粮食我们将用工业品去交换。

同时还不应该忘记下面这一点:贫困和经济破坏到了这种程度,竟使我们不能**立刻**恢复大规模的社会主义的国营工厂的生产。要做到这一点,就必须在各大工业中心有大量粮食和燃料的储备,必须以新机器代替破旧机器,等等。根据经验,我们深信不能马上做到这一点,同时我们也知道,经过这场破坏性的帝国主义战争之后,甚至连最富裕和最先进的国家,也要在一定的、相当长的年限内才能完成这个任务。可见,在一定程度上帮助恢复小工业是必要的,因为它不需要机器,不需要国家的和大批的原料、燃料和粮食的储备,却能够立刻给农民经济以相当帮助并提高其生产力。

这样,结果又会怎样呢?

结果小资产阶级和资本主义就会在一定的(即使只是地方性的)贸易自由基础上复活。这是毫无疑问的。无视这样的事实便太可笑了。

试问,有必要这样做吗? 能够证明这样做是对的吗? 这样做不危险吗?

类似的问题还可以提出很多,但这些问题多半只能暴露出提这些问题的人的幼稚无知(说得轻一点)。

请看我在1918年5月是怎样确定我国经济现有的各种社会经济结构的成分(组成部分)的。从宗法式的即半野蛮的直到社会主义的这五种结构、五个层次（或者说组成部分）都是存在的，这一点谁也否认不了。在一个小农国家内，不言而喻是小农"结构"，即部分是宗法式的、部分是小资产阶级的"结构"占着优势。既然有交换，那么，小经济的发展就是小资产阶级的发展，就是资本主义的发展；这是无可争辩的真理，这是政治经济学的初步原理，而且被日常经验甚至是普通百姓的观察所证实。

社会主义的无产阶级面对着这样的经济现实，能采取什么样的政策呢？是从社会主义大工厂的生产中拿出小农所需要的**全部**产品来向小农交换粮食和原料吗？这是一个最理想的最"正确的"政策，这种政策我们已开始实行了。但是，我们现在不可能，根本不可能拿出所需要的**全部**产品，而且也不可能很快就拿出来，至少在全国电气化第一批工程完成之前是拿不出来的。那该怎么办呢？或者是试图完全禁止、堵塞一切私人的非国营的交换的发展，即商业的发展，即资本主义的发展，而这种发展在有千百万小生产者存在的条件下是不可避免的。一个政党要是试行这样的政策，那它就是在干蠢事，就是自杀。说它在干蠢事，是因为这种政策在经济上行不通；说它在自杀，是因为试行这类政策的政党，必然会遭到失败。老实说，有些共产党员执行的正是**这样的**政策，所以在"思想、言论和行动"上犯了错误。我们要努力纠正这些错误。一定要纠正这些错误，否则后果将不堪设想。

或者是（这是最后一种**可行的**和唯一合理的政策）不去试图禁止或堵塞资本主义的发展，而努力把这一发展纳入**国家资本主义**的轨道。这在经济上是可行的，因为凡是有自由贸易成分以至任何资本主义成分的地方，都已经有了——这种或那种形式、这种或那种程度的——国家资本主义。

苏维埃国家即无产阶级专政能不能同国家资本主义结合、联合和并存呢?

当然能够。我在 1918 年 5 月就反复论证过这一点,并且我相信在 1918 年 5 月就已经证明了这一点。此外,当时我还证明说,与小私有者的(小宗法式的和小资产阶级的)自发势力比较,国家资本主义是一个进步。现在有些人犯了很多错误,就是因为他们只把国家资本主义同社会主义相对照或相比较,而在当前的政治经济情况下,也应该把国家资本主义同小资产阶级生产作一番比较。

全部问题,无论是理论上的还是实践上的问题,在于找出正确的方法,即应当怎样把不可避免的(在一定程度上和在一定期限内不可避免的)资本主义的发展纳入国家资本主义的轨道,靠什么条件来做成这件事,怎样保证在不久的将来把国家资本主义变成社会主义。

为了解决这个问题,首先应当尽可能明确地想到,在我们苏维埃体系内,在我们苏维埃国家范围内,国家资本主义实际上将是怎样的,而且可能是怎样的。

苏维埃政权怎样把资本主义的发展纳入国家资本主义的轨道,苏维埃政权怎样"培植"国家资本主义,可以说明这一点的最简单的事例,就是租让。现在我们这里,大家都一致认为租让是必要的,但并不是所有的人都考虑过租让有什么意义。就各种社会经济结构及其相互关系来看,苏维埃制度下的租让是什么呢? 这就是苏维埃政权即无产阶级的国家政权为反对小私有者的(宗法式的和小资产阶级的)自发势力而和国家资本主义订立的一种合同、同盟或联盟。承租人就是资本家。他按资本主义方式经营,是为了获得利润,他同意和无产阶级政权订立合同,是为了获得高于一般利润的额外利润,或者是为了获得用别的办法得不到或极难得到的原料。苏维埃政权获得的利益,就是发展生产力,就是立刻或在最短期间增加产品数量。譬如说,我们有 100 个油田、矿山和林区。我们不能全部开发,因为我们的机器、粮食和运输工具都不够。由于同样原因,已经开发的产区我们工作得也不好。正由于大企业的开发工作做得不好、不充分,因此小私有者的自发势力在各方面都猖獗起来:附近的(以至整个的)农民经济遭到削弱,它的生产力受到破坏,农民对苏维埃政权愈来愈不信任,盗窃公共财物的现象时常发生,小规模的(但是最危险的)投机倒把活动大量出现,等等。苏维埃政权"培植"租让制这种国家资本主义,就是加强大生产来反对小生产,加强先进生产来反对落后生产,加强机器生产来反对手工生产,增加可由自己支配的大工业产品的数量(即提成),加强由国家调整的经济关系来对抗小资产阶级无政府状态的经济关系。租让政策执行得恰当而谨慎,无疑能帮助我们迅速(在某种不大的程度上)改进生产状况,改善工人和农民的生活,——当然要以某些牺牲作代价,要以把千百万普特最宝贵的产品交给资本家作代价。租让在什么程度上和什么条件下对我们有利而无害,这要取决于力量的对比,取决于斗争,因为租让也是一种斗争形式,是阶级斗争在另一种形式下的继续,而决不是用阶级和平来代替阶级斗争。至于斗争的方式如何,将由实践来表明。

租让制这种国家资本主义,和苏维埃体系内其他形式的国家资本主义比较起来,大概是最简单、明显、清楚和一目了然的形式。在这里,我们和最文明先进的西欧资本主义直接订立正式的书面合同。我们确切知道自己的得失、自己的权利和义务,我们确切知道租让的期限,如果合同规定有提前赎回的权利,我们也确切知道提前赎回的条件。我们给世界资本主义一定的"贡赋",在某些方面向他们"赎买",从而立刻在某种程度上使苏维埃政权的地位得到加强,使我们经营的条件得到改善。在租让方面,任务的全部困难就在于,当订立租让合同时,一切都要经过深思熟虑,反复权衡,而订立之后还要善于监督该合同的执行。这方面困难无疑是有的,而错误在初期大概也是不可避免的,但这些困难,与社会革命的其他任务比较,尤其是与发展、推行、培植国家资本主义的其他形式比较,还是极其微小的。

由于要实行粮食税,党和苏维埃机关全体工作人员的最重要任务,就是要把"租让"(即和"租让制的"国家资本主义相类似的)政策的原则和原理运用到自由贸易及地方流转等等的其他资本主义形式上去。

拿合作社来说吧。粮食税法令立即引起了对合作社条例的修改和合作社"自由"与权利的一定的扩大,并不是没有原因的。合作社也是国家资本主义的一种形式,但它却不那样简单,不那样明显和一目了然,而比较复杂,因此它使我国政权在实践上遇到的困难更多。小商品生产者合作社(这里所说的不是工人合作社,而是在小农国家中占优势的典型的小商品生产者合作社)必然会产生出小资产阶级的、资本主义的关系,促进这种关系的发展,把小资本家提到首位,给他们以最大的利益。既然小业主占优势,既然有交换的可能和必要,那么事情也只能是这样。在俄国目前情况下,合作社有自由,有权利,就等于资本主义有自由,有权利。无视这一明显的真理,便是干蠢事或犯罪。

但在苏维埃政权下,"合作制"资本主义和私人资本主义不同,是国家资本主义的一个变种,正因为如此,所以目前它对我们是有利的,有好处的,当然这只是在一定程度上。既然粮食税意味着可以自由出卖剩下的(纳税以后的)余粮,那么我们就必须竭力设法把资本主义的**这种**发展(因为买卖自由、贸易自由**就是**资本主义的发展)纳入合作制资本主义的轨道。从便于计算、监督、监察以及便于推行国家(这里指苏维埃国家)和资本家之间的合同关系说来,合作制资本主义和国家资本主义相类似。合作社这一商业形式比私营商业有利,有好处,不仅是由于上述一些原因,而且是由于合作社便于把千百万居民以至全体居民联合起来,组织起来,而这种情况,从国家资本主义进一步过渡到社会主义的观点来看,又是一大优点。

我们把国家资本主义的两种形式——租让和合作社比较一下。租让的基础是大机器工业,合作社的基础则是手工的、部分甚至是宗法式的小生产。租让在每一份租让合同中,只关系到一个资本家,或者一个公司,一个辛迪加,一个卡特尔,一个托拉斯。合作社则包括成千上万,甚至千百万个小业主。租让容许有,甚至要求有确切的合同和确切的期限。合作社则既不能有十分确切的合同,也不能有十分确切的期限。撤销合作社法令,要比解除租让合同容易得多,但中断租让合同就意味着一下子干脆地立即与资本家断绝在经济上的联盟或"共居"的实际关系,而撤销合作社法令也好,颁布任何法令也好,都不仅不能一下子就中断苏维埃政权与小资本家的实际"共居"关系,而且根本不能断绝实际的经济关系。"监视"承租人容易,"监视"合作社工作者困难。由租让向社会主义过渡,是由一种大生产形式向另一种大生产形式过渡。由小业主合作社向社会主义过渡,则是由小生产向大生产过渡,就是说,是比较复杂的过渡,但是它一旦获得成功,却能包括比较广大的居民群众,却能把根深蒂固的旧的关系,社会主义以前的,甚至资本主义以前的即最顽固地反抗一切"革新"的那些关系彻底铲除。租让政策一旦获得成功,就会使我们获得为数不多,但却具有现代先进资本主义水平的模范的——和我们的相比较——大企业;经过几十年以后,这些企业就会完全归我们所有。合作制政策一旦获得成功,就会使我们把小经济发展起来,并使小经济比较容易在相当期间内,在自愿联合的基础上过渡到大生产。

再拿国家资本主义的第三种形式来说。国家把作为商人的资本家吸引过来,付给他们一定的佣金,由他们来销售国家的产品和收购小生产者的产品。第四种形式就是:国家把国有的企业或油田、林区、土地等租给企业资本家,而且租借合同与租让合同极为相似。对于国家资本主义这后两种形式,我们根本没有人谈过,根本没有人想过,根本没有人注意过。这种情况的产生,倒不是由于我们又强又聪明,而是由于我们又弱又愚蠢。我们害怕正视"卑微的真理",往往受"令人鼓舞的谎言"[173]所摆布。我们经常爱谈论"我们"是从资本主义向社会主义过渡,却没有明确地想到这个"我们"究竟是指谁。我在1918年5月5日的文章中列举的我国经济中社会经济的一切——一切,绝无例外——组成部分,一切不同的结构,必须予以重视,务必使这一清楚的概念不致被遗忘。"我们",无产阶级的先锋队,无产阶级的先进部队,正直接向社会主义过渡,但先进部队只是整个无产阶级中的一小部分,而无产阶级又只是全体居民群众中的一小部分。所以为了使"我们"能顺利地完成我们直接向社会主义过渡的任务,就必须懂得,需要经过哪些**中间的**途径、方法、手段和辅助办法,才能使**资本主义以前的**

各种关系过渡到社会主义。关键就在这里。

看一下俄罗斯联邦的地图吧。在沃洛格达以北、顿河畔罗斯托夫及萨拉托夫东南、奥伦堡和鄂木斯克以南、托木斯克以北有一片片一望无际的空旷地带,可以容下几十个文明大国。然而主宰这一片片空旷地带的却是宗法制度、半野蛮状态和十足的野蛮状态。那么在俄国所有其余的穷乡僻壤又是怎样的呢?乡村同铁路,即同那联结文明、联结资本主义、联结大工业、联结大城市的物质脉络往往相隔几十俄里,而只有羊肠小道可通,确切些说,是无路可通。到处都是这样。这些地方不也是到处都是宗法制度、奥勃洛摩夫精神[174]和半野蛮状态占优势吗?

试问能不能由这种在俄国占优势的状态,直接过渡到社会主义去呢?是的,在某种程度上是可能的,但必须有一个条件,现在我们有了一部业已完成的科学巨著[175],知道这个条件是什么。这个条件就是电气化。如果我们能建立起几十座区域电站(现在我们知道:这些电站可以而且应该在哪里建立以及如何建立),如果我们能把电力从这些电站送到每个村子,如果我们能得到足够数量的电动机及其他机器,那么从宗法制度到社会主义就不需要或者几乎不需要过渡阶段和中间环节了。我们很清楚,实现这"一个"条件,单是完成第一批工程,就至少要花上十年工夫,至于缩短这一期限,那只有等到无产阶级革命在英、德、美这些国家中获得胜利的时候才有可能。

在最近这几年,必须善于考虑那些便于从宗法制度、从小生产过渡到社会主义的中间环节。"我们"直到现在还常常爱这样议论:"资本主义是祸害,社会主义是幸福。"但这种议论是不正确的,因为它忘记了现存的各种社会经济结构的总和,而只从中抽出了两种结构来看。

同社会主义比较,资本主义是祸害。但同中世纪制度、同小生产、同小生产者涣散性引起的官僚主义比较,资本主义则是幸福。既然我们还不能实现从小生产到社会主义的直接过渡,所以作为小生产和交换的自发产物的资本主义,在一定程度上是不可避免的,所以我们应该利用资本主义(特别是要把它纳入国家资本主义的轨道)作为小生产和社会主义之间的中间环节,作为提高生产力的手段、途径、方法和方式。

拿官僚主义问题来说,从经济方面来看一看这个问题吧。在1918年5月5日,官僚主义还没有引起我们注意。十月革命才过了半年,我们自上而下地摧毁旧官僚机构才过了半年,我们还没有感觉到这个祸害。

又过了一年。在1919年3月18日至23日举行的俄国共产党第八次代表大会**176**上,通过了新党纲,在这个党纲中,我们讲得很直率,我们不怕承认祸害,而愿意暴露它,揭穿它,使人人唾弃它,唤起同祸害作斗争的想法、意志、毅力和行动,我们说,"**官僚主义就在苏维埃制度内部部分地复活起来**"①。

又过了两年。1921年春,即在苏维埃第八次代表大会**177**(1920年12月)讨论了官僚主义问题以后,在俄国共产党第十次代表大会(1921年3月)总结了同分析官僚主义有极密切关系的争论以后,我们把**这个**祸害看得更清楚,更明确,更严重了。官僚主义的经济根源是什么呢? 这种根源主要有两个方面:一方面是已发展起来的资产阶级正是为了反对工人的(部分地也是为了反

---

① 见《列宁全集》中文第2版增订版第36卷第408页。——编者注

对农民的)革命运动而需要官僚机构,首先是军事的,其次是法庭等等的官僚机构。这种现象我们这里是没有的。我们的法庭是反资产阶级的阶级法庭,我们的军队是反资产阶级的阶级军队。官僚主义并不在军队里面,而是在为军队服务的机关里面。我们这里官僚主义的经济根源是另外一种:小生产者的分散性和涣散性,他们的贫困、不开化,交通的闭塞,文盲现象的存在,缺乏农工业之间的**流转**,缺乏两者之间的联系和协作。这在很大程度上是国内战争的结果。那时我们四面被封锁,被包围,与全世界隔绝,以后又与南方产粮区、与西伯利亚、与产煤区隔绝,我们无法恢复工业。那时我们不得不果断地实行"战时共产主义",不畏最大的艰险:我们宁可忍受半饥饿,甚至比半饥饿更坏的生活,也无论如何要捍卫住工农政权;尽管经济破坏空前严重,流转停顿,我们也要把它捍卫住。把社会革命党人和孟什维克吓坏了的情况(他们实际上往往是出于恐惧,出于害怕,才去追随资产阶级的)并没有把我们吓倒。我们的做法在一个被封锁的国家中,在一个被包围的要塞内曾是取得胜利的条件,然而正是到了1921年春,在最后一批白卫军彻底被驱逐出俄罗斯联邦领土以后,却暴露出它的坏的一面。在一个被包围的要塞内,可以而且只能"堵塞"一切流转;由于群众发扬了非凡的英勇精神,这种情况可以忍受三年之久。此后,小生产者的破产更厉害了。大工业的恢复又往后拖,往后推了。于是,官僚主义作为"包围状态"的后果,作为小生产者涣散性和受压制状态的上层建筑,就充分暴露了出来。

应当大胆承认这一祸害,以便更坚决地同它作斗争,以便一次又一次地从头做起——在我国的一切建设部门中,我们还不得不多次反复地从头做起,改正没有做好的事,选择各种完成任务的途径。既然大工业的恢复要推迟,既然工业和农业之间流转"被堵塞"的情况已经到了不堪忍受的地步,那就是说,我们应该致力于较容易做到的事情,即恢复小工业。从这方面来帮助我们的事业,把被战争和封锁弄得摇摇欲坠的建筑物的这一边先支撑起来。要用一切办法坚决发展流转,不要害怕资本主义,因为在我国(经济上剥夺了地主和资产阶级,政治上有工农政权)给予资本主义活动的范围,是相当狭小而"适度"的。这就是粮食税的基本精神,这就是粮食税的经济意义。

党和苏维埃机关的所有工作人员,必须全力以赴、全神贯注地培养和唤起各地方在经济建设事业中较大的主动性——省里的要大;县里的更大;乡和村里的还要大——其目的就是要迅速地振兴农民经济(即使是使用"小笔"资金在小范围里这样做也好),靠发展附近的小工业来帮助农民经济。全国统一的经济计划要求把这件事作为注意和关怀的中心,作为各项"突击"工作的中心。在这里,也就是在最接近极广泛极深厚的"基础"的地方所取得的某种改善,能使我们在最短时间内更积极更顺利地把大工业恢复起来。

粮食工作者过去只知道一个基本指令:收集100%的余粮。现在则是另一个指令了,这就是要在最短期间内征收100%的粮食税,而后再用大工业和小工业的产品换取100%的余粮。一个征收了75%的粮食税,又用大小工业的产品换取了75%(指第二个百分数内的)的余粮的人,同另一个征收了100%的粮食税和换取了55%(指第二个百分数内的)的余粮的人相比,前者做的事情对国家更有利。粮食工作者的任务愈来愈复杂了。一方面,这是国库的任务。征收粮食税要尽量快,要尽量合理。另一方面,这又是总的经济任务。要努力循着扩大和巩固农业和工业间的流转这一方向来指导合作社,来帮助小工业,来发挥地方的主动性和创造性。我们还很不善于做这件事;官僚主义就是一个证明。我们应当大胆承认,在这方面还有**很多东西可以而且应当向资本家学习**。我们要一个个省、一个个县、一个个乡、一个个村地来比较实际经验的总结:在某个地方,私人资本家和小资本家取得了什么什么成绩。他们得到的利润大概有多少。这就是我们"为了学习"而付出的费用或酬金。为了学习要不惜破费,只要能学到东西就行。而在邻近的地方,采用办合作社的办法取得了什么什么成绩。合作社的利润有多少。至于第三个地方,则用纯粹国营的、纯粹共产主义的方式取得了什么什么成绩(这第三种情况在目前是罕见的例外)。

任务就在于每个区域的经济中心,每个省执行委员会所属的经济会议,应把交纳粮食税后余粮如何"流转"的各种试验或办法立即安排好,并把这一工作提到首位。几个月之后,就应当有一些实际结果,以便加以比较和研究。本地盐或外来盐;从中部地区运来的煤油;手工木材加工业;靠当地原料生产一些虽不很重要,但对农民却有用的必需品的手工业;"绿煤"(利用当地小水力来发电);等等——这一切全都应当利用起来,目的是想方设法活跃工业和农业间的流转。谁能在这方面取得最大的成绩,即使是用私人资本主义的办法,甚至没有经过合作社,没有把这种资本主义直接变为国家资本主义,那他给全俄社会主义建设事业带来的益处,也比那些只是"关心"共产主义纯洁性,只是为国家资本主义和合作社起草规章、条文、细则,而实际上却不去推动流转的人,要多得多。

有人可能会认为这是奇谈怪论:私人资本主义能成为社会主

义的帮手吗?

但这一点也不是奇谈怪论,而是经济上完全无可争辩的事实。既然这个小农国家,经历了战争和封锁,在运输业方面遭到严重破坏,而在政治上是由掌握运输业和大工业的无产阶级领导的,那么根据这些前提必然得出这样的结论:第一,地方流转在目前具有头等意义,第二,有可能通过私人资本主义(更不用说国家资本主义)来促进社会主义。

少争论些字眼吧。直到现在,我们在这方面的毛病还非常大。多积累一些各种各样的实际经验吧,多研究研究这些经验吧。常常有这样的情况:模范的地方工作,哪怕是很小范围内的地方工作,往往比中央许多部门的国家工作具有更重要的全国性意义。我国目前在农民经济方面,特别在用工业品交换剩余农产品方面的情况恰恰就是这样。在上述方面,即使只是一个乡的模范工作,也比"模范地"改善某个人民委员部的中央机关具有更大的全国性意义。这是因为我们的中央机关在三年半来竟已沾染了某些有害的因循习气;我们还不能大大地迅速地改善这种机关,我们还不知道应该怎么办。要帮助中央机关作比较彻底的改善,帮助它增加大批新生力量,帮助它有成效地与官僚主义作斗争,帮助它克服有害的因循习气,这种帮助应当来自地方,来自下层,来自一个不大的"整体的"模范工作,这里需要的正是"整体",即不是一种经济,不是一个经济部门,不是一个企业,而是**全部**经济关系的**总和**,是**整个**经济流转——哪怕是在不大的地方范围内——的**总和**。

我们中间一切必须留在中央机关工作的人,将要——即使是在有限的、力所能及的范围内——继续改善机关工作和清除其中的官僚主义。但在这方面,主要的帮助来自地方,今后也一定来自地方。据我看来,我们在地方上的情况一般比中央要好,这也是可以理解的,因为官僚主义这一祸害,自然是集中在中央;在这方面,莫斯科不能不是一个糟糕的城市,而且算得上是全国最糟糕的"地方"。在地方上有两种倾向;坏倾向比好倾向要少。坏倾向就是:混到共产党里来的旧官吏、地主、资产者以及其他败类滥用职权,他们有时做出违法乱纪、欺压农民等恶劣行为。这就需要用恐怖手段进行清洗:就地审判,立即枪决。让马尔托夫之流、切尔诺夫之流以及诸如此类的非党市侩去捶胸大叫:"感谢上帝,我不像'他们',向来不赞成恐怖手段。"这些傻瓜是"不赞成恐怖手段"的,因为他们为自己挑了这样的角色,即充当帮助白卫分子愚弄工人和农民的奴才。社会革命党人和孟什维克是"不赞成恐怖手段"的,因为他们所扮演的角色,就是打着"社会主义"旗帜**带领**群众去**受白卫分子的恐怖统治**。俄罗斯的克伦斯基执政时期和科尔尼洛夫叛乱,西伯利亚的高尔察克叛乱,格鲁吉亚的孟什维主义都证明了这一点,芬兰、匈牙利、奥地利、德国、意大利、英国及其他国家的第二国际和"第二半"国际的英雄们也证明了这一点。让那些帮助白卫分子使用恐怖手段的奴才们去自吹自擂,说他们否定任何恐怖手段吧。而我们还是要说出一个严酷而不容置疑的真理:在那些经历了1914—1918年帝国主义战争后的空前危机、旧的联系中断、阶级斗争激烈的国家里(世界各国都是如此),和伪君子及空谈家说的正相反,没有恐怖手段是绝对不行的。或者是美国式、英国式(爱尔兰)、意大利式(法西斯分子)、德国式、匈牙利式以及其他形式的白卫分子的、资产阶级的恐怖手段,或者是红色的、无产阶级的恐怖手段。中间道路是没有的,没有也不可能有"第三条道路"。

好倾向就是：有成效地与官僚主义作斗争，非常注意工人和农民的需要，非常关心经济的振兴，提高劳动生产率，发展地方上农业和工业间的流转。这种好倾向虽然比坏倾向多，但毕竟还嫌太少。可是这些好倾向是有的。各地都在培养那些经受过国内战争和艰苦生活考验的新的年轻的有朝气的共产主义力量。至于经常不断地把这种力量从下面提拔上来，我们做得还很不够很不够。这一点可以而且必须更广泛更坚决地做下去。某些工作人员可以而且应当调离中央机关到地方上去工作：他们以**县**和**乡**的领导者身份，在那里**模范地**做好**整个**经济工作，就会有很大的贡献，就能比有的中央机构做出更重要的**有全国意义的**事业。这是因为模范工作是培养工作人员的园地，是可供仿效的榜样，有了榜样，仿效就会比较容易了，何况我们还能从中央给以帮助，使各地都来广泛地"仿效"这种榜样。

利用交清粮食税后的余粮和利用小工业主要是手工业来发展农业和工业之间的"流转"问题，实质上就是要求**地方上**发挥独立的、熟悉情况的、巧妙的**首创精神**，所以，从全国观点看来，一个模范县和一个模范乡的工作在目前具有非常重要的意义。例如，在军事上，在最近的对波战争期间，我们就没有害怕违背官僚主义的等级制，没有害怕"降低官衔"，没有害怕把共和国革命军事委员会委员（仍保留他们在中央机关的高级职务）调到下面去工作。为什么现在不可以把全俄中央执行委员会某些委员，或者某些部务委员，或者其他身任要职的同志们，调到下面去工作，甚至是担任县的、乡的工作呢？我们确实还没有"官僚化"到这样的程度，还不至于因为下调就"感到难堪"。而且我们这里可以找到几十个乐意担负这种工作的中央工作人员。我们这样做了，全共和国的经济建设事业就会得到非常大的好处,模范乡或模范县将起到不仅是巨大的,而且简直是有决定意义的历史作用。

顺便说说,必须指出在与投机倒把活动作斗争这一问题的原则提法上所作的必要的改变,这虽是小问题,但却是很有意义的。凡是不逃避国家的监督的"正当"贸易,我们都应当加以支持,发展这种贸易对我们是有利的。投机倒把活动,如果从政治经济学意义上来理解,那它和"正当"贸易就区分**不**开来。贸易自由就是资本主义,资本主义就是投机倒把,无视这一点是很可笑的。

怎么办呢?难道宣布投机倒把活动可以不受制裁吗?

不。应当重新审查和修改关于投机倒把活动的一切法令,宣布一切**盗窃公共财物行为**,一切直接或间接、公开或秘密地**逃避国家监督**、**监察和计算的行为**,都要受到制裁(事实上要比从前更严厉三倍地加以惩办)。正是要这样来提出问题(人民委员会已经开始这样做,就是说,人民委员会已下令开始重新审查关于投机倒把活动的法令),才能做到把某种程度上不可避免的、而且为我们所必需的资本主义发展纳入**国家**资本主义的轨道。

1921 年 5 月由国家出版社在莫斯科印成单行本

选自《列宁全集》中文第 2 版增订版第 41 卷第 206—224 页

论战斗唯物主义的意义[178]

(1922 年 3 月 12 日)

　　关于《在马克思主义旗帜下》杂志的一般任务，所有要点托洛茨基同志在第 1—2 期合刊上已经谈过了，而且谈得很好。我只想谈几个问题，把杂志编辑部在第 1—2 期合刊的发刊词中所宣布的工作内容和工作计划规定得更确切一些。

　　这篇发刊词说，团结在《在马克思主义旗帜下》杂志周围的不全是共产党员，然而都是彻底的唯物主义者。我认为，共产党员和非共产党员的这种联盟是绝对必要的，而且正确地规定了杂志的任务。如果共产党员（以及所有成功地开始了大革命的革命家）以为单靠革命家的手就能完成革命事业，那将是他们最大最危险的错误之一。恰恰相反，要使任何一件重大的革命工作得到成功，就必须懂得，革命家只能起真正富有生命力的先进阶级的先锋队的作用，必须善于实现这一点。先锋队只有当它不脱离自己领导的群众并真正引导全体群众前进时，才能完成其先锋队的任务。在各种活动领域中，不同非共产党员结成联盟，就根本谈不上什么有成效的共产主义建设。

　　《在马克思主义旗帜下》杂志所担负的捍卫唯物主义和马克思主义的工作也是如此。可喜的是俄国先进社会思想中的主要思潮具有坚实的唯物主义传统。且不说格·瓦·普列汉诺夫，只要指出车尔尼雪夫斯基就够了，现代的民粹派（人民社会党人和社会革命党人等）由于一味追随时髦的反动哲学学说，往往离开车尔尼雪夫斯基而倒退，他们被欧洲科学的所谓"最新成就"的假象所迷惑，不能透过这种假象看清它是替资产阶级及其偏见和反动性效劳的不同形式。

无论如何，我们俄国还有——而且在相当长的时期内无疑还会有——非共产党员的唯物主义者，而吸收一切拥护彻底的战斗唯物主义的人来共同反对哲学上的反动，反对所谓"有教养社会"的种种哲学偏见，是我们不可推诿的责任。老狄慈根（不要把他同他那自命不凡而实际上毫无成就的著作家儿子混为一谈）曾正确地、中肯地、清楚地表述了马克思主义对盛行于资产阶级国家并受到它们的学者和政论家重视的那些哲学流派的基本看法，他说：当今社会中的哲学教授多半实际上无非是"僧侣主义的有学位的奴仆"。**179**

我们俄国那些喜欢自命为先进人物的知识分子，同他们在其他各国的伙伴们一样，很不喜欢用狄慈根所说的评价来考察问题。他们所以不喜欢这样做，是因为真理的光芒是刺眼的。只要稍微深入思考一下当今那些有教养的人在国家政治、一般经济、日常生活以及其他方面对于占统治地位的资产阶级的依赖，就可以了解狄慈根这句一针见血的评语是绝对正确的。只要回顾一下欧洲各国经常出现的时髦哲学流派中的多数流派，哪怕只回顾一下由于镭的发现而兴起的哲学流派，直到目前正在竭力抓住爱因斯坦学说的哲学流派，就可以知道资产阶级的阶级利益、阶级立场及其对各种宗教的扶持同各种时髦哲学流派的思想内容之间的联系了。

由此可见,这个要成为战斗唯物主义刊物的杂志,首先应该是一个战斗的刊物,这就是说,要坚定不移地揭露和追击当今一切"僧侣主义的有学位的奴仆",而不管他们是以官方科学界的代表,还是以"民主主义左派或有社会主义思想的"政论家自命的自由射手**180**的面貌出现。

其次,这个杂志应该是一个战斗的无神论的刊物。我们有些部门,至少有些国家机关是主管这个工作的。但是,这个工作做得非常软弱无力,非常不能令人满意,看来是受到了我们真正俄罗斯式的(尽管是苏维埃式的)官僚主义这种一般环境的压抑。因此,为了弥补有关国家机关工作的不足,为了改进和活跃这一工作,这个要办成战斗唯物主义刊物的杂志必须不倦地进行无神论的宣传和斗争,这一点是非常重要的。要密切注意用各种文字出版的一切有关文献,把这方面一切多少有些价值的东西翻译出来,或者至少摘要介绍。

恩格斯早就嘱咐过现代无产阶级的领导者,要把18世纪末战斗的无神论的文献翻译出来,在人民中间广泛传播。① 我们惭愧的是,直到今天还没有做这件事(这是证明在革命时代夺取政权要比正确地运用这个政权容易得多的许多例子之一)。有时人们用各种"动听的"理由来为我们这种软弱无力、无所作为和笨拙无能进行辩护,例如说18世纪无神论的旧文献已经过时、不科学、很幼稚等等。这种不是掩盖学究气就是掩盖对马克思主义一窍不通的冒充博学的诡辩,是再坏不过了。当然,在18世纪革命家的无神论著作中有不少不科学的和幼稚的地方。但是,谁也不会阻止

———————————

① 参看《马克思恩格斯文集》第3卷第361—362页。——编者注

出版者把这些作品加以删节和附以短跋,指出人类从 18 世纪末以来对宗教的科学批判所取得的进步,指出有关的最新著作等等。一个马克思主义者如果以为,被整个现代社会置于愚昧无知和囿于偏见这种境地的亿万人民群众(特别是农民和手工业者)只有通过纯粹马克思主义的教育这条直路,才能摆脱愚昧状态,那就是最大的而且是最坏的错误。应该向他们提供各种无神论的宣传材料,告诉他们实际生活各个方面的事实,用各种办法接近他们,以引起他们的兴趣,唤醒他们的宗教迷梦,用种种方法从各方面使他们振作起来,如此等等。

18 世纪老无神论者所写的那些泼辣的、生动的、有才华的政论,机智地公开地抨击了当时盛行的僧侣主义,这些政论在唤醒人们的宗教迷梦方面,往往要比那些文字枯燥无味,几乎完全没有选择适当的事实来加以说明,而仅仅是转述马克思主义的文章要合适千百倍,此类转述充斥我们的出版物,并且常常歪曲(这是毋庸讳言的)马克思主义。马克思和恩格斯的所有比较重要的著作我们都有了译本。担心在我国人们不会用马克思和恩格斯的修正意见来补充旧无神论和旧唯物主义,那是没有任何根据的。最重要的事情,也是我们那些貌似马克思主义、实则歪曲马克思主义的共产党员往往忽视的事情,就是要善于唤起最落后的群众自觉地对待宗教问题,自觉地批判宗教。

另一方面,请看一看当今对宗教作科学批判的代表人物吧。这些有教养的资产阶级代表人物在驳斥宗教偏见时差不多总要"加上"一些自己的见解,从而马上暴露出他们是资产阶级的思想奴隶,是"僧侣主义的有学位的奴仆"。

举两个例子。罗·尤·维佩尔教授在 1918 年出版了一本题名《基督教的起源》的小册子（莫斯科法罗斯出版社版）。作者叙述了现代科学的主要成就，但他不仅没有反对教会这种政治组织的武器，即偏见和骗局，不仅回避了这些问题，而且表示了一种简直可笑而反动透顶的奢望：要凌驾于唯心主义和唯物主义这两个"极端"之上。这是为现在占统治地位的资产阶级效劳，而资产阶级则从他们在世界各国劳动者身上榨取到的利润中拿出几亿卢布来扶持宗教。

德国的著名学者阿尔图尔·德雷夫斯在他的《基督神话》一书中驳斥了宗教偏见和神话，证明根本就没有基督这样一个人，但在该书末尾，他却主张要有一种宗教，不过，是一种革新的、去芜存精的、巧妙的、能够抵抗"日益汹涌的自然主义潮流"的宗教（1910年德文第4版第238页）。德雷夫斯是一个明目张胆的、自觉的反动分子，他公开帮助剥削者用更为卑鄙下流的新的宗教偏见来代替陈旧腐朽的宗教偏见。

这并不是说，不应该翻译德雷夫斯的东西。这只是说，共产党员和一切彻底的唯物主义者虽然在一定程度上要同资产阶级中的进步分子结成联盟，但是当这些进步分子变成反动的时候，就要坚决地揭露他们。这只是说，不敢同18世纪即资产阶级还是革命阶级时期的资产阶级代表人物结成联盟，就无异是背叛马克思主义和唯物主义，因为我们在同流行的宗教蒙昧主义的斗争中，必须通过某种形式在某种程度上同德雷夫斯们结成"联盟"。

《在马克思主义旗帜下》杂志要成为战斗唯物主义的刊物，就必须用许多篇幅来进行无神论的宣传，评介有关的著作，纠正我们国家在这方面工作中的大量缺点。特别重要的是要利用那些有许多具体事实和对比来说明现代资产阶级的阶级利益、阶级组织同宗教团体、宗教宣传组织之间的关系的书籍和小册子。[181]

有关北美合众国的一切材料都非常重要,那里宗教同资本之间的正式的、官方的、国家的关系要少一些。然而我们看得更为清楚,所谓"现代民主"(孟什维克、社会革命党人和一部分无政府主义者等对这种民主崇拜得五体投地),无非是有宣传对资产阶级有利的东西的自由,而对资产阶级有利的,就是宣传最反动的思想、宗教、蒙昧主义以及为剥削者辩护等等。

我希望这个要成为战斗唯物主义刊物的杂志,能为我国读者登载一些评介无神论书籍的文章,说明哪些著作在哪一方面适合哪些读者,并指出我国已出版哪些书籍(要像样的译本才能算数,但这样的译本还不怎么多),还应出版哪些书籍。

———

战斗唯物主义为了完成应当进行的工作,除了同没有加入共产党的彻底唯物主义者结成联盟以外,同样重要甚至更重要的是同现代自然科学家结成联盟,这些人倾向于唯物主义,敢于捍卫和宣传唯物主义,反对盛行于所谓"有教养社会"的唯心主义和怀疑论的时髦的哲学倾向。

《在马克思主义旗帜下》杂志第1—2期合刊上登了阿·季米里亚捷夫论爱因斯坦相对论的文章,由此可以期待,这个杂志也能实现这后一种联盟。必须更多地注意这个联盟。必须记住,正因为现代自然科学经历着急剧的变革,所以往往会产生一些大大小小的反动的哲学学派和流派。因此,现在的任务就是要注意自然科学领域最新的革命所提出的种种问题,并吸收自然科学家参加哲学杂志所进行的这一工作,不解决这个任务,战斗唯物主义决不可能是战斗的,也决不可能是唯物主义。季米里亚捷夫在杂志第

1 期上不得不声明,各国已有一大批资产阶级知识分子抓住了爱因斯坦的理论,而爱因斯坦本人,用季米里亚捷夫的话来说,并没有对唯物主义原理进行任何主动的攻击。这不仅是爱因斯坦一人的遭遇,也是 19 世纪末以来自然科学的许多大革新家,甚至是多数大革新家的遭遇。

为了避免不自觉地对待此类现象,我们必须懂得,任何自然科学,任何唯物主义,如果没有坚实的哲学论据,是无法对资产阶级思想的侵袭和资产阶级世界观的复辟坚持斗争的。为了坚持这个斗争,为了把它进行到底并取得完全胜利,自然科学家就应该做一个现代唯物主义者,做一个以马克思为代表的唯物主义的自觉拥护者,也就是说,应当做一个辩证唯物主义者。为了达到这个目的,《在马克思主义旗帜下》杂志的撰稿人就应该组织从唯物主义观点出发对黑格尔辩证法作系统研究,即研究马克思在他的《资本论》及各种历史和政治著作中实际运用的辩证法,马克思把这个辩证法运用得非常成功,现在东方(日本、印度、中国)的新兴阶级,即占世界人口大多数但因其历史上无所作为和历史上沉睡不醒而使欧洲许多先进国家至今仍处于停滞和腐朽状态的数亿人民日益觉醒奋起斗争的事实,新兴民族和新兴阶级日益觉醒的事实,愈来愈证明马克思主义的正确性。

当然,这样来研究、解释和宣传黑格尔辩证法是非常困难的,因此,这方面的初步尝试不免要犯一些错误。但是,只有什么事也不做的人才不会犯错误。根据马克思怎样运用从唯物主义来理解的黑格尔辩证法的例子,我们能够而且应该从各方面来深入探讨这个辩证法,在杂志上登载黑格尔主要著作的节录,用唯物主义观点加以解释,举马克思运用辩证法的实例,以及现代史尤其是现代帝国主义战争和革命提供得非常之多的经济关系和政治关系方面辩证法的实例予以说明。依我看,《在马克思主义旗帜下》杂志的编辑和撰稿人这个集体应该是一种"黑格尔辩证法唯物主义之友协会"。现代的自然科学家从作了唯物主义解释的黑格尔辩证法中可以找到(只要他们善于去找,只要我们能学会帮助他们)自然科学革命所提出的种种哲学问题的解答,崇拜资产阶级时髦的知识分子在这些哲学问题上往往"跌入"反动的泥坑。

唯物主义如果不给自己提出这样的任务并不断地完成这个任务,它就不能成为战斗的唯物主义。用谢德林的话来说,它与其说是战斗,不如说是挨揍。不这样做,大自然科学家在作哲学结论和概括时,就会和以前一样常常感到束手无策。因为,自然科学进步神速,正处于各个领域都发生深刻的革命性变革的时期,这使得自然科学无论如何离不了哲学结论。

最后,我举一个例子,这个例子虽然与哲学领域无关,但毕竟属于《在马克思主义旗帜下》杂志也想注意的社会问题领域。

这个例子表明,当今的伪科学实际上是最鄙陋最卑劣的反动观点的传播者。

不久以前我收到了"俄国技术协会"第十一部出版的第1期《经济学家》杂志[182](1922年)。这是一位年轻的共产党员寄给我的,他大概还没有时间了解一下这本杂志的内容,就轻率地对这个杂志表示赞许。其实,这个杂志是当代农奴主的刊物(自觉到什么程度,我不知道),他们当然是披着科学、民主主义等等外衣的。

有一位叫皮·亚·索罗金的先生在这本杂志上发表了一篇《论战争的影响》的所谓"社会学"研究的洋洋大作。这篇深奥的文章堆满了作者从他本人和他的许多外国师友的"社会学"著作中引来的种种深奥的论据。请看他的高论吧。

我在第 83 页上看到：

> "现在彼得格勒每 1 万起婚姻中，有 92.2 起离婚，这真是一个惊人的数字，而且每 100 起离婚中，又有 51.1 起是结婚不满 1 年的：其中有 11% 不满 1 个月，22% 不满 2 个月，41% 不满 3—6 个月，只有 26% 是超过 6 个月的。这些数字表明，现在的合法婚姻，实际上不过是掩盖婚外性关系并使那些'好色之徒'能够'合法地'满足自己欲望的一种形式罢了。"（《经济学家》杂志第 1 期第 83 页）

毫无疑问，这位先生以及出版这家杂志并刊登这种议论的俄国技术协会，都是以民主拥护者自居的；当他们听见人家叫他们的真实名字，即叫他们农奴主、反动分子和"僧侣主义的有学位的奴仆"的时候，他们一定会认为这是一种莫大的侮辱。

任何一个关心这个问题的人，只要稍微注意一下资产阶级国家关于结婚、离婚和非婚生子女的法律以及这方面的实际情况，就会知道现代资产阶级民主制，即使是在所有最民主的资产阶级共和国中，都是以农奴主的态度对待妇女和非婚生子女的。

当然，这并不妨碍孟什维克、社会革命党人和一部分无政府主义者以及西方一切类似他们的党派继续高喊民主，叫嚷布尔什维克违背民主。事实上，在结婚、离婚和非婚生子女地位这些问题上，正是布尔什维主义革命才是唯一彻底的民主革命。这是一个最直接涉及任何一个国家半数以上的人口利益的问题。尽管在布尔什维主义革命以前已经有过很多次自称为民主革命的资产阶级革命，但是只有布尔什维主义革命才第一次在这方面进行了坚决的斗争，它既反对反动思想和农奴制度，又反对统治阶级和有产阶级通常所表现的假仁假义。

如果索罗金先生以为每 1 万起婚姻中有 92 起离婚是一个惊人的数字,那我们只好认为,索罗金先生若不是在一所同实际生活隔绝得几乎谁也不会相信其存在的修道院里受的教育,那就是这位作者为了讨好反动派和资产阶级而歪曲事实。任何一个稍微了解资产阶级各国社会情况的人都知道,那里事实上离婚(当然是没有得到教会和法律认可的)的实际数字要大得多。俄国在这方面与别国不同的地方,就是它的法律不把假仁假义、妇女及其子女的无权地位奉为天经地义的事情,而是公开地并以国家政权的名义对一切假仁假义和一切无权现象作不懈的斗争。

马克思主义的杂志还必须对当代这类"有教养的"农奴主作斗争。其中也许有不少人甚至拿我们国家的钱,在我们国家机关里担任教育青少年的职务,虽然他们不配做这种工作,正如人所共知的奸污幼女者不配担任儿童学校的学监一样。

俄国工人阶级有本领夺得政权,但是还没有学会利用这个政权,否则它早就把这类教员和学术团体的成员客客气气地送到资产阶级"民主"国家里去了。那里才是这类农奴主最适合的地方。

只要愿意学习,就一定能够学会。

1922 年 3 月 12 日

载于 1922 年 3 月《在马克思主义旗帜下》杂志第 3 期

选自《列宁全集》中文第 2 版增订版第 43 卷第 23—32 页

论我国革命

（评尼·苏汉诺夫的札记）[183]

（1923 年 1 月 16 日和 17 日）

一

这几天我翻阅了一下苏汉诺夫的革命札记。特别引人注目的是我国所有小资产阶级民主派也和第二国际全体英雄们一样迂腐。引人注目的是他们对过去的盲目模仿，至于他们非常怯懦，甚至其中的优秀人物一听说要稍微离开一下德国这个榜样，也要持保留态度，至于所有小资产阶级民主派在整个革命中充分表现出来的这种特性，就更不用说了。

他们都自称马克思主义者，但是对马克思主义的理解却迂腐到无以复加的程度。马克思主义中有决定意义的东西，即马克思主义的革命辩证法，他们一点也不理解。马克思说在革命时刻要有极大的灵活性[184]，就连马克思的这个直接指示他们也完全不理解，他们甚至没有注意到，例如，马克思在通信中（我记得是在1856 年的通信中）曾表示希望能够造成一种革命局面的德国农民战争同工人运动结合起来[185]，就是对马克思的这个直接指示，他们也像猫儿围着热粥那样绕来绕去，不敢触及。

他们的一举一动都暴露出他们是些怯懦的改良主义者，唯恐离开资产阶级一步,更怕跟资产阶级决裂,同时又用满不在乎的空谈和大话来掩饰自己的怯懦。即使单从理论上来看,也可以明显地看出他们根本不能理解马克思主义的下述见解。他们到目前为止只看到过资本主义和资产阶级民主在西欧的发展这条固定道路。因此,他们不能想象到,这条道路只有作相应的改变,也就是说,作某些修正(从世界历史的总进程来看,这种修正是微不足道的),才能当做榜样。

第一,这是和第一次帝国主义世界大战相联系的革命。这样的革命势必表现出一些新的特征,或者说正是由于战争而有所改变的一些特征,因为世界上还从来没有过在这种情况下发生的这样的战争。到目前为止我们看到,最富有的国家的资产阶级在这场战争之后还没有能调整好"正常的"资产阶级关系,而我们的改良主义者,即硬充革命家的小资产者,却一直认为正常的资产阶级关系是一个极限(不可逾越的极限),而且他们对于这种"正常"的理解是极其死板、极其狭隘的。

第二,他们根本不相信任何这样的看法:世界历史发展的一般规律,不仅丝毫不排斥个别发展阶段在发展的形式或顺序上表现出特殊性,反而是以此为前提的。他们甚至没有想到,例如,俄国是个介于文明国家和初次被这场战争最终卷入文明之列的整个东方各国即欧洲以外各国之间的国家,所以俄国能够表现出而且势必表现出某些特殊性,这些特殊性当然符合世界发展的总的路线,但却使俄国革命有别于以前西欧各国的革命,而且这些特殊性到了东方国家又会产生某些局部的新东西。

例如,他们在西欧社会民主党发展时期背得烂熟的一条论据,已成为他们万古不变的金科玉律,这条论据就是:我们还没有成长到实行社会主义的地步,或像他们中间各种"博学的"先生们所说的那样,我们还没有实行社会主义的客观经济前提。可是他们谁也没有想到问一问自己:面对第一次帝国主义大战所造成的那种革命形势的人民,在毫无出路的处境逼迫下,难道他们就不能奋起斗争,以求至少获得某种机会去为自己争得进一步发展文明的并不十分寻常的条件吗?

"俄国生产力还没有发展到可以实行社会主义的高度。"第二国际的一切英雄们,当然也包括苏汉诺夫在内,把这个论点真是当做口头禅了。他们把这个无可争辩的论点,用千百种腔调一再重复,他们觉得这是对评价我国革命有决定意义的论点。

试问,既然特殊的环境把俄国卷入了西欧所有多少有些影响的国家也被卷入的帝国主义世界大战,其次使处于东方即将开始或部分已经开始的革命边缘的俄国,发展到有条件实现像马克思这样的"马克思主义者"在 1856 年谈到普鲁士时曾作为一种可能的前途提出来的"农民战争"同工人运动的联合,那该怎么办呢?

既然毫无出路的处境十倍地增强了工农的力量,使我们能够用与西欧其他一切国家不同的方法来创造发展文明的根本前提,那又该怎么办呢? 世界历史发展的总的路线是不是因此改变了呢? 正在卷入和已经卷入世界历史总进程的每个国家的各基本阶级的基本相互关系是不是因此改变了呢?

既然建立社会主义需要有一定的文化水平(虽然谁也说不出这个一定的"文化水平"究竟是什么样的,因为这在各个西欧国家都是不同的),我们为什么不能首先用革命手段取得达到这个一定水平的前提,**然后**在工农政权和苏维埃制度的基础上赶上别国人民呢?

1923 年 1 月 16 日

二

你们说,为了建立社会主义就需要文明。好极了。那么,我们为什么不能首先在我国为这种文明创造前提,如驱逐地主,驱逐俄国资本家,然后开始走向社会主义呢? 你们在哪些书本上读到过,通常的历史顺序是不容许或不可能有这类改变的呢?

记得拿破仑这样写过:"On s'engage et puis…on voit",意译出来就是:"首先要投入真正的战斗,然后便见分晓。"我们也是首先在 1917 年 10 月投入了真正的战斗,然后就看到了像布列斯特和约或新经济政策等等这样的发展中的细节(从世界历史的角度来看,这无疑是细节)。现在已经毫无疑问,我们基本上是胜利了。

我们的苏汉诺夫们,更不必说那些比他们更右的社会民主党人了,做梦也没有想到,不这样就根本不能进行革命。我们的欧洲庸人们做梦也没有想到,在东方那些人口无比众多、社会情况无比复杂的国家里,今后的革命无疑会比俄国革命带有更多的特殊性。

不用说,按考茨基思想编写的教科书在当时是很有益处的。不过现在毕竟是丢掉那种认为这种教科书规定了今后世界历史发展的一切形式的想法的时候了。应该及时宣布,有这种想法的人简直就是傻瓜。

1923 年 1 月 17 日

载于 1923 年 5 月 30 日《真理报》第 117 号

选自《列宁全集》中文第 2 版增订版第 43 卷第 373—376 页

重要论述辑录

达尔文推翻了那种把动植物物种看做彼此毫无联系的、偶然的、"神造的"、不变的东西的观点,探明了物种的变异性和承续性,第一次把生物学放在完全科学的基础之上。同样,马克思也推翻了那种把社会看做可按长官意志(或者说按社会意志和政府意志,反正都一样)随便改变的、偶然产生和变化的、机械的个人结合体的观点,探明了作为一定生产关系总和的社会经济形态这个概念,探明了这种形态的发展是自然历史过程,从而第一次把社会学放在科学的基础之上。

《什么是"人民之友"以及他们如何攻击社会民主党人?》,见《列宁全集》中文第 2 版增订版第 1 卷第111—112 页

自从《资本论》问世以来,唯物主义历史观已经不是假设,而是科学地证明了的原理。在我们还没有看见另一种科学地解释某种社会形态(正是社会形态,而不是什么国家或民族甚至阶级等等的生活方式)的活动和发展的尝试以前,没有看见另一种像唯物主义那样能把"有关事实"整理得井然有序,能对某一社会形态作出严格的科学解释并给以生动描绘的尝试以前,唯物主义历史观始终是社会科学的同义词。唯物主义并不像米海洛夫斯基先生所想的那样,"多半是科学的历史观",而是唯一科学的历史观。

《什么是"人民之友"以及他们如何攻击社会民主党人?》,见《列宁全集》中文第 2 版增订版第 1 卷第 112 页

　　马克思主义者从马克思的理论中,无疑地只是借用了宝贵的方法,没有这种方法,就不能阐明社会关系,所以他们在评判自己对社会关系的估计时,完全不是以抽象公式之类的胡说为标准,而是以这种估计是否正确和是否同现实相符合为标准的。

《什么是"人民之友"以及他们如何攻击社会民主党人?》,见《列宁全集》中文第 2 版增订版第 1 卷第163—164 页

　　只有不可救药的书呆子,才会单靠引证马克思关于另一历史时代的某一论述,来解决当前发生的独特而复杂的问题。

《俄国资本主义的发展》,见《列宁全集》中文第 2 版增订版第 3 卷第 13 页

　　应当时刻不忘我们的最终目的,随时进行宣传,保卫无产阶级的意识形态——科学社会主义学说,也就是马克思主义——不被歪曲,并使之继续发展。

《政治鼓动和"阶级观点"》,见《列宁全集》中文第 2 版增订版第 6 卷第 251 页

　　严格的无产阶级世界观只有一个,这就是**马克思主义**。严格的无产阶级纲领和策略就是国际革命社会民主党的纲领和策略。而正是无产阶级的经验,正是从德国到美国,从英国到意大利的全世界无产阶级运动的经验向我们证明了这一点。从这个运动1848 年第一次登上广阔的政治舞台起,已过去半个多世纪了;各国的无产阶级政党已经形成,并且壮大起来,成为百万大军;它们经历了一系列的革命,经受了各种各样的考验,既有过右倾,也有

过左倾,既反对过机会主义,也反对过无政府主义。而整个这一伟大的经验,是对马克思主义世界观和社会民主党纲领的证明。

《新的革命工人联合会》,见《列宁全集》中文第 2 版
增订版第 10 卷第 271 页

在欧洲,在各种社会主义学说中间,马克思主义现在已经取得了完全的统治,而争取实现社会主义制度的斗争,几乎完全是各国社会民主党领导的工人阶级的斗争。但是以马克思主义学说为基础的无产阶级社会主义的这个完全的统治,并不是一下子就巩固起来的,而只是在同各种落后的学说如小资产阶级社会主义、无政府主义等等作了长期斗争以后,才巩固起来的。大约 30 年以前,马克思主义就是在德国也还没有取得统治地位,当时在德国占优势的,老实说,是介于小资产阶级社会主义和无产阶级社会主义之间的过渡的、混合的、折中的见解。而在罗曼语国家,如法国、西班牙、比利时,在先进工人中最流行的学说是蒲鲁东主义[125]、布朗基主义[186]、无政府主义,这些学说所反映的显然是小资产者的观点而不是无产者的观点。

究竟是什么原因使马克思主义恰恰在最近几十年获得了这个迅速的和完全的胜利呢?现代社会在经济方面和政治方面的全部发展,革命运动和被压迫阶级的斗争的全部经验,都日益证实马克思主义观点的正确性。小资产阶级的衰落,必定要使一切小资产阶级的偏见迟早归于灭亡,而资本主义的发展和资本主义社会内部阶级斗争的尖锐化,则替无产阶级社会主义的思想作了最好的宣传。

在俄国,各种落后的社会主义学说之所以根深蒂固,自然是由

于俄国落后的缘故。最近 25 年来的全部俄国革命思想史,就是马克思主义同小资产阶级民粹派社会主义作斗争的历史。

《小资产阶级社会主义和无产阶级社会主义》,见《列宁全集》中文第 2 版增订版第 12 卷第 37—38 页

我们现在必须遵从恩格斯有一次向德国社会主义者提出的建议:翻译和大量发行 18 世纪的法国启蒙著作和无神论著作①。

《社会主义和宗教》,见《列宁全集》中文第 2 版增订版第 12 卷第 134 页

莫斯科起义给我们的第三个伟大教训,是关于起义的战术和起义力量的组织。战术是由军事技术水平决定的,——这个真理,恩格斯曾反复向马克思主义者作过通俗而详尽的解释[187]。

《莫斯科起义的教训》,见《列宁全集》中文第 2 版增订版第 13 卷第 370 页

马克思主义要求把最高纲领和最低纲领清楚地划分开。最高纲领就是对社会实行社会主义改造,这就**不可能**不消灭商品生产。最低纲领就是在商品生产范围内可以实行的改造。把这两种改造混淆起来,必然会对无产阶级的社会主义造成种种小资产阶级的、机会主义的或无政府主义的歪曲,必然会使无产阶级通过夺取政权来实现的社会革命的任务**模糊起来**。

《社会革命党的孟什维克》,见《列宁全集》中文第 2 版增订版第 13 卷第 392 页

---

① 参看《马克思恩格斯文集》第 3 卷第 361 页。——编者注

"平均"使用土地……   小生产者的这种平等思想是反动的，因为它不是向前寻找而是向后寻找完成社会主义革命任务的办法。无产阶级提出的不是小业主的平等社会主义，而是公有化大生产的社会主义。然而那种平等思想却最完全、最彻底和最坚决地反映了资产阶级民主性的任务。我奉劝那些忘了这一点的马克思主义者去看一看马克思的《资本论》第 1 卷和恩格斯的《反杜林论》。平等思想最完整不过地反映了同一切农奴制残余作斗争的要求，反映了争取最广泛、最彻底地发展商品生产的要求。

> 《俄国革命的长处和弱点》，见《列宁全集》中文第 2
> 版增订版第 15 卷第 192 页

马克思和恩格斯教给无产阶级的是革命的策略，是把斗争推进到最高形式的策略，是引导农民跟着无产阶级走，而不是引导无产阶级跟着自由派叛徒走的策略。

> 《沿着老路走去!》，见《列宁全集》中文第 2 版增订版
> 第 17 卷第 27 页

"从经济学来看形式上是错误的东西，从世界历史来看却可能是正确的"①，——对恩格斯的这句话，我们的孟什维克是永远也理解不了的。他们这些学究在揭露民粹派**学说**的**错误**时，闭眼不看这些冒牌社会主义学说反映出来的现代资产阶级革命中的现代斗争的**真相**。

> 《资产阶级的"向左转"和无产阶级的任务》，见《列
> 宁全集》中文第 2 版增订版第 17 卷第 386 页

---

① 见《马克思恩格斯文集》第 4 卷第 204 页。——编者注

马克思和恩格斯的唯物主义辩证法无疑地包含着相对主义，可是它并不归结为相对主义，这就是说，它不是在否定客观真理的意义上，而是在我们的知识向客观真理接近的界限受历史条件制约的意义上，承认我们一切知识的相对性。

《唯物主义和经验批判主义》，见《列宁全集》中文第
2 版增订版第 18 卷第 138 页

马克思和恩格斯的天才也表现在：他们蔑视学究式地玩弄新奇的名词、古怪的术语、狡猾的"主义"，而直截了当地说，哲学上有唯物主义路线和唯心主义路线，在两者之间有各式各样的不可知论。劳神费力寻找哲学上的"新"观点，正如劳神费力创造"新"价值论、"新"地租论等等一样，是精神上贫乏的表现。

《唯物主义和经验批判主义》，见《列宁全集》中文第
2 版增订版第 18 卷第 149 页

至于说到恩格斯，如果我没有弄错，他当时用不着专门在因果性问题上以他的唯物主义观点去反对其他派别。对他来说没有这种必要，因为他在关于整个外部世界的客观实在性这个更根本的问题上已经十分明确地同一切不可知论者划清了界限。但是，谁要是稍微认真地读过恩格斯的哲学著作，就一定会明白，恩格斯不容许对自然界的客观规律性、因果性、必然性的存在有丝毫怀疑。

《唯物主义和经验批判主义》，见《列宁全集》中文第
2 版增订版第 18 卷第 158 页

只要**不想**歪曲恩格斯,就**不可能**不了解他。

《唯物主义和经验批判主义》,见《列宁全集》中文第
2 版增订版第 18 卷第 250 页

旧唯物主义的这种缺点是不容怀疑的;不了解一切科学理论的相对性,不懂得辩证法,夸大机械论的观点,这都是恩格斯责备旧唯物主义者的地方。但是恩格斯能够(与斯塔洛不同)抛弃黑格尔的唯心主义,**并且了解**黑格尔辩证法的天才的真理的内核。恩格斯是为了**辩证**唯物主义,而不是为了那陷入主观主义的相对主义而摒弃旧的形而上学唯物主义的。

《唯物主义和经验批判主义》,见《列宁全集》中文第
2 版增订版第 18 卷第 324 页

马克思和恩格斯的学说是从费尔巴哈那里产生出来的,是在与庸才们的斗争中发展起来的,自然他们所特别注意的是修盖好唯物主义哲学的上层,也就是说,他们所特别注意的不是唯物主义认识论,而是唯物主义历史观。因此,马克思和恩格斯在他们的著作中特别强调的是**辩证**唯物主义,而不是辩证**唯物主义**,特别坚持的是**历史**唯物主义,而不是历史**唯物主义**。

《唯物主义和经验批判主义》,见《列宁全集》中文第
2 版增订版第 18 卷第 345 页

在停滞时期必然会提到重要地位的理论工作,也同样要求我们团结一致地捍卫社会主义,捍卫马克思主义这个唯一科学的社会主义,在资产阶级反革命派动员一切力量与革命的社会民主党的思想作斗争的时候更应如此。

《论统一》,见《列宁全集》中文第 2 版增订版第 19 卷
第 199 页

411

马克思主义的理论,我们的整个世界观以及我党的全部纲领和策略的"**原则基础**"现在被提到党的整个生活的首要地位,这不是偶然的,而是必然的。在革命遭到挫折之后,社会的**所有**阶级和最广大的人民**群众**对整个世界观(直到宗教问题和哲学问题,直到我们的马克思主义**全部**学说的**原则**)的深刻基础都发生了兴趣,这不是偶然的,而是必然的。被革命卷入由策略问题引起的尖锐斗争中来的群众,在缺乏公开言论的时代,提出了对**一般理论**知识的要求,这也不是偶然的,而是必然的。应当重新对这些群众阐明**马克思主义的基本原理**:捍卫马克思主义理论的任务又提到日程上来了。

《论党内状况》,见《列宁全集》中文第 2 版增订版第 20 卷第 59—60 页

不能说"最抽象的论点〈恩格斯反对杜林的论点〉实际上对德国工人阶级的运动具有多么生动的具体的意义"。恩格斯的最抽象的论点的意义在于它们向工人阶级的思想家说明了为什么离开唯物主义走向实证论和唯心论是错误的。

《我们的取消派》,见《列宁全集》中文第 2 版增订版第 20 卷第 127 页

既然马克思主义具有丰富多彩的思想内容,那么在俄国也同在其他国家一样,不同的历史时期时而特别突出马克思主义的这一方面,时而特别突出马克思主义的那一方面,那就不足为奇了。在德国,在 1848 年以前,特别突出的是马克思主义哲学的形成;在 1848 年,是马克思主义的政治思想;在 50 年代和 60 年代,是马克思的经济学说。在俄国,在革命以前,特别突出的是马克思的经济

学说在我国实际中的运用;在革命时期,是马克思主义的政治;在革命以后,是马克思主义的哲学。这并不是说,在任何时候可以忽视马克思主义的某一方面;这只是说,把**注意力主要放在**这一方面或那一方面,并不取决于主观愿望,而取决于总的历史条件。

《我们的取消派》,见《列宁全集》中文第 2 版增订版第 20 卷第 129 页

马克思主义的原则决不在于背诵词句的多少,不在于必须永远遵守"正统的"公式,而在于促进广泛的工人运动,促进群众的组织和主动性。

《合法派同反取消派的对话》,见《列宁全集》中文第 2 版增订版第 20 卷第 240 页

马克思一方面能够吸收并进一步发展同中世纪封建势力和僧侣势力斗争的"18 世纪的精神",另一方面又能吸收并进一步发展 19 世纪初那些哲学家和历史学家的经济主义和历史主义(以及辩证法),这就证明马克思主义的深刻性和它的力量,证明把马克思主义看做是科学上**最新成就**的见解是完全正确的。

《又一次消灭社会主义》,见《列宁全集》中文第 2 版增订版第 25 卷第 51 页

由于古典经济学家发现了价值规律和社会划分为阶级这一基本现象,创立了这门科学,**由于** 18 世纪的启蒙运动者同前者一起用反封建主义反僧侣主义的斗争进一步丰富了这门科学,**由于** 19 世纪初的历史学家和哲学家们(尽管他们抱有反动观点)进一步阐明了阶级斗争的问题,发展了辩证方法,并把它用于或开始用于

社会生活,从而把这门科学推向前进,马克思主义正是在这条道路上又向前跨出了几大步,所以它是欧洲整个历史科学、经济科学和哲学科学的**最高发展**。这是合乎逻辑的结论。

《又一次消灭社会主义》,见《列宁全集》中文第 2 版增订版第 25 卷第 51 页

马克思主义的策略,就在于把**各种不同的**斗争方法结合起来,巧妙地从一种方法过渡到另一种方法,不断提高群众的觉悟,扩大群众的集体行动的广度,其中每一个行动单独来看,有的是进攻性的,有的是防御性的,但是总的说来,它们将导向愈来愈深刻、愈来愈坚决的冲突。

《论工人运动的形式》,见《列宁全集》中文第 2 版增订版第 25 卷第 59 页

在分析任何一个社会问题时,马克思主义理论的绝对要求,就是要把问题提到**一定的**历史范围之内;此外,如果谈到某一国家(例如,谈到这个国家的民族纲领),那就要估计到在同一历史时代这个国家不同于其他各国的具体特点。

《论民族自决权》,见《列宁全集》中文第 2 版增订版第 25 卷第 232 页

马克思和恩格斯走在**自己的**时代,即资产阶级民族进步运动的时代的**前面**,推进**这些**运动,他们关心的是如何使这些运动的发展"超出"中世纪代表人物的"想象"。

《打着别人的旗帜》,见《列宁全集》中文第 2 版增订版第 26 卷第 140 页

这正是马克思和恩格斯始终坚持的观点,他们把**每次**战争都看做是有关列强(及其内部**各阶级**)在当时的政治的**继续**。

《第二国际的破产》,见《列宁全集》中文第 2 版增订版第 26 卷第 235—236 页

没有革命的理论,就不可能有被压迫阶级的即历史上最革命的阶级的世界上最伟大的解放运动。革命理论是不能臆造出来的,它是从世界各国的革命经验和革命思想的总和中**生长**出来的。这种理论在 19 世纪后半期**形成**。它叫做马克思主义。

《一位法裔社会党人诚实的呼声》,见《列宁全集》中文第 2 版增订版第 27 卷第 15 页

马克思没有丝毫的空想主义,就是说,他没有虚构和幻想"新"社会。相反,他把**从旧社会诞生**新社会的过程、从前者进到后者的过渡形式,作为一个自然历史过程来研究。他以无产阶级群众运动的实际经验为依据,竭力从这个经验中取得实际教训。

《国家与革命》,见《列宁全集》中文第 2 版增订版第 31 卷第 45 页

恩格斯还对经济问题作了一个非常宝贵的指示,这说明恩格斯是如何细心、如何深刻地考察了现代资本主义的形态的变化,因而他才能在一定程度上预先想到当前帝国主义时代的任务。

《国家与革命》,见《列宁全集》中文第 2 版增订版第 31 卷第 64 页

恩格斯非常谨慎,没有束缚自己的手脚。他承认,在有共和制

或有充分自由的国家里,和平地向社会主义发展是"可以设想"(仅仅是"设想"!)的,但是在德国,他重复说:

"……在德国,政府几乎有无上的权力,帝国国会及其他一切代议机关毫无实权,因此,在德国宣布要这样做,而且在没有任何必要的情况下宣布要这样做,就是揭去专制制度的遮羞布,自己去遮盖那赤裸裸的东西。……"①

《国家与革命》,见《列宁全集》中文第 2 版增订版第 31 卷第 66 页

恩格斯对国家形式问题不但不抱冷淡态度,相反,他非常细致地努力去分析的正是过渡形式,以便根据每一个别场合的具体历史特点来弄清各该场合的过渡形式是**从什么到什么**的过渡。

《国家与革命》,见《列宁全集》中文第 2 版增订版第 31 卷第 68 页

我们马克思主义者就应该竭尽全力对种种事实进行科学的研究,因为事实是我们政策的基础。

《政论家札记》,见《列宁全集》中文第 2 版增订版第 32 卷第 105 页

马克思主义要求,任何郑重的政策必须以经得起严格的客观检验的**事实**作为根据。

《政论家札记》,见《列宁全集》中文第 2 版增订版第 32 卷第 120 页

---

① 见《马克思恩格斯文集》第 4 卷第 414 页。——编者注

马克思主义是非常深刻的和多方面的学说。因此,在那些背弃马克思主义的人提出的"理由"中,随时可以看到引自马克思著作的**只言片语**(特别是引证得**不**对头的时候),这是不足为奇的。

《给同志们的信》,见《列宁全集》中文第 2 版增订版
第 32 卷第 407 页

"事在人为",工人和农民应当把这个真理牢牢记住。他们应当懂得,现在一切都**在于实践**,现在已经到了这样一个历史关头:理论在变为实践,理论由实践赋予活力,由实践来修正,由实践来检验;马克思说的"一步实际运动比一打纲领更重要"①这句话,显得尤其正确了,——在对富人和骗子切实进行惩治、限制,对他们充分实行计算和监督的每一步,都比一打冠冕堂皇的关于社会主义的议论更重要。要知道,"我的朋友,理论是灰色的,而生活之树是常青的"。

《怎样组织竞赛?》,见《列宁全集》中文第 2 版增订版
第 33 卷第 212—213 页

社会主义的伟大奠基人马克思和恩格斯,在几十年中考察了工人运动的发展和世界社会主义革命的成长,清楚地看到:从资本主义过渡到社会主义,需要经过长久的阵痛,经过长时期的无产阶级专政,摧毁一切旧东西,无情地消灭资本主义的各种形式,需要有全世界工人的合作,全世界的工人则应当联合自己的一切力量来保证彻底的胜利。

《全俄工兵农代表苏维埃第三次代表大会文献》,见
《列宁全集》中文第 2 版增订版第 33 卷第 282 页

---

① 　见《马克思恩格斯文集》第 3 卷第 426 页。——编者注

我想起了科学社会主义的伟大创始人之一恩格斯在 1887 年即俄国革命爆发前 30 年讲的话是多么正确,他说,欧洲战争的结果,不仅王冠成打地从国王们头上落下而无人拾取,而且将使整个欧洲变得空前的残暴、野蛮和落后,同时,这一战争的结果,不是工人阶级取得统治,就是造成条件使这种统治成为必然①。马克思主义创始人在这里说得非常谨慎,因为他清楚地看到,如果历史走上这条道路,结果一定是资本主义的崩溃和社会主义的发展,同时也不能设想还有什么比这更痛苦、更困难的过渡,还有什么比这更厉害的贫困和更尖锐的破坏一切生产力的危机了。

> 《全俄中央执行委员会、莫斯科苏维埃和工会联席会议文献》,见《列宁全集》中文第 2 版增订版第 34 卷第 369—370 页

马克思和恩格斯多次说过,我们的学说不是教条,而是行动的指南②,我想我们应当首先和特别注意这一点。

马克思和恩格斯的学说不是我们死背硬记的教条。应该把它当做行动的指南。我们一直这样说,而且我认为,我们的行动是适当的,我们从来没有陷入机会主义,而只是改变策略。这决不是背弃学说,决不能叫做机会主义。我以前说过,现在还要再三地说,这个学说不是教条,而是行动的指南。

> 《在莫斯科党工作人员大会上关于无产阶级对小资产阶级民主派的态度的报告》,见《列宁全集》中文第 2 版增订版第 35 卷第 219 页

---

① 参看《马克思恩格斯文集》第 4 卷第 331 页。——编者注
② 同上,第 10 卷第 557 页和第 562 页。——编者注

　　所有社会党人在说明资产阶级文明、资产阶级民主和资产阶级议会制的阶级性质时,都提到马克思和恩格斯用最准确的科学语言所表达的一个思想:最民主的资产阶级共和国无非是资产阶级镇压工人阶级的机器,是一小撮资本家镇压劳动群众的机器①。

　　　　《共产国际第一次代表大会文献》,见《列宁全集》中文第 2 版增订版第 35 卷第 486 页

　　被革命工人极其丰富的新鲜经验光辉地加以证实的马克思主义理论,曾经帮助我们懂得了当前事变的发展完全合乎规律。今后它还将帮助为推翻资本主义雇佣奴隶制而斗争的全世界无产者更加明确自己的斗争目的,更加坚定地沿着既定的方向前进,更加扎实地夺取胜利和巩固胜利。

　　　　《争取到的和记载下来的东西》,见《列宁全集》中文第 2 版增订版第 35 卷第 506 页

　　我们必须从大家公认的一条马克思主义原理出发,即纲领必须建立在科学的基础上。纲领应该向群众说明,共产主义革命是怎样发生的,为什么它是不可避免的,它的意义、实质和力量在哪里,它应当解决什么问题。

　　　　《俄共(布)第八次代表大会文献》,见《列宁全集》中文第 2 版增订版第 36 卷第 162 页

　　马克思和恩格斯被认为是科学社会主义的奠基人不是没有原因的。他们无情地反对各种空谈。他们教导大家要科学地提出社

---

① 　参看《马克思恩格斯文集》第 3 卷第 111 页。——编者注

会主义问题(其中包括社会主义策略问题)。

《论妥协》,见《列宁全集》中文第 2 版增订版第 38 卷
第 326 页

共产党人要竭尽全力来指导工人运动以及整个社会发展沿着最直最快的道路走向苏维埃政权在全世界的胜利,走向无产阶级专政。这是无可争辩的真理。然而,只要再多走一小步,看来像是朝同一方向多走了一小步,真理就会变成错误。只要像德国和英国的左派共产主义者那样,说我们只承认一条道路,一条笔直的道路,说我们不容许机动、通融和妥协,这就犯了错误,这种错误会使共产主义运动受到最严重的危害,而且共产主义运动部分地已经受到或正在受到这种危害。右倾学理主义固执地只承认旧形式,而不顾新内容,结果彻底破产了。左倾学理主义则固执地绝对否定某些旧形式,看不见新内容正在通过各种各样的形式为自己开辟道路,不知道我们共产党人的责任,就是要掌握一切形式,学会以最快的速度用一种形式去补充另一种形式,用一种形式去代替另一种形式,使我们的策略适应并非由我们的阶级或我们的努力所引起的任何一种形式的更替。

《共产主义运动中的"左派"幼稚病》,见《列宁全集》
中文第 2 版增订版第 39 卷第 82—83 页

马克思主义这一革命无产阶级的意识形态赢得了世界历史性的意义,是因为它并没有抛弃资产阶级时代最宝贵的成就,相反却吸收和改造了两千多年来人类思想和文化发展中一切有价值的东西。

《关于无产阶级文化》,见《列宁全集》中文第 2 版增
订版第 39 卷第 374 页

马克思主义教导说——这一教导不仅已经由整个共产国际在共产国际第二次代表大会(1920 年)关于无产阶级政党的作用的决议**188**中正式加以肯定,而且也已经为我国革命的实践所证实——只有工人阶级的政党,即共产党,才能团结、教育和组织无产阶级和全体劳动群众的先锋队,而只有这个先锋队才能抵制这些群众中不可避免的小资产阶级动摇性,抵制无产阶级中不可避免的种种行业狭隘性或行业偏见的传统和恶习的复发,并领导全体无产阶级的一切联合行动,也就是说在政治上领导无产阶级,并且通过无产阶级领导全体劳动群众。不这样,便不能实现无产阶级专政。

《俄共(布)第十次代表大会文献》,见《列宁全集》中文第 2 版增订版第 41 卷第 85 页

马克思主义是以事实,而不是以可能性为依据的。马克思主义者**只能**以经过严格证明和确凿证明的**事实**作为自己的政策的前提。

《致尼·达·基克纳泽》,见《列宁全集》中文第 2 版增订版第 47 卷第 457 页

马克思主义的政策是以**现实的东西**而不是以可能的东西为依据。一种现象转化为另一种现象是可能的,所以我们的策略不是一成不变的。

《致伊·费·阿尔曼德》,见《列宁全集》中文第 2 版增订版第 47 卷第 473 页

恩格斯是正确的。我在一生中看到过许多许多次对恩格斯的

轻率的责难,说他搞机会主义。我根本不相信,我总是说,请你们试试看,先来证明一下恩格斯不正确!! 你们永远证明不了!

《致伊·费·阿尔曼德》,见《列宁全集》中文第 2 版
增订版第 47 卷第 473 页

我还在"热恋着"马克思和恩格斯,任何对他们的恶意非难,我都不能漠然置之。不,这是真正的人! 应当向他们学习。我们不应该离开这个立场。

《致伊·费·阿尔曼德》,见《列宁全集》中文第 2 版
增订版第 47 卷第 512 页

注　　释

1　《卡尔·马克思(传略和马克思主义概述)》一文是列宁为当时在俄国
颇为驰名的《格拉纳特百科词典》写的一个词条。列宁于 1914 年春着
手撰写这一词条(1918 年单行本的序言中误为写于 1913 年,见本书第
5 页),后因忙于党的工作和《真理报》的工作而不得不中途搁笔。1914
年 7 月 8 日(21 日),列宁曾给格拉纳特出版社编辑部写信,为他不能如
期写完关于马克思的词条表示歉意,并请编辑部另择作者(见《列宁全
集》中文第 2 版增订版第 46 卷第 356 号文献)。编辑部秘书于 7 月 12
日(25 日)即收到信的当天回信,恳切请求列宁继续担任这一词条的撰
稿人,说他们翻遍了俄国人乃至外国人的名单,实在物色不到作者。回
信还强调列宁撰写的这一词条对于该词典的有民主思想的读者极为重
要,并提出可以推迟交稿日期。列宁答应了编辑部的这一请求,但是不
久第一次世界大战就爆发了,他被奥地利当局逮捕,因而直到 1914 年 9
月他移居伯尔尼以后,才又重新动笔。整个词条于 11 月初定稿,11 月 4
日(17 日)寄给了编辑部。

　　1915 年出版的《格拉纳特百科词典》(第 7 版)第 28 卷刊载了这一
词条,署名为:弗·伊林。在书报检查的条件下,编辑部未刊出原稿中
的《社会主义》和《无产阶级阶级斗争的策略》两节,并对原文作了某些
修改。词条附有《马克思主义书目》。1918 年,波涛出版社根据《格拉
纳特百科词典》的词条出版了《卡尔·马克思》一文的单行本,但没有附
《马克思主义书目》。《卡尔·马克思》一文的全文于 1925 年首次按手
稿发表在俄共(布)中央列宁研究院出版的列宁《论马克思恩格斯及马
克思主义》文集中。——5。

注　释

2　《莱茵报》即《莱茵政治、商业和工业日报》(《Rheinische Zeitung für Poli-
tik，Handel und Gewerbe》)，是德国的一家日报，青年黑格尔派的喉舌，
1842年1月1日—1843年3月31日在莱茵地区资产阶级自由派的支
持下在科隆出版；创办人是伯·腊韦，编辑是伯·腊韦和阿·鲁滕堡，
发行负责人是路·舒尔茨和格·荣克。1842年4月马克思开始为该报
撰稿，同年10月成为报纸编辑。《莱茵报》也发表过许多恩格斯的文
章。在马克思担任编辑期间，该报日益具有明显的革命民主主义性质
并成为德国最重要的反对派报纸之一。普鲁士政府对该报进行了特别
严格的检查，1843年4月1日将其查封。——7。

3　指马克思的《摩泽尔记者的辩护》一文(参看《马克思恩格斯全集》中文
第1版第1卷)。——7。

4　《德法年鉴》杂志(《Deutsch-Französische Jahrbücher》)是马克思和阿·
卢格合编的德文刊物，1844年在巴黎出版。由于马克思和资产阶级激
进派卢格之间有原则性的意见分歧，杂志只出了第1—2期合刊。这一
期《德法年鉴》载有马克思的《论犹太人问题》和《〈黑格尔法哲学批判〉
导言》，恩格斯的《国民经济学批判大纲》和《英国状况。评托马斯·卡
莱尔的〈过去和现在〉》(参看《马克思恩格斯文集》第1卷；《马克思恩
格斯全集》中文第1版第1卷)。这些文章标志着马克思和恩格斯完成
了从唯心主义向唯物主义、从革命民主主义向共产主义的转变。——
7、61、195。

5　共产主义者同盟是历史上第一个以科学社会主义为指导的无产阶级政
党，1847年在伦敦成立。共产主义者同盟的前身是1836年成立的正义
者同盟，这是一个主要由德国工人和手工业者组成的德国政治流亡者
秘密革命组织，后期也有其他国家的人参加。随着形势的发展，正义者
同盟的领导成员逐步认识到必须使同盟摆脱旧的密谋传统和方式，并
且确信马克思和恩格斯的理论是正确的，遂于1847年邀请马克思和恩
格斯参加正义者同盟，协助同盟改组。1847年6月，正义者同盟在伦敦
召开代表大会，恩格斯出席了大会，按照他的倡议，同盟的名称改为共
产主义者同盟，因此这次大会也是共产主义者同盟的第一次代表大会。
大会批准了以民主原则作为同盟组织基础的章程草案，并用"全世界无

产者,联合起来!"的战斗口号取代了正义者同盟原来的"人人皆兄弟"的口号。同年 11 月 29 日—12 月 8 日,同盟召开第二次代表大会,马克思和恩格斯出席了大会。大会通过了同盟的章程,并对章程第 1 条作了修改,规定同盟的目的是"推翻资产阶级,建立无产阶级统治,消灭旧的以阶级对立为基础的资产阶级社会和建立没有阶级、没有私有制的新社会"。大会委托马克思和恩格斯起草同盟的纲领,这就是 1848 年 2 月问世的《共产党宣言》。

1848 年法国二月革命爆发后,同盟在巴黎成立新的中央委员会,马克思当选为中央委员会主席,恩格斯当选为中央委员。德国三月革命爆发后,马克思和恩格斯起草了共产主义者同盟在这次革命中的政治纲领《共产党在德国的要求》,并动员和组织同盟成员回国参加革命。他们在科隆创办《新莱茵报》,作为指导革命的中心。欧洲 1848 — 1849 年革命失败后,共产主义者同盟进行了改组并继续开展活动。1851 年同盟召开中央委员会非常会议,批判了维利希—沙佩尔宗派集团的冒险主义策略,并决定把中央委员会迁往科隆。在普鲁士政府策划的陷害共产主义者同盟盟员的科隆共产党人案件判决后,同盟于 1852 年 11 月 17 日宣布解散。同盟在宣传科学社会主义和培养无产阶级革命战士方面起了重要作用;它的许多盟员后来积极参加了建立国际工人协会的活动。——8、61、148。

6　指 1848 年法国二月革命。——8。

7　指 1848 年奥地利和普鲁士三月革命。——8。

8　《新莱茵报》(《Neue Rheinische Zeitung》)是德国和欧洲革命民主派中无产阶级一翼的日报,1848 年 6 月 1 日—1849 年 5 月 19 日在科隆出版。马克思任该报的主编,编辑部成员恩格斯、恩·德朗克、斐·沃尔弗、威·沃尔弗、格·维尔特、斐·弗莱里格拉特、亨·毕尔格尔斯等都是共产主义者同盟的盟员。报纸编辑部作为无产阶级革命运动的领导核心,实际履行了共产主义者同盟中央委员会的职责。该报揭露反动的封建君主派和资产阶级反革命势力,主张彻底解决资产阶级民主革命的任务和用民主共和国的形式统一德国。该报创刊不久,就遭到反动报纸的围攻和政府的迫害,1848 年 9 —10 月间曾一度停刊。1849 年 5

月,普鲁士政府借口马克思没有普鲁士国籍而把他驱逐出境,并对其他编辑进行迫害,该报于 5 月 19 日被迫停刊。——8、62。

9 指 1849 年 6 月 13 日法国小资产阶级政党山岳党在巴黎组织的游行示威。法国总统路易·波拿巴为了取得天主教会对他的支持,公然出兵协助罗马教皇镇压意大利革命。山岳党遂在立法议会弹劾总统和内阁违宪,因为 1848 年宪法禁止使用法国军队去反对别国人民的自由。弹劾案被立法议会内的秩序党多数所否决。这次游行示威就是为此而举行的。秩序党内阁下令军队驱散了这次游行示威,并在这以后开始迫害民主主义者,其中包括外侨。——9。

10 指 1913 年在斯图加特出版的德文版《弗里德里希·恩格斯和卡尔·马克思通信集(1844—1883 年)》,共 4 卷。通信集收入了马克思和恩格斯的书信 1 386 封(这方面的书信总共约有 1 500 封),是他们的理论遗产的重要组成部分。通信集还提供了这两位科学共产主义创始人的大量珍贵的生平资料和反映他们的组织活动和理论创作的丰富材料。列宁深入地研究了这部通信集,摘记了其中 300 封信的要点,摘抄了 15 封具有重要理论意义的信,并为一部分摘要编了名目索引。根据列宁笔记编成的《〈马克思和恩格斯通信集(1844—1883 年)〉提要》,已收入《列宁全集》中文第 2 版增订版,列为第 58 卷。——9。

11 《福格特先生》这部抨击性著作是马克思对路易·波拿巴雇用的密探卡尔·福格特写的诽谤性小册子《我对〈总汇报〉的诉讼》的答复(参看《马克思恩格斯全集》中文第 1 版第 14 卷)。——9。

12 指《国际工人协会成立宣言》(见《马克思恩格斯文集》第 3 卷)。——9。

13 指第一国际海牙代表大会。

第一国际海牙代表大会即国际工人协会第五次代表大会,于 1872 年 9 月 2—7 日在海牙举行。出席大会的有 15 个全国性组织的 65 名代表。马克思和恩格斯出席并领导这次代表大会。这次代表大会是在马克思主义者同无政府主义者进行激烈斗争的形势下召开的。代表大会的主要议程是关于总委员会的权力和关于无产阶级的政治活动这两个

问题。大会通过了关于扩大总委员会的权力、关于总委员会会址迁往
纽约、关于巴枯宁派秘密组织社会主义民主同盟的活动等问题的决议。
这些决议大部分是马克思和恩格斯起草的。代表大会就无产阶级的政
治活动这个问题通过的决议指出，无产阶级的伟大任务就是夺取政权，
无产阶级应当组织独立的政党，以保证社会革命的胜利和达到消灭阶
级的最终目的。大会从理论上、组织上揭露和清算了巴枯宁派反对无
产阶级革命、破坏国际工人运动的种种活动，并把该派首领米·亚·巴
枯宁和詹·吉约姆开除出国际。海牙代表大会的决议标志着马克思主
义对无政府主义者的小资产阶级世界观的胜利，为后来建立各国工人
阶级独立的政党奠定了基础。——10。

14 指 18 世纪意大利资产阶级经济学家斐迪南多·加利阿尼。——22。

15 宪章派是宪章运动的参加者。宪章运动是 19 世纪 30—50 年代英国无
产阶级争取实行《人民宪章》的革命运动，是世界上第一次广泛的、真正
群众性的、政治性的无产阶级革命运动。19 世纪 30 年代，英国工人运
动迅速高涨。伦敦工人协会于 1836 年成立，1837 年起草了一份名为
《人民宪章》的法案，1838 年 5 月在伦敦公布。宪章提出六点政治要求：
（一）凡年满 21 岁的男子皆有选举权；（二）实行无记名投票；（三）废除
议员候选人的财产资格限制；（四）给当选议员支付薪俸；（五）议会每
年改选一次；（六）平均分配选举区域，按选民人数产生代表。1840 年 7
月成立了全国宪章派协会，这是工人运动史上第一个群众性的工人政
党。宪章运动在 1839、1842、1848 年出现过三次高潮。三次请愿均被议
会否决，运动也遭镇压。宪章运动终究迫使英国统治阶级作了某些让
步，并对欧洲工人运动的发展产生了重大影响。马克思和恩格斯同宪
章运动的左翼领袖乔·朱·哈尼、厄·琼斯保持联系，并积极支持宪章
运动。——39。

16 克拉科夫起义是指 1846 年 2 月在波兰克拉科夫爆发的争取民族解放和
民主的起义。这次起义是以波兰民主协会为首的各民族解放组织所策
划的全波起义的一个部分。起义于 1846 年 2 月 20 日占领了克拉科
夫市，2 月 22 日成立了波兰共和国国民政府。该政府发表宣言，号召全
国人民起来反对俄、普、奥三个占领国，宣布废除封建义务，并许诺土地

归农民所有而不用交纳赎金。在其他号召书中,国民政府还宣布建立国营工场、提高工资、确立公民平等。这次起义在沙皇俄国和奥地利的联合打击下很快遭到失败,克拉科夫于3月3日失陷。马克思在克拉科夫起义两周年纪念大会上的演说中指出:"克拉科夫革命把民族问题和民主问题以及被压迫阶级的解放看做一回事,这就给整个欧洲作出了光辉的榜样。"(参看《马克思恩格斯全集》中文第1版第4卷第537页)——39。

17　反社会党人非常法(反社会党人法)即《反社会民主党企图危害治安法》,是德国俾斯麦政府从1878年10月21日起实行的镇压工人运动的反动法令。这个法令规定取缔德国社会民主党和一切进步工人组织,查封工人刊物,没收社会主义书报,并可不经法律手续把革命者逮捕和驱逐出境。在反社会党人非常法实施期间,有1 000多种书刊被查禁,300多个工人组织被解散,2 000多人被监禁和驱逐。在工人运动的压力下,反社会党人非常法于1890年10月1日被废除。——42。

18　根据现有资料判断,这篇文章未能通过书报检查,手稿也未保存下来,其内容可参看马克思1842年7月9日给阿·卢格的信(《马克思恩格斯全集》中文第2版第47卷第30—33页)。——42。

19　这一组文章是恩格斯写的,但在《纽约每日论坛报》上发表时署名马克思。此处是沿用旧说。——45。

20　《弗里德里希·恩格斯》这篇悼念文章写于1895年秋,1896年发表于《工作者》文集第1—2期合刊。——56。

21　指《工作者》文集。

　　《工作者》文集(«Работник»)是国外俄国社会民主党人联合会的不定期刊物,由劳动解放社编辑,1896—1899年在日内瓦出版,读者对象为马克思主义工人小组成员。列宁是出版这个文集的发起人。1895年5月,他在瑞士同格·瓦·普列汉诺夫、帕·波·阿克雪里罗得以及劳动解放社的其他成员商谈了出版这个文集的问题。1895年9月回国以后,他又多方设法为这个文集提供物质支援和组织稿件。到1895年12月被捕为止,他除为文集撰写《弗里德里希·恩格斯》(见《列宁全集》中文第 2 版增订版第 2 卷）一文外,还给文集编辑部寄去了阿·亚·瓦涅耶夫、米·亚·西尔文、索·巴·舍斯捷尔宁娜等写的几篇通讯。这个文集一共出了 6 期（3 册）；另外,还出了附刊《〈工作者〉小报》10 期。第 1—8 期由劳动解放社编辑。第 9—10 期合刊由经济派编辑,于 1898 年 11 月出版。——58。

22 指《反杜林论》,见《马克思恩格斯文集》第 9 卷。——62。

23 这是恩格斯的《社会主义从空想到科学的发展》（见《马克思恩格斯文集》第 3 卷）一书 1892 年俄文版使用的书名。恩格斯的这一著作是由《反杜林论》中的三章编成的。——62。

24 指恩格斯的《俄国沙皇政府的对外政策》一文（见《马克思恩格斯文集》第 4 卷）。这篇文章是维·伊·查苏利奇以劳动解放社《社会民主党人》评论集编辑部的名义约请恩格斯撰写的,刊载于 1890 年 2 月和 8 月出版的该评论集第 1 集和第 2 集。——63。

25 《社会民主党人》（《Социал-Демократ》）是俄国文学政治评论集,由劳动解放社于 1890—1892 年在伦敦和日内瓦用俄文出版,总共出了 4 集。第 1、2、3 集于 1890 年出版,第 4 集于 1892 年出版。参加《社会民主党人》评论集工作的有格·瓦·普列汉诺夫、帕·波·阿克雪里罗得和维·伊·查苏利奇等。这个评论集对于马克思主义在俄国的传播起了很大作用。——63。

26 指恩格斯 1872—1873 年在莱比锡《人民国家报》上发表的三篇文章:《蒲鲁东怎样解决住宅问题》、《资产阶级怎样解决住宅问题》和《再论蒲鲁东和住宅问题》。这几篇文章后来以《论住宅问题》为标题出了单行本（见《马克思恩格斯文集》第 3 卷）。——63。

27 指恩格斯 1875 年写的《论俄国的社会问题》和 1894 年写的《〈论俄国的社会问题〉跋》（见《马克思恩格斯文集》第 3 卷第 389—402 页,第 4 卷第 451—467 页）。——63。

28 指马克思的著作《剩余价值理论》（参看《马克思恩格斯全集》中文第 1 版第 26 卷）。列宁按照恩格斯的提法把这部著作称为《资本论》第 4

卷。恩格斯在《资本论》第 2 卷序言中写道："这个手稿的批判部分,除了许多在第二册和第三册已经包括的部分之外,我打算保留下来,作为《资本论》第四册出版。"(见《马克思恩格斯文集》第 6 卷第 4 页)。——63。

29　国际工人协会(第一国际)是无产阶级第一个国际性的革命联合组织,1864 年 9 月 28 日在伦敦成立。马克思参与了国际工人协会的创建,是它的实际领袖,恩格斯参加了它后期的领导工作。在马克思和恩格斯的指导下,国际工人协会领导各国工人的经济斗争和政治斗争,积极支持被压迫民族的解放运动,坚决揭露和批判蒲鲁东主义、巴枯宁主义、拉萨尔主义、工联主义等错误思潮,促进了各国工人的国际团结。国际工人协会在 1872 年海牙代表大会以后实际上已停止活动,1876 年 7 月 15 日正式宣布解散。国际工人协会的历史意义在于它"奠定了工人国际组织的基础,使工人作好向资本进行革命进攻的准备"(见《列宁全集》中文第 2 版增订版第 36 卷第 290 页)。——64,95。

30　参看马克思的《协会临时章程》、《国际工人协会共同章程》和恩格斯的《〈共产党宣言〉1890 年德文版序言》(《马克思恩格斯全集》中文第 1 版第 16 卷第 15 页;《马克思恩格斯文集》第 3 卷第 226 页,第 2 卷第 21 页)。——65。

31　《什么是"人民之友"以及他们如何攻击社会民主党人?(答《俄国财富》杂志反对马克思主义者的几篇文章)》一书于 1894 年写成(第 1 编于 4 月完稿,第 2、3 编于夏天完稿)。1892——1893 年列宁在萨马拉开始为写作此书作准备,他当时曾在萨马拉一个马克思主义小组中作过一些报告,批评自由主义民粹派分子瓦·沃·(瓦·巴·沃龙佐夫)、尼·康·米海洛夫斯基、谢·尼·尤沙柯夫和谢·尼·克里文柯等人。这些报告是《什么是"人民之友"》一书的准备材料。

这部书于 1894 年在彼得堡、莫斯科、哥尔克等地分编胶印出版,在俄国其他一些城市也传抄和翻印过。在国外,劳动解放社和其他俄国社会民主党人组织也看到过这部著作。

这部书的第 1、3 两编的胶印本于 1923 年初在柏林社会民主党档案馆和列宁格勒国立萨尔蒂科夫-谢德林公共图书馆差不多同时发现。

《列宁全集》俄文第1、2、3版就是根据1923年发现的胶印本刊印的。1936年发现了新的胶印本,上面有许多显然是列宁所作的文字修改。《列宁全集》俄文第4、5版是根据这个胶印本刊印的,还补上了前几版遗漏的列宁对附录一的统计表的说明。

这部书的第2编至今没有找到。——66。

32 出典于希腊神话。强盗普罗克拉斯提斯把所有落到他手里的过路客强按在一张特制的床上,身材比床长的就剁去腿脚,比床短的就抻拉身躯。——66。

33 《俄国资本主义的发展(大工业国内市场形成的过程)》一书写于1895年底—1899年1月,这正是列宁因彼得堡工人阶级解放斗争协会案件在彼得堡被捕和被流放到西伯利亚舒申斯克村的时期。为了撰写这一著作,列宁查考了有关俄国经济的全部重要文献,阅读和研究了大量的书刊,包括卷帙浩繁的各种统计资料,仅他在本书中提到和引用的著作就有近600种。这些书籍和资料是列宁在被监禁和流放的困难条件下通过各种渠道、首先是通过亲友的协助收集到的。列宁于1898年8月9日(21日)写完本书的初稿,然后又进一步加工,于1899年1月30日(2月11日)完成全书的定稿。在撰写过程中,每一章的手稿都经当时流放在米努辛斯克专区的社会民主党人阅读和讨论过。本书的出版事务,列宁委托给了当时住在莫斯科的姐姐安·伊·乌里扬诺娃-叶利扎罗娃。为争取时间,列宁决定采取分批付排的办法。对书的开本、字号和书中统计表的排版等,列宁都从方便读者的角度作了仔细的考虑。他尤其关心校对工作。本书的书名是在出版时确定的。列宁同意把自己原拟的书名作为副标题,同时认为"俄国资本主义的发展"这个题目太大,曾建议用"关于俄国资本主义发展的问题"作书名。1899年3月底,本书在彼得堡出版,署名:弗拉基米尔·伊林。初版印了2400册,很快就销售一空。当时它主要是在社会民主党的知识分子和青年学生中传播,同时也通过宣传员在工人小组中传播。1908年,本书经列宁补充和修订后出了第2版。《列宁全集》中文第2版增订版第3卷翻译所依据的《列宁全集》俄文第5版第3卷以第2版为底本,同时考虑了作者对第1版的所有意见。列宁为第2版所写的序言同第1版序言一起收进了《列宁全集》中文第 2 版增订版第 3 卷。——73。

34　从本丢推给彼拉多意思是推来推去,不解决问题。本丢·彼拉多是罗马帝国驻犹太行省的总督。据《新约全书·路加福音》说,犹太教的当权者判处耶稣死刑,要求彼拉多批准。彼拉多在审问中得知耶稣是加利利人,就命令把他送往加利利的统治者希律那里。希律经过审讯,也无法对耶稣定罪,又把他送回到彼拉多那里。据说"从本丢推给彼拉多"是由"本丢推给希律,希律又推给彼拉多"这句话演化而成的。——74。

35　这里指的是 1872 年汉堡出版的《资本论》第 1 卷。在该书以后的版本中,恩格斯删去了这句话。——75。

36　赫罗斯特拉特是公元前 4 世纪希腊人。据传说,他为了扬名于世,在公元前 356 年纵火焚毁了被称为世界七大奇观之一的以弗所城阿尔蒂米斯神殿。后来,赫罗斯特拉特的名字成了不择手段追求名声的人的通称。——84。

37　《世间》杂志(«Мир Божий»)是俄国文学和科学普及刊物(月刊),1892—1906 年在彼得堡出版。先后担任编辑的是维·彼·奥斯特罗戈尔斯基和费·德·巴秋什科夫,实际领导人是安·伊·波格丹诺维奇,撰稿人有米·伊·杜冈-巴拉诺夫斯基、彼·伯·司徒卢威、帕·尼·米留可夫、马·高尔基等。90 年代中期,曾站在合法马克思主义立场上同民粹主义作斗争,在民主主义知识分子中颇受欢迎。1898 年刊载过列宁对亚·波格丹诺夫的《经济学简明教程》一书的评论。1906—1918 年以《现代世界》为刊名继续出版。——84。

38　分成制是俄国北方捕捉海兽和鱼类的劳动组合中的经济关系形式。在这种劳动组合里,生产工具属于主人,工人对主人处于依附地位。主人通常分得捕获物的$\frac{2}{3}$,而工人们只能分得$\frac{1}{3}$,并且还不得不把自己这一份低价让给主人,由主人用生活用品抵偿。——88。

39　《俄国社会民主党人抗议书》是列宁在流放地接到姐姐安·伊·乌里扬诺娃-叶利扎罗娃从彼得堡寄来的一个经济派文件之后于 1899 年 8

月写的。列宁的姐姐称这个文件为"青年派的信条",它的作者叶·德·库斯柯娃当时是国外俄国社会民主党人联合会的成员。为了捍卫马克思主义,列宁在米努辛斯克专区叶尔马科夫斯克村召集被流放的马克思主义者开会讨论了这个经济派文件和列宁起草的《抗议书》。与会的17人一致通过并签署了这个《抗议书》,他们是:列宁、娜·康·克鲁普斯卡娅、瓦·瓦·斯塔尔科夫、A. M. 斯塔尔科娃、格·马·克尔日扎诺夫斯基、季·巴·克尔日扎诺夫斯卡娅-涅夫佐罗娃、弗·威·林格尼克、叶·瓦·巴拉姆津、阿·亚·瓦涅耶夫、Д. B. 瓦涅耶娃、米·亚·西尔文、维·康·库尔纳托夫斯基、潘·尼·勒柏辛斯基、奥·波·勒柏辛斯卡娅以及彼得堡工人奥·亚·恩格贝格、亚·西·沙波瓦洛夫、H. H. 帕宁。赞同《抗议书》的还有未出席会议的伊·卢·普罗明斯基、M. Д. 叶菲莫夫、切卡利斯基、柯瓦列夫斯基以及图鲁汉斯克的流放者(尔·马尔托夫等人)和维亚特卡省奥尔洛夫市社会民主党人流放者。

列宁把《抗议书》寄到了国外。格·瓦·普列汉诺夫收到后立即将它发排,供《工人事业》杂志最近一期刊用。然而,参加该杂志编辑部的国外联合会青年派成员,没有通知普列汉诺夫,就于1899年12月将《抗议书》单另印出,并附一篇编后记,说《信条》只反映某些人的看法,这些人的立场对俄国工人运动并无危险,国外俄国社会民主党人联合会内部不存在经济派,等等。

1900年初,普列汉诺夫把《抗议书》收入他所编辑的批评经济派的文集《〈工人事业〉杂志编辑部指南》。《列宁全集》俄文第5版收载的本文献,前一部分按手稿刊印,后一部分按《工人事业》杂志抽印本刊印,并和《〈工人事业〉杂志编辑部指南》一书核对过。——91。

40　劳动解放社是俄国第一个马克思主义团体,由格·瓦·普列汉诺夫和维·伊·查苏利奇、帕·波·阿克雪里罗得、列·格·捷依奇、瓦·尼·伊格纳托夫于1883年9月在日内瓦建立。劳动解放社把马克思主义创始人的许多重要著作译成俄文,在国外出版后秘密运到俄国,对马克思主义在俄国的传播起了巨大作用。普列汉诺夫当时写的《社会主义与政治斗争》、《我们的意见分歧》、《论一元论历史观之发展》等著作有力地批判了民粹主义,用马克思主义的观点分析了俄国社会的现

实和俄国革命的一些基本问题。普列汉诺夫起草的劳动解放社的两个
纲领草案——1883 年的《社会民主主义的劳动解放社纲领》和 1885 年
的《俄国社会民主党人纲领草案》,对于俄国社会民主党的建立具有重
要意义,后一个纲领草案的理论部分包含了马克思主义政党纲领的基
本成分。劳动解放社在团结俄国社会民主党的力量方面也做了许多工
作。它还积极参加社会民主党人的国际活动,和德、法、英等国的社会
民主党都有接触。劳动解放社以普列汉诺夫为代表对伯恩施坦主义进
行了积极的斗争,在反对俄国的经济派方面也起了重要作用。恩格斯
曾给予劳动解放社的活动以高度评价(参看《马克思恩格斯文集》第 10
卷第 532 页)。列宁认为劳动解放社的历史意义在于它从理论上为俄
国社会民主党奠定了基础,向着工人运动迈出了第一步。劳动解放社
的主要缺点是:它没有和工人运动结合起来,它的成员对俄国资本主义
发展的特点缺乏具体分析,对建立不同于第二国际各党的新型政党的
特殊任务缺乏认识等。劳动解放社于 1903 年 8 月在俄社会民主工
党第二次代表大会上宣布解散。——91。

41　宪章运动是 19 世纪 30—50 年代英国无产阶级争取实行《人民宪章》
的革命运动,是世界上第一次广泛的、真正群众性的、政治性的无产阶
级革命运动。19 世纪 30 年代,英国工人运动迅速高涨。伦敦工人协
会于 1836 年成立,1837 年起草了一份名为《人民宪章》的法案,1838 年
5 月在伦敦公布。宪章提出六点政治要求:(一)凡年满 21 岁的男子皆
有选举权;(二)实行无记名投票;(三)废除议员候选人的财产资格限
制;(四)给当选议员支付薪俸;(五)议会每年改选一次;(六)平均分配
选举区域,按选民人数产生代表。1840 年 7 月成立了全国宪章派协
会,这是工人运动史上第一个群众性的工人政党。宪章运动在 1839、
1842、1848 年出现过三次高潮。三次请愿均被议会否决,运动也遭镇
压。宪章运动终究迫使英国统治阶级作了某些让步,并对欧洲工人运
动的发展产生了重大影响。马克思和恩格斯同宪章运动的左翼领袖
乔·朱·哈尼、厄·琼斯保持联系,并积极支持宪章运动。——95、
180、331。

42　"真正的社会主义"亦称"德国的社会主义",是从 1844 年起在德国知

识分子中间传播的一种小资产阶级社会主义学说,代表人物有卡·格
律恩、莫·赫斯、海·克利盖等人。"真正的社会主义者"宣扬超阶级
的爱、抽象的人性和改良主义思想,拒绝进行政治活动和争取民主的斗
争,否认进行资产阶级民主革命的必要性。在 19 世纪 40 年代的德国,
这种学说成了不断发展的工人运动的障碍,不利于团结民主力量进行
反对专制制度和封建秩序的斗争,不利于在革命斗争的基础上形成独
立的无产阶级运动。马克思和恩格斯在 1845—1848 年的许多著作中
对"真正的社会主义"进行了不懈的批判。——95、243。

43 伯恩施坦主义是德国社会民主党人爱·伯恩施坦的修正主义思想体
系,产生于 19 世纪末 20 世纪初。伯恩施坦的《社会主义的前提和社会
民主党的任务》(1899 年)一书是对伯恩施坦主义的全面阐述。伯恩施
坦主义在哲学上否定辩证唯物主义和历史唯物主义,用庸俗进化论和
诡辩论代替革命的辩证法;在政治经济学上修改马克思主义的剩余价
值学说,竭力掩盖帝国主义的矛盾,否认资本主义制度的经济危机和政
治危机;在政治上鼓吹阶级合作和资本主义和平长入社会主义,传播改
良主义和机会主义思想,反对马克思主义的阶级斗争学说,特别是无产
阶级革命和无产阶级专政的学说。伯恩施坦主义得到德国社会民主党
右翼和第二国际其他一些政党的支持。在俄国,追随伯恩施坦主义的
有合法马克思主义者、经济派等。——95。

44 国家社会主义是一种企图利用国家权力进行社会改革的资产阶级改良
主义思想,主要代表为约·卡·洛贝尔图斯-亚格措夫和斐·拉萨尔。
洛贝尔图斯主张由普鲁士王朝制定工资标准,实施社会改革,以逐步实
现土地和资本的国有化。拉萨尔主张工人依靠国家帮助建立生产合作
社,和平地过渡到社会主义。他们抹杀国家的阶级性,企图加强资产阶
级国家的统治,麻痹工人阶级的革命意志。国家社会主义的思想对讲
坛社会主义有相当大的影响。——97。

45 指拉萨尔派的一个论点:对工人阶级说来,其他一切阶级只是反动的一
帮。这个论点写入了 1875 年德国社会主义工人党纲领(哥达纲领)。
马克思在《哥达纲领批判》中批判了这个论点(见《马克思恩格斯文集》
第 3 卷第 437—438 页)。——97。

46　俄国北方工人协会是俄国工人阶级最早的革命政治组织之一,1878 年底在彼得堡成立。创建人是钳工维克多·奥布诺尔斯基和木工斯捷潘·哈尔图林。会员和同情者各约 200 人。协会只吸收工人参加,其活动是秘密的。协会的纲领认为,工人阶级是社会的先进阶级,工人争得政治权利和自由是从剥削制度下解放出来的必要条件。纲领号召俄国工人同其他国家的无产阶级一道进行阶级斗争,并提出协会的最终目的是"推翻国家现行政治制度和经济制度"。这个纲领也还带有民粹主义影响的某些痕迹。协会在彼得堡各工厂进行革命宣传,领导并积极参加无产阶级的罢工斗争。1880 年 2 月 15 日,它出版了俄国最早的秘密工人报纸《工人曙光报》创刊号。此后不久,报纸的印刷厂被破坏,协会也由于主要成员被捕而停止活动。——98。

47　南俄工人协会是俄国第一个工人革命政治组织,1875 年 7 月间由革命知识分子叶·奥·扎斯拉夫斯基在敖德萨创立。协会有会员 60 人,同情者 150—200 人。协会章程在俄国工人运动史上第一次提到工人反对资本压迫的斗争,指出"只有通过暴力革命"工人的权利才能得到承认,并且和 70 年代前半期一些民粹主义纲领截然不同,提出了必须进行政治斗争的问题。但是这个章程总的说来还未摆脱民粹主义的世界观。协会成员阅读和传播革命书刊,积极参加组织罢工,并试图在南俄其他工业城市开展协会的活动。协会于 1875 年底—1876 年初被沙皇政府破坏。——98。

48　《工人思想报》(《Рабочая Мысль》)是俄国经济派的报纸,1897 年 10 月—1902 年 12 月先后在彼得堡、柏林、华沙和日内瓦等地出版,共出了 16 号。头几号由"独立工人小组"发行,从第 5 号起成为彼得堡工人阶级解放斗争协会的机关报。参加该报编辑部的有尼·尼·洛霍夫(奥尔欣)、康·米·塔赫塔廖夫、弗·巴·伊万申、阿·亚·雅库波娃等人。该报号召工人阶级为争取狭隘经济利益而斗争。它把经济斗争同政治斗争对立起来,认为政治斗争不在无产阶级任务之内,反对建立马克思主义的无产阶级政党,主张成立工联主义的合法组织。它贬低革命理论的意义,认为社会主义意识可以从自发运动中产生。列宁在《俄国社会民主党中的倒退倾向》(见《列宁全集》中文第 2 版增订版第

4 卷）和《怎么办？》（见《列宁全集》中文第 2 版增订版第 6 卷）等著作中批判了《工人思想报》的观点。——99。

49　《圣彼得堡工人小报》（《С.-Петербургский Рабочий Листок»）是俄国彼得堡工人阶级解放斗争协会的秘密报纸。共出过两号：第 1 号于 1897 年 2 月（报纸上印的日期是 1 月）在俄国油印出版，共印 300—400 份；第 2 号于同年 9 月在日内瓦铅印出版。该报提出要把工人阶级的经济斗争同广泛的政治要求结合起来，并强调必须建立工人政党。——99。

50　《工人报》（《Рабочая Газета»）是基辅社会民主党人小组的秘密报纸，波·李·埃杰尔曼、巴·卢·图恰普斯基、尼·阿·维格多尔契克等任编辑，在基辅出版。共出过两号：第 1 号于 1897 年 8 月出版；第 2 号于同年 12 月（报纸上印的日期是 11 月）出版。图恰普斯基曾受编辑部委派出国同劳动解放社建立联系，得到了格·瓦·普列汉诺夫等给报纸撰稿的许诺。《工人报》和彼得堡工人阶级解放斗争协会也有联系。《工人报》参加了 1898 年 3 月召开的俄国社会民主工党第一次代表大会的筹备工作，并被这次代表大会承认为党的正式机关报。代表大会以后不久，《工人报》的印刷所被警察破获和捣毁，已编好待发排的第 3 号没能出版。1899 年该报试图复刊，没有成功。——99。

51　指俄国社会民主工党第一次代表大会。

俄国社会民主工党第一次代表大会于 1898 年 3 月 1—3 日（13—15 日）在明斯克秘密举行。倡议召开这次代表大会的是列宁领导的彼得堡工人阶级解放斗争协会；早在 1895 年 12 月列宁就在狱中草拟了党纲草案，并提出了召开代表大会的主张。由于彼得堡等地的组织遭到警察破坏，这次代表大会的筹备工作主要由基辅的社会民主党组织担任。出席代表大会的有 6 个组织的 9 名代表：彼得堡、莫斯科、基辅和叶卡捷琳诺斯拉夫的工人阶级解放斗争协会的代表各 1 名，基辅《工人报》小组的代表 2 名，崩得的代表 3 名。大会通过了把各地斗争协会和崩得合并为统一的俄国社会民主工党的决议。在民族问题上，大会承认每个民族有自决权。大会选出了由彼得堡工人阶级解放斗争协会代表斯·伊·拉德琴柯、基辅《工人报》代表波·李·埃杰尔曼和崩得代表亚·约·克列梅尔三人组成的中央委员会。《工人报》被承认为党的正式机关报。国外俄国社会民主党人联合会被宣布为党的国外代表机关。

中央委员会在会后以大会名义发表了《俄国社会民主工党宣言》。《宣言》宣布了俄国社会民主工党的成立,把争取政治自由和推翻专制制度作为社会民主工党当前的主要任务,把政治斗争和工人运动的总任务结合了起来。宣言指出:俄国工人阶级应当而且一定能够担负起争取政治自由的事业。这是为了实现无产阶级的伟大使命即建立没有人剥削人的社会制度所必须走的第一步。俄国无产阶级将摆脱专制制度的桎梏,用更大的毅力去继续同资本主义和资产阶级作斗争,一直斗争到社会主义全胜为止(参看《苏联共产党代表大会、代表会议和中央全会决议汇编》1964年人民出版社版第1分册第4—6页)。

这次大会没有制定出党纲和党章,也没有形成中央的统一领导,而且大会闭幕后不久大多数代表和中央委员遭逮捕,所以统一的党实际上没有建立起来。——99。

52 民意党是俄国土地和自由社分裂后产生的革命民粹派组织,于1879年8月建立。主要领导人是安·伊·热里雅鲍夫、亚·德·米哈伊洛夫、米·费·弗罗连柯、尼·亚·莫罗佐夫、维·尼·菲格涅尔、亚·亚·克维亚特科夫斯基、索·李·佩罗夫斯卡娅等。该党主张推翻专制制度,在其纲领中提出了广泛的民主改革的要求,如召开立宪会议,实现普选权,设置常设人民代表机关,实行言论、信仰、出版、集会等自由和广泛的村社自治,给人民以土地,给被压迫民族以自决权,用人民武装代替常备军等。但是民意党人把民主革命的任务和社会主义革命的任务混为一谈,认为在俄国可以超越资本主义,经过农民革命走向社会主义,并且认为俄国主要革命力量不是工人阶级而是农民。民意党人从积极的"英雄"和消极的"群氓"的错误理论出发,采取个人恐怖的活动方式,把暗杀沙皇政府的个别代表人物作为推翻沙皇专制制度的主要手段。他们在1881年3月1日(13日)刺杀了沙皇亚历山大二世。由于理论上、策略上和斗争方法上的错误,在沙皇政府的严重摧残下,民意党在1881年以后就瓦解了。——101、117。

53 国外俄国社会民主党人联合会是根据劳动解放社的倡议,在全体会员承认劳动解放社纲领的条件下,于1894年在日内瓦成立的。联合会为俄国国内出版书刊,它的出版物全部由劳动解放社负责编辑。1896—1899年联合会出版了不定期刊物《工作者》文集和《〈工作者〉小报》。1898年3月,俄国社会民主工党第一次代表大会承认联合会是党的国外代表机关。1898年底,经济派在联合会里占了优势。1898年11月,在苏黎世召开的联合会第一次代表大会上,劳动解放社声明,除《工作者》文集以及列宁的《俄国社会民主党人的任务》和《新工厂法》两个小册子外,拒绝为联合会编辑出版物。联合会从1899年4月起出版《工人事业》杂志,由经济派分子担任编辑。1900年4月,在日内瓦举行的联合会第二次代表大会上,劳动解放社的成员以及与其观点一致的人正式退出联合会,成立了独立的"社会民主党人"革命组织。此后,联合会和《工人事业》杂志就成了经济主义在俄国社会民主党内的代表。1903年,根据俄国社会民主工党第二次代表大会的决议,联合会宣布解散。——101。

54 《我们的纲领》是列宁在流放中为《工人报》写的一组文章中的一篇。1899年崩得中央委员会试图恢复《工人报》时,编辑部曾先后建议列宁参加编辑和撰稿。由于《工人报》复刊未成,这些文章当时也就没有发表。——102。

55 指格·瓦·普列汉诺夫在《伯恩施坦与唯物主义》和《我们为什么要感激他呢?》两篇文章中对爱·伯恩施坦的批判。——103。

56 指德国社会民主党汉诺威代表大会。

德国社会民主党汉诺威代表大会于1899年10月9—14日在汉诺威举行。奥·倍倍尔就大会议程上的主要问题——"对党的基本观点和策略的攻击"作了报告。代表大会议程之所以列入这个问题,是因为以爱·伯恩施坦为首的修正主义者要修改马克思主义理论,并要求重新审查社会民主党的革命政策和策略。代表大会通过的专门决议否决了修正主义者的要求,但没有对伯恩施坦主义及其代表人物进行有力的批判。列宁高度评价了倍倍尔的报告(见《列宁全集》中文第2版增订版第23卷《奥古斯特·倍倍尔》一文)。——103。

57 指 1895 年特别是 1896 年以纺织工人为主的彼得堡工人罢工。1896 年的罢工开始于 5 月底,起因是工厂主拒绝给工人支付尼古拉二世加冕礼那几天假日的全额工资。罢工从俄罗斯纺纱厂(即卡林金工厂)开始,很快就席卷了所有纺织工厂,并波及机器、橡胶、造纸、制糖等工厂,参加者达 3 万多人。这次罢工是在彼得堡工人阶级解放斗争协会领导下进行的。该协会散发了传单和宣言,号召工人起来捍卫自己的权利。罢工的基本要求是:把工作日缩短为 10 $\frac{1}{2}$ 小时,提高计件单价,按时发放工资等。列宁称这次罢工为著名的彼得堡工业战争。它第一次推动了彼得堡无产阶级结成广泛阵线向剥削者进行斗争,并促进了全俄国工人运动的发展。在这次罢工的压力下,沙皇政府加速了工厂法的修订,于 1897 年 6 月 2 日(14 日)颁布了将工业企业和铁路工厂的工作日缩短为 11 $\frac{1}{2}$ 小时的法令。——105。

58 《怎么办?(我们运动中的迫切问题)》一书的写作工作早在 1901 年春天就开始了,列宁在《从何着手?》一文中曾预告要出这本书。后来由于情况变化,列宁修改了原定计划,直到 1901 年秋天才正式撰写。1902 年 1 月列宁写完了这本书,2 月撰写了序言。3 月 10 日,《火星报》第 18 号登出了该书在斯图加特出版的消息。

　　1902—1903 年,《怎么办?》在俄国各地社会民主党组织中广为传播。不少人受了它的影响而成为《火星报》的拥护者。《怎么办?》一书对于俄国工人阶级的革命马克思主义政党的建立,对于列宁火星派在俄国社会民主工党各委员会和组织中,以及以后在 1903 年党的第二次代表大会上取得胜利,起了特别重大的作用。

　　《火星报》编辑部的成员对列宁这本书的评价有过分歧,可是这种分歧并没有越出《火星报》编辑部的范围。书中的主要论点,即关于工人运动的自觉因素和自发因素的关系的论点,关于党在无产阶级革命斗争中的领导作用的论点,已写进了俄国社会民主工党纲领草案,而这个纲领草案是由普列汉诺夫起草、经《火星报》编辑部修订并得到全体成员一致同意的。在党的第二次代表大会上,当反火星派(亚·马尔丁诺夫、弗·彼·阿基莫夫)通过批评《怎么办?》来反对《火星报》编辑部所制定的党纲草案时,火星派(包括格·瓦·普列汉诺夫、尔·马尔托夫)都表示赞同列宁的这本书以及它对"自觉因素"即社会民主党在无产阶级革命运动中的作用问题的提法。可是在第二次代表大会以后，当孟什维克开始对旧《火星报》的基本思想进行系统的修正时，普列汉诺夫却承担起"反驳"列宁《怎么办?》一书的观点的任务。1904年，普列汉诺夫在《火星报》上声称他在自发性和自觉性问题上同列宁早就有原则的分歧。1905 年 3 月 23 日《前进报》第 11 号发表了瓦·瓦·沃罗夫斯基的文章《蛊惑宣传的产物》，对普列汉诺夫作了答复。这篇文章经列宁校阅、修改和补充过，列宁还给它写了一条很长的脚注（见《列宁全集》中文第 2 版增订版第 9 卷《关于党纲的历史》）。

1907 年 11 月，列宁把《怎么办?》收入《十二年来》文集时，删去了第 5 章第 1 节《谁因〈从何着手?〉一文而生气了?》，同时增加了 5 条脚注。他在《〈十二年来〉文集序言》里指出《怎么办?》的写作背景、它的历史作用和意义，并驳斥了孟什维克和资产阶级自由主义阵营中的著作家们对该书的攻击和歪曲（见《列宁全集》中文第 2 版增订版第 16 卷）。

在《列宁全集》俄文第 5 版第 6 卷中，《怎么办?》这一著作是按 1902 年版刊印的，并参照 1907 年版作了校勘。——107。

59　《关于恢复"劳动解放社"出版物的声明》是劳动解放社在 1899 年 10 月下旬收到列宁写的《俄国社会民主党人抗议书》之后，于 12 月由帕·波·阿克雪里罗得起草、格·瓦·普列汉诺夫定稿的一个文件。在这个声明中，劳动解放社表示完全赞同《抗议书》提出的对俄国和国际社会民主党队伍中的机会主义进行坚决斗争的号召。声明于 1900 年初印成单页发表，并收入《〈工人事业〉杂志编辑部指南》一书的《附录》。声明所阐述的纲领，直到《火星报》和《曙光》杂志出版才得到实现。——107。

60　指国外俄国社会民主党人联合会第三次代表大会。

国外俄国社会民主党人联合会第三次代表大会于 1901 年 9 月下半月在苏黎世举行。这次代表大会的决议表明，机会主义在联合会里取得了最终胜利。大会对 1901 年六月代表会议决议（俄国社会民主工党各国外组织的原则协议）作了带有明显的机会主义性质的修正和补充。这就预先决定了在这次代表大会几天以后举行的俄国社会民主工党国外组织"统一"代表大会的失败。第三次代表大会还批准了《给〈工人事业〉杂志编辑部的指示》，这个指示只字不提国际社会民主运动和俄国社会民主运动中革命倾向和机会主义倾向的斗争，不提批判修正主义和论证马克思主义革命本质的必要性。——108。

61 但愿你们拉也拉不完！这句话出自俄罗斯民间故事《十足的傻瓜》。傻瓜伊万努什卡经常说些不合时宜的话，因此而挨揍。一次，他看到农民在脱粒，叫喊道："你们脱三天，只能脱三粒！"为此他挨了一顿打。傻瓜回家向母亲哭诉，母亲告诉他："你应该说，但愿你们打也打不完，运也运不完，拉也拉不完！"第二天，傻瓜看到人家送葬，就叫喊道："但愿你们运也运不完，拉也拉不完！"结果又挨了一顿打。——108。

62 哥达纲领即德国社会主义工人党纲领。这个纲领是在德国工人运动中的两派——爱森纳赫派（1869年成立的社会民主工党）和拉萨尔派（1863年成立的全德工人联合会）——于1875年5月在哥达举行的合并代表大会上通过的。哥达纲领比爱森纳赫派的纲领倒退了一步，它是爱森纳赫派不惜一切代价追求合并、向拉萨尔派作了无原则的妥协和让步的产物。纲领宣布党的目的是解放工人阶级和建立社会主义社会，但是回避了社会主义革命和无产阶级夺取政权的问题，并写进了拉萨尔主义的一系列论点，如所谓"铁的工资规律"，所谓对无产阶级说来其他一切阶级都是反动的一帮，工人阶级只有通过普选权和由国家帮助建立生产合作社才能达到自己的目的，应当用一切合法手段建立所谓"自由的人民国家"等。马克思和恩格斯对哥达纲领的草案作了彻底的批判（参看《马克思恩格斯文集》第3卷第419—450页），但是他们的意见没有得到认真考虑。哥达纲领于1891年被爱尔福特纲领代替。——108。

63 指帕·波·阿克雪里罗得1898年写的小册子《论俄国社会民主党人的当前任务和策略问题》。他在这本小册子中说，在社会民主党把注意力仅仅集中到纯经济斗争时，那些无法给自己的政治追求找到出路的无产阶级最革命分子就可能像70年代那样去从事恐怖活动，或者去从事任何一种资产阶级民主革命活动。——109。

64 《进一步,退两步(我们党内的危机)》一书于 1904 年 5 月在日内瓦出版。它在马克思主义历史上第一次详尽地批判了组织上的机会主义,制定了马克思主义革命政党的组织原则。为了写这本书,列宁在几个月的时间内详细地研究了 1904 年 1 月发表的俄国社会民主工党第二次代表大会会议记录和决议、每个代表的发言、大会上所形成的各政治派别、党中央委员会和总委员会的各种文件。从《列宁全集》中文第 2 版增订版第 8 卷《附录》中《〈进一步,退两步〉一书材料》可以看到,列宁写作此书的准备工作是做得非常细致、扎实的。

　　这本书一出版,就受到孟什维克的恶毒攻击。格·瓦·普列汉诺夫要求中央委员会同列宁的书划清界限。中央委员会里的调和派也曾试图阻止它的印刷和发行。尽管如此,列宁的这部著作仍在俄国先进工人中得到广泛传播。

　　列宁把这本书编入 1907 年(在扉页上印的是 1908 年)出版的《十二年来》文集第 1 卷时,删去了其中关于组织问题斗争细节和中央机关人选问题斗争的部分(即 10—13、15、16 节),对其他各节也作了某些压缩,同时增写了一些注释。在《列宁全集》俄文第 5 版中,这部著作是按 1904 年第 1 版原文刊印的,并按手稿作了校订,同时保留了作者在 1907 年版本中所加的补充。——114。

65 彭帕杜尔出自俄国作家米·叶·萨尔蒂科夫-谢德林的讽刺作品《彭帕杜尔先生们和彭帕杜尔女士们》。作家在这部作品中借用法国国王路易十五的情妇彭帕杜尔这个名字塑造了俄国官僚阶层的群像。"彭帕杜尔"一词后来成了沙皇政府昏庸横暴、刚愎自用的官吏的通称。——116。

66 土地和自由社是俄国民粹派的秘密革命组织,1876 年在彼得堡成立,起初称为北方革命民粹主义小组、民粹派协会,1878 年底改称土地和自由社(19 世纪 60 年代初出现的一个俄国革命组织也叫土地和自由社)。该社著名活动家有:马·安·和奥·亚·纳坦松夫妇、亚·德·米哈伊洛夫、阿·费·米哈伊洛夫、阿·德·奥博列舍夫、格·瓦·普列汉诺夫、奥·瓦·阿普捷克曼、德·亚·克列缅茨、尼·亚·莫罗佐夫,索·李·佩罗夫斯卡娅等。土地自由派认为俄国可以走非资本主义的特殊发展道路,其基础就是农民村社。他们的纲领提出全部土地归"农村劳动等级"并加以"平均"分配、村社完全自治、"按地方意愿"把帝国分为几个部分等等。土地自由派认为俄国的主要革命力量是农民。他们在坦波夫、沃罗涅日等省进行革命工作,企图发动农民起义来反对沙皇政府。他们还出版和传播革命书刊,参加 70 年代末彼得堡的一些罢工和游行示威。他们的组织原则是遵守纪律、同志之间互相监督、集中制和保守秘密。由于对农村中革命运动日益感到失望,以及政府迫害的加剧,在土地和自由社内部逐渐形成了主张把恐怖活动作为同沙皇政府进行斗争的主要手段的一派。另一派主张继续采取原来的策略。1879 年 8 月,土地和自由社最终分裂,前者成立了民意党,后者组织了土地平分社。——117。

67　这一事件发生在 1900 年。汉堡的 122 名泥瓦工组织了"泥瓦工自由工会",在罢工期间违反泥瓦工工会中央联合会的禁令做包工活。泥瓦工工会汉堡分会向当地社会民主党组织提出了"泥瓦工自由工会"中的社会民主党党员的破坏罢工行为的问题。地方党组织把这一问题转交给社会民主党中央委员会处理。中央委员会指定党的仲裁法庭审理此案。仲裁法庭斥责了"泥瓦工自由工会"中的社会民主党党员的行为,但否决了把他们开除出党的建议。——124。

68　科斯季奇(米·索·兹博罗夫斯基)决议案所提出的党章第 1 条条文是:"凡承认党纲、在物质上帮助党并在党的一个组织领导下经常亲自协助党的人,可以作为该组织的党员。"(见《俄国社会民主工党第二次代表大会》1959 年俄文版第 281 页)——128。

69　阿基里斯之踵意为致命弱点,出典于希腊神话。阿基里斯是希腊英雄珀琉斯和海洋女神西蒂斯所生的儿子。他的母亲为了使他和神一样永生不死,在他出生后曾捏着他的脚后跟把他放进冥河的圣水里浸过。他的脚后跟因为没有沾上圣水就成了他唯一可能受到伤害的部位。后来阿基里斯果然被暗箭射中脚后跟而死。——132。

70　《社会民主党在民主革命中的两种策略》一书是列宁从理论上论证布尔什维克在第一次俄国革命中的战略和策略并批判孟什维克的机会主

义策略的重要著作。列宁曾在《十二年来》文集序言中指出,这部著作系统地叙述了同孟什维克的基本策略分歧(见《列宁全集》中文第 2 版增订版第 16 卷)。

这部著作是在俄国社会民主工党第三次代表大会和与这个代表大会同时召开的孟什维克代表会议结束后不久,于 1905 年 6—7 月在日内瓦写的。书中的《补充说明》部分(见《列宁全集》中文第 2 版增订版第 11 卷第 98—124 页)写于 6 月 21 日(7 月 4 日)以后,而《序言》的写作时间则不早于 7 月 13 日(26 日)。在撰写过程中,列宁曾为它拟过这样的标题:《社会民主党在民主革命中的两种策略(对俄国社会民主工党第三次代表大会的决议和分裂出去的社会民主党人代表会议的决议的看法和评论)》(见《列宁文稿》人民出版社版第 12 卷第 147 页)。在刊载于 1905 年 6 月 20 日(7 月 3 日)《无产者报》第 6 号的《倒退的第三步》一文中,列宁曾预告这本书不久便可与读者见面(见《列宁全集》中文第 2 版增订版第 10 卷第 308 页);几个星期以后,7 月 27 日(8 月 9 日)《无产者报》第 11 号发表了这本书出版的消息。

《社会民主党在民主革命中的两种策略》一书于 1905 年由俄国社会民主工党中央委员会在日内瓦出版后,当年曾在俄国国内由俄国社会民主工党中央委员会和莫斯科委员会分别翻印。这一著作曾在彼得堡、莫斯科、彼尔姆、喀山、梯弗利斯、巴库等城市秘密流传,许多地下的党小组和工人小组都学习过。1907 年 2 月,沙皇政府的彼得堡出版委员会下令查禁这本书。彼得堡高等法院于同年 3 月核准了这一禁令,并于 12 月进一步作出销毁列宁这部著作的决定。

列宁将《社会民主党在民主革命中的两种策略》编入了 1907 年 11 月中旬在彼得堡出版的《十二年来》文集,并加了一些新的脚注。《十二年来》文集出版后不久就被沙皇当局没收,但有很大一部分被抢救了出来。

这本书的手稿没有完全保存下来。在《列宁全集》俄文第 5 版第 11 卷中,这一著作是按照俄国社会民主工党中央委员会的版本刊印的,并依据保存下来的部分手稿和《十二年来》文集作了核对。《列宁全集》中文第 2 版增订版第 11 卷《附录》中收有《社会民主党在民主革命中的两种策略》一书补充说明的提纲。——139。

71　列宁引自弗·梅林编《卡·马克思、弗·恩格斯和斐·拉萨尔遗著选》
第3卷引言（见该书1902年斯图加特版第53页）。这本书的俄文版于
1926年出版，书名是：《弗·梅林收集的卡·马克思和弗·恩格斯在
1848—1850年德国革命时代所写的随笔和论文》。——139。

72　指《科隆工人联合会会刊》。

　　《科隆工人联合会会刊》（《Zeitung des Arbeiter-Vereines zu Köln》）
报头下标有"自由、博爱、劳动"字样，是科隆工人联合会的机关报。该
报报道科隆工人联合会和莱茵省其他工人联合会的活动，1848年4—
10月出版，共出了40号。7月以前由安·哥特沙克主编，7月以后由
约·莫尔主编，两人都是共产主义者同盟的盟员。该会刊停刊后，科隆
工人联合会从1848年10月26日起以《自由、博爱、劳动》的名称重新
在科隆出版报纸。这个报纸出版到1849年6月24日（中间于1848年
年底停刊，1849年2月8日复刊），共出了32号。——146。

73　工人兄弟会是共产主义者同盟盟员、德国排字工人斯·波尔恩于1848
年在柏林建立的德国工人和手工业者的组织。波尔恩是德国工人运动
中改良主义派别的代表之一，他把工人兄弟会的活动限制在组织经济
罢工和争取实现有利于手工业者的狭隘的行会性质的措施（给小生产
者贷款和组织合作社等）的范围内。工人兄弟会的纲领是断章取义地
引用《共产党宣言》的观点和吸收路易·勃朗及皮·约·蒲鲁东的小
资产阶级社会主义学说拼凑而成的。在1848—1849年革命时期，工人
兄弟会站在无产阶级政治运动之外，但它的一些地方分会积极参加了
革命斗争。1849年春，马克思和恩格斯曾打算在筹建无产阶级政党的
过程中利用工人兄弟会的组织。1850年，工人兄弟会被政府查禁，但
是它的若干分会还继续存在了许多年。——148。

74　德累斯顿起义于1849年5月3日开始。爆发这次起义的原因是萨克
森国王拒绝承认法兰克福议会制定的帝国宪法，并任命极端反动分子
钦斯基担任首相。工人和手工业者在这次起义的街垒战中起了主要作
用，资产阶级和小资产阶级则几乎没有参加斗争。起义于5月9日遭
到政府军队和开抵萨克森的普鲁士军队的镇压。德累斯顿起义是保卫
帝国宪法斗争的开端。这一斗争于1849年5—7月期间在德国南部和

西部进行,以民主力量的失败告终。——148。

75　指格·瓦·普列汉诺夫的《这可能吗?》一文。该文刊载于 1907 年 9 月 26 日(10 月 9 日)《同志报》第 381 号。

　　《同志报》(«Товарищ»)是俄国资产阶级报纸(日报),1906 年 3 月 15 日(28 日)——1907 年 12 月 30 日(1908 年 1 月 12 日)在彼得堡出版。该报打着"无党派"的招牌,实际上是左派立宪民主党人的机关报。参加该报工作的有谢·尼·普罗柯波维奇和叶·德·库斯柯娃。孟什维克也为该报撰稿。从 1908 年 1 月起《我们时代报》代替了《同志报》。——149。

76　赫列斯塔科夫是俄国作家尼·瓦·果戈理的喜剧《钦差大臣》中的主角。他是一个恬不知耻、肆无忌惮地吹牛撒谎的骗子。——149。

77　立宪民主党人是俄国自由主义君主派资产阶级的主要政党立宪民主党的成员。立宪民主党(正式名称为人民自由党)于 1905 年 10 月成立。中央委员中多数是资产阶级知识分子、地方自治人士和自由派地主。主要活动家有帕·尼·米留可夫、谢·安·穆罗姆采夫、瓦·阿·马克拉柯夫、安·伊·盛加略夫、彼·伯·司徒卢威、约·弗·盖森等。立宪民主党提出一条与革命道路相对抗的和平的宪政发展道路,主张俄国实行立宪君主制和资产阶级的自由。在土地问题上,主张将国家、皇室、皇族和寺院的土地分给无地和少地的农民;私有土地部分地转让,并且按"公平"价格给予补偿;解决土地问题的土地委员会由同等数量的地主和农民组成,并由官员充当他们之间的调解人。1906 年春,曾同政府进行参加内阁的秘密谈判,后来在国家杜马中自命为"负责任的反对派"。第一次世界大战期间,支持沙皇政府的掠夺政策,曾同十月党等反动政党组成"进步同盟",要求成立责任内阁,即为资产阶级和地主所信任的政府,力图阻止革命并把战争进行到最后胜利。二月革命后,立宪民主党在资产阶级临时政府中居于领导地位,竭力阻挠土地问题、民族问题等基本问题的解决,并奉行继续帝国主义战争的政策。七月事变后,支持科尔尼洛夫叛乱,阴谋建立军事独裁。十月革命胜利后,苏维埃政府于 1917 年 11 月 28 日(12 月 11 日)宣布立宪民主党为"人民公敌的党"。该党随之转入地下,继续进行反革命活动,并参与白卫将军的武装叛乱。国内战争结束后,该党上层分子大多数逃亡国外。1921 年 5 月,该党在巴黎召开代表大会时分裂,作为统一的党不复存在。——151。

78　无题派是指 1906 年在彼得堡出版的《无题》周刊的组织者和参加者——谢·尼·普罗柯波维奇、叶·德·库斯柯娃、瓦·雅·鲍古查尔斯基、维·韦·波尔土加洛夫、瓦·瓦·希日尼亚科夫等人。无题派是一批原先信奉合法马克思主义和经济主义、后来参加了解放社的俄国资产阶级自由派知识分子,他们公开宣布自己是西欧"批判社会主义"的拥护者,支持孟什维克和立宪民主党人。列宁称无题派为孟什维克化的立宪民主党人或立宪民主党人化的孟什维克。无题派在《无题》周刊停刊后集结在左派立宪民主党的《同志报》周围。——151。

79　蒲鲁东派是以法国无政府主义者皮·约·蒲鲁东为代表的小资产阶级社会主义流派——蒲鲁东主义的拥护者。蒲鲁东主义产生于 19 世纪 40 年代,它从小资产阶级立场出发批判资本主义所有制,把小商品生产和交换理想化,幻想使小资产阶级私有制永世长存。主张建立"人民银行"和"交换银行",认为它们能帮助工人购置生产资料,使之成为手工业者,并能保证他们"公平地"销售自己的产品。蒲鲁东主义反对任何国家和政府,否定任何权威和法律,宣扬阶级调和,反对政治斗争和暴力革命。马克思在《哲学的贫困》(参看《马克思恩格斯全集》中文第 1 版第 4 卷)等著作中,对蒲鲁东主义作了彻底批判。列宁称蒲鲁东主义为不能领会工人阶级观点的"市侩和庸人的痴想"。蒲鲁东主义被资产阶级的理论家们广泛利用来鼓吹阶级调和。——155。

80　马克思主义奠基人对 1848—1849 年德国革命的一些最重大问题的观点,是在恩格斯的著作《德国的革命和反革命》(见《马克思恩格斯文集》第 2 卷)中阐述的。这部著作以一组文章的形式发表于 1851 年 10 月 25 日—1852 年 10 月 23 日的《纽约每日论坛报》,署名卡·马克思,因此当时人们把它作为马克思的著作。直到 1913 年马克思和恩格斯的通信发表之后,才知道这部著作是恩格斯写的。列宁在这里说的就是这部著作。——157。

81　布伦坦诺主义是 19 世纪 70 年代德国资产阶级经济学家、讲坛社会主义学派的主要代表人物之一路·布伦坦诺所倡导的改良主义学说,是资产阶级对马克思主义进行歪曲的一个变种。它宣扬资本主义社会里的"社会和平"以及不通过阶级斗争克服资本主义社会矛盾的可能性,认为可以通过组织工会和进行工厂立法来解决工人问题,调和工人和资本家的利益,实现社会平等。列宁称布伦坦诺主义是一种只承认无产阶级的非革命的"阶级"斗争的自由派资产阶级学说(参看《列宁全集》中文第 2 版增订版第 35 卷第 229—230 页)。——158。

82　司徒卢威主义即合法马克思主义,是 19 世纪 90 年代出现在俄国自由派知识分子中的一种思想政治流派,主要代表人物是彼·伯·司徒卢威。司徒卢威主义利用马克思经济学说中能为资产阶级所接受的个别论点为俄国资本主义的发展作论证。在批判小生产的维护者民粹派的同时,司徒卢威赞美资本主义,号召人们"承认自己的不文明并向资本主义学习",而抹杀资本主义的阶级矛盾。司徒卢威主义者起初是社会民主党的暂时同路人,后来彻底转向资产阶级自由主义。到 1900 年《火星报》出版时,司徒卢威主义作为思想流派已不再存在。——158。

83　桑巴特主义是自由派资产阶级的一个思想流派,因德国资产阶级庸俗经济学家韦·桑巴特得名。桑巴特在其活动初期是个涂上了薄薄一层马克思主义色彩的社会自由主义的活动家,后来成为资本主义的辩护士。列宁曾指出,桑巴特之流"利用马克思的术语,引证马克思的个别论点,伪造马克思主义,从而用布伦坦诺主义偷换了马克思主义"(见《列宁全集》中文第 2 版增订版第 12 卷第 303 页)。——158。

84　这句话出自格·瓦·普列汉诺夫的《再论我们的处境(给 X 同志的信)》一文(载于 1905 年 12 月《社会民主党人日志》第 4 期)。普列汉诺夫在这篇文章里说:"不合时宜地发动起来的政治罢工导致了莫斯科、索尔莫沃、巴赫姆特等地的武装起义。在这些起义中我们的无产阶级表现得强大、勇敢和具有献身精神。但是他们的力量总还不足以取得胜利。这种情况本来是不难预见到的。因此本来就用不着拿起武器。"(见《普列汉诺夫全集》1926 年俄文版第 15 卷第 12 页)——159。

85 1905 年 11 月,格·瓦·普列汉诺夫在《我们的处境》一文中写道:"只是得到左轮手枪或匕首是不够的,还需要学会使用它们。70 年代的革命家们在这方面是行家,我们的同志们还远不及他们。我们必须尽快填补自己革命**教育**中的这一空白。善于使用武器应成为我们中间拥有武器者理所当然地自豪的事情和尚未得到武器者羡慕的事情。"(见《普列汉诺夫全集》1926 年俄文版第 13 卷第 352 页)——159。

86 指马克思在 1870 年 9 月 6—9 日写的《国际工人协会总委员会关于普法战争的第二篇宣言》(见《马克思恩格斯文集》第 3 卷)。——159。

87 套中人是俄国作家安·巴·契诃夫的同名小说的主人公别利科夫的绰号。此人对一切变动担惊害怕,忧心忡忡,一天到晚总想用一个套子把自己严严实实地包起来。后被喻为因循守旧、害怕变革的典型。——161、177。

88 德卡泽维尔工人罢工是指法国阿韦龙省德卡泽维尔市 2 000 名矿工的自发罢工,从 1886 年 1 月开始到 6 月结束,持续了 5 个月。罢工是由于劳动条件不堪忍受和阿韦龙矿业公司的资本家残酷剥削工人引起的。罢工开始时,工人打死了拒绝听取工人要求的矿长瓦特兰。政府把军队开进德卡泽维尔,这在法国引起了更大的风潮。在巴黎和各省举行了许多抗议集会。茹·盖得和保·拉法格在巴黎的集会上发言抗议政府和企业主的行为。社会党报纸《人民呼声报》和《强硬派报》开展了支持罢工者的签名运动。在法国众议院讨论德卡泽维尔罢工问题时,资产阶级议员,其中包括激进派,支持政府镇压罢工工人。原来参加激进派的工人议员因此脱离了激进派,在众议院中组成了独立的工人党团。恩格斯密切地注视着法国这一事态的发展,认为"法国无产阶级在议院中的这第一次勇敢的独立行动"具有重要意义(参看《马克思恩格斯全集》中文第 1 版第 36 卷第 438 页)。——167。

89 本文的最后部分,从"1889 年,英国开始了……"这句话起,曾载于 1907 年 4 月 8 日布尔什维克报纸《我们的回声报》第 13 号。——168。

90 指 1877—1878 年的俄土战争。俄国在这次战争中取得了胜利。战后,原在奥斯曼帝国统治下的罗马尼亚、塞尔维亚和门的内哥罗正式独立,保加利亚获得自治。土耳其把巴统、卡尔斯和阿尔达汉割让给俄国,把塞浦路斯岛割让给英国。奥匈帝国暂时占领波斯尼亚和黑塞哥维那。土耳其并向俄国赔款 8 亿法郎。——170。

91　指 1872 年由格·亚·洛帕廷和尼·弗·丹尼尔逊合译的第一个《资本论》俄译本的出版。这也是《资本论》第一次被译成外文。随着《资本论》的出版,70 年代在《祖国纪事》、《欧洲通报》等俄国合法杂志上展开了关于《资本论》的广泛辩论。俄国著名的政论家和学者都参加了这场辩论。70 年代的革命青年秘密小组和秘密报刊也对《资本论》表现了极大的兴趣。——170。

92　民意党人是民意党的成员。民意党是俄国土地和自由社分裂后产生的革命民粹派组织,于 1879 年 8 月建立。主要领导人是安·伊·热里雅鲍夫、亚·德·米哈伊洛夫、米·费·弗罗连柯、尼·亚·莫罗佐夫、维·尼·菲格涅尔、亚·亚·克维亚特科夫斯基、索·李·佩罗夫斯卡娅等。该党主张推翻专制制度,在其纲领中提出了广泛的民主改革的要求,如召开立宪会议,实现普选权,设置常设人民代表机关,实行言论、信仰、出版、集会等自由和广泛的村社自治,给人民以土地,给被压迫民族以自决权,用人民武装代替常备军等。但是民意党人把民主革命的任务和社会主义革命的任务混为一谈,认为在俄国可以超越资本主义,经过农民革命走向社会主义,并且认为俄国主要革命力量不是工人阶级而是农民。民意党人从积极的"英雄"和消极的"群氓"的错误理论出发,采取个人恐怖方式,把暗杀沙皇政府的个别代表人物作为推翻沙皇专制制度的主要手段。他们在 1881 年 3 月 1 日(13 日)刺杀了沙皇亚历山大二世。由于理论上、策略上和斗争方法上的错误,在沙皇政府的严重摧残下,民意党在 1881 年以后就瓦解了。

　　土地平分派指 1879 年土地和自由社分裂后成立的土地平分社的成员。他们坚持原土地和自由社的纲领和策略,即全部土地归"农村劳动等级"并加以"平均"分配、村社完全自治、发动农民起义来反对沙皇政府等等。主要代表人物有格·瓦·普列汉诺夫、米·罗·波波夫、帕·波·阿克雪里罗得、列·格·捷依奇、雅·瓦·斯特凡诺维奇、维·伊·查苏利奇、奥·瓦·阿普捷克曼、瓦·尼·伊格纳托夫、阿·

彼·布拉诺夫等。土地平分派出版了《土地平分》杂志和《种子报》。土地平分社的一部分成员后来转向马克思主义,另一部分成员则加入了民意党。到1881年底,土地平分社作为组织不再存在。——170。

93 恩格斯在1885年4月23日给维·伊·查苏利奇的信中谈到了格·瓦·普列汉诺夫的《我们的意见分歧》一书和俄国将发生的革命的性质(参看《马克思恩格斯全集》中文第1版第36卷第300—305页)。这封信第一次发表于1925年出版的《劳动解放社》文集第3集。——171。

94 最近的几次谋刺是指1887年3月以列宁的哥哥亚·伊·乌里扬诺夫为首的一批民意党人在彼得堡谋刺沙皇亚历山大三世的事件以及当时流传甚广的关于在加契纳将发生新的谋刺事件的传闻。——171。

95 恩格斯写的《德国维护帝国宪法的运动》中的一章题为《为共和国捐躯!》(参看《马克思恩格斯全集》中文第1版第7卷)。——172。

96 《反对抵制(摘自社会民主党政论家的札记)》一文载于1907年7月底出版的小册子《论抵制第三届杜马》。小册子刊载的另一篇文章是当时持相反观点的列·波·加米涅夫写的《赞成抵制》,该文所署时间是1907年6月28日(7月11日)。

　　这本小册子是社会民主党的彼得堡秘密印刷厂印刷的,但伪装成为合法的印刷品,封面上印的出版地点是莫斯科,印刷单位是虚构的哥里宗托夫印刷厂。1907年9月,小册子被沙皇当局没收。——173。

97 布里根杜马是指沙皇政府宣布要在1906年1月中旬前召开的咨议性国家杜马。1905年8月6日(19日)沙皇颁布了有关建立国家杜马的诏书,与此同时,还颁布了《关于建立国家杜马的法令》和《国家杜马选举条例》。这些文件是受沙皇之托由内务大臣亚·格·布里根任主席的特别委员会起草的,所以这个拟建立的国家杜马被人们称做布里根杜马。根据这些文件的规定,在杜马选举中,只有地主、资本家和农民户主有选举权。居民的大多数——工人、贫苦农民、雇农、民主主义知识分子被剥夺了选举权。妇女、军人、学生、未满25岁的人和许多被压迫民族都被排除在选举之外。杜马只能作为沙皇属下的咨议性机构讨论某些问题,无权通过任何法律。布尔什维克号召工人和农民抵制布里根杜马。孟什维克则认为可以参加杜马选举并主张同自由派资产阶级合作。1905 年十月全俄政治罢工迫使沙皇颁布 10 月 17 日宣言,保证召开立法杜马。这样布里根杜马没有召开就被革命风暴扫除了。——173。

98　1 月 9 日是沙皇大规模枪杀彼得堡和平请愿工人的日子,史称"流血星期日"。1905 年 1 月 3 日(16 日),彼得堡普梯洛夫工厂爆发了罢工,1 月 7 日(20 日)罢工发展成全市总罢工。与俄国保安机关有联系的格·阿·加邦神父怀着挑衅的目的,建议工人列队前往冬宫向沙皇呈递请愿书。在讨论请愿书的工人集会上,布尔什维克进行解释工作,指出无产阶级只有进行革命斗争才能争得自己的权利。但工人对沙皇的信仰还很牢固,因此和平请愿未能被阻止。在这种情况下,布尔什维克通过了参加游行示威的决议。沙皇政府从外地调集 4 万名士兵和警察加强彼得堡的卫戍部队,并于 1 月 8 日(21 日)批准了驱散请愿队伍的计划。1 月 9 日(22 日),14 万工人手执圣像和沙皇像向宫廷广场进发。根据彼得堡总督弗拉基米尔·亚历山德罗维奇大公的命令,军队对手无寸铁的工人和他们的妻子儿女开枪,结果有 1 000 多人被打死,2 000 多人受伤。沙皇的暴行引起了工人的极大愤怒,当天,彼得堡街头就出现了街垒,工人同军警发生了武装冲突。1 月 9 日成了 1905—1907 年俄国第一次革命的起点。——174。

99　指黑海舰队"波将金"号装甲舰的起义。

　　"波将金"号装甲舰的起义发生于 1905 年 6—7 月间。黑海舰队社会民主党组织中央委员会原准备在 1905 年秋天发动舰队所有舰只同时起义,但是"波将金"号在单独出航进行射击演习期间于 1905 年 6 月 14 日(27 日)过早地自发举行了起义。起义的导火线是该舰指挥官下令将带头拒绝吃用臭肉做的菜汤的水兵枪决。在起义中,水兵们杀死了最可恨的军官,但起义领导人、布尔什维克格·尼·瓦库连丘克在搏斗中牺牲。水兵们选出了以阿·尼·马秋申科为首的军舰委员会。6 月 14 日晚,"波将金"号悬挂红旗驶到正在举行总罢工的敖德萨。但是敖德萨社会民主党组织联络委员会未能说服"波将金"号的船员们登岸来武装工人并与工人共同行动。该舰船员们只在 6 月 15 日（28日）向市当局和军队所在地区开了两炮。6 月 17 日（30 日），沙皇政府派来两支舰队，企图迫使"波将金"号投降，或将其击沉，但是这些军舰不肯向"波将金"号开火，而且其中的"常胜者乔治"号还转到革命方面来。6 月 18 日（7 月 1 日），"常胜者乔治"号上的一些军士级技术员叛变，将该舰交给了政府当局。当晚，士气沮丧的"波将金"号偕同所属的第 267 号雷击舰离开敖德萨驶往罗马尼亚的康斯坦察。6 月 20 日（7 月 3 日），"波将金"号军舰委员会在那里发表了《告文明世界书》和《告欧洲各国书》，表明他们反对沙皇制度的决心。6 月 22 日（7 月 5日），"波将金"号曾驶到费奥多西亚。由于始终得不到煤和食品的补给，水兵们被迫于 6 月 25 日（7 月 8 日）在康斯坦察把军舰交给了罗马尼亚当局。与此同时，"普鲁特"号教练舰于 6 月 19 日（7 月 2 日）为支持"波将金"号举行起义，选出了以布尔什维克 A. M. 彼得罗夫为首的军舰委员会。该舰立即开往敖德萨，但由于"波将金"号已经离开那里而未能与它会合。6 月 20 日（7 月 3 日），没有武器装备的"普鲁特"号被沙皇政府两艘雷击舰扣押。起义的水兵们遭到了沙皇政府的残酷镇压。

俄国社会民主工党中央委员会非常重视"波将金"号的起义。列宁曾委托米·伊·瓦西里耶夫-尤任前往领导起义，但他没有及时赶到。——174。

100　8 月 6 日的法令是指沙皇政府 1905 年 8 月 6 日（19 日）颁布的关于建立国家杜马的法令。参看注 97。——174。

101　维特杜马即第一届国家杜马。因为第一届国家杜马是根据沙皇政府大臣会议主席谢·尤·维特制定的条例于 1906 年 4 月 27 日（5 月 10 日）召开的，故有此称。

在 1905 年十月全俄政治罢工的冲击下，沙皇尼古拉二世被迫发表了 10 月 17 日宣言，宣布召开具有立法职能的国家杜马以代替布里根咨议性杜马，借以把国家引上君主立宪的发展道路。1905 年 12 月 11日，沙皇政府公布了《关于修改国家杜马选举条例的命令》，这一命令原封不动地保留了为选举布里根杜马而制定的以财产资格和阶级不平等为基础的选举制度,只是在原来的三个选民团——土地占有者(地主)选民团、城市(资产阶级)选民团、农民选民团之外,新增了工人选民团。就分得的复选人数额来说,各选民团的权利不是平等的。地主的1票相当于城市资产阶级的3票、农民的15票、工人的45票。工人选民团的复选人只占国家杜马全部复选人的4%。选举不是普遍的。全体妇女、不满25岁的青年、游牧民族、军人、学生、小企业(50人以下的企业)的工人、短工、小手工业者、没有土地的农民都被剥夺了选举权。选举也不是直接的。一般是二级选举制,而为工人规定了三级选举制,为农民规定了四级选举制。

十二月起义失败后,沙皇政府一再限制曾经宣布过的杜马的权力。1906年2月20日的诏书给了国务会议以批准或否决国家杜马所通过的法案的权力。1906年4月23日(5月6日)又颁布了经尼古拉二世批准的《国家根本法》,将国家政策的最重要问题置于杜马管辖之外。

第一届国家杜马选举于1906年2—3月举行。布尔什维克宣布抵制,但是没能达到搞垮这次选举的目的。当杜马终究召集起来时,列宁要求利用杜马来进行革命的宣传鼓动并揭露杜马的本质。

第一届国家杜马的代表共478人,其中立宪民主党179人,自治派63人(包括波兰、乌克兰、爱沙尼亚、拉脱维亚、立陶宛等民族的资产阶级集团的成员),十月党16人,无党派人士105人,劳动派97人,社会民主党18人。主席是立宪民主党人谢·安·穆罗姆采夫。

第一届国家杜马讨论过人身不可侵犯、废除死刑、信仰和集会自由、公民权利平等等问题,但是中心问题是土地问题。在杜马会议上提出的土地纲领主要有两个:一个是立宪民主党人于5月8日提出的由42名代表签署的法案,它力图保持地主土地占有制,只允许通过"按公平价格"赎买的办法来强制地主转让主要用农民的耕畜和农具耕种的或已出租的土地;另一个是劳动派于5月23日提出的"104人法案"(参看《列宁全集》中文第2版增订版第16卷第518页注117),它要求建立全民土地资产,把超过劳动土地份额的地主土地及其他私有土地收归国有,按劳动份额平均使用土地。

第一届国家杜马尽管很软弱,它的决议尽管很不彻底,但仍不符合政府的愿望。1906年7月9日(22日),沙皇政府解散了第一届国家杜马。——176。

102　马吃燕麦、伏尔加河流入里海一语出自俄国作家安·巴·契诃夫的短篇小说《文学教师》。小说描写一个名叫伊波利特·伊波利特奇的史地教师，他平时沉默寡言，而一开口总是说些诸如"人不吃东西就不能生存"之类的人所共知的"大道理"。"马吃燕麦，伏尔加河流入里海"是他临终时说的一句话，后来常被人们引用来譬喻空话、废话和老生常谈。——176。

103　幼年的罪孽一语出自《旧约全书·约伯记》，意指年轻时由于幼稚而犯的错误和过失。——180。

104　十月党人是俄国十月党的成员。十月党（十月十七日同盟）代表和维护大工商业资本家和按资本主义方式经营的大地主的利益，属于自由派的右翼。该党于 1905 年 11 月成立，名称取自沙皇 1905 年 10 月 17 日宣言。十月党的主要领导人是大工业家和莫斯科房产主亚·伊·古契柯夫、大地主米·弗·罗将柯，活动家有彼·亚·葛伊甸、德·尼·希波夫、米·亚·斯塔霍维奇、尼·阿·霍米亚科夫等。十月党完全拥护沙皇政府的对内对外政策，支持政府镇压革命的一切行动，主张用调整租地、组织移民、协助农民退出村社等办法解决土地问题。第一次世界大战期间，号召支持政府，后来参加了军事工业委员会的活动，曾同立宪民主党等结成"进步同盟"，主张把帝国主义战争进行到最后胜利，并通过温和的改革来阻止人民革命和维护君主制。二月革命后，该党参加了资产阶级临时政府。十月革命后，十月党人反对苏维埃政权，在白卫分子政府中担任要职。——181。

105　莫尔恰林习气意思是阿谀逢迎，奴颜婢膝。莫尔恰林是俄国作家亚·谢·格里鲍耶陀夫的喜剧《智慧的痛苦》中的主人公，他热衷于功名利禄，一心依附权贵，为了得到赏识和提拔，在上司面前总是唯唯诺诺，寡言少语。他夸耀自己有两种长处："温和和谨慎"。——181。

106　巴拉莱金是俄国作家米·叶·萨尔蒂科夫-谢德林的讽刺作品《温和谨慎的人们》和《现代牧歌》中的人物，一个包揽词讼、颠倒黑白的律师，自由主义空谈家、冒险家和撒谎家。巴拉莱金这个名字后来成为空谈、撒谎、投机取巧、出卖原则的代名词。——182。

107　指马克思在《国际工人协会总委员会关于普法战争的第二篇宣言》中
对法国工人的下述忠告:"在目前的危机中,当敌人几乎已经在敲巴黎
城门的时候,一切推翻新政府的企图都将是绝望的蠢举。法国工人应
该履行自己的公民职责,但同时他们不应当为民族历史上的 1792 年所
迷惑,就像法国农民曾经为民族历史上的第一帝国所欺骗那样。"(见
《马克思恩格斯文集》第 3 卷第 127 页)——182。

108　指俄国社会民主工党第四次(统一)代表大会《关于对国家杜马的态度
的决议》和第五次代表大会《关于国家杜马的决议》。前者是根据孟什
维克提出的草案通过的,后者则是根据布尔什维克提出的草案通过的
(参看《苏联共产党代表大会、代表会议和中央全会决议汇编》1964 年
人民出版社版第 1 分册第 153—155、209—210 页)。——184。

109　《无产者报》(《Пролетарий》)是布尔什维克的秘密报纸,是根据党的第
三次代表大会决定创办的俄国社会民主工党中央机关报(周报)。
1905 年 5 月 14 日(27 日)—11 月 12 日(25 日)在日内瓦出版,共出了
26 号。根据 1905 年 4 月 27 日(5 月 10 日)党的中央全会的决定,列宁
被任命为该报的责任编辑,编委会的委员有瓦·瓦·沃罗夫斯基、阿·
瓦·卢那察尔斯基和米·斯·奥里明斯基。参加编辑工作的有:娜·
康·克鲁普斯卡娅、维·米·韦利奇金娜、维·阿·卡尔宾斯基、尼·
费·纳西莫维奇、伊·阿·泰奥多罗维奇、莉·亚·福季耶娃等。弗·
德·邦契-布鲁耶维奇、谢·伊·古谢夫、安·伊·乌里扬诺娃-叶利扎
罗娃负责为编辑部收集地方通讯稿。克鲁普斯卡娅和福季耶娃负责编
辑部同地方组织和读者的通信联系。该报继续执行《火星报》的路线,
并保持同《前进报》的继承关系。《无产者报》发表了大约 90 篇列宁的
文章和短评,印发了俄国社会民主工党第三次代表大会的材料。该报
的发行量达 1 万份。1905 年 11 月初列宁回俄国后不久停刊,报纸的最
后两号是沃罗夫斯基编辑的。——185。

110　《无产者报》(《Пролетарий》)是俄国布尔什维克的秘密报纸,于 1906
年 8 月 21 日(9 月 3 日)—1909 年 11 月 28 日(12 月 11 日)出版,共出
了 50 号。该报由列宁主编,在不同时期参加编辑部的有亚·亚·波格
丹诺夫、约·彼·戈尔登贝格、约·费·杜勃洛文斯基等。该报的头

20 号是在维堡排版送纸型到彼得堡印刷的,为保密起见,报上印的是在莫斯科出版。由于秘密报刊出版困难,从第 21 号起移至国外出版(第 21—40 号在日内瓦、第 41—50 号在巴黎出版)。该报是作为俄国社会民主工党莫斯科委员会和彼得堡委员会的机关报出版的,在头 20 号中有些号还同时作为莫斯科郊区委员会、彼尔姆委员会、库尔斯克委员会和喀山委员会的机关报出版,但它实际上是布尔什维克的中央机关报。该报共发表了 100 多篇列宁的文章和短评。该报第 46 号附刊上发表了 1909 年 6 月在巴黎举行的《无产者报》扩大编辑部会议的文件。斯托雷平反动时期,该报在保存和巩固布尔什维克组织方面起了卓越的作用。根据俄国社会民主工党中央委员会 1910 年一月全会的决议,该报停刊。——185。

111 布尔什维克第三次代表大会指 1905 年 4 月 12—27 日(4 月 25 日—5月 10 日)在伦敦举行的俄国社会民主工党第三次代表大会。这次代表大会是布尔什维克筹备的,在列宁领导下进行的。孟什维克拒绝参加代表大会,而在日内瓦召开了他们的代表会议。

出席代表大会的有 38 名代表,其中有表决权的代表 24 名,有发言权的代表 14 名。出席大会的有表决权的代表分别代表 21 个俄国社会民主工党的地方委员会、中央委员会和党总委员会(参加党总委员会的中央委员会代表)。列宁作为敖德萨委员会的代表出席代表大会,当选为代表大会主席。

代表大会审议了正在俄国展开的革命的根本问题,确定了无产阶级及其政党的任务。代表大会讨论了下列问题:组织委员会的报告;武装起义;在革命前夕对政府政策的态度;关于临时革命政府;对农民运动的态度;党章;对俄国社会民主工党分裂出去的部分的态度;对各民族社会民主党组织的态度;对自由派的态度;同社会革命党人的实际协议;宣传和鼓动;中央委员会的和各地方委员会代表的工作报告等。列宁就大会讨论的所有主要问题拟了决议草案,在大会上作了关于社会民主党参加临时革命政府的报告和关于支持农民运动的决议的报告,并就武装起义、在革命前夕对政府政策的态度、社会民主党组织内工人和知识分子的关系、党章、关于中央委员会活动的报告等问题作了发言。

代表大会制定了党在资产阶级民主革命中的战略计划,这就是:要孤立资产阶级,使无产阶级同农民结成联盟,成为革命的领袖和领导者,为争取革命胜利——推翻专制制度、建立民主共和国、消灭农奴制的一切残余——而斗争。从这一战略计划出发,代表大会规定了党的策略路线。大会提出组织武装起义作为党的主要的和刻不容缓的任务。大会指出,在人民武装起义取得胜利后,必须建立临时革命政府来镇压反革命分子的反抗,实现俄国社会民主工党的最低纲领,为向社会主义革命过渡准备条件。

代表大会重新审查了党章,通过了列宁提出的关于党员资格的党章第1条条文,取消了党内两个中央机关(中央委员会和中央机关报)的制度,建立了党的统一的领导中心——中央委员会,明确规定了中央委员会的权力和它同地方委员会的关系。

代表大会谴责了孟什维克的行为和他们在组织问题和策略问题上的机会主义。鉴于《火星报》已落入孟什维克之手并执行机会主义路线,俄国社会民主工党第三次代表大会委托中央委员会创办新的中央机关报——《无产者报》。代表大会选出了以列宁为首的中央委员会,参加中央委员会的还有亚·亚·波格丹诺夫、列·波·克拉辛、德·西·波斯托洛夫斯基和阿·伊·李可夫。

俄国社会民主工党第三次代表大会是第一次布尔什维克代表大会,它以争取民主革命胜利的战斗纲领武装了党和工人阶级。列宁在《第三次代表大会》一文(见《列宁全集》中文第2版增订版第10卷)中论述了这次代表大会的工作及其意义。——186。

112 指孟什维克日内瓦代表会议。

孟什维克日内瓦代表会议于俄国社会民主工党第三次代表大会同时于1905年4月举行。由于参加的人数很少(只有9个委员会的代表出席),孟什维克宣布自己的这次会议为党的工作者代表会议。代表会议就武装起义、农民中的工作、夺取政权和参加临时政府、对其他革命党派和反对派的态度等问题通过了决议。列宁在《倒退的第三步》、《社会民主党在民主革命中的两种策略》、《〈工人论党内分裂〉一书序言》(见《列宁全集》中文第2版增订版第10卷和第11卷)等著作中揭露了日内瓦代表会议决议的机会主义性质,并对这些决议作了非常有力的批判。——186。

113　《唯物主义和经验批判主义(对一种反动哲学的批判)》一书是列宁
1908年2—10月在日内瓦和伦敦写的,1909年5月由莫斯科环节出版
社出版,署名弗拉·伊林。这部著作的手稿和准备材料,至今没有
找到。

这本书是针对当时俄国知识界出现的一股修正马克思主义哲学的
思潮而写的。早在1906年,列宁读了亚·亚·波格丹诺夫的《经验一
元论》第3卷以后,就曾写了一封长达三个笔记本的关于哲学问题的
信,并打算用《一个普通马克思主义者的哲学札记》为标题把它刊印出
来(此信至今没有被发现)。1908年初,俄国马赫主义者出版了一批
书,特别是出版了《关于马克思主义哲学的论丛》一书,对辩证唯物主
义公开进行修正。列宁读后异常愤慨,决定写一批文章或专门的小册
子来批评这些新休谟主义和新贝克莱主义的修正主义者(参看列宁
1908年2月12日(25日)给马·高尔基的信和《马克思主义和修正主
义》一文,《列宁全集》中文第2版增订版第45卷第105号文献和第17
卷)。尽管列宁当时忙于《无产者报》的出版和党的其他工作,但他仍
以巨大精力投入哲学的研究,并着手《唯物主义和经验批判主义》一书
的写作。列宁主要是在日内瓦各图书馆从事研究和写作,而为了详细
了解当代哲学和自然科学文献,还于1908年5月前往伦敦,在英国博
物馆工作了一个月。1908年9月底,《唯物主义和经验批判主义》一书
基本完稿,只有《第四章第1节的补充　尼·加·车尔尼雪夫斯基是从
哪一边批判康德主义的?》和一条关于埃里希·贝歇尔的《精密自然科
学的哲学前提》的脚注(见《列宁全集》中文第2版增订版第18卷第
376—379、304页)是在以后补写的。《唯物主义和经验批判主义》一书
是巨大研究工作的结晶,据查考,书中引用的不同作者的著作达200多
种,其中一部分还是散见于各种杂志上的文章。

列宁的姐姐安·伊·乌里扬诺娃-叶利扎罗娃对《唯物主义和经
验批判主义》一书的出版起了很大作用。在1905—1907年俄国革命失
败后的条件下,要为这部书找到出版人,困难是很大的。由于伊·伊·
斯克沃尔佐夫-斯捷潘诺夫从中协助,Π.克鲁姆比尤格尔私人办的环
节出版社最终把这部书的出版承接下来。列宁要求尽快签订合同,并

迅速出版。他担心姐姐会受牵累,因而主张以他自己的名义签订合同,但合同最后还是以他姐姐的名义签订的。

这部书的手稿迄今下落不明,但据克鲁姆比尤格尔回忆,该书初版对手稿几乎未作改动。该书初版用的署名,是克鲁姆比尤格尔根据作者的授权从他常用的三个笔名(列宁、土林、伊林)中选定的,理由是伊林这个笔名既在书籍市场上广为人知,又易于避开书报检查。该书是在阿·谢·苏沃林印刷厂排印的,列宁的姐姐乌里扬诺娃-叶利扎罗娃担任校对,斯克沃尔佐夫-斯捷潘诺夫也参加了校对。列宁亲自看了这本书的校样,当时他由于《无产者报》变换出版地点,已由日内瓦迁到巴黎。1909 年 5 月,《唯物主义和经验批判主义》一书出版,印数为 2 000 册。

《唯物主义和经验批判主义》一书出版后,受到马克思主义者的积极评价。1909 年 10 月 8 日《新时代》杂志刊登了这本书出版的消息。1909 年 12 月斯大林在给《无产者报》编辑部的信中把这本书称做是"一部独特的马克思主义哲学(认识论)原理集成"。1909 年 6 月瓦·瓦·沃罗夫斯基在《敖德萨评论报》上发表的一篇短评中指出,这部著作"对俄国来说具有特别的价值"。至于格·瓦·普列汉诺夫,据弗·菲·哥林说,他"对这本书反应很好,尽管他在书中被狠狠地刺了一下"。

十月革命后,《唯物主义和经验批判主义》一书于 1920 年在俄国首次再版,印数为 3 万册。列宁的这部著作后来在全世界传播很广。我国于 20 世纪 30 年代初出版了它的第一个中文译本,以后又相继出版了多种中文译本。——187。

114 指马克思的《关于费尔巴哈的提纲》(1845 年),恩格斯的《路德维希·费尔巴哈和德国古典哲学的终结》(1888 年)和《〈社会主义从空想到科学的发展〉英文版导言》(1892 年)(见《马克思恩格斯文集》第 1 卷第 499 — 502 页,第 4 卷第 261 — 313 页,第 3 卷第 499 — 522 页)。——187。

115 指英国庸俗经济学家纳·威·西尼耳为反对缩短工作日而编造的"理论"。他在《关于工厂法对棉纺织业的影响的书信》(1837 年伦敦版)

这本小册子中声称,工厂的全部纯利润是由最后一小时提供的;劳动时间每天缩短 1 小时,纯利润就会消失。马克思在《资本论》中批判了西尼耳的这种谬论(见《马克思恩格斯文集》第 5 卷第 258 — 265 页)。——188。

116　指弗·亚·巴扎罗夫在《现代的神秘主义和实在论》一文中提出的论点:"马赫、阿芬那留斯和其他许多人用来作为认识论基础的'费力最小'原则……无疑是认识论中的'马克思主义'倾向。在这点上,完全不是马克思主义者的马赫和阿芬那留斯比真正的马克思主义者格·瓦·普列汉诺夫的获生的跳跃的认识论更靠近马克思。"(见《关于马克思主义哲学的论丛》1908 年俄文版第 69 页)——191。

117　在列宁引用的卡·格律恩的书中,马克思给路德维希·费尔巴哈的这封信是 1843 年 10 月 20 日写的。实际上,这封信写于 1843 年 10 月 3 日(见《马克思恩格斯文集》第 10 卷第 10 — 12 页)。——195。

118　指恩格斯的《反杜林论》(1878 年)、《路德维希·费尔巴哈和德国古典哲学的终结》(1888 年)和《〈社会主义从空想到科学的发展〉英文版导言》(1892 年)(见《马克思恩格斯文集》第 9 卷第 3 — 398 页,第 4 卷第 261 — 313 页,第 3 卷第 499 — 522 页)。——196。

119　转向黑格尔是 19 世纪下半叶英国、美国和斯堪的纳维亚国家资产阶级哲学发展中的一个突出趋向。在英国,这种趋向是从 1865 年詹·哈·斯特林的《黑格尔的秘密》一书问世开始的。在垄断前资本主义转变为帝国主义时期,经验论哲学(耶·边沁、约·斯·穆勒、赫·斯宾塞)及其伦理个人主义的原则已经不符合英国资产阶级保守派的利益。黑格尔的绝对唯心主义具有从理论上论证宗教的广泛可能,因而引起了英国资产阶级思想家们的注意。于是一个称为"英国黑格尔派"的派别便应运而起,其代表人物是托·格林、爱·凯尔德和约·凯尔德兄弟、弗·布拉德莱等。他们极力反对唯物主义和自然科学,特别是反对达尔文主义。"英国黑格尔派"利用黑格尔学说的保守方面,特别是它的绝对精神的概念,而在乔治·贝克莱、大卫·休谟的主观唯心主义传统的影响下,抛弃黑格尔的唯理论和发展思想。黑格尔辩证法的要素仅仅被他们用来为不可知论进行诡辩式的辩护。例如布拉德莱从人的思维的矛盾性质得出结论说,思维只在现象领域运动,因为存在的真正本质是不矛盾的、和谐的、绝对的。在社会学领域,"英国黑格尔派"论证建立强有力的中央集权国家的必要性,认为公民的利益要完全服从于这个国家。

在美国,黑格尔主义的宣传是从圣路易斯城开始的。亨·孔·布劳克梅耳和威·托·哈里斯在这里创办的哲学协会出版了美国第一种哲学杂志——《思辨哲学杂志》(1867—1893 年),其目的是创立一种"真正美国式的思辨哲学"。

在斯堪的纳维亚国家,黑格尔哲学的影响在 19 世纪下半叶也增强了。瑞典哲学家约·雅·波列留斯试图复活黑格尔主义,把它同占统治地位的主观唯心主义哲学(克·雅·博斯特隆、西·里宾格等)对立起来。挪威的黑格尔右派马·雅·蒙拉德、格·威·林格等用神秘主义精神解释黑格尔哲学,而背离它的唯理论,并企图使科学服从于宗教。——197。

120　实用主义是帝国主义时代资产阶级哲学(主要是美国哲学)的一个主观唯心主义派别,19 世纪 70 年代末产生于美国,取代了曾占统治地位的宗教哲学。实用主义的主要论点是查·皮尔斯在 1878 年提出的。19 世纪末至 20 世纪初,通过威·詹姆斯和斐·席勒的著作,实用主义形成了独立的哲学流派;约·杜威的工具主义是实用主义的进一步发展。

实用主义者认为哲学的中心问题是获得符合真理的知识,但是他们却完全歪曲了真理的概念。皮尔斯把认识看做是获得信念的纯粹心理过程。詹姆斯则拿"有用"、成功、有利等概念来取代作为现实在意识中的正确反映的真理概念。在他看来,任何概念,包括宗教概念在内,是不是真理,就看它们是否有用。杜威走得更远,他宣布所有科学理论、道德原则、社会设施都只是个人达到自己目的的"工具"。实用主义者认为知识的"真理性"(即有用性)的标准是经验。他们所谓的经验并不是人的社会实践,而是个人体验。他们把这种经验看做是唯一的实在,而宣布物质和精神这两个概念已经"陈旧"。实用主义者像马赫主义者一样,企图创立哲学中的"第三条路线",超越唯物主义和唯心主义,而实际上坚持的还是唯心主义。实用主义用"多元论"的观点来反对唯物主义一元论,认为宇宙中没有任何内部联系和规律性,而是像一种可以由个人按自己的方式、根据自己的个人体验来拼装的镶嵌画。根据当前需要,实用主义认为可以对同一事实作出不同的甚至矛盾的解释;它宣称不需要任何彻底性,只要对一个人有利,他既可以是决定论者,也可以是非决定论者,既可以承认神的存在,也可以否认神的存在。

实用主义曾经在美国广泛传播,几乎成了美国的官方哲学。从 20世纪 40 年代开始,实用主义作为统一的独立的哲学派别在美国的地位开始下降,但它的基本精神仍起作用。实用主义在英国、意大利、德国、法国等国也在不同时期有过支持者。——201。

121 《国外周报》(《Gazette Etrangère》)是俄国侨民报纸,1908 年 3 月 16日—4 月 13 日在日内瓦出版,共出了 4 号。报纸主要报道侨民的生活,也刊登有关俄国国内和国外事件的材料。该报第 2 号曾刊登 1908年 3 月 18 日列宁在日内瓦国际大会上作的报告《公社的教训》。该报也刊登过亚·亚·波格丹诺夫、阿·瓦·卢那察尔斯基等人宣传"造神说"和马赫主义的文章。

列宁的引语摘自卢那察尔斯基的《简论现代俄国文学》(载于《国外周报》第 2、3 号)。——203。

122 《教育》杂志(《Образование》)是俄国一种合法的文学、科普和社会政治性刊物(月刊),1892—1909 年在彼得堡出版。初期由瓦·德·西波夫斯基和瓦·瓦·西波夫斯基主编,从 1896 年起由亚·雅·奥斯特罗戈尔斯基负责编辑。在 1902—1908 年间,该杂志刊载过社会民主党人的文章。1906 年第 2 期发表了列宁的《土地问题和"马克思的批评家"》这一著作的第 5—9 章(见《列宁全集》中文第 2 版增订版第 5卷)。——203。

123 《马克思主义和修正主义》一文最初发表于《卡尔·马克思(1818—1883)》文集,署名弗拉·伊林。文集是为纪念马克思逝世 25 周年而编的,由克德罗夫出版社于 1908 年 10 月在彼得堡出版。除列宁的这篇文章外,文集还收有尤·涅夫佐罗夫的《卡·马克思的生平和活动》、尼·罗日柯夫的《卡尔·马克思和阶级斗争》、弗·巴扎罗夫的《论马克思主义的哲学基础问题》、罗·卢森堡的《纪念卡·马克思》、格·季诺维也夫的《马克思和恩格斯》、尤·加米涅夫的《从民主主义到社会主义》、普·奥尔洛夫斯基的《论俄国马克思主义的历史》、米·塔甘斯基的《马克思论俄国》等文。——207。

124　青年黑格尔派也称黑格尔左派,是德国的一个唯心主义哲学派别,产生于19世纪30—40年代,是当时德国资产阶级激进派的思想代表。主要代表人物有阿·卢格、布·鲍威尔、大·施特劳斯、麦·施蒂纳等。马克思和恩格斯在《神圣家族》、《德意志意识形态》等著作中批判了青年黑格尔派。——208。

125　蒲鲁东主义是以法国无政府主义者皮·约·蒲鲁东为代表的小资产阶级社会主义流派,产生于19世纪40年代。蒲鲁东主义从小资产阶级立场出发批判资本主义所有制,把小商品生产和交换理想化,幻想使小资产阶级私有制永世长存。主张建立"人民银行"和"交换银行",认为它们能帮助工人购置生产资料,使之成为手工业者,并能保证他们"公平地"销售自己的产品。蒲鲁东主义反对任何国家和政府,否定任何权威和法律,宣扬阶级调和,反对政治斗争和暴力革命。马克思在《哲学的贫困》(参看《马克思恩格斯全集》中文第1版第4卷)等著作中,对蒲鲁东主义作了彻底批判。列宁称蒲鲁东主义为不能领会工人阶级观点的"市侩和庸人的痴想"。蒲鲁东主义被资产阶级的理论家们广泛利用来鼓吹阶级调和。——208、242、407。

126　巴枯宁主义是以米·亚·巴枯宁为代表的无政府主义思潮,产生于19世纪60年代。巴枯宁主义者是小资产阶级革命性及其特有的极端个人主义的代表,鼓吹个人绝对自由,反对任何权威。他们认为国家是剥削和不平等的根源,要求废除一切国家,实行小生产者公社的完全自治,并把这些公社联合成自由的联邦(按巴枯宁主义者的说法就是实现"社会清算")。巴枯宁主义者反对马克思主义的社会革命学说,否定工人阶级的一切不直接导致"社会清算"的斗争形式,否认建立独立的工人政党的必要性,而主张由"优秀分子"组成的秘密革命团体去领导群众骚乱。19世纪60年代末和70年代初,巴枯宁主义在当时经济上落后的西班牙、意大利、法国南部和瑞士的小资产阶级和一部分工人中得到传播。在巴枯宁主义的影响下，也形成了俄国革命民粹主义的一个派别。

1868年，巴枯宁在日内瓦建立了无政府主义者的国际组织——社会主义民主同盟。在同盟申请加入第一国际遭到拒绝以后，巴枯宁主义者采取对国际总委员会的决定阳奉阴违的办法，表面上宣布解散这个组织，而实际却继续保留，并于1869年3月以国际日内瓦支部的名义把它弄进了国际。巴枯宁主义者利用社会主义民主同盟的组织在国际内部进行了大量分裂和破坏活动，力图夺取国际总委员会的领导权，受到马克思和恩格斯的揭露和批判。1872年9月2—7日举行的第一国际海牙代表大会把巴枯宁和另一位巴枯宁派首领詹·吉约姆开除出国际。19世纪最后25年间，巴枯宁主义者蜕化成了脱离群众的小宗派。——208。

127 指法国、西班牙、意大利等西南欧国家。——208。

128 新康德主义者是在复活康德哲学的口号下宣扬主观唯心主义的资产阶级哲学流派的代表。新康德主义19世纪中叶产生于德国，创始人是奥·李普曼和弗·阿·朗格等人。1865年李普曼出版了《康德及其追随者》一书。该书每一章都以"回到康德那里去！"的口号结束。他还提出要纠正康德承认"自在之物"这一"根本错误"。朗格则企图用生理学来论证不可知论。新康德主义后来形成两大学派：马堡学派（赫·柯亨、保·格·纳托尔普等）和弗赖堡学派（威·文德尔班、亨·李凯尔特等）。前者企图利用自然科学的成就，特别是利用数学方法向物理学的渗透，来论证唯心主义；后者则把社会科学与自然科学对立起来，宣称历史现象有严格的独特性，不受任何规律性的支配。两个学派都用科学的逻辑根据问题来取代哲学的基本问题。新康德主义者从右边批判康德，宣布"自在之物"是认识所趋向的"极限概念"。他们否认物质世界的客观存在，认为认识的对象并不是自然界和社会的规律性，而仅仅是意识的现象。新康德主义的不可知论不是"羞羞答答的唯物主义"，而是唯心主义的变种，断言科学没有力量认识和改变现实。新康德主义者公开反对马克思主义，用"伦理社会主义"对抗马克思主义。他们依据自己的认识论,宣布社会主义是人类竭力追求但不可能达到的"道德理想"。新康德主义曾被爱·伯恩施坦、康·施米特等人利用来修正马克思主义。俄国的合法马克思主义者企图把新康德主义同马克思主义结合起来。格·瓦·普列汉诺夫、保·拉法格和弗·梅林都批判对马克思主义所作的新康德主义的修正。列宁揭露了新康德主义的实质并指出了它同其他资产阶级哲学流派(内在论者、马赫主义、实用主义等等)的联系。——209。

129 米勒兰主义是社会党人参加资产阶级政府的一种机会主义策略,因法国社会党人亚·埃·米勒兰于1899年参加瓦尔德克-卢梭的资产阶级政府而得名。1900年9月23—27日在巴黎举行的第二国际第五次代表大会讨论了米勒兰主义问题。大会通过了卡·考茨基提出的调和主义决议。这个决议虽谴责社会党人参加资产阶级政府,但却认为在"非常"情况下可以这样做。法国社会党人和其他国家的社会党人就利用这项附带条件为他们在第一次世界大战期间参加帝国主义资产阶级政府的行为辩护。列宁认为米勒兰主义是一种修正主义和叛卖行为,社会改良主义者参加资产阶级政府必定会充当资本家的傀儡,成为这个政府欺骗群众的工具。——213。

130 盖得派是19世纪80年代至20世纪初法国社会主义运动中以茹·盖得为首的一个派别,基本成员是19世纪70年代末期团结在盖得创办的《平等报》周围的进步青年知识分子和先进工人。1879年组成了法国工人党。1880年11月在勒阿弗尔代表大会上制定了马克思主义纲领。在米勒兰事件上持反对加入资产阶级内阁的立场。1901年与其他反入阁派一起组成法兰西社会党。盖得派为在法国传播马克思主义作出过重要贡献,但它的一些领导人对马克思主义的认识犯有片面性和教条主义的错误。

　　饶勒斯派是19世纪末20世纪初法国社会主义运动中以让·饶勒斯为首的右翼改良派。饶勒斯派以要求"批评自由"为借口,修正马克思主义基本原理,宣传无产阶级同资产阶级的阶级合作。他们认为社会主义的胜利不会通过无产阶级同资产阶级的阶级斗争而取得,这一胜利将是民主主义思想繁荣的结果。他们还赞同蒲鲁东主义关于合作社的主张,认为在资本主义条件下合作社的发展有助于逐渐向社会主义过渡。在米勒兰事件上,饶勒斯派竭力为亚·埃·米勒兰参加资产阶级内阁的背叛行为辩护。

布鲁斯派是 19 世纪 80 年代至 20 世纪初法国社会主义运动中以保·布鲁斯等人为首的机会主义派别。该派起初是法国工人党中改良主义的一翼,1882 年法国工人党分裂后称为社会主义革命工人党,1883 年改称法国劳动社会联盟。该派否定无产阶级的革命纲领和革命策略,模糊工人运动的社会主义目的,主张把工人阶级的活动限制在资本主义制度下"可能"办到的范围内,因此也被称为可能派。1902 年,可能派同其他一些改良主义派别一起组成了以让·饶勒斯为首的法国社会党。

1905 年,法兰西社会党和法国社会党合并,统称法国社会党(工人国际法国支部)。——214。

131 社会民主联盟(S.D.F.)是英国的社会主义组织,于 1884 年 8 月在民主联盟的基础上成立。参加联盟的除改良主义者(亨·迈·海德门等)和无政府主义者外,还有一批革命的社会民主党人即马克思主义的拥护者(哈·奎尔奇、汤·曼、爱·艾威林、爱琳娜·马克思等),他们构成了英国社会主义运动的左翼。恩格斯曾尖锐地批评社会民主联盟有教条主义和宗派主义倾向,脱离英国群众性的工人运动并且忽视这一运动的特点。1884 年秋联盟发生分裂,联盟的左翼在 1884 年 12 月成立了独立的组织——社会主义同盟。1907 年,社会民主联盟改称英国社会民主党。1911 年,该党与独立工党中的左派一起组成了英国社会党。1920 年,社会党的大部分党员参加了创立英国共产党的工作。

独立工党(I.L.P.)是英国改良主义政党,1893 年 1 月成立。领导人有基·哈第、拉·麦克唐纳、菲·斯诺登等。党员主要是一些新、旧工联的成员以及受费边派影响的知识分子和小资产阶级分子。独立工党从建党时起就采取资产阶级改良主义立场,把主要注意力放在议会斗争和同自由主义政党进行议会交易上。1900 年,该党作为集体党员加入英国工党。在第一次世界大战期间,独立工党领袖采取资产阶级和平主义立场。1932 年 7 月独立工党代表会议决定退出英国工党。1935 年该党左翼成员加入英国共产党,1947 年许多成员加入英国工党,独立工党不再是英国政治生活中一支引人注目的力量。——214。

132　整体派是 20 世纪初意大利社会党内的一个派别,整体社会主义的拥护
　　者,其领袖是恩·费里。整体派在一些问题上同持机会主义立场的改
　　良主义派进行了斗争。——214。

133　革命工团主义是 19 世纪末在一系列西欧国家工人运动中出现的一种
　　小资产阶级半无政府主义思潮。工团主义者否认工人阶级进行政治斗
　　争的必要性,否认党的领导作用和无产阶级专政。他们认为,工会(工
　　团)只要组织工人举行总罢工而不必进行革命,就能推翻资本主义,把
　　生产的管理掌握在自己手里。列宁曾指出:"在西欧,革命工团主义在
　　许多国家里是机会主义、改良主义和议会迷的直接的和必然的产物。"
　　(见《列宁全集》中文第 2 版增订版第 16 卷第 181 页)——214。

134　《马克思学说的历史命运》一文是为纪念马克思逝世三十周年而写的,
　　发表于 1913 年 3 月 1 日(14 日)《真理报》第 50 号。——222。

135　《马克思主义的三个来源和三个组成部分》一文是为纪念马克思逝世
　　三十周年而写的,发表于 1913 年 3 月《启蒙》杂志第 3 期。——226。

136　《北方真理报》(《Северная Правда》)是《真理报》在 1913 年 8 月 1 日
　　(14 日)—9 月 7 日(20 日)期间使用的名称。《真理报》用这个名称共
　　出了 31 号。

　　　　《真理报》(《Правда》)是俄国布尔什维克的合法报纸(日报),根
　　据俄国社会民主工党第六次(布拉格)全国代表会议的决定创办,1912
　　年 4 月 22 日(5 月 5 日)起在彼得堡出版。《真理报》是群众性的工人
　　报纸,依靠工人自愿捐款出版,拥有大批工人通讯员和工人作者(它在
　　两年多时间内就刊载了 17 000 多篇工人通讯),同时也是布尔什维克
　　党的实际上的机关报。《真理报》编辑部还担负着党的很大一部分组
　　织工作,如约见基层组织的代表,汇集各工厂党的工作的情况,转发党
　　的指示等。在不同时期参加《真理报》编辑部工作的有斯大林、雅·
　　米·斯维尔德洛夫、尼·尼·巴图林、维·米·莫洛托夫、米·斯·奥
　　里明斯基、康·斯·叶列梅耶夫、米·伊·加里宁、尼·伊·波德沃伊
　　斯基、马·亚·萨韦利耶夫、尼·阿·斯克雷普尼克、马·康·穆拉诺

夫等。第四届国家杜马的布尔什维克代表积极参加了《真理报》的工作。列宁在国外领导《真理报》，他筹建编辑部，确定办报方针，组织撰稿力量，并经常给编辑部以工作指示。1912—1914年，《真理报》刊登了300多篇列宁的文章。

《真理报》经常受到沙皇政府的迫害。仅在创办的第一年，编辑们就被起诉过36次，共坐牢48个月。1912—1914年出版的总共645号报纸中，就有190号受到种种阻挠和压制。报纸被查封8次，每次都变换名称继续出版。1913年先后改称《工人真理报》、《北方真理报》、《劳动真理报》、《拥护真理报》；1914年相继改称《无产阶级真理报》、《真理之路报》、《工人日报》、《劳动的真理报》。1914年7月8日（21日），即在第一次世界大战前夕，沙皇政府下令禁止《真理报》出版。

1917年二月革命后，《真理报》于3月5日（18日）复刊，成为俄国社会民主工党中央委员会和彼得堡委员会的机关报。列宁于4月3日（16日）回到俄国，5日（18日）就加入了编辑部，直接领导报纸工作。1917年七月事变中，《真理报》编辑部于7月5日（18日）被士官生捣毁。7月15日（28日），资产阶级临时政府正式下令查封《真理报》。7—10月，该报不断受到资产阶级临时政府的迫害，先后改称《〈真理报〉小报》、《无产者报》、《工人日报》、《工人之路报》。1917年10月27日（11月9日），《真理报》恢复原名，继续作为俄国社会民主工党中央委员会的机关报出版。1918年3月16日起，《真理报》改在莫斯科出版。——234。

137 三条鲸鱼意即三大支柱或三个要点，出典于关于开天辟地的俄国民间传说：地球是由三条鲸鱼的脊背支撑着的。布尔什维克常借用这一传说，在合法报刊和公开集会上以"三条鲸鱼"暗指建立民主共和国、没收地主全部土地、实行八小时工作制这三个基本革命口号。——234。

138 指1912年8月12—20日（8月25日—9月2日）在维也纳举行的取消派代表会议，在会议上成立了八月联盟，倡议者是列·达·托洛茨基。出席会议的代表共29名，其中有表决权的代表18名：彼得堡"中央发起小组"2名，崩得4名，高加索区域委员会4名，拉脱维亚边疆区社会民主党中央4名，莫斯科调和派小组1名，塞瓦斯托波尔、克拉斯诺亚尔斯克和黑海舰队水兵组织各 1 名;有发言权的代表 11 名:组织委员会代表 2 名,维也纳《真理报》代表 1 名,《社会民主党人呼声报》代表 1名,《涅瓦呼声报》代表 1 名,莫斯科取消派小组代表 1 名,波兰社会党"左派"代表 4 名和以个人身份参加的尤·拉林。29 人中只有 3 人来自俄国国内,其余都是同地方工作没有直接联系的侨民。普列汉诺夫派——孟什维克护党派拒绝出席这一会议。前进派代表出席后很快就退出了。代表会议通过的纲领没有提出建立民主共和国和没收地主土地的口号,没有提出民族自决权的要求,而仅仅提出了宪法改革、全权杜马、修订土地立法、结社自由、"民族文化自治"等自由派的要求。八月联盟还号召取消秘密的革命党。代表会议选出了试图与俄国社会民主工党中央委员会抗衡的组织委员会,但它在俄国国内只得到少数取消派小组、《光线报》和孟什维克七人团的承认。八月联盟成立后只经过一年多的时间就瓦解了。关于八月联盟的瓦解,可参看列宁的《"八月"联盟的瓦解》、《"八月联盟"的空架子被戳穿了》、《论高喊统一实则破坏统一的行为》(《列宁全集》中文第 2 版增订版第 25 卷)。——235。

139 马克思主义者整体是俄国社会民主工党为应付沙皇政府的书报检查而使用的代称。——236。

140 指 1905 年 10 月 17 日(30 日)沙皇尼古拉二世迫于革命运动高涨的形势而颁布的《关于完善国家制度的宣言》。宣言是由被任命为大臣会议主席的谢·尤·维特起草的,其主要内容是许诺"赐予"居民以"公民自由的坚实基础",即人身不可侵犯和信仰、言论、集会、结社等自由;"视可能"吸收被剥夺选举权的阶层的居民(主要是工人和城市知识分子)参加国家杜马选举;承认国家杜马是立法机关,任何法律不经它的同意不能生效。宣言颁布后,沙皇政府又相应采取以下措施:实行最高执行权力集中化;将德·费·特列波夫免职,由彼·尼·杜尔诺沃代替亚·格·布里根为内务大臣;宣布大赦政治犯;废除对报刊的预先检查;制定新的选举法。在把革命运动镇压下去以后,沙皇政府很快就背弃了自己在宣言中宣布的诺言。——236。

141 《马克思和恩格斯通信集》一文是列宁为 1913 年 9 月德文版四卷本

《马克思和恩格斯通信集(1844—1883年)》的出版而计划写的一篇长
文的开头部分。这部马克思和恩格斯的通信集共收入马克思和恩格斯
相互写的书信1 386封(这方面的书信总共约有1 500封),是他们的理
论遗产的重要组成部分,同时也包含有这两位科学共产主义创始人生
平的大量珍贵资料。列宁深入地研究了这部通信集,摘记了其中300
封信的要点,摘抄了15封具有重要理论意义的信,并为一部分摘要编
了名目索引。1913年10月30日或31日(11月12日或13日)列宁写
信给妹妹玛·伊·乌里扬诺娃,说他已读完德文版四卷本《马克思和
恩格斯通信集》,认为这部通信集里有很多有意义的东西,准备为《启
蒙》杂志写一篇关于这部通信集的文章(参看《列宁全集》中文第2版
增订版第53卷第244号文献)。

　　列宁的《马克思和恩格斯通信集》一文原打算发表在1914年的
《启蒙》杂志,1913年12月14日(27日)《无产阶级真理报》第7号曾
就此作过报道,但是这篇文章没有写完。直到1920年11月28日恩格
斯诞辰一百周年时,文章才在《真理报》第268号上发表。列宁在文章
付排前,给它加了一个副标题:《恩格斯是共产主义的创始人之一》,同
时加了一个脚注,说明这是1913年或1914年初写的一篇未完成的文
章的开头。

　　根据列宁笔记编成的《〈马克思和恩格斯通信集(1844—1883
年)〉提要》,已收入《列宁全集》中文第2版增订版,列为第58卷。
——237。

142 人民社会党人是1906年从俄国社会革命党右翼分裂出来的小资产阶
级政党人民社会党的成员。人民社会党的领导人有尼·费·安年斯
基、韦·亚·米雅柯金、阿·瓦·彼舍霍诺夫、弗·格·博哥拉兹、谢·
雅·叶尔帕季耶夫斯基、瓦·伊·谢美夫斯基等。人民社会党提出
"全部国家政权应归人民",即归从无产者到资产阶级知识分子的全体
劳动者,主张对地主土地进行赎买和实行土地国有化,但不触动份地和
经营"劳动经济"的私有土地。在俄国1905—1907年革命趋于低潮
时,该党赞同立宪民主党的路线,六三政变后,因没有群众基础,实际上
处于瓦解状态。第一次世界大战期间,持社会沙文主义立场。二月革
命后,该党开始恢复组织。1917年6月,同劳动派合并为劳动人民社

会党。这个党代表富农利益,积极支持资产阶级临时政府,十月革命后参加反革命阴谋活动和武装叛乱,1918 年后不复存在。——242。

143　《谈谈辩证法问题》一文写在《哲学》笔记本里,在《拉萨尔〈爱非斯的晦涩哲人赫拉克利特的哲学〉一书摘要》和《亚里士多德〈形而上学〉一书摘要》之间;由于其中有引自《形而上学》的引文,所以有理由认为它是在列宁读过亚里士多德的这一著作以后写的。因此,《谈谈辩证法问题》是 1914—1915 年列宁研究哲学问题的独特总结。

　　列宁在这篇文章中分析了对立面的统一和斗争的辩证规律,形而上学的和辩证的发展观;分析了绝对和相对,抽象和具体,一般、特殊和个别,逻辑和历史等等范畴;揭示了认识过程的辩证性质;指出了唯心主义的认识论根源和阶级根源。——245。

144　伊万是俄国最常见的人名。茹奇卡是俄语中看家狗的常用名字。——247。

145　此处见保·福尔克曼的《自然科学的认识论原理及其与当代精神生活的联系》一书第 2 版第 35 页。列宁关于该书的札记,见《列宁全集》中文第 2 版增订版第 55 卷第 343—344 页。列宁在作黑格尔《哲学史讲演录》摘要时,也指出了类似的地方(见《列宁全集》中文第 2 版增订版第 55 卷第 207、219—220 页)。——248。

146　"过分的"一词列宁写的是德文 überschwenglich,也可译为"过度的"、"无限的"、"过火"等等。这个词是约·狄慈根在分析绝对真理和相对真理、物质和精神等等之间的关系时使用的一个字眼(例如,见《列宁全集》中文第 2 版增订版第 55 卷第 419—420、423 页)。列宁也在自己的一些著作中使用它来揭示对概念的唯物辩证法的理解。例如,在《唯物主义和经验批判主义》中,列宁发展了恩格斯对哲学基本问题所作的表述,他写道:"狄慈根在《漫游》中重复说,物质这个概念也应当包括思想。这是糊涂思想。因为这样一来,狄慈根自己所坚持的那种物质和精神、唯物主义和唯心主义在认识论上的对立就会失去意义。至于说到这种对立不应当是'无限的'、夸大的、形而上学的,这是不容争辩的(强调这一点是辩证唯物主义者狄慈根的巨大功绩)。这种相对对立的绝对必要性和绝对真理性的界限,正是确定认识论研究的**方向**的界限。如果在这些界限之外,把物质和精神即物理的东西和心理的东西的对立当做绝对的对立,那就是极大的错误。"(见《列宁全集》中文第 2 版增订版第 18 卷第 257 页)列宁在《共产主义运动中的"左派"幼稚病》中也谈到真理的辩证性质(见《列宁全集》中文第 2 版增订版第 39 卷第 42 页)。——249。

147　《帝国主义是资本主义的最高阶段(通俗的论述)》一书是列宁在 1916 年上半年写的。1915 年,根据马·高尔基的倡议,刚刚在彼得格勒成立的孤帆出版社准备出版一套题为《战前和战时的欧洲》的通俗丛书,并委托在巴黎的米·尼·波克罗夫斯基编辑这套丛书。1915 年 11 月,波克罗夫斯基约请列宁撰写这套丛书中带导言性质即关于帝国主义的一种,列宁接受了这一建议。

　　列宁很早就注意到了资本主义发展中的新现象。他在 1895 — 1913 年写的一系列著作如《社会民主党纲领草案及其说明》(1895 — 1896)、《对华战争》(1900)、《危机的教训》(1901)、《内政评论》(1901)、《马克思主义和修正主义》(1908)、《俄国的生产集中》(1912)、《关于工人代表的某些发言问题》(1912)、《马克思学说的历史命运》(1913)、《落后的欧洲和先进的亚洲》(1913)、《资本主义财富的增长》(1913)中都揭示和分析了帝国主义时代所具有的个别特征。他还非常注意论述资本主义的最新书籍的出版,曾写关于约·阿·霍布森的《现代资本主义的演进》一书的书评(见《列宁全集》中文第 2 版增订版第 4 卷第 135 — 137 页),并在 1904 年 8 月着手翻译霍布森的《帝国主义》一书(译稿目前尚未找到)。第一次世界大战爆发后,出于领导革命斗争的需要,他从 1915 年中开始,在伯尔尼集中力量认真研究有关帝国主义的问题。他从 148 本书籍(德文书 106 本,法文书 23 本,英文书 17 本和俄文译本 2 本)和刊登在 49 种不同的期刊(德文 34 种,法文 7 种,英文 8 种)上的 232 篇文章(德文 206 篇,法文 13 篇,英文 13 篇)中作了共约 50 个印张的摘录、提要、笔记等等(这些资料于 1939 年用《关于帝国主义的笔记》的书名在苏联首次出版,见《列宁全集》中文第 2 版增订版第 54 卷)。列宁研究、检验和科学地分析了浩瀚的实际资料,为写作《帝国主义是资本主义的最高阶段》一书作了准备。

　　1916 年 1 月,列宁在伯尔尼开始撰写《帝国主义是资本主义的最高阶段》一书。2 月列宁移居苏黎世,继续研究帝国主义问题和撰写此书。他除了利用苏黎世州立图书馆的藏书外,还从其他城市借阅一些书籍。1916 年 6 月 19 日(7 月 2 日)《帝国主义是资本主义的最高阶段》一书完稿,列宁把手稿挂号寄给了波克罗夫斯基。这份稿子未被波克罗夫斯基收到,只得由娜·康·克鲁普斯卡娅重抄一份寄去。在此期间,出版社曾要求把手稿由原来议定的 5 印张压缩为 3 印张,被列宁拒绝。

　　高尔基在 1916 年 9 月 29 日给波克罗夫斯基的信里说,列宁的这本书"的确很出色",可单独出版。然而孤帆出版社编辑部中的孟什维克却对列宁的书稿作了不少修改,如删去了对卡·考茨基和尔·马尔托夫的尖锐批评,把列宁原用的"发展成为"一词(资本主义发展成为资本帝国主义)改为"变成","反动性"一词("超帝国主义"论的反动性)改为"落后性"等等。1916 年 11 月,《年鉴》杂志以《最新资本主义》这一书名刊登了该书的出版预告。1917 年中,这本书在彼得格勒用《帝国主义是资本主义的最新阶段(通俗的论述)》的书名由生活和知识出版社第一次印成单行本,书中附有列宁回国后于 1917 年 4 月 26 日写的序言。列宁 1920 年 7 月为本书法文版和德文版写的序言,对本书内容作了一些重要的概括和补充。

　　1935 年,本书首次以《帝国主义是资本主义的最高阶段》为书名并按照列宁手稿全文刊印于《列宁全集》俄文第 2、3 版第 19 卷。

　　在我国,《帝国主义是资本主义的最高阶段》一书早在 1925 年 2 月就出版过以《帝国主义浅说》为书名的中译文单行本。——255。

148　指《马克思主义和修正主义》(见《列宁全集》中文第 2 版增订版第 17 卷)。——273。

149　《论策略书。第一封信》这本小册子在 1917 年内由彼得格勒布尔什维克的波涛出版社出了 3 版,每一版都附有列宁的《四月提纲》。小册子的第 1 版是在 4 月 27 日(5 月 10 日)前,即在俄国社会民主工党(布)第七次全国代表会议 4 月 29 日(5 月 12 日)表决关于目前形势的决议案的前几天出版的。——276。

150　陛下的反对派一语出自俄国立宪民主党领袖帕·尼·米留可夫的一次
讲话。1909 年 6 月 19 日（7 月 2 日），米留可夫在伦敦市长举行的早餐
会上说："在俄国存在着监督预算的立法院的时候，俄国反对派始终是
陛下的反对派，而不是反对陛下的反对派。"（见 1909 年 6 月 21 日（7
月 4 日）《言语报》第 167 号）——281。

151　"不要沙皇，而要工人政府"这个口号是亚·李·帕尔乌斯在 1905 年提
出的，后来成了俄国托洛茨基分子的一个论点。——282。

152　指格·瓦·普列汉诺夫的著作《无政府主义和社会主义》。该书最初
于 1894 年用德文在柏林出版。——283。

153　指法国最老的资产阶级政党激进社会党（全称激进和激进社会共和
党）。该党于 1901 年 6 月成立，作为派别则于 1869 年形成。该党宗旨
是一方面保卫议会制共和国免受教权派和保皇派反动势力的威胁，另
一方面通过政治改革和社会改革来防止社会主义革命。第一次世界大
战以前，它基本代表中小资产阶级的利益。在第一次和第二次世界大
战之间，党内大资产阶级的影响加强了。党的领袖曾多次出任法国政
府总理。——288。

154　《国家与革命（马克思主义关于国家的学说与无产阶级在革命中的任
务）》一书写于 1917 年 8—9 月，1918 年 5 月在彼得格勒出版。在此以
前，1917 年 12 月 17 日（30 日），《真理报》发表了它的序言和第 1 章的
头两节。

　　为了撰写关于马克思主义对国家态度问题的著作，列宁于 1916 年
秋和 1917 年初在苏黎世精心研究了马克思和恩格斯的国家学说，并把
收集到的材料汇集成了一本笔记，取名为《马克思主义论国家》（见《列
宁全集》中文第 2 版增订版第 31 卷第 130—222 页）。因笔记本封面为
蓝色，通称"蓝皮笔记"。1917 年 4 月列宁从瑞士回到俄国后，由于忙
于革命实际活动，不能立即进行国家问题的著述，但也没有把这一计划
完全搁置一边。1917 年 6 月，他曾拟了一张研究马克思主义对国家态
度问题的书单，并了解过彼得格勒公共图书馆的工作制度。1917 年七
月事变后，列宁匿居在拉兹利夫，才得以着手写作《国家与革命》一书。

为此他请人把"蓝皮笔记"送到拉兹利夫，后又请人送来了马克思和恩格斯的著作《反杜林论》、《哲学的贫困》和《共产党宣言》（德文版和俄文版）等。8月上旬到芬兰的赫尔辛福斯后，他继续专心写作。按原定计划，本书共7章。列宁写完了前6章，拟了第7章《1905年和1917年俄国革命的经验》的详细提纲和《结束语》的提纲（见《列宁全集》中文第2版增订版第31卷第230—231、241—242页）。列宁曾写信告诉出版者，如果第7章完稿太晚，或者分量过大，那就有必要把前6章单独出版，作为第1分册。本书最初就是作为第1分册出版的。

在本书手稿的第1页上，为了应付临时政府的检查，作者署了一个从未用过的笔名：弗·弗·伊万诺夫斯基。但是这本书到1918年才出版，因此也就没有使用这个笔名而用了大家都知道的笔名：弗·伊林（尼·列宁）。1919年本书再版时，列宁在第2章中加了《1852年马克思对问题的提法》一节。——289。

155　《新时代》杂志（《Die Neue Zeit》）是德国社会民主党的理论刊物，1883—1923年在斯图加特出版。1890年10月前为月刊，后改为周刊。1917年10月以前编辑为卡·考茨基，以后为亨·库诺。1885—1895年间，杂志发表过马克思和恩格斯的一些文章。恩格斯经常关心编辑部的工作，帮助它端正办刊方向。为杂志撰过稿的还有威·李卜克内西、保·拉法格、格·瓦·普列汉诺夫、罗·卢森堡、弗·梅林等国际工人运动活动家。《新时代》杂志在介绍马克思主义基本理论、宣传俄国1905—1907年革命等方面做了有益的工作。随着考茨基转到机会主义立场，1910年以后，《新时代》杂志成了中派分子的刊物。第一次世界大战期间，杂志持中派立场，实际上支持社会沙文主义者。——289。

156　关于无产阶级专政有多种多样形式的论点，列宁最早是在1916年写的《论面目全非的马克思主义和"帝国主义经济主义"》（见《列宁全集》中文第2版增订版第28卷）一文中提出来的。但这篇文章直到1924年才在杂志上公开发表。列宁在1919年写的《无产阶级专政时代的经济和政治》和1923年写的《论我国革命》（见《列宁全集》中文第2版增订版第37卷和第43卷）中也都涉及了这一问题。——291。

157　夏洛克是英国作家威·莎士比亚的喜剧《威尼斯商人》中的人物，一个残忍冷酷的高利贷者。他曾根据借约提供的权利,要求从没有如期还债的商人安东尼奥身上割下一磅肉。——305。

158　指 19 世纪俄国民主主义作家尼·格·波米亚洛夫斯基于 1862—1863 年所写的《神学校随笔》。——306。

159　亚历山大剧院是 1917 年 9 月全俄民主会议会址。

彼得罗巴甫洛夫卡即彼得保罗要塞,位于彼得格勒市中心,隔涅瓦河与冬宫相望,拥有一个大军火库,是彼得格勒的战略要地。沙皇时代是政治犯监狱。——317。

160　《时报》(«Le Temps»)是法国资产阶级报纸(日报),1861—1942 年在巴黎出版。——328。

161　《自由报》(«Die Freiheit»)是德国独立社会民主党的机关报(日报),1918 年 11 月 15 日—1922 年 9 月 30 日在柏林出版。——335。

162　《共产主义运动中的"左派"幼稚病》一书于共产国际第二次代表大会前夕写成并出版,分发给了代表大会全体代表。书中的论点和结论是代表大会决议的基础。

为了能赶在共产国际第二次代表大会开会之前出书,列宁曾亲自过问本书的排印计划。这本书于 1920 年 4 月 27 日脱稿,5 月 5 日手稿发到国家出版社彼得格勒分社。5 月 9 日,一校样发回莫斯科。5 月23 日,列宁将 5 月 12 日写完的本书增补部分连同经他校阅过的校样一起发往彼得格勒。6 月 12 日本书俄文本出版,接着法文本和英文本也几乎同时于 7 月在俄国出版。列宁在 5 月 23 日写了一封有关这本书出版工作的信(见《列宁全集》中文第 2 版增订版第 49 卷第 413 号文献)。

1920 年下半年,这本书的德、英、法、意译本分别在柏林、汉堡、伦敦、纽约、巴黎和米兰出版。

在《共产主义运动中的"左派"幼稚病》一书的手稿上有一个副标题《(马克思主义战略和策略通俗讲话的尝试)》和一段讽刺性献词:"谨将此小册子献给最可敬的劳合-乔治先生,以对其 1920 年 3 月 18 日所作的几乎是马克思主义的、至少是对全世界共产党人和布尔什维克极有教益的演说表示谢忱。"但是,列宁亲自校阅过的该书第 1 版,以及根据这一版刊印的其他各种单行本和全集本都删去了这个副标题和献词,只有《列宁全集》俄文第 2、3 版刊印过这个副标题和献词。——337。

163　原则上的反对派即德国"左派"共产党人集团。这一集团在 1919 年 10月于海德堡举行的德国共产党第二次代表大会上被开除出德国共产党,1920 年 4 月组成了德国共产主义工人党。为了促使德国所有共产主义力量联合起来,共产国际执行委员会于 1920 年 11 月暂时同意德国共产主义工人党作为同情政党加入共产国际,同时向该党提出同德国统一共产党合并和支持其一切行动的要求。1921 年 6—7 月举行的共产国际第三次代表大会作出决议,要该党在一定期限内并入德国统一共产党。由于没有执行共产国际的这项决议,该党被认为自行退出共产国际。该党后来蜕化成为宗派小集团。——340。

164　沃拉皮尤克是德国语言学家约·施莱尔于 1880 年设计出的一种世界语方案。——342。

165　《共产主义工人报》(«Kommunistische Arbeiterzeitung»)是德国"左派"共产党人无政府工团主义集团的机关报,1919—1927 年在汉堡出版。——344。

166　中心小组是列宁在 1895 年创立的彼得堡工人阶级解放斗争协会的领导机构。参加中心小组的成员有 10 多人,其中 5 人(列宁、格·马·克尔日扎诺夫斯基、瓦·瓦·斯塔尔科夫、阿·亚·瓦涅耶夫和尔·马尔托夫)组成领导核心。——346。

167　指俄共(布)第九次代表大会。

俄共(布)第九次代表大会于 1920 年 3 月 29 日—4 月 5 日在莫斯科举行。参加代表大会的共有 715 名代表,其中有表决权的代表 553名,有发言权的代表 162 名,共代表 611 978 名党员。这次代表大会是在红军取得了反对外国武装干涉和国内反革命的决定性胜利、苏维埃俄国获得了暂时的和平喘息时机的条件下召开的。大会主要议程是:中央委员会的工作报告;经济建设的当前任务;工会运动;组织问题;共产国际的任务;对合作社的态度;向民兵制过渡;选举中央委员会。列宁直接领导了代表大会的工作,作了中央委员会的工作报告,并就经济建设、合作社等问题发了言。

这次代表大会的中心议题是经济建设问题,即从军事战线的斗争转向劳动战线的斗争、战胜经济破坏、恢复和发展国民经济的问题。列·达·托洛茨基作了关于经济建设的当前任务的报告。大会就这个问题通过的决议指出,苏维埃俄国经济恢复的基本条件是贯彻执行最近一个历史时期的统一的经济计划。决议规定了完成统一计划的各项根本任务的先后顺序:(1)首先是改善运输部门的工作,调运和储备必要的粮食、燃料和原料;(2)发展为运输业和获取燃料、原料、粮食服务的机器制造业;(3)加紧发展为生产日用品服务的机器制造业;(4)加紧生产日用品。实现国家电气化在统一经济计划中居于重要地位;大会通过了关于制定电气化计划的指示。

代表大会要求各级党组织执行俄共(布)中央关于给运输部门调配 5 000 名优秀的经过考验的共产党员的指令,并决定动员这次代表大会的10%的代表投入运输战线。代表大会决定把 1920 年的"五一"节(适逢星期六)定为全俄星期六义务劳动日。

代表大会批准了俄共(布)中央关于动员工业无产阶级、实行劳动义务制、经济军事化以及为经济需要动用军队等问题的提纲,责成党组织帮助工会和劳动部门统计全部熟练工人,以便吸收他们参加生产,同时否决了托洛茨基关于把成立劳动军作为保证国民经济劳动力的唯一良策和把军事方法搬用于和平经济建设的意见。代表大会十分重视生产管理的组织问题。大会就这个问题通过的决议指出,必须在一长制的基础上建立熟悉业务、坚强得力的领导。以季·弗·萨普龙诺夫等为代表的民主集中派反对在企业中实行一长制和个人负责制,坚持无限制的集体管理制,同时也反对使用旧专家,反对国家的集中管理,他们得到了阿·伊·李可夫、米·巴·托姆斯基、弗·巴·米柳亭、阿·洛莫夫等的支持。大会谴责和拒绝了民主集中派的建议。

代表大会在关于工会问题的决议中明确规定了工会的作用、工会同国家和党的相互关系、共产党领导工会的形式和方法以及工会参加经济建设的方式,在关于合作社问题的决议中要求巩固党在合作社组织中的领导地位。

代表大会还作出了关于出版《列宁全集》的决定。

4月4日,在大会秘密会议上选出了由19名委员和12名候补委员组成的新的中央委员会。——346。

168　劳动派(劳动团)是俄国国家杜马中的农民代表和民粹派知识分子代表组成的小资产阶级民主派集团,1906年4月成立。领导人是阿·费·阿拉季因、斯·瓦·阿尼金等。劳动派要求废除一切等级限制和民族限制,实行自治机关的民主化,用普选制选举国家杜马。劳动派的土地纲领要求建立由官地、皇族土地、皇室土地、寺院土地以及超过劳动土地份额的私有土地组成的全民地产,由农民普选产生的地方土地委员会负责进行土地改革,这反映了全体农民的土地要求,同时它又容许赎买土地,则是符合富裕农民阶层利益的。在国家杜马中,劳动派动摇于立宪民主党和布尔什维克之间。布尔什维克党支持劳动派的符合农民利益的社会经济要求,同时批评它在政治上的不坚定,可是劳动派始终没有成为彻底革命的农民组织。六三政变后,劳动派在地方上停止了活动。第一次世界大战期间,劳动派多数采取沙文主义立场。二月革命后,劳动派积极支持资产阶级临时政府,1917年6月与人民社会党合并为劳动人民社会党。十月革命后,劳动派站在资产阶级反革命势力方面。——347。

169　《共产主义》杂志(《Коммунизм》)是共产国际东欧书记处的机关刊物(周刊),1920—1921年在维也纳出版,共出了81期。该刊主编是伊斯列尔。——348。

170　列宁在俄国共产主义青年团第三次代表大会上的讲话最初发表于1920年10月5、6、7日《真理报》第221、222、223号,当年用《青年团的任务(在俄国共产主义青年团第三次代表大会上的讲话)》为书名印成小册子出版。讲话的这一最早的单行本经列宁审阅过,是政治教育总委员会丛书第1种。这个版本印了20万册,仍不能满足需求,因而出现了一些打字本和手抄本。此后,各出版社曾用《学什么和怎样学》、《共青团员应当成为什么样的人》、《伊里奇的遗训》、《伊里奇对青年的遗训》、《青年的任务》、《青年怎样学习共产主义》、《论共产主义教育和共产主义道德》等书名多次重印这个讲话。1930年,青年近卫军出版社出了《青年团的任务》出版十周年纪念版,这个版本的注释经娜·康·克鲁普斯卡娅审阅过。在《列宁全集》俄文第 5 版中,这个讲话是按 1920 年出版的单行本刊印的,删去了小册子编者所加的小标题。

俄国共产主义青年团第三次代表大会于 1920 年 10 月 2—10 日在莫斯科斯维尔德洛夫共产主义大学举行。出席这次代表大会的约有 600 名代表。大会议程如下:共和国的军事和经济形势;青年共产国际;俄国共青团中央的工作报告;青年的社会主义教育;民兵和青年体育;团纲、团章;选举俄国共青团中央委员会。根据列宁的指示,共青团第三次代表大会强调指出:"俄国共产主义青年团的基本任务是对劳动青年进行共产主义教育,在这一教育中要把理论教育与积极参加劳动群众的生活、工作、斗争和建设紧密结合起来。"——351。

171　指无产阶级文化协会的代表人物。

无产阶级文化协会是十月革命前夕在彼得格勒成立的独立的无产阶级文学艺术活动组织。十月革命后在国内各地成立分会。各地协会最多时达 1 381 个,会员 40 多万。1918 年春,亚·亚·波格丹诺夫及其拥护者逐渐从思想上和组织上控制了协会,他们仍继续坚持协会对共产党和苏维埃国家的"独立性",否认以往的文化遗产的意义,力图摆脱群众性文教工作的任务,企图通过脱离实际生活的"实验室的道路"来创造"纯粹无产阶级的"文化。波格丹诺夫口头上承认马克思主义,实际上鼓吹马赫主义这种主观唯心主义哲学。列宁在《关于无产阶级文化》(见《列宁全集》中文第 2 版增订版第 39 卷第 373—376 页)等著作中批判了无产阶级文化派的错误。无产阶级文化协会于 20 年代初趋于衰落,1932 年停止活动。——355。

172　《论粮食税(新政策的意义及其条件)》这本小册子是在俄共(布)第十次代表大会闭幕后不久于 1921 年 3 月底开始写的,4 月 21 日完稿。小册子于 5 月初由国家出版社刊印,接着又发表于 6 月出版的《红色处女地》杂志第 1 期。苏俄各地出版社随后相继翻印,中央和地方的报刊也都全文或摘要转载。同年,小册子用德文和法文发表在 1921 年《共产国际》杂志第 17 期上,用英文发表在该杂志第 16—17 期合刊上。

俄共(布)中央曾专门作出决定,要求各级党委按照列宁《论粮食税》的基本精神向劳动人民解释新经济政策的实质和意义。——369。

173　引自俄国诗人亚·谢·普希金的抒情诗《英雄》。这首诗采取"诗人"和"友人"对话的形式,诗中的"诗人"认为:拿破仑冒着生命危险去传染病院同患黑死病的士兵握手表示慰问一事,虽经历史学家考证并非事实,但一句"令人鼓舞的谎言",要比千万个"卑微的真理"更加可贵。此处列宁是反普希金诗原意引用的。——378。

174　奥勃洛摩夫精神意为因循守旧、懒散懈怠。奥勃洛摩夫是俄国作家伊·亚·冈察洛夫的长篇小说《奥勃洛摩夫》的主人公,他是一个怠惰成性、害怕变动、终日耽于幻想、对生活抱消极态度的地主。——379。

175　指全俄电气化计划。该计划是根据列宁提出的任务并在他的指导下由俄罗斯国家电气化委员会制定的,是一部 600 多页的巨著。计划规定,除恢复和改建现有的电站外,在 10—15 年内建设 30 座区域电站,包括 20 座火电站和 10 座水电站,总装机容量为 175 万千瓦;总的年发电量达到 88 亿度,而 1913 年俄国的年发电量为 19 亿度。根据计划,工业品产量将比 1913 年的产量增加 80%—100%,比 1920 年增加许多倍。——379。

176　俄共(布)第八次代表大会于 1919 年 3 月 18—23 日在莫斯科举行。参加代表大会的有 301 名有表决权的代表和 102 名有发言权的代表,共代表 313 766 名党员。列入大会议程的问题是:中央委员会的总结报告;俄共(布)纲领;共产国际的建立;军事状况和军事政策;农村工作;组织工作;选举中央委员会。

　　列宁主持了大会,作了俄共(布)中央委员会的工作报告、关于党纲和农村工作的报告,并就军事问题发了言。

　　代表大会的中心问题是讨论并通过新党纲。第七次代表大会选出的纲领委员会已经通过了列宁的党纲草案,但是鉴于委员会内存在分歧,在第八次代表大会上就党纲问题作报告的除代表多数派的列宁外,还有代表少数派的尼·伊·布哈林。布哈林提议把关于资本主义和小商品生产的条文从纲领中删去,而只限于论述纯粹的帝国主义。他认为帝国主义是特殊的社会经济形态。布哈林和格·列·皮达可夫还提

议把民族自决权的条文从党纲中删去。列宁反对他们的这些观点。代
表大会先基本通过党纲草案，然后在纲领委员会对草案作了最后审定
后于3月22日予以批准。《列宁全集》中文第2版增订版第36卷《附
录》中载有第八次代表大会通过的俄共(布)纲领全文。

代表大会解决的另一个重要问题是对中农的态度问题。列宁论证
了党对中农的新政策，即在依靠贫苦农民、对富农斗争并保持无产阶级
的领导作用的条件下从中立中农的政策转到工人阶级与中农建立牢固
的联盟的政策。早在1918年11月底列宁就提出了这个口号。代表大
会通过了列宁起草的《关于对中农的态度的决议》。

在代表大会的工作中，关于军事状况问题、关于党的军事政策问
题、关于红军的建设问题占了相当重要的地位。在大会上，"军事反对
派"维护游击主义残余，否认吸收旧的军事专家的必要性，反对在军队
中建立铁的纪律。代表大会批驳了"军事反对派"的观点，批准了根据
列宁的论点制定的军事问题决议。

代表大会在关于组织问题的决议中反击了萨普龙诺夫—奥新斯基
集团，这个集团否认党在苏维埃中的领导作用，主张把人民委员会和全
俄中央执行委员会主席团合并起来。代表大会否决了联邦制建党原
则，认为必须建立一个集中统一的共产党和领导党的全部工作的统一
的中央委员会。代表大会规定了中央委员会的内部组织机构，包括第
一次设立的政治局，以及组织局和书记处。代表大会选出了由19名委
员和8名候补委员组成的中央委员会。——380。

177　全俄苏维埃第八次代表大会于1920年12月22—29日在莫斯科举行。
出席大会的代表有2 537名，其中有表决权的代表1 728名，有发言权
的代表809名。按党派区分，代表中有共产党员2 284名，党的同情者
67名，无党派人士98名，孟什维克8名，崩得分子8名，左派社会革命
党人2名，另外还有一些其他党派的成员。

这次代表大会是在国内战争胜利结束、经济战线成为主要战线的
时候召开的。大会议程是：全俄中央执行委员会和人民委员会关于对
外对内政策的报告；俄罗斯电气化；恢复工业和运输业；发展农业生产
和帮助农民经济；改善苏维埃机关工作和同官僚主义作斗争；选举全俄
中央执行委员会。议程上的主要问题预先在俄共(布)党团会议上进

行讨论。

　　大会的工作是在列宁的直接领导下进行的。代表大会根据列宁所作的全俄中央执行委员会和人民委员会关于对外对内政策的报告,以压倒多数票通过了完全赞同政府工作的决议。大会通过了在列宁倡议下制定的国家电气化计划和列宁起草的关于电气化报告的决议(见《列宁全集》中文第 2 版增订版第 40 卷第 195—196 页)。大会审议了人民委员会 1920 年 12 月 14 日通过的关于加强和发展农民农业经济的措施的法案,并一致通过了这一法案。大会通过了一个关于苏维埃建设的详尽决定。这个决定对中央和地方政权机关和经济管理机关的相互关系作了调整。大会还批准了劳动国防委员会的新条例,选举了由 300 名委员和 100 名候补委员组成的新的全俄中央执行委员会。——380。

178 《论战斗唯物主义的意义》一文是为 1922 年《在马克思主义旗帜下》杂志第 3 期写的。

　　据娜·康·克鲁普斯卡娅回忆,列宁是在科尔津基诺村休养时考虑写这篇文章的。他那时读了很多反宗教的书籍,其中有阿·德雷夫斯的《基督神话》和厄·辛克莱的《宗教的利润》(1925 年出版的俄译本名为《宗教和发财》)等等。克鲁普斯卡娅写道:"在散步的时候我们谈论德雷夫斯,谈论辛克莱,谈论我们这里反宗教宣传搞得太肤浅,有许多庸俗化的做法,反宗教宣传没有同自然科学深刻地结合在一起,很少揭示宗教的社会根源,不能满足在革命年代迅速成长的工人们的要求。"(见 1933 年《在马克思主义旗帜下》杂志第 1 期第 148—149 页)

　　文章于 1922 年 3 月 12 日写成,但是列宁并没有停止对文章的继续加工。在把文章送杂志编辑部以前,列宁又在其中增加了关于用现代科学批判宗教的代表人物阿·德雷夫斯和罗·尤·维佩尔的内容,删去了提及辛克莱《宗教的利润》一书的地方,笼统地指出在反宗教宣传中利用此类著作的重要性。

　　《在马克思主义旗帜下》杂志(«Под Знаменем Марксизма»)是苏联为开展战斗唯物主义和无神论的宣传而创办的哲学和社会经济刊物,1922 年 1 月—1944 年 6 月在莫斯科出版。该刊为月刊,1933—1935 年为双月刊。——388。

179　指下述约·狄慈根的话:"我们从内心深处蔑视有学位的奴仆们口中的关于'教育和科学'的华美言词,关于'理想的福利'的高谈阔论,他们今天用生造的唯心主义愚弄人民,就像当年多神教的僧侣们用当时得到的关于自然界的初始知识来欺蒙人民一样。"(见约·狄慈根《社会民主党的宗教》1906 年柏林版第 34—35 页)——389。

180　自由射手是 15—19 世纪法国的非正规的特种步兵部队,在普法战争中曾从事游击活动。这里是在借喻意义上使用的。——390。

181　此处原为:"最近我浏览了厄普顿·辛克莱的小册子《宗教的利润》。毫无疑问,作者对待问题的态度和阐述问题的方法是有缺点的。但是本书是有价值的,它写得生动,提供许多具体事实和对比……"

　　据娜·康·克鲁普斯卡娅回忆,列宁阅读的《宗教的利润》一书是书的作者寄给她的,随书附有一封信,信中提到作者利用自己的小说所进行的斗争。克鲁普斯卡娅说:"每天晚上列宁借助英文词典阅读。他对此书反宗教宣传方面的内容不大满意,但喜欢书中对资产阶级民主制的批评。"(见 1933 年《在马克思主义旗帜下》杂志第 1 期第 148 页)——393。

182　俄国技术协会是以在俄国发展技术和工业为宗旨的科学团体,1866 年在彼得堡成立。该协会共有 15 个部,在全国各地设有数十个分会。协会活动包括出版刊物、举办学校、资助实验、举行普及科技知识的讲座及展览会等。1917 年十月革命后,协会改组了自己的活动,于 1923 年通过了新的章程和《关于工业基本需要》的纲领。参加协会的有敌视苏维埃政权的资产阶级技术知识分子和前企业主。1929 年协会被查封。

　　《经济学家》杂志(《Экономист》)是俄国技术协会第十一部即工业经济部主办的刊物,1921 年 12 月—1922 年 6 月在彼得格勒出版(第 1 期封面上印的是 1922 年)。

　　该杂志第 1 期是它的编辑 Д. А. 卢托欣寄来、由尼·彼·哥尔布诺夫转交给列宁的。——395。

183　《论我国革命(评尼·苏汉诺夫的札记)》一文是 1923 年 1 月 16—17

日口授的,评论了著名孟什维克尼·苏汉诺夫的《革命札记》一书第 3
卷和第 4 卷(1922 年柏林—彼得堡—莫斯科格尔热宾出版社版)。《列
宁值班秘书日志》有几次提到这件事(见《列宁全集》中文第 2 版增订
版第 43 卷第 471—472 页)。文章由娜·康·克鲁普斯卡娅转交《真
理报》编辑部,无标题。标题是报纸编辑部加的。——398。

184 显然是指马克思在 1871 年 4 月 12 日给路·库格曼的信中称赞巴黎人
"具有何等的灵活性"一语(见《马克思恩格斯文集》第 10 卷第 352
页)。——398。

185 指 1856 年 4 月 16 日马克思给恩格斯的信中所说的话:"德国的全部问
题将取决于是否有可能由某种再版的农民战争来支持无产阶级革命。
如果那样就太好了。"(见《马克思恩格斯文集》第 10 卷第 131 页)
——398。

186 布朗基主义是 19 世纪法国工人运动中的革命冒险主义的思潮,以路·
奥·布朗基为代表。布朗基主义者不了解无产阶级的历史使命,忽视
同群众的联系,主张用密谋手段推翻资产阶级政府,建立革命政权,实
行少数人的专政。马克思和列宁高度评价布朗基主义者的革命精神,
同时坚决批判他们的密谋策略。

　　巴黎公社失败以后,1872 年秋天,在伦敦的布朗基派公社流亡者
发表了题为《国际和革命》的小册子,宣布拥护《共产党宣言》这个科学
共产主义的纲领。对此,恩格斯曾不止一次地予以肯定(参看《马克思
恩格斯文集》第 3 卷第 357—365 页)。——407。

187 恩格斯在他的许多著作中,特别是在《反杜林论》第 2 编第 3 章《暴力
论(续)》中(见《马克思恩格斯文集》第 9 卷第 173—181 页),发挥了这
个论点。——408。

188 指 1920 年 7 月 24 日共产国际第二次代表大会通过的《关于共产党在
无产阶级革命中的作用的决议》。——421。

人 名 索 引

A

阿德勒，维克多（Adler, Victor 1852—1918）——奥地利社会民主党创建人和领袖之一。早年是资产阶级激进派，19 世纪 80 年代中期参加工人运动。1883 年和 1889 年曾与恩格斯会晤，1889—1895 年同恩格斯有通信联系。是 1888 年 12 月 31 日—1889 年 1 月 1 日奥地利社会民主党成立大会上通过的党纲的主要起草人之一。在克服奥地利社会民主主义运动的分裂和建立统一的党方面做了许多工作。在党的一系列重要政策问题上（包括民族问题）倾向改良主义立场。1886 年创办《平等》周刊，1889 年起任奥地利社会民主党中央机关报《工人报》编辑。1905 年起为议员。第一次世界大战期间持中派立场，鼓吹阶级和平，反对工人阶级的革命发动。1918 年 11 月短期担任奥地利资产阶级共和国外交部长。——63。

阿尔曼德，伊涅萨·费多罗夫娜（Арманд, Инесса Федоровна 1874—1920）——1904 年加入俄国社会民主工党，长期从事国际共产主义运动和妇女运动。积极参加 1905—1907 年革命。多次被捕和流放。1909 年流亡国外。曾当选为俄国社会民主工党国外组织委员会书记。1911 年参加了布尔什维克隆瑞莫党校的工作。1912 年秘密回国，作为党中央代表在彼得堡为筹备第四届国家杜马选举做了大量工作。第一次世界大战期间出席了国际妇女社会党人代表会议、国际青年代表会议以及齐美尔瓦尔德代表会议和昆塔尔代表会议。十月革命后任党的莫斯科省委委员、莫斯科省执行委员会委员和省国民经济委员会主席。1918 年起任俄共（布）中央妇女部部长。——273—275。

阿尔宁-苏科，亨利希·亚历山大（Arnim-Suckow, Heinrich Alexander 1798—

1861）——普鲁士外交官，男爵，在德国实行普鲁士君主制统治的狂热拥护者。1820 年起在外交界任职。1848 年 3—6 月任康普豪森内阁外交大臣。曾提出德国民族统一的思想，认为这是对付革命运动的重要手段。在外交政策上把俄国视为德国统一和领土扩张的主要敌人。1849 年春入选普鲁士上议院，在议会中代表资产阶级反对派。1852 年起脱离政治活动。——142。

阿芬那留斯，理查（Avenarius, Richard 1843—1896）——德国哲学家，主观唯心主义者，经验批判主义创始人之一。1877 年起任苏黎世大学教授。否认物质世界的客观存在，认为"只有感觉才能被设想为存在着的东西"，杜撰所谓"原则同格"论、"潜在中心项"、"嵌入说"等。主要著作有《哲学——按照费力最小的原则对世界的思维》（1876）、《纯粹经验批判》（1888—1890）、《人的世界概念》（1891）等。1877 年起出版《科学的哲学季刊》。——198、200—201、203、204。

阿基莫夫（**马赫诺韦茨**），弗拉基米尔·彼得罗维奇（Акимов（Махновец），Владимир Петрович 1872—1921）——俄国社会民主党人，经济派代表人物。19 世纪 90 年代中期加入彼得堡民意社，1897 年被捕，1898 年流放叶尼塞斯克省，同年 9 月逃往国外，成为国外俄国社会民主党人联合会领导人之一；为经济主义思想辩护，反对劳动解放社，后又反对《火星报》。1903 年代表联合会出席俄国社会民主工党第二次代表大会，是反火星派分子，会后成为孟什维克极右翼代表。1905—1907 年革命期间支持主张建立"全俄工人阶级组织"（社会民主党仅是该组织中的一种思想派别）的取消主义思想。作为有发言权的代表参加了俄国社会民主工党第四次（统一）代表大会的工作，维护孟什维克的机会主义策略，呼吁同立宪民主党人联合。斯托雷平反动时期脱党。——121、122、126、127、128、132、136、137。

阿克雪里罗得，帕维尔·波里索维奇（Аксельрод, Павел Борисович 1850—1928）——俄国孟什维克领袖之一。19 世纪 70 年代是民粹派分子。1883 年参与创建劳动解放社。1900 年起是《火星报》和《曙光》杂志编辑部成员。这一时期在宣传马克思主义的同时，也在一系列著作中把资产阶级民主制和西欧社会民主党议会活动理想化。1903 年在俄国社会民主工党第二次代表大会上是《火星报》编辑部有发言权的代表,属火星派少数派,会后是孟什维主义的思想家。1905 年提出召开广泛的工人代表大会的取消主义观点。1906 年在党的第四次(统一)代表大会上代表孟什维克作了关于国家杜马问题的报告,宣扬无产阶级同资产阶级实行政治合作的机会主义思想。斯托雷平反动时期和新的革命高涨年代是取消派的思想领袖,参加孟什维克取消派《社会民主党人呼声报》编辑部。1912 年加入"八月联盟"。第一次世界大战期间表面上是中派,实际持社会沙文主义立场;曾参加齐美尔瓦尔德代表会议和昆塔尔代表会议,属于右翼。1917 年二月革命后任彼得格勒苏维埃执行委员会委员,支持资产阶级临时政府。十月革命后侨居国外,反对苏维埃政权,鼓吹武装干涉苏维埃俄国。——98、99、109、115—120、122、124、127—129、132、133、137、138、174、175、266。

阿列克谢耶夫,彼得・阿列克谢耶维奇(Алексеев,Петр Алексеевич 1849—1891)——俄国早期工人革命家,织工。19 世纪 70 年代初接近革命民粹派,1873 年加入彼得堡涅瓦关卡外的革命工人小组,1874 年 11 月起在莫斯科工人中进行革命宣传,是全俄社会革命组织的积极成员。1875 年 4 月被捕。1877 年 3 月在法庭上发表预言沙皇专制制度必然覆灭的著名演说。同年被判处十年苦役,1884 年起在雅库特州的一个偏僻的乡服苦役,1891 年 8 月在该地被盗匪杀害。——122。

埃勒,卡尔——见劳芬贝格,亨利希。

埃奈西德穆(克诺索斯的)(Aenesidemus of Knossos 公元前 1 世纪)——古希腊晚期怀疑论代表人物之一。——190。

艾威林,爱德华(Aveling,Edward 1851—1898)——英国社会主义者,作家和政论家;马克思的小女儿爱琳娜的伴侣。1884 年起为社会民主联盟盟员,后为社会主义同盟创建人之一。起初宣传达尔文主义和无神论,同马克思和恩格斯结识后不久即成为马克思主义者。80 年代末—90 年代初是非熟练工人和失业工人群众运动和新工联运动的组织者之一。1893—1895 年参加独立工党。第二国际多次代表大会代表。是马克思《资本论》第 1 卷和恩格斯《社会主义从空想到科学的发展》英文版的译者之一。写有一些宣传马克思主义和达尔文主义以及工人运动问题的著作。——10。

爱因斯坦,阿尔伯特(Einstein Albert 1879—1955)——理论物理学家,现代物理学的创始人之一。生于德国,1893 年起住在瑞士。1900 年毕业于苏黎世理工学院。1902—1909 年在伯尔尼的联邦专利局担任专家。1909 年起任苏黎世大学教授,1911—1912 年在布拉格的德国大学任理论物理学教授。1912 年回到苏黎世理工学院任教。1913 年被选为普鲁士科学院院士,1914 年移居柏林,任德国威廉皇家物理研究所所长兼柏林大学教授。1933 年因受德国法西斯迫害前往美国,应聘为美国普林斯顿高级学术研究院教授,1940 年加入美国国籍。主要贡献是建立相对论和在光量子理论方面的发现。曾为许多国家的科学院院士,学术机关和团体的成员。由于在光电效应定律和理论物理学方面的贡献,于 1921 年获得诺贝尔物理学奖。——389、393、394。

奥斯特瓦尔德,威廉·弗里德里希(Ostwald, Wilhelm Friedrich 1853—1932)——德国自然科学家,唯心主义哲学家,唯能论的创始人。1882—1887 年任里加综合技术学校教授,1887—1906 年任莱比锡大学物理化学教授。在化学的各个领域都有著述,主要是研究电离理论。所提出的唯能论是物理学唯心主义的一个变种,认为能是最普遍的概念,试图离开物质来设想运动和能。主要著作有《能量及其转化》(1888)、《战胜科学唯物主义》(1895)、《自然哲学讲演录》(1902)等。1901 年起出版《自然哲学年鉴》。——201、202。

B

巴甫洛维奇——见克拉西科夫,彼得·阿纳尼耶维奇。

巴枯宁,米哈伊尔·亚历山德罗维奇(Бакунин, Михаил Александрович 1814—1876)——俄国无政府主义和民粹主义创始人和理论家之一。1840 年起侨居国外,曾参加德国 1848—1849 年革命。1849 年因参与领导德累斯顿起义被判死刑,后改为终身监禁。1851 年被引渡给沙皇政府,囚禁期间向沙皇写了《忏悔书》。1861 年从西伯利亚流放地逃往伦敦。1868 年参加第一国际活动后,在国际内部组织秘密团体——社会主义民主同盟,妄图夺取总委员会的领导权。鼓吹无政府主义,宣称个人"绝对自由"是整个人类发展的最高目的,国家是产生一切不平等的根源;否定包括无产阶级专政在内的一切国家;不理解无产阶级的历史作用,公开反对建立工人阶级的独立政党,主张工人放弃政治斗争。由于进行分裂国际的阴谋活动,1872 年在海牙代表大会上被开除出第一国际。——9、111、170。

巴扎罗夫,弗·(**鲁德涅夫,弗拉基米尔·亚历山德罗维奇**)(Базаров, В.(Руднев, Владимир Александрович)1874 — 1939)——俄国哲学家和经济学家。1896 年参加社会民主主义运动。1904 — 1907 年是布尔什维克,曾为布尔什维克报刊撰稿。1907 — 1910 年斯托雷平反动时期背弃布尔什维主义,宣传造神说和经验批判主义,是用马赫主义修正马克思主义的主要代表人物之一。1917 年是孟什维克国际主义者,半孟什维克的《新生活报》的编辑之一;反对十月革命。1921 年起在国家计划委员会工作。和伊·伊·斯克沃尔佐夫-斯捷潘诺夫合译了《资本论》(第 1 — 3 卷,1907 — 1909 年)及马克思的其他一些著作。晚年从事文艺和哲学著作的翻译工作。其经济学著作涉及经济平衡表问题。哲学著作追随马赫主义,主要著作有《无政府主义的共产主义和马克思主义》(1906)、《两条战线》(1910)等。——191、204、210。

白恩士,约翰·埃利奥特(Burns, John Eliot 1858 — 1943)——英国工人运动活动家,改良主义者;职业是机械师。19 世纪 80 年代是工联领导人之一,参加过多次罢工,领导了 1889 年伦敦码头工人大罢工。曾是英国社会民主联盟盟员,但不久退出该组织。1889 年进入伦敦郡参议会。1892 年被选入议会,在议会中不顾工人阶级的利益,主张同资本家合作。1905 — 1914 年任地方自治事务大臣,1914 年任商业大臣。1914 年 8 月因不同意政府关于参加第一次世界大战的决定而辞职。后脱离政治活动。——169。

白拉克,威廉(Bracke, Wilhelm 1842 — 1880)——德国工人运动活动家,图书出版人和经销人。1865 年起是全德工人联合会会员。1869 年参与创建德国社会民主工党(爱森纳赫派)。1871 年创办出版社,是党的书刊的主要出版人和发行人之一。1877 — 1879 年是社会民主党国会党团成员。曾进行反对拉萨尔派的斗争,反对党内的无政府主义分子和机会主义分子,但不够彻底。——292。

鲍威尔,埃德加(Bauer, Edgar 1820 — 1886)——德国政论家,青年黑格尔派。

1848—1849 年革命后流亡英国,1861 年大赦后为普鲁士官员。马克思和恩格斯在《神圣家族,或对批判的批判所做的批判》一书中批判了他的唯心主义观点。——61。

鲍威尔,布鲁诺(Bauer,Bruno 1809—1882)——德国唯心主义哲学家,青年黑格尔派的主要代表人物,资产阶级激进派。1834—1839 年在柏林大学、1839—1842 年在波恩大学任讲师。否定黑格尔的绝对观念,宣称自我意识是绝对的,认为"批判的个人"的脑力活动是历史的动力。马克思和恩格斯在《神圣家族,或对批判的批判所做的批判》和《德意志意识形态》这两部著作中批判了他的唯心主义观点。1848 年以后从资产阶级激进派向右演变,1866 年后成为民族自由党人、俾斯麦的拥护者。在基督教史方面著作甚多。——6、7、61。

贝克尔,约翰·菲力浦(Becker,Johann Philipp 1809—1886)——德国工人运动和国际工人运动活动家,马克思和恩格斯的朋友和战友。青年时代是制刷工。19 世纪 30 年代起参加革命运动。在 1849 年巴登-普法尔茨起义时指挥民团。1848—1849 年革命失败后从民主共和主义者转变为马克思和恩格斯的拥护者。60 年代是第一国际活动家,参与组建国际在瑞士的德国人支部,《先驱》杂志的编辑。——63、172。

贝克莱,乔治(Berkeley,George 1685—1753)——英国哲学家,主观唯心主义者,英国教会主教。否认物质即"有形实体"的客观存在,认为物是"感觉的组合"。——248。

倍倍尔,奥古斯特(Bebel,August 1840—1913)——德国工人运动和国际工人运动活动家,德国社会民主党和第二国际的创建人和领袖之一,马克思和恩格斯的朋友和战友;旋工出身。19 世纪 60 年代前半期开始参加政治活动,1867 年当选为德国工人协会联合会主席,1868 年该联合会加入第一国际。1869 年与威·李卜克内西共同创建了德国社会民主工党(爱森纳赫派),该党于 1875 年与拉萨尔派合并为德国社会主义工人党,后又改名为德国社会民主党。多次当选国会议员,利用国会讲坛揭露帝国政府反动的内外政策。1870—1871 年普法战争期间持国际主义立场,在国会中投票反对军事拨款,支持巴黎公社,为此曾被捕和被控叛国,断断续续在狱中度过近六年时间。在反社会党人非常法施行时期,领导了党的地下活动和议会活动。90 年代和 20 世纪初同党内的改良主义和修正主义进行斗争,反对伯恩施坦及其拥护者对马克思主义理论的歪曲和庸俗化。是出色的政论家和演说家,对德国和欧洲工人运动的发展有很大影响。马克思和恩格斯高度评价了他的活动。——167、169、237、292、293、297。

比比科夫,彼得·阿列克谢耶维奇(Бибиков, Петр Алексеевич 1832 — 1875)——俄国翻译家和政论家,翻译出版了亚·斯密、托·罗·马尔萨斯和阿·布朗基等人的著作共 13 卷,著有论述沙·傅立叶、尼·加·车尔尼雪夫斯基等人的《评论集》(1865)一书。——73。

比斯利,爱德华·斯宾塞(Beesly, Edward Spencer 1831 — 1915)——英国历史学家和实证论哲学家。1859 — 1893 年任伦敦大学历史学教授。在英国宣传法国实证论哲学家奥·孔德的思想,并把孔德的著作译成英文。曾任 1864 年 9 月 28 日国际工人协会(第一国际)成立大会的主席。1893 年起编辑《实证论者评论》杂志。——196。

彼得楚尔特,约瑟夫(Petzoldt, Joseph 1862 — 1929)——德国哲学家,主观唯心主义者,恩·马赫和理·阿芬那留斯的门徒。否认唯物主义这一哲学派别,企图用先验的"一义规定性"原则来偷换因果性,反对科学社会主义。主要著作有《纯粹经验哲学引论》(1900 — 1904)、《从实证论观点来看世界问题》(1906)等。——203、204。

彼特龙凯维奇,伊万·伊里奇(Петрункевич, Иван Ильич 1843 — 1928)——俄国地主,地方自治运动活动家。19 世纪 70 年代末开始参加地方自治运动。解放社的组织者和主席(1904 — 1905),立宪民主党创建人之一,该党中央委员会主席(1909 — 1915)和中央机关报《言语报》出版人。曾参加 1904 — 1905 年地方自治人士代表大会。第一届国家杜马代表。十月革命后为白俄流亡分子。——143。

俾斯麦,奥托·爱德华·莱奥波德(Bismarck, Otto Eduard Leopold 1815 — 1898)——普鲁士和德国国务活动家和外交家。普鲁士容克的代表。曾任驻彼得堡大使(1859 — 1862)和驻巴黎大使(1862),普鲁士首相(1862 — 1872、1873 — 1890),北德意志联邦首相(1867 — 1871)和德意志帝国首相

（1871—1890）。1870 年发动普法战争，1871 年支持法国资产阶级镇压巴黎公社。主张在普鲁士领导下"自上而下"统一德国。曾采取一系列内政措施，捍卫容克和大资产阶级的联盟。1878 年颁布反社会党人非常法。由于内外政策遭受挫折，于 1890 年 3 月去职。——171、189。

毕尔生，卡尔（Pearson，Karl 1857 — 1936）——英国数学家、生物学家和唯心主义哲学家。1884 年起任伦敦大学教授。维护反动的优生学理论——人类社会中的"自然选择论"。在哲学上是马赫主义者，否认自然规律的客观性，反对唯物主义世界观。主要哲学著作是《科学入门》。——201。

毕希纳，弗里德里希·卡尔·克里斯蒂安·路德维希（Büchner，Friedrich Karl Christian Ludwig 1824—1899）——德国生理学家和哲学家，庸俗唯物主义代表人物，资产阶级改良主义者；职业是医生。1852 年起任蒂宾根大学法医学讲师。认为自然科学是世界观的基础，但不重视辩证法，力图复活机械论的自然观和社会观。主要著作有《力和物质》（1855）、《人及其在自然界中的地位》（1869）、《达尔文主义和社会主义》（1894）等。—— 13、156、196。

别林斯基，维萨里昂·格里戈里耶维奇（Белинский，Виссарион Григорьевич 1811—1848）——俄国革命民主主义者，文学批评家和政论家，唯物主义哲学家；对俄国社会思想的进一步发展和解放运动产生了巨大影响。1833—1836 年为《望远镜》杂志撰稿，1838—1839 年编辑《莫斯科观察家》杂志，1839—1846 年主持《祖国纪事》杂志文学批评栏。1847 年起领导《同时代人》杂志批评栏，团结文学界进步力量，使这家杂志成为当时俄国最先进的思想阵地。是奋起同农奴制作斗争的农民群众的思想家，在思想上经历了由唯心主义到唯物主义、由启蒙主义到革命民主主义的复杂而矛盾的发展过程。是俄国现实主义美学和文学批评的奠基人。在评论普希金、莱蒙托夫、果戈理的文章中，以及在 1840—1847 年间发表的对俄国文学的评论中，揭示了俄国文学的现实主义和人民性，肯定了所谓"自然派"的原则，同反动文学和"纯艺术"派进行了斗争。1847 年赴国外治病，于 7 月 3 日写了著名的《给果戈理的信》，提出了俄国革命民主派的战斗纲领，这是他一生革命文学活动的总结。——110。

波波夫——见罗扎诺夫,弗拉基米尔·尼古拉耶维奇。

波尔恩,斯蒂凡(**西蒙·布特尔米尔希**)(Born, Stephan(Simon Buttermilch) 1824—1898)——德国早期工人运动活动家,排字工人。1845 年参加工人运动,1846 年底去巴黎,不久与恩格斯相识,参加共产主义者同盟。德国 1848 年革命爆发后来到柏林,领导柏林工人中央委员会和由他建立的工人兄弟会。力图使工人运动脱离政治斗争,把工人运动引向追求实现微小的经济改革。曾参加 1849 年 5 月德累斯顿起义,起义失败后流亡瑞士,不久即脱离工人运动,从事新闻工作,在巴塞尔大学讲授德国和法国文学史。 ——146、147、148、149。

波格丹诺夫,亚·(**马林诺夫斯基,亚历山大·亚历山德罗维奇**)(Богданов, А.(Малиновский, Александр Александрович) 1873 — 1928)——俄国社会民主党人,哲学家,社会学家,经济学家;职业是医生。19 世纪 90 年代参加社会民主主义小组。1903 年成为布尔什克。在党的第三、第四和第五次代表大会上被选入中央委员会。曾参加布尔什维克机关报《前进报》和《无产者报》编辑部,是布尔什维克《新生活报》的编辑。在对待布尔什维克参加第三届国家杜马的问题上持抵制派立场。1908 年是反对布尔什维克在合法组织里工作的最高纲领派的领袖。斯托雷平反动时期和新的革命高涨年代背离布尔什维主义,领导召回派,是"前进"集团的领袖。在哲学上宣扬经验一元论。1909 年 6 月因进行派别活动被开除出党。第一次世界大战期间持国际主义立场。十月革命后是共产主义科学院院士,在莫斯科大学讲授经济学。1918 年是无产阶级文化派的思想家。1921 年起从事老年医学和血液学的研究。1926 年起任由他创建的输血研究所所长。主要著作有《经济学简明教程》(1897)、《经验一元论》(第 1 — 3 卷,1904 — 1906)、《生动经验的哲学》(1913)、《关于社会意识的科学》(1914)、《普遍的组织起来的科学(组织形态学)》(1913 — 1922)。——193、194、201、205、210。

波克罕,西吉斯蒙德·路德维希(Borkheim, Sigismund Ludwig 1826 — 1885)——德国政论家,民主主义者。曾参加 1848 — 1849 年革命,革命失败后流亡国外,住在瑞士和法国。1851 年移居英国,同马克思和恩格斯保持友好关系。——319。

波萨多夫斯基——见曼德尔贝格,维克多·叶夫谢耶维奇。

波特列索夫,亚历山大·尼古拉耶维奇(Потресов, Александр Николаевич 1869—1934)——俄国孟什维克领袖之一。19世纪90年代初参加马克思主义小组。1896年加入彼得堡工人阶级解放斗争协会,后被捕,1898年流放维亚特卡省。1900年出国,参与创办《火星报》和《曙光》杂志。在俄国社会民主工党第二次代表大会上是《火星报》编辑部有发言权的代表,属火星派少数派,会后是孟什维克刊物的主要撰稿人和领导人。斯托雷平反动时期和新的革命高涨年代是取消派思想家,在《复兴》杂志和《我们的曙光》杂志中起领导作用。第一次世界大战期间是社会沙文主义者。1917年在反布尔什维克的资产阶级《日报》中起领导作用。十月革命后侨居国外,为克伦斯基的《白日》周刊撰稿,攻击苏维埃政权。——266。

伯恩施坦,爱德华(Bernstein, Eduard 1850—1932)——德国社会民主党和第二国际右翼领袖之一,修正主义的代表人物。1872年加入社会民主党,曾是欧·杜林的信徒。1879年和卡·赫希柏格、卡·施拉姆在苏黎世发表《德国社会主义运动的回顾》一文,指责党的革命策略,主张放弃革命斗争,适应俾斯麦制度,受到马克思和恩格斯的严厉批评。1881—1890年任党的中央机关报《社会民主党人报》编辑。从90年代中期起完全同马克思主义决裂。1896—1898年以《社会主义问题》为题在《新时代》杂志上发表一组文章,1899年发表《社会主义的前提和社会民主党的任务》一书,从经济、政治和哲学方面对马克思主义的理论和策略作了全面的修正。1902年起为国会议员。第一次世界大战期间持中派立场。1917年参加德国独立社会民主党,1919年公开转到右派方面。1918年十一月革命失败后出任艾伯特——谢德曼政府的财政部长助理。——45、51、84、103、208、213、237、312。

柏拉图(**阿里斯托克**)(Platon(Aristocles) 约公元前427—前347)——古希腊哲学家,古代哲学中客观唯心主义派别的创始人,奴隶主贵族的思想家。——248。

柏姆-巴维克,欧根·冯(Böhm-Bawerk, Eugen von 1851—1914)——奥地利经济学家,奥地利学派的代表人物。1881年起在因斯布鲁克大学和维也纳大学任教授。曾三次出任奥地利财政大臣,还担任过奥地利科学院院长。在《经济财物价值理论纲要》(1886)、《资本与利润》(1884—1889)、《卡尔·马克思的理论及对它的批判》(1896)等著作中,与弗·维泽尔共同发展了边际效用价值论,试图推翻马克思的劳动价值论和剩余价值论。——210、212。

勃朗,路易(Blanc,Louis 1811—1882)——法国小资产阶级社会主义者,历史学家。19世纪30年代成为巴黎著名的新闻工作者,1838年创办自己的报纸《进步评论》。1848年二月革命期间参加临时政府,领导所谓研究工人问题的卢森堡宫委员会,推行妥协政策。1848年六月起义失败后流亡英国,是在伦敦的小资产阶级流亡者的领导人之一。1870年回国。1871年当选为国民议会议员,对巴黎公社抱敌视态度。否认资本主义制度下阶级矛盾的不可调和性,反对无产阶级革命,主张同资产阶级妥协,幻想依靠资产阶级国家帮助建立工人生产协作社来改造资本主义社会。主要著作有《劳动组织》(1839)、《十年史,1830—1840》(1841—1844)、《法国革命史》(12卷,1847—1862)等。——148、242、281。

布尔加柯夫,谢尔盖·尼古拉耶维奇(Булгаков,Сергей Николаевич 1871—1944)——俄国经济学家、哲学家和神学家。19世纪90年代是合法马克思主义者,后来成了"马克思的批评家"。修正马克思关于土地问题的学说,企图证明小农经济稳固并优于资本主义大经济,用土地肥力递减规律来解释人民群众的贫困化;还试图把马克思主义同康德的批判认识论结合起来。后来转向宗教哲学和基督教。1901—1906年和1906—1918年先后在基辅大学和莫斯科大学任政治经济学教授。1905—1907年革命失败后追随立宪民主党,为《路标》文集撰稿。1918年起是正教司祭。1923年侨居国外。1925年起在巴黎的俄国神学院任教授。主要著作有《论资本主义生产条件下的市场》(1897)、《资本主义和农业》(1900)、《经济哲学》(1912)等。——77、78、80、156。

布朗基,路易·奥古斯特(Blanqui,Louis-Auguste 1805—1881)——法国革命家,空想共产主义的代表人物。曾参加巴黎1830—1870年间的各次起义和革命,组织并领导四季社以及其他秘密革命团体。在从事革命活动的50多年间,有30余年是在狱中度过的。1871年巴黎公社时期被反动派囚禁在凡尔赛,缺席当选为公社委员。憎恨资本主义制度,但不懂得组织工人革命政党和依靠广大群众的重要意义,认为只靠少数人密谋,组织暴动,即可推翻旧社会,建立新社会。——161。

布朗热,若尔日·厄内斯特(Boulanger,Georges-Ernest 1837—1891)——法国将军。1886—1887年任陆军部长。为了在法国建立自己的军事专政,打着对德国进行复仇战争的旗号,领导法国沙文主义运动。1889年他和保皇党的秘密联系被揭穿后,逃往比利时,在那里自杀。他所鼓吹的沙文主义运动,通称布朗热主义。——274。

布鲁凯尔——见马赫诺韦茨,莉迪娅·彼得罗夫娜。

布鲁凯尔,路易·德(Brouckère,Louis de 1870—1951)——比利时工人党领袖和理论家之一,第一次世界大战前领导该党左翼。在第二国际斯图加特代表大会上就社会党同工会的关系问题发了言。第一次世界大战期间是社会沙文主义者,战后是工人党总委员会常务局成员和第二国际执行委员会委员。后参加政府,任参议员和比利时驻国际联盟代表。1919年起任布鲁塞尔大学教授,1926年起是比利时科学院院士。——214。

C

策列铁里,伊拉克利·格奥尔吉耶维奇(Церетели,Ираклий Георгиевич 1881—1959)——俄国孟什维克领袖之一。1902年参加社会民主主义运动。第二届国家杜马代表,在杜马中领导社会民主党党团,参加土地委员会,就斯托雷平在杜马中宣读的政府宣言以及土地等问题发了言。作为社会民主党杜马党团的代表参加了俄国社会民主工党第五次(伦敦)代表大会的工作。斯托雷平反动时期和新的革命高涨年代是取消派分子。第一次世界大战期间是中派分子。1917年二月革命后任彼得格勒苏维埃执行委员会委员、第一届中央执行委员会主席团委员,护国派分子。1917年5—7月任临时政府邮电部长,七月事变后任内务部长,极力反对布尔什维克争取政权的斗争。十月革命后领导立宪会议中的反苏维埃联盟;是格鲁吉亚孟什维克反革命政府首脑之一。1921年格鲁吉亚建立苏维埃政权后流亡法国。1923年是社会主义工人国际的组织者之一。1940年移居美国。——278、281、306、314。

查默斯,托马斯(Chalmers,Thomas 1780—1847)——英国经济学家,牧师。马克思称他为"新教大主教","最狂热的马尔萨斯主义者之一"。1832年出版《论政治经济学同社会的道德状况和道德远景的关系》一书。马克思在《剩余价值理论》第1册和《资本论》第1卷里批判了这本书。——77。

查苏利奇,维拉·伊万诺夫娜(Засулич,Вера Ивановна 1849—1919)——俄国民粹主义运动和社会民主主义运动活动家。1868年在彼得堡参加革命小组。1878年1月24日开枪打伤下令鞭打在押革命学生的彼得堡市长费·费·特列波夫。1879年加入土地平分社。1880年侨居国外,逐步同民粹主义决裂,转到马克思主义立场。1883年参与创建劳动解放社。80—90年代翻译了马克思的《哲学的贫困》和恩格斯的《社会主义从空想到科学的发展》,写了《国际工人协会史纲要》等著作;为劳动解放社的出版物以及《新言论》和《科学评论》等杂志撰稿,发表过一系列文艺批评文章。1900年起是《火星报》和《曙光》杂志编辑部成员。在俄国社会民主工党第二次代表大会上是《火星报》编辑部有发言权的代表,属火星派少数派,会后成为孟什维克领袖之一,参加孟什维克的《火星报》编辑部。1905年回国。斯托雷平反动时期和新的革命高涨年代是取消派分子。第一次世界大战期间是社会沙文主义者。1917年是孟什维克统一派分子。对十月革命持否定态度。——63、171。

察廖夫——见洛克尔曼,亚历山大·萨莫伊洛维奇。

车尔尼雪夫斯基,尼古拉·加甫里洛维奇(Чернышевский,Николай Гаврилович 1828—1889)——俄国革命民主主义者和空想社会主义者,作家,文学评论家,经济学家,哲学家;俄国社会民主主义先驱之一,俄国19世纪60年代革命运动的领袖。1853年开始为《祖国纪事》和《同时代人》等杂志撰稿,1856—1862年是《同时代人》杂志的领导人之一,发扬别林斯基的民主主义批判传统,宣传农民革命思想,是土地和自由社的思想鼓舞者。因揭露1861年农民改革的骗局,号召人民起义,于1862年被沙皇政府逮捕,入狱两年,后被送到西伯利亚服苦役。1883年解除流放,1889年被允许回乡居住。著述很多,涉及哲学、经济学、教育学、美学、伦理学等领域。在哲学上批判了贝克莱、康德、黑格尔等人的唯心主义观点,力图以唯物主义精神改造黑格尔的辩证法。对资本主义作了深刻的批判,认为社会主义是由整个人类发展进程所决定的,但作为空想社会主义者,又认为俄国有可能通过农民村社过渡到社会主义。所著长篇小说《怎么办?》(1863)和《序幕》(约1867—1869)表达了社会主义理想,产生了巨大的革命影响。——110、389。

D

达尔文,查理·罗伯特(Darwin, Charles Robert 1809—1882)——英国博物学家,进化论的奠基人。1859年出版《物种起源》一书,提出以自然选择为基础的生物进化学说,认为变异性和遗传性是有机体所特有的,那些在生存斗争中对动植物有利的变异积累起来和遗传下去,就会引起新的动植物形态的出现。随后又发表《动物和植物在家养下的变异》(1868)、《人类起源和性的选择》(1871)等著作,进一步充实了进化学说。恩格斯把达尔文学说同能量守恒和转换定律、细胞学说并列为19世纪自然科学三大发现。——405。

大卫,爱德华(David, Eduard 1863—1930)——德国社会民主党右翼领袖之一,经济学家;德国机会主义者的主要刊物《社会主义月刊》创办人之一。1893年加入社会民主党。公开修正马克思主义关于土地问题的学说,否认资本主义经济规律在农业中的作用。1903年出版《社会主义和农业》一书,宣扬小农经济稳固,维护所谓土地肥力递减规律。1903—1918年和1920—1930为国会议员,社会民主党国会党团领袖之一。第一次世界大战期间是社会沙文主义者;在《世界大战中的社会民主党》(1915)一书中为德国社会民主党右翼在第一次世界大战中的机会主义立场辩护。1919年2月任魏玛共和国国民议会第一任议长。1919—1920年任内务部长,1922—1927年任中央政府驻黑森的代表。——332。

丹尼尔逊,尼古拉·弗兰策维奇(尼·—逊)(Даниельсон, Николай Францевич(H.—он) 1844—1918)——俄国经济学家,政论家,自由主义民粹派理论家。他的政治活动反映了民粹派从对沙皇制度进行革命斗争转向与之妥协的演变。19世纪60—70年代与革命的青年平民知识分子小组有联系。接替格·亚·洛帕廷译完了马克思的《资本论》第1卷(1872年初版),以后又译出第2卷(1885)和第3卷(1896)。在翻译该书期间同马克思和恩格斯有过书信往来。但不了解马克思主义的实质,认为马克思主义理论不适用于俄国,资本主义在俄国没有发展前途;主张保存村社土地所有制,维护小农经济和手工业经济。1893 年出版了《我国改革后的社会经济概况》一书,论证了自由主义民粹派的经济观点。列宁尖锐地批判了他的经济思想。——86、87。

德雷夫斯,阿尔图尔(Drews, Arthur 1865 — 1935)——德国唯心主义哲学家,研究早期基督教史的历史学家。在所著《基督神话》(1910—1911)、《基督教起源于诺斯替教》(1924)、《过去和现在对于基督历史真实性的否定》(1928)等书中,驳斥了基督存在的历史真实性,用唯心主义观点批判了教会信条和宗教偏见。——392。

德谟克利特(Democritus 约公元前 460—前 370)——古希腊唯物主义哲学家,原子论创始人之一。——248。

狄慈根,欧根(Dietzgen, Eugen 1862 — 1930)——约·狄慈根的儿子,《狄慈根全集》的出版人。把自己的哲学观点称做"自然一元论",在这种理论中唯物主义和唯心主义似乎可以调和起来。把约·狄慈根的哲学观点的弱点绝对化,认为必须以此来"补充"马克思主义,结果既否定唯物主义,又否定辩证法。晚年公开反对共产主义。主要著作有为约·狄慈根著作的各种版本所写的序言以及《唯物主义还是唯心主义?》(1921)、《进化的唯物主义和马克思主义》(1929)、《打倒阶级战争》(1929)等。——389。

狄慈根,约瑟夫(Dietzgen, Joseph 1828 — 1888)——德国社会民主党人,哲学家,制革工人。曾参加 1848 年革命,革命失败后流亡国外。漂泊美国和欧洲 20 年,一面做工,一面从事哲学研究。1869 年回到德国,结识了前来德国访友的马克思,积极参加德国社会民主党的工作。1884 年再度去美国,曾主编北美社会主义工人党机关报《社会主义者报》。在哲学上独立地得出了辩证唯物主义的结论,尖锐地批判了哲学唯心主义和庸俗唯物主义,捍卫了认识论中的唯物主义反映论,同时也夸大人类知识的相对性,把物质和意识混为一谈。主要著作有《人脑活动的实质》(1869)、《一个社会主义者在认识论领域中的漫游》(1887)、《哲学的成果》(1887)等。1919 年在斯图加特出版了《狄慈根全集》(共三卷)。—— 155、188、189、198—200、201、203、204、249、389。

笛卡儿，勒奈（Descartes，René 1596—1650）——法国科学家和哲学家。在哲学上是"二元论"者，认为物质和精神是两个独立并存的实体。——248。

杜巴索夫，费多尔·瓦西里耶维奇（Дубасов，Федор Васильевич 1845—1912）——沙俄海军上将（1906），副官长，沙皇反动势力的魁首之一。1897—1899 年任太平洋分舰队司令。1905 年领导镇压切尔尼戈夫省、波尔塔瓦省和库尔斯克省的农民运动。1905 年 11 月—1906 年 7 月任莫斯科总督，是镇压莫斯科十二月武装起义的策划者。1906 年起为国务会议成员。1907 年起为国防会议成员。——181。

杜冈-巴拉诺夫斯基，米哈伊尔·伊万诺维奇（Туган-Барановский，Михаил Иванович 1865—1919）——俄国经济学家和历史学家。1895—1899 年任彼得堡大学政治经济学讲师，1913 年起任彼得堡工学院教授。19 世纪 90 年代是合法马克思主义的代表人物。曾为《新言论》杂志和《开端》杂志等撰稿，积极参加同自由主义民粹派的论战。20 世纪初起公开维护资本主义，修正马克思主义的基本原理，成了"马克思的批评家"。1905—1907 年革命期间加入立宪民主党。十月革命后成为乌克兰反革命势力的骨干分子，1917—1918 年任乌克兰中央拉达财政部长。主要著作有《现代英国的工业危机及其原因和对人民生活的影响》（1894）、《俄国工厂今昔》（第 1 卷，1898）等。——77、80、84、302。

杜恒，皮埃尔·莫里斯·玛丽（Duhem，Pierre-Maurice-Marie 1861—1916）——法国理论物理学家、哲学家和自然科学史家。写有一些物理学史方面的著作，在认识论上是马赫主义者。——201。

杜林，欧根·卡尔（Dühring，Eugen Karl 1833—1921）——德国哲学家和经济学家。毕业于柏林大学，当过见习法官，1863—1877 年为柏林大学非公聘讲师。70 年代起以"社会主义改革家"自居，反对马克思主义，企图创立新的理论体系。在哲学上把唯心主义、庸俗唯物主义和实证论混合在一起；在政治经济学方面反对马克思的劳动价值学说和剩余价值学说；在社会主义理论方面以资产阶级改良主义精神阐述自己的社会主义体系，反对科学社会主义。他的思想得到部分德国社会民主党人的支持。恩格斯在《反杜林论》一书中系统地批判了他的观点。主要著作有《国民经济学和社会

任教。在自己的第一部著作《关于死和不死的思想》(1830)中反对基督教关于灵魂不死的教义;该书被没收,本人遭迫害,并被学校解聘。1836年移居布鲁克贝格村(图林根),在农村生活了近25年。在从事哲学活动的初期是唯心主义者,属于青年黑格尔派。到30年代末摆脱了唯心主义;在《黑格尔哲学批判》(1839)和《基督教的本质》(1841)这两部著作中,割断了与黑格尔主义的联系,转向唯物主义立场。主要功绩是在唯心主义长期统治德国哲学之后,恢复了唯物主义的权威。肯定自然界是客观存在的,不以人的意识为转移;人是自然的产物,人能认识物质世界和客观规律。费尔巴哈的唯物主义是马克思主义哲学的理论来源之一。但他的唯物主义是形而上学的和直观的,是以人本主义的形式出现的,历史观仍然是唯心主义的;把人仅仅看做是一种脱离历史和社会关系而存在的生物,不了解实践在认识和社会发展过程中的作用。晚年关心社会主义文献,读过马克思的《资本论》,并于1870年加入德国社会民主党。在马克思《关于费尔巴哈的提纲》和恩格斯《路德维希·费尔巴哈和德国古典哲学的终结》中对费尔巴哈的哲学作了全面的分析。——6、11—13、43、187、191、192、195、196、198、203、204、227、248、411。

费希纳,古斯塔夫·泰奥多尔(Fechner,Gustav Theodor 1801—1887)——德国自然科学家,唯心主义哲学家,1834年起任莱比锡大学物理学教授。对实验心理学有贡献,有关研究感觉的著作最为著名。在哲学上受谢林的影响,试图把唯心主义和宗教同自己的科学发现的自发唯物主义性质调和起来。主要著作是《心理物理学原理》(1860)。——196。

费希特,约翰·哥特利布(Fichte,Johann Gottlieb 1762—1814)——德国古典哲学代表人物之一,主观唯心主义者。1794年起先后任耶拿大学、柏林大学、埃朗根大学教授。从"右"的方面批判康德主义的唯物主义因素,否认"自在之物"的客观存在,宣称人的"自我"是唯一的实在、万能的创造力。"自我"不仅是理性,而且也是意志和行动。"自我"设定"非我",二者又综合为绝对的自我。主要著作有《知识学》(1794)、《论学者的使命》(1794)、《人的使命》(1800)等。——190、191、192。

福尔克曼,保尔(Volkmann,Paul 1856—约1938)——德国理论物理学教授,在哲学上是折中主义者,反对唯物主义,维护新教教会。——248。

福尔马尔,格奥尔格·亨利希(Vollmar, Georg Heinrich 1850—1922)——德国社会民主党机会主义派领袖之一,新闻工作者。早年是激进的民主主义者。1876年加入社会民主党,1879—1880年任党的中央机关报《社会民主党人报》编辑。1881年起多次当选帝国国会议员和巴伐利亚邦议会议员。反社会党人非常法废除后,很快转为右倾,提出一系列改良主义主张,建议把党的活动局限在争取改良的斗争上,主张同资产阶级合作,同政府妥协,反对阶级斗争尖锐化,鼓吹"国家社会主义"的优越性,号召社会民主党同自由派联合;在制定党的土地纲领时,维护小土地占有者的利益。第一次世界大战期间是社会沙文主义者。晚年不再从事政治活动。——164、165。

福格特,卡尔(Vogt, Karl 1817—1895)——德国自然科学家,庸俗唯物主义主要代表之一,小资产阶级民主主义者。曾参加德国1848—1849年革命,是法兰克福国民议会议员。革命失败后流亡瑞士。反对科学社会主义,发表诽谤马克思和恩格斯的声明。马克思在《福格特先生》一文中揭露了他堕落为路易·波拿巴雇用的密探。写过一些动物学、地质学和生理学方面的著作。——13。

傅立叶,沙尔(Fourier, Charles 1772—1837)——法国空想社会主义者。长期在商店、银行中任记账员、推销员、经纪人等,观察和研究了资本主义制度的矛盾和罪恶,形成了空想社会主义的思想体系。试图根据经济发展划分社会历史阶段,并认为每个历史发展阶段有上升时期和下降时期。深刻地批判了资本主义制度,设想了未来"和谐的"人类社会,其基层组织是叫做"法郎吉"的生产消费协作社,其中的每个人都将自愿地愉快地劳动。已具有消灭脑力劳动和体力劳动的对立以及城市和乡村的对立的思想萌芽,并首次提出妇女解放的程度是衡量普遍解放的天然尺度。但认为在未来社会中还保存私有制,还有富人和穷人、资本家和工人,幻想通过宣传和教育来实现社会主义。主要著作有《关于四种运动和普遍命运的理论》(1808)、《经济的和协作的新世界》(1829)等。——111。

G

高尔察克,亚历山大·瓦西里耶维奇(Колчак, Александр Васильевич 1873—1920)——沙俄海军上将(1916),君主派分子。第一次世界大战期间任波罗的海舰队作战部部长、水雷总队长,1916 — 1917 年任黑海舰队司令。1918 年 10 月抵鄂木斯克,11 月起任白卫军"西伯利亚政府"陆海军部长。11 月 18 日在外国武装干涉者支持下发动政变,在西伯利亚、乌拉尔和远东建立军事专政,自封为"俄国最高执政"和陆海军最高统帅。叛乱被平定后,1919 年 11 月率残部逃往伊尔库茨克,后被俘。1920 年 2 月 7 日根据伊尔库茨克军事革命委员会的决定被枪决。——364。

格拉弗,让(Grave, Jean 1854 — 1939)——法国小资产阶级社会主义者,无政府主义理论家。无政府主义刊物《反抗者》和《反抗》的编辑,写过一些论述无政府主义的著作。20 世纪初转向无政府工团主义立场。第一次世界大战期间是社会沙文主义者,《工团战斗报》撰稿人。——307。

格律恩,卡尔(Grün, Karl 1817—1887)——德国政论家,19 世纪 40 年代中期是"真正的社会主义"的主要代表之一。大学时代接近青年黑格尔派,1842—1843 年主编资产阶级激进派的《曼海姆晚报》,1848 — 1849 年革命时期为小资产阶级民主派,普鲁士国民议会议员。1851 年起流亡比利时,1861 年回到德国。他的"真正的社会主义"是一种空想学说,根据这种学说,在靠教育、博爱等等建立起来的未来社会中,"真正的"人的本质、"真正的人道主义"才会实现。他把费尔巴哈哲学的唯心主义方面同蒲鲁东的无政府主义思想结合了起来。马克思和恩格斯批判了"真正的社会主义",认为这是德国小市民利益的表现。主要著作有《法兰西和比利时的社会运动》(1845)、《费尔巴哈和社会主义者》(1845)、《现代哲学》(1876)等。1874 年出版了费尔巴哈的两卷遗著。—— 195、242、243。

格耶,亚历山大(Ге, Александр 1879 — 1919)——俄国无政府主义者,生于德国。十月革命后拥护苏维埃政权。曾任第三届和第四届全俄中央执行委员会委员。1918 年参加北高加索苏维埃政府。——307。

古尔维奇,伊萨克·阿道福维奇(Гурвич, Исаак Адольфович 1860—1924)——俄国经济学家。早年参加民粹派活动,1881 年流放西伯利亚。在流放地考察了农民的迁移,1888 年出版了根据考察结果写出的《农民向西伯利亚的迁移》一书。从流放地归来后,在工人中进行革命宣传,参加组织明斯克的第一个犹太工人小组。1889 年移居美国,积极参加美国工会运动和民主运动。20 世纪初成为修正主义者。所著《农民向西伯利亚的迁移》、《俄国农村的经济状况》(1892)和《移民与劳动》(1912)等书,得到列宁的好评。——264。

古契柯夫,亚历山大·伊万诺维奇(Гучков, Александр Иванович 1862 — 1936)——俄国大资本家,十月党的组织者和领袖。1905 — 1907 年革命期间支持政府镇压工农。1907 年 5 月作为工商界代表被选入国务会议,同年 11 月被选入第三届国家杜马;1910 年 3 月—1911 年 3 月任杜马主席。第一次世界大战期间是中央军事工业委员会主席和国防特别会议成员。1917 年 3—5 月任临时政府陆海军部长。同年 8 月参与策划科尔尼洛夫叛乱。十月革命后反对苏维埃政权,1918 年起为白俄流亡分子。——279、282、285。

H

哈布斯堡王朝(Habsburg)——神圣罗马帝国皇朝(1273 — 1806,有间断)、西班牙王朝(1516 — 1700)、奥地利皇朝(1804 — 1867)和奥匈帝国皇朝(1867—1918)。——157。

哈尔图林,斯捷潘·尼古拉耶维奇(Халтурин, Степан Николаевич 1857 — 1882)——俄国最早的工人革命家之一;细木工。19 世纪 70 年代中期参加工人运动,加入民粹派的友人协会,但与民粹派不同,认为政治斗争是革命运动的主要任务,并且把新兴的无产阶级视为革命运动的决定性力量。1878 年组织俄国北方工人协会,并筹备出版独立的工人报纸。1879 年秋加入民意党。1880 年 2 月谋刺沙皇未成。不顾警方追捕,在俄国南方继续坚持革命工作。1881 年起为民意党执行委员会委员。1882 年 3 月因参与刺杀敖德萨军事检察官当场被捕,被战地法庭判处死刑。——122。

汉泽曼,大卫·尤斯图斯(Hansemann, David Justus 1790 — 1864)——德国政治家和银行家,莱茵省自由派资产阶级领袖之一。1848 年 3 —9 月在康普豪森和奥尔斯瓦尔德内阁中任普鲁士财政大臣,奉行同反动君主派妥协的政策。虽然在奥尔斯瓦尔德内阁中只担任财政大臣职务,但实际上起了领导作用,因此这届政府是作为"汉泽曼政府"而载入史册的。1848 — 1849 年革命失败后脱离政治活动;后开办柏林贴现银行,在金融界继续起重要作用。——142、143、144。

赫尔岑,亚历山大·伊万诺维奇(Герцен, Александр Иванович 1812 —
1870)——俄国革命民主主义者,作家和哲学家。在十二月党人的影响下
走上革命道路。1829 — 1833 年在莫斯科大学求学期间领导革命小组。
1834 年被捕,度过六年流放生活。1842 年起是莫斯科西欧主义者左翼的
领袖,写有《科学中华而不实的作风》(1842 — 1843)、《自然研究通信》
(1844—1845)等哲学著作和一些抨击农奴制度的小说。1847 年流亡国
外。欧洲 1848 年革命失败后,对欧洲革命失望,创立"俄国社会主义"理
论,成为民粹主义创始人之一。1853 年在伦敦建立自由俄国印刷所,印发
革命传单和小册子,1855 年开始出版《北极星》文集,1857—1867 年与尼·
普·奥格辽夫出版《钟声》杂志,揭露沙皇专制制度,进行革命宣传。在
1861 年农民改革的准备阶段曾一度摇摆。1861 年起坚定地站到革命民主
主义方面,协助建立土地和自由社。晚年关注第一国际的活动。列宁在
《纪念赫尔岑》(1912)一文中评价了他在俄国解放运动史上的作用。
——110。

赫尔岑施坦,米哈伊尔·雅柯夫列维奇(Герценштейн, Михаил Яковлевич
1859—1906)——俄国经济学家,莫斯科农学院教授,第一届国家杜马代
表,立宪民主党领袖之一,该党土地问题理论家。第一届国家杜马解散后,
在芬兰被黑帮分子杀害。——144。

赫拉克利特(Herakleitos 约公元前 540—前 480)——古希腊唯物主义哲学家,
辩证法的奠基人之一。——245、248。

赫胥黎,托马斯·亨利(Huxley, Thomas Henry 1825 — 1895)——英国博物学
家,达尔文的好友和达尔文学说的普及者。1871—1880 年任英国皇家学会
秘书,1883—1885 年任会长。在动物学、古生物学、人类学和比较解剖学等
方面进行了研究,证明人和高级猿猴形态相近。在哲学上是自发的"羞羞
答答的"(恩格斯语)唯物主义者,但却否认唯物主义,自称是不可知论者
(第一次把不可知论这个术语用于哲学)。主要著作有《人类在自然界的地
位》(1863)、《休谟》(1879)、《进化论与伦理学》(1893)等。—— 13、196、
197、198。

黑格尔,乔治·威廉·弗里德里希(Hegel, Georg Wilhelm Friedrich 1770—1831)——德国哲学家,客观唯心主义者,德国古典哲学的主要代表。1801—1807 年任耶拿大学哲学讲师和教授。1808—1816 年任纽伦堡中学校长。1816—1817 年任海德堡大学哲学教授。1818 年起任柏林大学哲学教授。黑格尔哲学是 18 世纪末至 19 世纪初德国唯心主义哲学的最高发展。他根据唯心主义的思维与存在同一的基本原则,建立了客观唯心主义的哲学体系,并创立了唯心主义辩证法的理论。认为在自然界和人类出现以前存在着绝对精神,客观世界是绝对精神、绝对观念的产物;绝对精神在其发展中经历了逻辑阶段、自然阶段和精神阶段,最终回复到了它自身;整个自然的、历史的和精神的世界都处于不断的运动、变化和发展中,矛盾是运动、变化的核心。黑格尔哲学的特点是辩证方法同形而上学体系之间的深刻矛盾。他的唯心主义辩证法是马克思主义哲学的理论来源之一。在社会政治观点上是保守的,是立宪君主制的维护者。主要著作有《精神现象学》(1807)、《逻辑学》(1812—1816)、《哲学全书》(1817)、《法哲学原理》(1821)、《哲学史讲演录》(1833—1836)、《历史哲学讲演录》(1837)、《美学讲演录》(1836—1838)等。——6、11、12、14、15、58、59、196、197、209、245、247、248、394、411。

亨盖尔,汉斯(Henger, Hans)——《法国对有价证券的投资,特别是对工商业的投资》一书的作者。——264。

侯里欧克,乔治·杰科布(Holyoake, George Jacob 1817—1906)——英国合作社运动活动家,改良主义者。19 世纪 30—40 年代追随宪章派和欧文派。40 年代起是激进共和派一些定期刊物的出版者和撰稿人。50 年代起同资产阶级激进派日益密切合作,赞成工人既参与合作社企业分红又参与资本主义企业分红的理论。——39。

胡斯曼,卡米耶(Huysmans, Camille 1871—1968)——比利时工人运动最早的活动家之一,比利时社会党领导人之一,语文学教授,新闻工作者。1905—1922 年任第二国际社会党国际局书记。第一次世界大战期间持中派立场,实际上领导社会党国际局。1910—1965 年为议员,1936—1939 年和1954—1958 年任众议院议长。1940 年当选为社会主义工人国际常务局主席。多次参加比利时政府,1946—1947 年任首相,1947—1949 年任教育大臣。——269。

华德,詹姆斯(Ward,James 1843—1925)——英国心理学家,唯心主义哲学家和神秘主义者,1897 年起任剑桥大学教授。企图利用物理学的发现来反对唯物主义,维护宗教。主要著作有《自然主义和不可知论》(1889)等。——201、203、204。

霍布森,约翰·阿特金森(Hobson,John Atkinson 1858—1940)——英国经济学家,资产阶级改良主义者和和平主义者。著有《贫困问题》(1891)、《现代资本主义的演进》(1894)、《帝国主义》(1902)等书。用大量材料说明了帝国主义的经济和政治特征,但没有揭示出帝国主义的本质,认为帝国主义仅仅是一种政策的产物,只要改进收入的分配、提高居民的消费能力,经济危机就可以消除,争夺海外投资市场也就没有必要,帝国主义就可以避免。还幻想只要帝国主义采取联合原则,形成所谓国际帝国主义,就能消除帝国主义之间的矛盾,达到永久和平。晚年支持反法西斯主义的民主力量。——257、258、260、261、262、264。

霍尔巴赫,保尔·昂利·迪特里希(Holbach,Paul-Henri Dietrich 1723—1789)——法国唯物主义哲学家,无神论者,18 世纪法国资产阶级启蒙运动思想家之一。曾参加《百科全书,或科学、艺术和工艺详解辞典》(1751—1780)的编纂工作。——248。

霍亨索伦王朝(Hohenzollern)——勃兰登堡选帝侯世家(1415—1701),普鲁士王朝(1701—1918)和德意志皇朝(1871—1918)。——157。

霍纳,克·——见潘涅库克,安东尼。

J

基尔希曼,尤利乌斯·海尔曼(Kirchmann,Julius Hermann 1802—1884)——德国法学家、哲学家和政论家,国家社会主义理论家洛贝尔图斯的志同道合者。曾任柏林刑事法庭副庭长。1848—1849 年任普鲁士议会议员。1871—1876 年为帝国国会中资产阶级进步党议员。写有法学和哲学方面的著作。——77。

基泽韦捷尔,亚历山大·亚历山德罗维奇(Кизеветтер, Александр Алексан-
　дрович 1866—1933)——俄国历史学家和政论家,立宪民主党活动家。
　1904年参加解放社,1906年当选为立宪民主党中央委员。1909—1911年
　任莫斯科大学教授。曾参加立宪民主党人为进入第一届和第二届国家杜
　马而进行的竞选斗争,是第二届国家杜马代表。曾为《俄罗斯新闻》撰稿,
　参加《俄国思想》杂志编委会,为该杂志编辑之一。在历史和政论著作中否
　定1905—1907年革命。十月革命后反对苏维埃政权,1922年被驱逐出境,
　后任布拉格大学俄国史教授。在国外参加白俄流亡分子的报刊工作。
　——181。

基佐,弗朗索瓦·皮埃尔·吉约姆(Guizot, François-Pierre-Guillaume 1787—
　1874)——法国历史学家和国务活动家。七月王朝时期历任内务大臣
　(1832—1836)、公共教育大臣(1836—1837)、外交大臣(1840—1848)和首
　相(1847—1848)。1840年起实际上操纵了法国的内外政策,1848年二月
　革命结束了其政治生涯。是资产阶级阶级斗争理论的创立者之一,试图用
　这种理论为资产阶级掌权提供论证;但这种理论只是简单地指出财产关系
　是阶级差别和阶级斗争的基础。由于资产阶级的局限性,没有提出私有制
　的真正起源问题,也不能从阶级关系中揭示出剥削关系;主张同贵族妥协,
　敌视人民群众的斗争。主要著作有《英国革命史》、《欧洲文明史》和《法国
　文明史》等。——19。

吉尔克(Gierke)——普鲁士汉泽曼政府的农业大臣(1848),普鲁士议员。
　——144。

季别尔,尼古拉·伊万诺维奇(Зибер, Николай Иванович 1844—1888)——
　俄国经济学家,政论家。1873年任基辅大学政治经济学和统计学教授,
　1875年辞职,不久去国外。1876—1878年为《知识》杂志和《言论》杂志撰
　稿,发表了题为《马克思的经济理论》的一组文章(阐述《资本论》第1卷的
　内容)。1881年在伦敦结识马克思和恩格斯。1885年出版了主要著作《大
　卫·李嘉图和卡尔·马克思的社会经济研究》。是马克思经济学说在俄国
　最早的传播者。——77。

季米里亚捷夫,阿尔卡季·克利缅季耶维奇(Тимирязев, Аркадий Климентьевич

1880—1955）——苏联教授,数学物理学博士。1921 年加入俄共（布）。十月革命前在莫斯科大学及其他高等院校任物理学助教、讲师和教授。十月革命后在莫斯科大学和斯维尔德洛夫共产主义大学任物理学教授,先后是共产主义科学院院士和主席团委员。在培养物理学人才方面做了大量工作,写有百余种理论物理学、物理学史和物理学方法论等方面的科学著作。——393、394。

K

卡贝,埃蒂耶纳（Cabet, Étienne 1788—1856）——法国小资产阶级政论家,空想共产主义的代表人物。认为对资本主义制度的弊端无须使用暴力,只要采用和平改造社会的方法就能消除。在《伊加利亚旅行记》（1848）一书中阐述了自己的观点,并试图通过在美洲建立共产制公社的实践来实现这些观点,但遭到彻底失败。马克思称他为"最受欢迎然而也是最肤浅的共产主义的代表人物"（见《马克思恩格斯文集》第 1 卷第 335 页）。——242。

卡布鲁柯夫,尼古拉・阿列克谢耶维奇（Каблуков, Николай Алексеевич 1849—1919）——俄国经济学家和统计学家,民粹主义者。1874—1879 年在莫斯科省地方自治局统计处工作,1885—1907 年任统计处处长。1894—1919 年在莫斯科大学教书,1903 年起为教授。在著述中宣扬小农经济稳固,把村社理想化,认为它是防止农民分化的一种形式,反对马克思主义的阶级斗争学说。1917 年在临时政府最高土地委员会工作。十月革命后在中央统计局工作。主要著作有《农业工人问题》（1884）、《农业经济学讲义》（1897）、《论俄国农民经济发展的条件》（1899）、《政治经济学》（1918）等。——144。

卡尔斯基——见托普里泽,季奥米德・亚历山德罗维奇。

卡鲁斯,保尔（Carus, Paul 1852—1919）——美国哲学家,主观唯心主义者和神秘主义者。1887 年起出版《公开论坛》杂志,1890 年起出版《一元论者》杂志。他的哲学"一元论"力图调和宗教与科学,宣传佛教。主要著作有《人的灵魂》（1891）、《佛经》（1894）、《数学原理》（1908）等。——203。

卡梅尚斯基,П. К.（Камышанский, П. К.）——俄国彼得堡高等法院检察官,第二届国家杜马社会民主党党团案的起诉人。1910年任维亚特卡省省长。——181。

卡尼茨,奥古斯特(Kanitz, August 1783—1852)——普鲁士将军,反动贵族和官僚的代表人物。1848年5—6月任康普豪森内阁的陆军大臣。——142。

康德,伊曼努尔(Kant, Immanuel 1724—1804)——德国哲学家,德国古典唯心主义哲学奠基人。1755—1770年任柯尼斯堡大学讲师,1770—1796年任该校教授。1770年以前致力于研究自然科学,发表了《自然通史和天体论》(1755)一书,提出了关于太阳系起源的星云说。1770年以后致力于"批判地"研究人的认识以及这种认识的方式和界限,发表了《纯粹理性批判》(1781)、《实践理性批判》(1788)、《判断力批判》(1790),分别阐述他的认识论、伦理学、美学等观点。康德哲学的基本特点是调和唯物主义和唯心主义。它承认在意识之外独立存在的物,即"自在之物",认为"自在之物"是感觉的源泉,但又认为"自在之物"是不可知的,是超乎经验之外的,是人的认识能力所不可能达到的"彼岸的"东西,人只能认识自己头脑里固有的先验的东西。——12、187、190、196、209、248。

康普豪森,卢道夫(Camphausen, Ludolf 1803—1890)——普鲁士国务活动家,银行家,莱茵省自由派资产阶级领袖之一。1848年3月29日起任普鲁士首相,奉行同君主派妥协的政策,同年6月20日辞职。1848年6月—1849年4月为普鲁士驻德意志临时中央政府全权代表。1850年起为普鲁士邦议会贵族院议员,后为北德意志联邦国会议员。60年代脱离政治活动。——140、142、143。

考茨基,卡尔(Kautsky, Karl 1854—1938)——德国社会民主党和第二国际的领袖和主要理论家之一。1875年加入奥地利社会民主党,1877年加入德国社会民主党。1881年与马克思和恩格斯相识后,在他们的影响下逐渐转向马克思主义。从19世纪80年代到20世纪初写过一些宣传和解释马克思主义的著作:《卡尔·马克思的经济学说》(1887)、《土地问题》(1899)等。但在这个时期已表现出向机会主义方面摇摆,在批判伯恩施坦时作了很多让步。1883—1917年任德国社会民主党理论刊物《新时代》杂志主编。曾参与起草1891年德国社会民主党纲领(爱尔福特纲领)。1910年以

后逐渐转到机会主义立场,成为中派领袖。第一次世界大战前夕提出超帝
国主义论,大战期间打着中派旗号支持帝国主义战争。1917 年参与建立德
国独立社会民主党,1922 年拥护该党右翼与德国社会民主党合并。1918
年后发表《无产阶级专政》等书,攻击俄国十月革命,反对无产阶级专政。
——47、49、50、51、52、53、129、151、152、238、265、269、281、285、290、291、
321、332、334、335、336、349、371、401。

柯尔佐夫,德·(**金兹堡,波里斯·阿布拉莫维奇**;谢多夫,尔·)(Кольцов, Д.
(Гинзбург, Борис Абрамович, Седов, Л.) 1863 — 1920)——俄国社会民主
党人,孟什维克。19 世纪 80 年代前半期参加民意党人运动,80 年代末转
向社会民主主义。1893 年初侨居瑞士,接近劳动解放社。1895 — 1898 年
任国外俄国社会民主党人联合会书记。1900 年联合会分裂后,退出该组
织。曾参加第二国际伦敦代表大会(1896)和巴黎代表大会(1900)的工作。
作为有发言权的代表出席了俄国社会民主工党第二次代表大会,属火星派
少数派;会后成为孟什维克骨干分子,为一些孟什维克报刊《社会民主党人
报》、《开端报》等撰稿。1905 — 1907 年革命期间在彼得堡参加工会运动,
1908 年起在巴库工作。斯托雷平反动时期和新的革命高涨年代持取消派
立场。第一次世界大战期间是社会沙文主义者。1917 年二月革命后任彼
得格勒工兵代表苏维埃劳动委员。敌视十月革命。1918 — 1919 年在合作
社组织中工作。——149、234。

科尔纳利森,克里斯蒂安(Cornelissen, Christian)——荷兰无政府主义者,克鲁
泡特金的追随者,反对马克思主义。第一次世界大战期间是沙文主义者,
曾为法国《工团战斗报》撰稿。——307。

科内利乌斯,汉斯(Cornelius, Hans 1863 — 1947)——德国哲学家,主观唯心主
义者。1903 年起在慕尼黑、1910 年起在美因河畔法兰克福任大学教授。
力图用内在论者的哲学和威·詹姆斯的实用主义来补充马赫主义,在马赫
主义和新实证论之间起了中介人的作用。主要著作有《哲学引论》(1903)、
《先验的分类学》(1916)等。——203。

科斯季奇——见兹博罗夫斯基,米哈伊尔·索洛蒙诺维奇。

克拉西科夫,彼得·阿纳尼耶维奇(巴甫洛维奇)(Красиков, Петр Ананьевич

（Павлович）1870—1939)——1892 年在俄国彼得堡开始革命活动。1893
年被捕,次年流放西伯利亚,在流放地结识了列宁。1900 年到普斯科夫,成
为《火星报》代办员。1902 年被选入筹备召开俄国社会民主工党第二次代
表大会的组织委员会。在代表大会上是基辅委员会的代表,属火星派多数
派,同列宁、普列汉诺夫一起进入大会常务委员会。会后积极参加同孟什
维克的斗争。1904 年 8 月参加了在日内瓦举行的 22 个布尔什维克的会
议;是布尔什维克出席第二国际阿姆斯特丹代表大会的代表。1905—1907
年革命期间任彼得堡工人代表苏维埃执行委员会委员。屡遭沙皇政府迫
害。1917 年二月革命后任彼得格勒工兵代表苏维埃执行委员会委员。十
月革命后任彼得格勒军事革命委员会所属肃反侦查委员会主席、司法人民
委员部部务委员。1921 年起任小人民委员会委员、副司法人民委员。1924
年起任苏联最高法院检察长。1933—1938 年任苏联最高法院副院长。多
次当选全俄中央执行委员会和苏联中央执行委员会委员。——134—136。

克列孟梭,若尔日（Clemenceau, Georges 1841—1929)——法国国务活动家。
第二帝国时期属左翼共和派。1871 年巴黎公社时期任巴黎第十八区区长,
力求使公社战士与凡尔赛分子和解。1876 年起为众议员,80 年代初成为
激进派领袖,1902 年起为参议员。1906 年 3—10 月任内务部长,1906 年 10
月—1909 年 7 月任总理。维护大资产阶级利益,镇压工人运动和民主运
动。第一次世界大战期间是沙文主义者。1917—1920 年再度任总理,在国
内建立军事专制制度,积极策划和鼓吹经济封锁和武装干涉苏维埃俄国。
1919—1920 年主持巴黎和会,参与炮制凡尔赛和约。1920 年竞选总统失
败后退出政界。——328。

克鲁泡特金,彼得·阿列克谢耶维奇（Кропоткин, Петр Алексеевич 1842—
1921)——俄国无政府主义的主要活动家和理论家之一,公爵。1872 年出
国,在瑞士加入第一国际,属巴枯宁派。回国后作为无政府主义者参加民
粹主义运动,为此于 1874 年被捕并被监禁在彼得保罗要塞。1876 年逃往
国外,在瑞士等国从事著述活动,宣传无政府主义,反对马克思关于阶级斗
争和无产阶级专政的学说。第一次世界大战期间是沙文主义者。1917 年
6 月回国,仍坚持资产阶级立场,但在 1920 年发表了给欧洲工人的一封信,
信中承认十月革命的历史意义,并呼吁欧洲工人制止对苏维埃俄国的武装
干涉。写有《科学和无政府主义》、《无政府主义及其哲学》、《1789—1793

年法国大革命》以及一些地理学和地质学著作。——307。

克伦斯基,亚历山大·费多罗维奇（Керенский, Александр Федорович 1881 —
1970）——俄国政治活动家,资产阶级临时政府首脑。1917 年 3 月起为社
会革命党人。第四届国家杜马代表,劳动派党团领袖。第一次世界大战期
间是护国派分子。1917 年二月革命后任彼得格勒工兵代表苏维埃副主席、
国家杜马临时委员会委员。在临时政府中任司法部长（3 — 5 月）、陆海军
部长（5 — 9 月）、总理（7 月 21 日起）兼最高总司令（9 月 12 日起）。执政期
间继续进行帝国主义战争,七月事变时镇压工人和士兵,迫害布尔什维克。
1917 年 11 月 7 日彼得格勒爆发武装起义时,从首都逃往前线,纠集部队向
彼得格勒进犯,失败后逃亡巴黎。在国外参加白俄流亡分子的反革命活
动,1922 — 1932 年编辑《白日》周刊。1940 年移居美国。—— 314、
347、349。

克努尼扬茨,波格丹·米尔扎江诺维奇（鲁索夫）（Кнунянц, Богдан
Мирзаджанович（Русов）1878 — 1911）——俄国社会民主党人,布尔什维
克。1897 年参加彼得堡工人阶级解放斗争协会。1901 年被逐往巴库,不
久成为俄国社会民主工党巴库委员会和高加索联合会委员会委员。1902
年参与创建亚美尼亚社会民主党人联合会及其秘密机关报《无产阶级报》。
在俄国社会民主工党第二次代表大会上是巴库委员会的代表,属火星派多
数派,会后作为中央代办员在高加索和莫斯科工作。在彼得堡参加 1905 —
1907 年革命。1905 年 9 月被增补进党的彼得堡委员会并代表布尔什维克
参加彼得堡第一届工人代表苏维埃执行委员会。1905 年 12 月被捕,被判
处终身流放西伯利亚。1907 年从流放地逃往国外,参加了第二国际斯图加
特代表大会和在赫尔辛福斯举行的俄国社会民主工党第四次代表会议（第
三次全俄代表会议）的工作。1907 年底起在巴库工作。1910 年 9 月被捕,
死于巴库监狱。—— 137。

孔德,奥古斯特（Comte, Auguste 1798 — 1857）——法国哲学家和社会学家,实
证论创始人。宣称拥护实证知识,认为科学的任务是描写经验的材料。把
历史唯心地理解为观念发展的结果,提出社会发展三阶段论:神学阶段、形
而上学阶段和实证阶段。宣称科学—工业阶段,即资本主义,似乎完成了
全部社会的发展。主张阶级调和,把资本家和工人阶级利益的协调看成是

社会的理想。主要著作有《实证哲学教程》(1830—1842)、《实证政治体系》(1851—1854)。——196。

库·贝·——见库恩·贝拉。

库恩·贝拉(库·贝·)(Kun Béla(K.B.) 1886—1939)——匈牙利工人运动和国际工人运动活动家,匈牙利共产党创建人和领导人之一。1902 年加入匈牙利社会民主党。第一次世界大战初应征入伍,1916 年在俄国被俘,在托木斯克战俘中进行革命宣传,同俄国社会民主工党当地组织建立了联系,后加入布尔什维克党。俄国 1917 年二月革命后任俄国社会民主工党(布)托木斯克省委员会委员。1918 年 3 月建立俄共(布)匈牙利小组并任主席;同年 5 月起任俄共(布)外国人团体联合会主席。1918 年 11 月秘密回国,参与创建匈牙利共产党,当选为党的主席。1919 年 2 月被捕,3 月获释。匈牙利苏维埃共和国成立后任外交人民委员和陆军人民委员,是苏维埃政权的实际领导人。苏维埃政权被颠覆后流亡奥地利,1920 年到苏俄,先后任南方面军革命军事委员会委员、克里木革命委员会主席。1921 年起在乌拉尔担任党的领导工作,曾任全俄中央执行委员会主席团委员、俄共(布)中央驻俄国共产主义青年团中央委员会全权代表、共产国际执行委员会主席团委员等职。——348—350。

库格曼,路德维希(Kugelmann, Ludwig 1828—1902)——德国社会民主主义者,医生,马克思和恩格斯的朋友。曾参加德国 1848—1849 年革命。1865 年起为第一国际会员,是国际洛桑代表大会(1867)和海牙代表大会(1872)的代表。曾协助马克思出版和传播《资本论》。1862—1874 年间经常和马克思通信,反映德国情况。马克思给库格曼的信 1902 年第一次发表于德国《新时代》杂志,1907 年被译成俄文出版,并附有列宁的序言。——41、46、154、157、159、160、162、163、180、196。

L

拉布里奥拉,阿尔图罗(Labriola, Arturo 1873—1959)——意大利政治活动家,法学家和经济学家,意大利工团主义运动领袖之一。写有一些工团主义理论方面的著作,试图使自己的所谓"革命工团主义"纲领趋附马克思主义,同时又对马克思主义加以"纠正"。1911—1912 年意土战争期间和第一次世界大战期间采取沙文主义立场。1920—1921 年任卓利蒂政府的劳工大臣。1926—1939 年侨居国外;反对法西斯主义。1948—1953 年为参议员。1949 年意大利政府签订北大西洋公约后,参加了保卫和平运动,1950 年被选入世界和平理事会。——214。

拉法格,保尔(Lafargue,Paul 1842—1911)——法国工人运动和国际工人运动活动家,法国工人党和第二国际创建人之一,马克思主义的理论家和宣传家;马克思的女儿劳拉的丈夫。1865 年初加入第一国际巴黎支部,1866 年 2 月当选为国际总委员会委员。在马克思和恩格斯直接教诲下逐渐接受科学社会主义。巴黎公社时期曾组织波尔多工人声援公社的斗争,并前往巴黎会见公社领导人。公社失败后流亡西班牙,在反对巴枯宁主义者的斗争中起了重要作用。1872 年 10 月迁居伦敦,为创建法国独立的工人政党做了大量工作。1880 年和盖得一起在马克思和恩格斯指导下起草了法国工人党纲领,任工人党机关报《平等报》编辑。1882 年回到巴黎,和盖得一起领导工人党,同可能派进行了坚决的斗争。1889 年积极参加创建第二国际的活动。1891 年当选为众议员。19 世纪末 20 世纪初反对伯恩施坦修正主义,谴责米勒兰加入资产阶级内阁的行为。1905 年统一的法国社会党成立后为党的领袖之一。——10、49、164。

拉法格,劳拉(Lafargue,Laura 1845—1911)——法国工人运动活动家;马克思的二女儿,保·拉法格的妻子。为在法国传播马克思主义做了很多工作;与丈夫一起把《共产党宣言》译成法文,还把马克思的《政治经济学批判》、恩格斯的《路德维希·费尔巴哈和德国古典哲学的终结》以及马克思和恩格斯的其他一些重要著作译成了法文。——10。

拉葛德尔,于贝尔(Lagardelle,Hubert 生于 1874 年)——法国小资产阶级政治活动家,无政府工团主义者。写有一些关于法国无政府工团主义史方面的著作,曾担任社会政治杂志《社会主义运动》的编辑。第一次世界大战期间是社会沙文主义者,后来是法国劳动总联合会的活动家。1942—1943 年任维希政府的劳工部长,1946 年因参加维希政府被判处终身监禁。——214。

拉萨尔,斐迪南(Lassalle,Ferdinand 1825—1864)——德国工人运动活动家,小资产阶级社会主义者,德国工人运动中的机会主义——拉萨尔主义的代表人物。积极参加德国 1848 年革命。曾与马克思和恩格斯有过通信联系。1863 年 5 月参与创建全德工人联合会,并当选为联合会主席。在联合会中推行拉萨尔主义,把德国工人运动引上了机会主义道路。宣传超阶级的国家观点,主张通过争取普选权和建立由国家资助的工人生产合作社来解放工人。曾同俾斯麦勾结并支持在普鲁士领导下"自上而下"统一德国的政策。在哲学上是唯心主义者和折中主义者。——40、41、47、95、237、245、293、300—302。

兰斯堡,阿尔弗勒德(Lansburgh, Alfred 1872—1940)——德国经济学家,《银行》杂志的出版人(1908—1935),在该杂志上发表过有关金融资本问题的文章。——259。

朗格,弗里德里希·阿尔伯特(Lange, Friedrich Albert 1828—1875)——德国哲学家和经济学家,新康德主义创始人之一。1870 年起任苏黎世大学教授,1872 年起任马堡大学教授。拥护生理学唯心主义,歪曲唯物主义,认为唯物主义作为研究自然界的方法是有效的,作为一种哲学理论是站不住脚的,并必然导致唯心主义。企图用把"自在之物"变成主观概念的办法排除康德的二元论。在以资产阶级自由派观点所写的著作中,歪曲工人运动的实质,站在社会达尔文主义立场上,把生物学规律搬用于人类社会,拥护马尔萨斯的人口过剩律,把资本主义看做是人类社会"自然的和永恒的"制度。主要著作有《工人问题及其在目前和将来的意义》(1865)、《唯物主义史及当代对唯物主义意义的批判》(1866)等。——156、196。

劳芬贝格,亨利希(埃勒,卡尔)(Laufenberg, Heinrich(Erler, Karl)1872—1932)——德国左派社会民主党人,政论家。曾任社会民主党《杜塞尔多夫人民报》(1904—1907)编辑。第一次世界大战期间持国际主义立场。1918 年十一月革命后加入德国共产党,不久领导党内"左派"反对派,宣扬无政府工团主义观点和所谓"民族布尔什维主义"的小资产阶级民族主义纲领。1919 年 10 月"左派"反对派被开除出共产党后,参与组织德国共产主义工人党,1920 年底被该党开除。后脱离工人运动,为一些无政府主义刊物撰稿,写过有关文化问题的文章。——344。

劳合-乔治,戴维(Lloyd George, David 1863—1945)——英国国务活动家和外

交家,自由党领袖。1890 年起为议员。1905—1908 年任商业大臣,1908—1915 年任财政大臣。对英国政府策划第一次世界大战的政策有很大影响。曾提倡实行社会保险等措施,企图利用谎言和许诺来阻止工人阶级建立革命政党。1916—1922 年任首相,残酷镇压殖民地和附属国的民族解放运动;是武装干涉和封锁苏维埃俄国的鼓吹者和策划者之一。曾参加1919 年巴黎和会,是凡尔赛和约的炮制者之一。——328。

勒克列尔,安东(Leclair, Anton 1848—1919)——奥地利哲学家,主观唯心主义者,内在论学派代表;维护信仰主义,反对唯物主义。主要著作有《从贝克莱和康德对认识的批判来看现代自然科学的实在论》(1879)、《一元论的认识论概论》(1882)等。——204。

勒南,约瑟夫·厄内斯特(Renan, Joseph-Ernest 1823—1892)——法国宗教史学家,唯心主义哲学家,1879 年起为法兰西科学院院士。以基督教早期传播史方面的著作闻名。主要著作有《基督教起源史》(1863—1883)、《耶稣生平》(1863)、《以色列民族史》(五卷本,1887—1893)等。在政治上公开反对民主主义和 1871 年的巴黎公社。——149。

李伯尔(**戈尔德曼**),米哈伊尔·伊萨科维奇(Либер(Гольдман),Михаил Исаакович 1880—1937)——崩得和孟什维克领袖之一。1898 年起为社会民主党人,1902 年起为崩得中央委员。1903 年率领崩得代表团出席俄国社会民主工党第二次代表大会,在会上采取极右的反火星派立场,会后成为孟什维克。1907 年在党的第五次(伦敦)代表大会上代表崩得被选入中央委员会,是崩得驻中央委员会国外局的代表。斯托雷平反动时期是取消派分子,1912 年是"八月联盟"的骨干分子,第一次世界大战期间是社会沙文主义者。1917 年二月革命后任彼得格勒工兵代表苏维埃执行委员会委员和第一届中央执行委员会主席团委员,采取孟什维克立场,支持资产阶级联合内阁,敌视十月革命。后脱离政治活动,从事经济工作。——128、131、134、135、136。

李卜克内西,威廉(Liebknecht, Wilhelm 1826—1900)——德国工人运动和国际工人运动活动家,德国社会民主党的创建人和领袖之一,马克思和恩格斯的朋友和战友。积极参加德国 1848 年革命,革命失败后流亡国外,在国外结识马克思和恩格斯,接受了科学共产主义思想。1850年加入共产主义者同盟。1862年回国。第一国际成立后,成为国际的革命思想的热心宣传者和国际的德国支部的组织者之一。1868年起任《民主周报》编辑。1869年与倍倍尔共同创建了德国社会民主工党(爱森纳赫派),任党的中央机关报《人民国家报》编辑。1875年积极促成爱森纳赫派和拉萨尔派的合并。在反社会党人非常法施行期间与倍倍尔一起领导党的地下工作和斗争。1890年起任党的中央机关报《前进报》主编,直至逝世。1867—1870年为北德意志联邦国会议员,1874年起多次被选为德意志帝国国会议员,利用议会讲坛揭露普鲁士容克反动的内外政策。因革命活动屡遭监禁。是第二国际的组织者之一。——41、167、237。

李嘉图,大卫(Ricardo,David 1772—1823)——英国经济学家,资产阶级古典政治经济学最著名的代表人物。早年从事证券交易所活动,后致力于学术研究。1819年被选为下院议员。在资产阶级反对封建残余的斗争中维护资产阶级的利益,坚持自由竞争原则,要求消除妨碍资本主义生产发展的一切限制。在经济理论上发展了亚当·斯密的价值论,对商品价值决定于生产商品所耗费的劳动时间的原理作了比较透彻的阐述与发展,奠定了劳动价值学说的基础,并在这一基础上着重论证了资本主义的分配问题,发现了工人、资本家、土地所有者之间经济利益上的对立,从而初步揭示了阶级矛盾和阶级斗争的经济根源。但是由于资产阶级立场、观点、方法的限制,把资本主义生产方式看做是永恒的唯一合理的生产方式,在理论上留下了不少破绽和错误,为后来的庸俗政治经济学所利用。主要著作有《政治经济学和赋税原理》(1817)、《论对农业的保护》(1822)等。——29、75、77、156、229。

李沃夫,格奥尔吉·叶夫根尼耶维奇(Львов,Георгий Евгеньевич 1861—1925)——俄国公爵,大地主,地方自治运动活动家,立宪民主党人。1903—1906年任图拉县地方自治局主席,曾参加1904—1905年地方自治人士代表大会。第一届国家杜马代表,是负责安置远东移民和救济饥民的地方自治机关全国性组织的领导人。第一次世界大战期间是全俄地方自治机关联合会主席以及全俄地方自治机关和城市联合会军需供应总委员会的领导人之一。1917年3—7月任临时政府总理兼内务部长,是七月事变期间镇压彼得格勒工人和士兵的策划者之一。十月革命后逃亡法国,参与策划对苏维埃俄国的武装干涉。——279、281、282、349。

里塞尔,雅科布(Riesser,Jacob 1853—1932)——德国经济学家和银行家。1888—1905年是达姆施塔特银行经理。1901年创建德国银行和银行业中央联合会,1909年创建汉萨同盟,并长期担任这两个团体的主席。1905年起出版《银行文汇》杂志。1916—1928年为国会议员。写有一些为帝国主义和金融资本辩护的著作。——268、270。

连斯基——见维连斯基,列昂尼德·谢苗诺维奇。

列金,卡尔(Legien,Karl 1861—1920)——德国右派社会民主党人,德国工会领袖之一。1890年起任德国工会总委员会主席。1903年起任国际工会书记处书记,1913年起任主席。1893—1920年(有间断)为德国社会民主党国会议员。1919—1920年为魏玛共和国国民议会议员。第一次世界大战期间是社会沙文主义者。1918年十一月革命期间同其他右派社会民主党人一起推行镇压革命运动的政策。——332。

列宁,弗拉基米尔·伊里奇(**乌里扬诺夫,弗拉基米尔·伊里奇**;列宁,尼·;土林,克·;伊林,弗·)(Ленин,Владимир Ильич(Ульянов,Владимир Ильич,Ленин,Н.,Тулин,К.,Ильин,В.)1870—1924)——5、46、47、50—52、54、107、114、122、124、133、136、137、139、149、152、171、172、210、245、302、318、348、350、351、372、374、378。

列宁,尼·——见列宁,弗拉基米尔·伊里奇。

列文,叶弗列姆·雅柯夫列维奇(叶戈罗夫)(Левин,Ефрем Яковлевич(Егоров)生于1873年)——俄国社会民主党人,南方工人社领导人之一。19世纪90年代参加哈尔科夫社会民主主义小组,1900年10月因俄国社会民主工党哈尔科夫委员会案被捕,次年被逐往波尔塔瓦。曾参加《南方工人报》编辑部,是筹备召开俄国社会民主工党第二次代表大会的组织委员会委员。在代表大会上是南方工人社的代表,持中派立场,会后成为孟什维克。1903年9月再次被捕,后脱离政治活动。——116、137。

龙格,让(Longuet,Jean 1876—1938)——法国社会党和第二国际领袖之一,

政论家;沙尔·龙格和燕妮·马克思的儿子。19 世纪末至 20 世纪初积极
为法国和国际的社会主义报刊撰稿。1914 年和 1924 年当选为众议员。
第一次世界大战期间持中派和平主义立场。是法国中派分子的报纸《人
民报》的创办人(1916)和编辑之一。谴责外国武装干涉苏维埃俄国。反
对法国社会党加入共产国际,反对建立法国共产党。1920 年起是法国社
会党中派领袖之一。1921 年起是第二半国际执行委员会委员。1923 年起
是社会主义工人国际领导人之一。30 年代主张社会党人和共产党人联合
起来反对法西斯主义,参加了反法西斯和反战的国际组织。——10。

龙格,沙尔(Longuet,Charles 1839—1903)——法国工人运动活动家,蒲鲁东
主义者,新闻工作者;马克思女儿燕妮的丈夫。19 世纪 60 年代初积极参
加反对第二帝国的共和主义和民主主义运动。1865 年侨居比利时,后到
英国,同年加入第一国际。1866—1867 年和 1871—1872 年是第一国际总
委员会委员,多次参加第一国际代表大会。1871 年 4 月当选为巴黎公社
委员。公社失败后流亡英国,1880 年大赦后回国。80 年代一度参加法国
工人党中的机会主义派别"可能派"。——10。

龙格,燕妮(Longuet,Jenny 1844—1883)——国际工人运动活动家;马克思的
大女儿,沙尔·龙格的妻子。曾撰文维护爱尔兰芬尼社社员,给流亡国外
的巴黎公社战士以帮助。——10。

卢·乔·——见卢卡奇·乔治。

卢格,阿尔诺德(Ruge,Arnold 1802—1880)——德国政论家,青年黑格尔派,
资产阶级激进派。1843—1844 年同马克思一起在巴黎筹办和出版《德法
年鉴》杂志,不久与马克思分道扬镳。1866 年后成为民族自由党人,写文
章支持俾斯麦所奉行的在普鲁士领导下"自上而下"统一德国的政策。
——7、43、61。

卢卡奇·乔治(卢·乔·)(Lukács György(L.G.) 1885—1971)——匈牙利哲
学家和文学批评家。最初是唯心主义者,后来接受马克思主义。1918 年
加入匈牙利共产党。1919 年先后任匈牙利苏维埃共和国教育人民委员和
红军第 5 师政治委员。1919 年起多次当选为中央委员。匈牙利苏维埃政
权被推翻后流亡奥地利和德国。20 年代初期犯过左倾宗派主义的错误。

1930 年起住在莫斯科,先后在苏联马克思恩格斯列宁研究院和苏联科学院哲学研究所从事学术研究工作。1945 年回国后任匈牙利科学院院士和布达佩斯大学教授。主要著作有《历史和阶级意识》(1923)、《青年黑格尔和资本主义社会问题》(1938)、《论现实主义的历史》(1939)、《理性的毁灭》(1954)和《美学》(1963)等。——348、349。

卢那察尔斯基,阿纳托利·瓦西里耶维奇(Луначарский, Анатолий Васильевич 1875—1933)——19 世纪 90 年代初参加俄国社会民主主义运动。俄国社会民主工党第二次代表大会后是布尔什维克。曾先后参加布尔什维克的《前进报》、《无产者报》和《新生活报》编辑部。代表《前进报》编辑部出席了党的第三次代表大会,受列宁委托,在会上作了关于武装起义问题的报告。党的第四次(统一)代表大会和第五次(伦敦)代表大会的参加者,布尔什维克出席第二国际斯图加特代表大会(1907)和哥本哈根代表大会(1910)的代表。斯托雷平反动时期脱离布尔什维克,参加"前进"集团;在哲学上宣扬造神说和马赫主义。第一次世界大战期间持国际主义立场。1917 年二月革命后参加区联派,在俄国社会民主工党(布)第六次代表大会上随区联派集体加入布尔什维克党。十月革命后到 1929 年任教育人民委员,以后任苏联中央执行委员会学术委员会主席。1930 年起为苏联科学院院士。在艺术和文学方面著述很多。——202、203、205。

鲁索夫——见克努尼扬茨,波格丹·米尔扎江诺维奇。

伦纳,卡尔(Renner, Karl 1870—1950)——奥地利政治活动家,奥地利社会民主党右翼领袖,"奥地利马克思主义"理论家。同奥·鲍威尔一起提出资产阶级民族主义的民族文化自治论。1907 年起为社会民主党议员,同年参与创办党的理论刊物《斗争》杂志并任编辑。第一次世界大战期间是社会沙文主义者。1918—1920 年任奥地利共和国总理,赞成德奥合并。1931—1933 年任国民议会议长。1945 年出任临时政府总理,同年 12 月当选为奥地利共和国总统,直至 1950 年 12 月去世。——329。

罗季切夫,费多尔·伊兹迈洛维奇(Родичев, Федор Измаилович 1853—1932)——俄国地主,地方自治运动活动家,立宪民主党领袖之一,该党中央委员。1904—1905 年地方自治人士代表大会的参加者。第一届至第四

届国家杜马代表。1917 年二月革命后任临时政府芬兰事务委员。十月革
命后为白俄流亡分子。——143、144、184。

罗将柯,米哈伊尔·弗拉基米罗维奇(Родзянко, Михаил Владимирович
1859—1924)——俄国大地主,十月党领袖之一,君主派分子。20 世纪初
曾任叶卡捷琳诺斯拉夫省地方自治局主席。1911—1917 年先后任第三届
和第四届国家杜马主席,支持沙皇政府的反动政策。1917 年二月革命期
间力图保持君主制度,组织并领导了国家杜马临时委员会,后参与策划科
尔尼洛夫叛乱。十月革命后投靠科尔尼洛夫和邓尼金,企图联合一切反革
命势力颠覆苏维埃政权。1920 年起为白俄流亡分子。——347。

罗扎诺夫,弗拉基米尔·尼古拉耶维奇(波波夫)(Розанов, Владимир
Николаевич(Попов) 1876—1939)——俄国社会民主党人,孟什维克。19
世纪 90 年代中期在莫斯科参加社会民主主义运动,1899 年被逐往斯摩棱
斯克。1900 年加入南方工人社。是筹备召开俄国社会民主工党第二次代
表大会的组织委员会委员,并代表南方工人社出席了代表大会。会上持中
派立场,会后成为孟什维克骨干分子。1904 年底被增补进调和主义的党
中央委员会,1905 年 2 月被捕。1905 年 5 月在孟什维克代表会议上被选
入孟什维克领导中心——组织委员会,在党的第四次(统一)代表大会上
代表孟什维克被选入中央委员会。1908 年侨居国外。第一次世界大战期
间持国际主义立场。1917 年二月革命后是彼得格勒工兵代表苏维埃孟什
维克党团成员,护国派分子。敌视十月革命,积极参加反革命组织的活动,
因"战术中心"案被判刑。大赦后脱离政治活动,在卫生部门工作。——
122、128、129。

洛贝尔图斯-亚格措夫,约翰·卡尔(Rodbertus-Jagetzow, Johann Karl 1805—
1875)——德国经济学家,国家社会主义理论家,资产阶级化的普鲁士贵族
利益的表达者,大地主。认为劳动和资本的矛盾可以通过普鲁士容克王朝
实行的一系列改革得到解决。由于不了解剩余价值产生的根源和资本主
义基本矛盾的实质,认为经济危机的原因在于人民群众的消费不足;地租
是由于农业中不存在原料的耗费而形成的超额收入。主要著作有《关于
我国国家经济状况的认识》(1842)、《给冯·基尔希曼的社会问题书简》
(1850—1851、1884)等。——29、84。

洛克尔曼，亚历山大·萨莫伊洛维奇（察廖夫）（Локерман, Александр Самойлович（Царев）1880 — 1937）——俄国社会民主党人，孟什维克。1898 年参加社会民主主义运动，在顿河畔罗斯托夫工作，曾参加俄国社会民主工党顿河区委员会。在党的第二次代表大会上是顿河区委员会的代表，持中派立场，会后成为孟什维克。1917 年二月革命后代表孟什维克参加中央执行委员会。十月革命后竭力反对苏维埃政权。1917 — 1920 年为孟什维克顿河区委员会委员。因进行反革命活动被判刑。——137。

洛帕廷，列夫·米哈伊洛维奇（Лопатин, Лев Михайлович 1855 — 1920）——俄国唯心主义哲学家，莫斯科大学教授，莫斯科心理学学会主席，1894 年起任《哲学和心理学问题》杂志编辑。在哲学观点上追随神秘主义者弗·谢·索洛维约夫，鼓吹唯灵论，认为论证"灵魂不死"是哲学的迫切问题之一，力图说明灵魂是具有意志自由的创造本原。主要著作有《哲学的重要任务》（1886 — 1891）、《近代哲学史》（1905 — 1908）、《哲学评述和言论集》（1911）。——203。

M

马尔丁诺夫，亚历山大（**皮凯尔，亚历山大·萨莫伊洛维奇**）（Мартынов, Александр（Пиккер, Александр Самойлович）1865 — 1935）——俄国经济派领袖之一，孟什维克著名活动家，后为共产党员。19 世纪 80 年代初参加民意党人小组，1886 年被捕，流放东西伯利亚十年；流放期间成为社会民主党人。1900 年侨居国外，参加经济派的《工人事业》杂志编辑部，反对列宁的《火星报》。在俄国社会民主工党第二次代表大会上是国外俄国社会民主党人联合会的代表，反火星派分子，会后成为孟什维克。1907 年作为叶卡捷琳诺斯拉夫组织的代表参加了党的第五次（伦敦）代表大会的工作，在代表大会上当选为中央委员。斯托雷平反动时期和新的革命高涨年代是取消派分子，参加取消派的机关报《社会民主党人呼声报》编辑部。第一次世界大战期间持中派立场。1917 年二月革命后为孟什维克国际主义者。十月革命后脱离孟什维克。1918 — 1922 年在乌克兰当教员。1923 年加入俄共（布），在马克思恩格斯研究院工作。1924 年起任《共产国际》杂志编委。——122、127 — 129、139、140。

马尔萨斯，托马斯·罗伯特（Malthus, Thomas Robert 1766 — 1834）——英国经

济学家,英国资产阶级庸俗政治经济学的创始人之一,人口论的主要代表。毕业于剑桥大学耶稣学院,1797 年成为牧师。1805 — 1834 年任东印度公司创办的海利贝里学院历史和经济学教授。在对他人理论予以吸收和加工的基础上,于 1798 年匿名发表《人口原理》一书。认为人口按几何级数增长,而生活资料按算术级数增长,因而造成人口绝对过剩,而贫穷和罪恶抑制人口增长,使生活资料与人口恢复平衡。把资本主义制度下劳动人民失业、贫困、饥饿和其他灾难都归之于自然规律的作用,为资本主义辩护,受到统治阶级的推崇。主要著作还有《政治经济学原理的实际应用》(1820)。——77。

马尔托夫,尔·(**策杰尔包姆,尤利·奥西波维奇**)(Мартов, Л.(Цедербаум, Юлий Осипович)1873 — 1923)——俄国孟什维克领袖之一。1895 年参与组织彼得堡工人阶级解放斗争协会。1896 年被捕并流放图鲁汉斯克三年。1900 年参与创办《火星报》,为该报编辑部成员。在俄国社会民主工党第二次代表大会上是《火星报》组织的代表,领导机会主义少数派,反对列宁的建党原则;从那时起成为孟什维克中央机关的领导成员和孟什维克报刊的编辑。曾参加党的第五次(伦敦)代表大会的工作。斯托雷平反动时期和新的革命高涨年代是取消派分子,编辑《社会民主党人呼声报》,参与组织"八月联盟"。第一次世界大战期间是中派分子,参加齐美尔瓦尔德代表会议和昆塔尔代表会议。曾参加孟什维克组织委员会国外书记处,为书记处编辑机关刊物。1917 年二月革命后领导孟什维克国际主义派。十月革命后反对镇压反革命和解散立宪会议。1919 年当选为全俄中央执行委员会委员,1919 — 1920 年为莫斯科苏维埃代表。1920 年 9 月侨居德国。参与组织第二半国际,在柏林创办和编辑孟什维克杂志《社会主义通报》。——115、116、118、120 — 124、126 — 138、266、269、385。

马赫,恩斯特(Mach,Ernst 1838 — 1916)——奥地利物理学家和哲学家,主观唯心主义者,经验批判主义创始人之一。1864 年起先后在格拉茨和布拉格任大学数学和物理学教授,1895 — 1901 年任维也纳大学哲学教授。在认识论上复活贝克莱和休谟的观点,认为物体是"感觉的复合",感觉是"世界的真正要素"。主要哲学著作有《力学发展的历史评述》(1883)、《感觉的分析》(1886)、《认识和谬误》(1905)等。——188 — 192、198、200 — 204。

马赫诺韦茨,莉迪娅·彼得罗夫娜(布鲁凯尔)(Махновец, Лидия Петровна (Брукэр) 1876—1965)——19 世纪 90 年代末参加俄国社会民主主义运动,经济派代表人物。曾在俄国社会民主工党沃罗涅日委员会里起领导作用,该委员会在俄国社会民主工党第二次代表大会筹备期间反对《火星报》的立场。在代表大会上是彼得堡工人组织的代表,反火星派分子。1905 年在沃罗涅日社会民主党组织中工作,后脱离政治活动。——126、127、130、136、137。

马克思,亨利希(Marx, Heinrich 1777—1838)——马克思的父亲;律师,后为特里尔司法参事;持自由主义观点。——6。

马克思,卡尔(Marx, Karl 1818—1883)——科学共产主义的创始人,世界无产阶级的领袖和导师。——5—55、56—65、67、68、73—76、77、80、81、83、84、96、102—104、108、109、139—143、145—147、149、154—163、164—172、177、179、180、182、187—189、191、193、194—196、198、203、204、207、208、210、222、223、226—232、233、237—244、247、248、264、271、272、274、276、282、283、284、286、289—291、292—294、295、297、300—303、304、307、308、312、316、323、326、327、330、333、335、336、343、349、354、355、391、394、398、400、405、406、409、410、411、412、413、414、415、417、418、419、422。

马克思(冯·威斯特华伦),燕妮(Marx(von Westphalen),Jenny 1814—1881)——马克思的妻子,他的忠实朋友和助手。——7、10。

马克思-艾威林,爱琳娜(杜西)(Marx-Aveling, Eleanor(Tussy) 1855—1898)——英国工人运动和国际工人运动活动家;马克思的小女儿。英国社会主义同盟(1884)和英国独立工党(1893)的创建人之一。马克思逝世后,在恩格斯的直接领导下积极参加非熟练工人的群众运动,是 1889 年伦敦码头工人大罢工的组织者之一。第二国际多次代表大会代表。积极为英国和德国的社会主义报刊撰稿,整理和发表了马克思的著作《工资、价格和利润》以及马克思关于东方问题的一系列文章,著有关于马克思和恩格斯的回忆录。——10、45、168。

马林诺夫斯基,罗曼·瓦茨拉沃维奇(Малиновский, Роман Вацлавович 1876—1918)——俄国社会民主主义运动中的奸细,莫斯科保安处密探;

职业是五金工人。1906 年出于个人动机参加工人运动,后来混入俄国社会民主工党;曾任工人委员会委员和五金工会理事会书记。1907 年起主动向警察局提供情报,1910 年被录用为沙皇保安机关密探。在党内曾担任多种重要职务,1912 年在党的第六次(布拉格)全国代表会议上当选为中央委员。在保安机关暗中支持下,当选为第四届国家杜马莫斯科省工人选民团的代表,1913 年任布尔什维克杜马党团主席。1914 年辞去杜马职务,到了国外。1917 年 6 月,他同保安机关的关系被揭穿后,1918 年回国,被捕后由全俄中央执行委员会最高法庭判处枪决。——346、347。

马斯洛夫,彼得·巴甫洛维奇(Маслов,Петр Павлович 1867 — 1946)——俄国经济学家,社会民主党人。写有一些土地问题著作,修正马克思主义政治经济学原理。曾为《生活》、《开端》和《科学评论》等杂志撰稿。俄国社会民主工党第二次代表大会后是孟什维克;曾提出孟什维克的土地地方公有化纲领。在俄国社会民主工党第四次(统一)代表大会上代表孟什维克作了关于土地问题的报告,被选入中央机关报编辑部。斯托雷平反动时期和新的革命高涨年代是取消派分子。第一次世界大战期间是社会沙文主义者。十月革命后脱离政治活动,从事教学和科研工作,研究社会主义政治经济学问题。1929 年起为苏联科学院院士。——156、266。

马志尼,朱泽培(Mazzini,Giuseppe 1805 — 1872)——意大利统一时期的资产阶级革命家,民族解放运动中民主派的领袖和思想家之一。早年参加秘密革命组织"烧炭党",后被捕,流亡国外。1831 年在法国马赛建立青年意大利党。积极参加 1848 年革命,1849 年为罗马共和国临时政府首脑。1860 年支持加里波第对西西里的远征。主张通过革命道路把意大利从异族压迫下解放出来和建立统一的民主共和国,认为起义是基本的斗争手段,但惯于采用密谋策略,忽视农民利益,不懂得解决土地问题的重要性。反对阶级斗争,宣扬通过"劳资合作"来解决工人问题的小资产阶级空想主义计划。——9。

曼,汤姆(Mann,Tom 1856—1941)——英国工人运动活动家。1885 年加入英国社会民主联盟。80 年代末积极参加新工联运动,领导过多次罢工,1889 年伦敦码头工人大罢工期间主持罢工委员会。1893 年参与创建独立工党,属该党左翼。1901—1910 年住在澳大利亚和新西兰,参加了这些国家的工人运动。第一次世界大战期间持国际主义立场；1916 年加入英国社会党。俄国十月革命后是"不准干涉苏俄！"运动的领导人之一。1920 年是英国共产党的创建人之一。为争取国际工人运动的统一、反对帝国主义和法西斯主义进行积极的斗争。——169。

曼德尔贝格，维克多·叶夫谢耶维奇（波萨多夫斯基）（Мандельберг，Виктор Евсеевич（Посадовский）生于 1870 年）——俄国社会民主党人。1894—1896 年在彼得堡当医生，因在工人中进行社会民主主义宣传而被捕，监禁三年后又被流放东西伯利亚四年。在俄国社会民主工党第二次代表大会上是西伯利亚联合会的代表，属火星派少数派，会后成为孟什维克。第二届国家杜马代表，因社会民主党党团案被起诉，后流亡国外。——122。

曼宁，亨利·爱德华（Manning，Henry Edward 1808—1892）——英国教士，1851 年改信天主教，英国天主教会的首脑，1868 年起为威斯敏斯特大主教，1875 年起为红衣主教；以竭诚维护教皇的参政权而闻名。——169。

曼努伊洛夫，亚历山大·阿波罗诺维奇（Мануилов，Александр Аполлонович 1861—1929）——俄国经济学家，教授。19 世纪 90 年代是自由主义民粹派分子，后来成为立宪民主党人，任该党中央委员。所拟定的土地改革方案是立宪民主党土地纲领的基础。1907—1911 年为国务会议成员。1905—1908 年任莫斯科大学副校长，1908—1911 年任莫斯科大学校长。1917 年二月革命后任临时政府国民教育部长。十月革命后一度侨居国外，但很快回国，并同苏维埃政权合作，在高等院校任教。写有许多经济问题方面的著作。主要著作有《爱尔兰的地租》（1895）、《古典学派经济学家学说的价值的概念》（1901）、《政治经济学讲义教程》第 1 编（1914）等。——144。

梅德维捷夫——见尼古拉耶夫，列昂尼德·弗拉基米罗维奇。

梅林，弗兰茨（Mehring，Franz 1846—1919）——德国工人运动活动家，德国社会民主党左翼领袖和理论家之一，历史学家和政论家，德国共产党创建人之一。19 世纪 60 年代末起是资产阶级民主主义政论家，1877—1882 年持资产阶级自由主义立场，向左转化，逐渐接受马克思主义。曾任民主主义报纸《人民报》主编。1891 年加入德国社会民主党，担任党的理论刊物

《新时代》杂志撰稿人和编辑,1902—1907 年任《莱比锡人民报》主编,反对第二国际的机会主义和修正主义,批判考茨基主义。第一次世界大战爆发后坚决谴责帝国主义战争和社会沙文主义者的背叛政策;是国际派(后改称斯巴达克派和斯巴达克联盟)的组织者和领导人之一。1918 年参加建立德国共产党的准备工作。欢迎俄国十月革命,撰文驳斥对十月革命的攻击,维护苏维埃政权。在研究德国中世纪史、德国社会民主党史和马克思主义史方面作出重大贡献,在整理出版马克思、恩格斯和拉萨尔的遗著方面也做了大量工作。主要著作有《莱辛传奇》(1893)、《德国社会民主党史》(1897—1898)、《马克思传》(1918)等。——139、140、145、147、289。

梅什金,伊波利特·尼基季奇(Мышкин, Ипполит Никитич 1848—1885)——俄国民粹派革命家;职业是地形测绘员。1873 年在莫斯科开办一家印刷所,秘密刊印禁书。1875 年春到西伯利亚,试图把车尔尼雪夫斯基从流放地营救出来,未遂;同年 7 月在维柳伊斯克被捕,关进彼得保罗要塞。是"一百九十三人案件"的主要被告之一,1877 年 11 月 15 日在法庭上发表了热情洋溢的演说。1878 年被判处十年苦役。1885 年因反抗监狱制度被枪决。——122。

米尔柏格,阿尔图尔(Mülberger, Arthur 1847—1907)——德国小资产阶级政论家,蒲鲁东主义者;职业是医生。1872 年在德国社会民主工党中央机关报《人民国家报》上发表了几篇论述住宅问题的文章,受到恩格斯的严厉批评。曾为赫希柏格出版的《未来》杂志撰稿,写过一些关于法国和德国社会思想史方面的著作。——208。

米海洛夫斯基,尼古拉·康斯坦丁诺维奇(Михайловский, Николай Константинович 1842—1904)——俄国自由主义民粹派理论家,政论家,文艺批评家,实证论哲学家,社会学主观学派代表人物。1860 年开始写作活动。1868 年起为《祖国纪事》杂志撰稿,后任编辑。1879 年与民意党接近。1882 年以后写了一系列谈"英雄"与"群氓"问题的文章,建立了完整的"英雄"与"群氓"的理论体系。1884 年《祖国纪事》杂志被查封后,给《北方通报》杂志、《俄国思想》杂志、《俄罗斯新闻》等报刊撰稿。1892 年起任《俄国财富》杂志编辑,在该杂志上与俄国马克思主义者进行激烈论战。——67、68、405。

米留可夫,帕维尔·尼古拉耶维奇(Милюков, Павел Николаевич 1859—
1943)——俄国立宪民主党领袖,俄国自由派资产阶级思想家,历史学家和
政论家。1886 年起任莫斯科大学讲师。90 年代前半期开始政治活动,
1902 年起为资产阶级自由派的《解放》杂志撰稿。1905 年 10 月参与创建
立宪民主党,后任该党中央委员会主席和中央机关报《言语报》编辑。第
三届和第四届国家杜马代表。第一次世界大战期间为沙皇政府的掠夺政
策辩护。1917 年二月革命后任第一届临时政府外交部长,推行把战争进
行到"最后胜利"的帝国主义政策;同年 8 月积极参与策划科尔尼洛夫叛
乱。十月革命后同白卫分子和武装干涉者合作。1920 年起为白俄流亡分
子,在巴黎出版《最新消息报》。著有《俄国文化史概要》《第二次俄国革
命史》及《回忆录》等。——181、349。

米涅,弗朗索瓦·奥古斯特·玛丽(Mignet, François-Auguste-Marie 1796—
1884)——法国历史学家,资产阶级阶级斗争理论的创立者之一。早年研
究法律,并获得律师资格(1818),后进入巴黎新闻界,为《法兰西信使报》
撰稿人,《国民报》创办人之一(1830)。写有《法国革命史》等历史著作。
——19。

摩莱肖特,雅科布(Moleschott, Jakob 1822—1893)——荷兰生理学家和哲学
家,庸俗唯物主义的代表人物。先后在苏黎世大学、都灵大学、罗马大学任
生理学教授。主要哲学著作是《生命的循环)(1852)。——13。

莫斯特,约翰·约瑟夫(Most, Johann Joseph 1846—1906)——德国社会民主
党人,新闻工作者,后为无政府主义者;职业是装订工人。19 世纪 60 年代
参加工人运动,1871 年起为德国社会民主工党和社会民主党党员。
1874—1878 年为帝国国会议员。在理论上拥护杜林,在政治上信奉"用行
动做宣传"的无政府主义思想,认为可以立刻进行无产阶级革命。1878 年
反社会党人非常法颁布后流亡伦敦,1879 年出版无政府主义的《自由》周
报,号召工人进行个人恐怖活动,认为这是最有效的革命斗争手段。1880
年被开除出社会民主党,1882 年起侨居美国,继续出版《自由》周报和进行
无政府主义宣传。晚年脱离工人运动。——42。

穆勒,约翰·斯图亚特(Mill, John Stuart 1806—1873)——英国哲学家,经济

学家,逻辑学家,实证论代表人物。哲学观点接近休谟的经验论和孔德的实证论,否认物质世界的客观存在,认为感觉是唯一的实在,物质是感觉的恒久可能性。对逻辑学中的归纳法的研究有一定贡献。在经济学上追随古典学派,用生产费用论代替劳动价值论,比李嘉图倒退一步。企图用节欲论来解释资本家的利润。主张通过分配关系的改革实现社会改良。主要著作有《推论和归纳的逻辑体系》(1843)、《政治经济学原理》(1848)、《汉密尔顿爵士哲学探讨》(1865)等。——75、77。

N

拿破仑第一(**波拿巴**)(Napoléon I(Bonaparte) 1769—1821)——法国皇帝,资产阶级军事家和政治家。法国资产阶级革命时期参加革命军。1799年发动雾月政变,自任第一执政,实行军事独裁统治。1804年称帝,建立法兰西第一帝国,颁布《拿破仑法典》,巩固资本主义制度。多次粉碎反法同盟,沉重打击了欧洲封建反动势力。但对外战争逐渐变为同英俄争霸和掠夺、奴役别国的侵略战争。1814年欧洲反法联军攻陷巴黎后,被流放厄尔巴岛。1815年重返巴黎,再登皇位。滑铁卢之役战败后,被流放大西洋圣赫勒拿岛。——193、401。

纳杰日丁,尔·(**捷连斯基,叶夫根尼·奥西波维奇**)(Надеждин, Л. (Зеленский, Евгений Осипович) 1877—1905)——早年是俄国民粹派分子,1898年加入萨拉托夫社会民主主义组织。1899年被捕并被逐往沃洛格达省,1900年流亡瑞士,在日内瓦组织了"革命社会主义的"自由社(1901—1903)。在《自由》杂志上以及在他写的《革命前夜》(1901)、《俄国革命主义的复活》(1901)等小册子中支持经济派,同时宣扬恐怖活动是"唤起群众"的有效手段;反对列宁的《火星报》。俄国社会民主工党第二次代表大会后为孟什维克报刊撰稿。——120。

尼·—逊——见丹尼尔逊,尼古拉·弗兰策维奇。

尼古拉二世(**罗曼诺夫**)(Николай II(Романов) 1868—1918)——俄国最后一个皇帝,亚历山大三世的儿子。1894年即位,1917年二月革命时被推翻。1918年7月17日根据乌拉尔州工兵代表苏维埃的决定在叶卡捷琳堡被枪决。——277、321。

尼古拉耶夫,列昂尼德·弗拉基米罗维奇(梅德维捷夫)(Николаев, Леонид Владимирович(Медведев) 生于 1866 年)——俄国社会民主党人。19 世纪 90 年代中期加入哈尔科夫社会民主主义小组,1898 年因在哈尔科夫印刷工人中进行宣传案被捕,流放维亚特卡省三年。流放期满后在哈尔科夫工作。1902 年 12 月同《火星报》编辑部取得联系。1903 年在俄国社会民主工党第二次代表大会上是哈尔科夫委员会的代表,持中派立场,会后成为孟什维克。——137。

诺斯克,古斯塔夫(Noske, Gustav 1868—1946)——德国社会民主党右翼领袖之一。第一次世界大战爆发前就维护军国主义,大战期间是社会沙文主义者,在国会中投票赞成军事拨款。1918 年 12 月任人民代表委员会负责国防的委员,血腥镇压了 1919 年柏林、不来梅及其他城市的工人斗争。1919 年 2 月—1920 年 3 月任国防部长,卡普叛乱平息后被迫辞职。1920—1933 年任普鲁士汉诺威省省长。法西斯专政时期从希特勒政府领取国家养老金。——332。

O

欧文,罗伯特(Owen, Robert 1771—1858)——英国空想社会主义者。当过学徒和店员。1800—1829 年在苏格兰新拉纳克管理一所大纺织厂,关心工人的工作和福利条件,使工厂变成模范新村。1820 年在所著《关于减轻社会疾苦的计划致拉纳克郡的报告》中,论述了他的空想社会主义思想体系,提出组织劳动公社的计划。1824 年到美国创办“新和谐村”,结果失败。1829 年回国后,在工人中组织生产合作社和工会。1832 年试办“全国劳动产品公平交换市场”,又告失败。1834 年任全国总工会联合会主席。尖锐抨击资本主义私有制,首先提出工人有权享有自己的全部劳动产品,但认为社会不平等的主要原因在于教育不够普及,以为通过普及知识就能消除社会矛盾。同情无产阶级,但不主张工人进行政治斗争。主要著作还有《论人性的形成》(1813)、《新道德世界书》(1836—1844)等。——111。

欧文斯,迈克尔·约瑟夫(Owens, Michael Joseph 1859—1923)——美国制瓶机发明人,后成为该行业企业家。——257。

P

潘涅库克,安东尼(霍纳,克·)(Pannekoek, Antonie(Хорнер, К.) 1873—

1960)——荷兰工人运动活动家,天文学家。1907 年是荷兰社会民主工党左翼刊物《论坛报》创办人之一。1909 年参与创建荷兰社会民主党。1910 年起与德国左派社会民主党人关系密切,积极为该党的报刊撰稿。第一次世界大战期间是国际主义者,曾参加齐美尔瓦尔德左派理论刊物《先驱》杂志的出版工作。1918—1921 年是荷兰共产党党员,参加共产国际的工作。20 年代初是极左的德国共产主义工人党领袖之一。1921 年退出共产党,不久脱离政治活动。——344。

彭加勒,昂利(Poincaré,Henri 1854—1912)——法国数学家和物理学家,1886 年起任巴黎大学教授,1887 年起为法兰西科学院院士。在研究微分方程理论、数学物理、天体力学等方面有贡献;和爱因斯坦同时奠定了相对论的基础。在哲学上接近马赫主义,否认物质的客观存在和自然界的客观规律性,认为自然规律是人们为了"方便"而创造的符号、记号;科学理论的价值不取决于它是否正确而深刻地反映客观实在,而取决于它应用起来是否方便和适宜。主要哲学著作有《科学和假说》(1902)、《科学的价值》(1905)、《科学和方法》(1909)等。——201、202。

皮达可夫,格奥尔吉·列昂尼多维奇(尤里)(Пятаков,Георгий Леонидович (Юрий)1890—1937)——1910 年加入俄国社会民主工党。1914—1917 年先后侨居瑞士和瑞典;曾参加伯尔尼代表会议,为《共产党人》杂志撰稿。1917 年二月革命后任党的基辅委员会主席和基辅工人代表苏维埃执行委员会委员。十月革命后任国家银行总委员。1918 年 12 月任乌克兰临时工农政府主席。1919 年任第 13 集团军革命军事委员会委员,1920 年曾在乌拉尔任第 1 劳动军革命军事委员会委员。1920 年起历任顿巴斯中央煤炭工业管理局局长、国家计划委员会和最高国民经济委员会副主席、驻法国商务代表、苏联国家银行管理委员会主席、副重工业人民委员、租让总委员会主席等职。1920—1921 年工会问题争论期间支持托洛茨基的纲领。——275。

皮浪(Pyrrhon 约公元前 360—前 270)——古希腊哲学家,古代怀疑论创始人。认为客观真理是不可认识的,宣扬逃避和漠视实际生活。——190。

蒲鲁东,皮埃尔·约瑟夫(Proudhon,Pierre-Joseph 1809—1865)——法国政论

家,经济学家,社会学家,小资产阶级思想家,无政府主义理论的创始人之一。1840 年出版《什么是财产?》一书,从小资产阶级立场出发批判大资本主义所有制,幻想使小私有制永世长存。主张由专门的人民银行发放无息贷款,帮助工人购置生产资料,使他们成为手工业者,再由专门的交换银行保证劳动者"公平地"销售自己的劳动产品,而同时又不触动生产工具和生产资料的资本主义所有制。认为国家是阶级矛盾的主要根源,提出和平"消灭国家"的空想主义方案,对政治斗争持否定态度。1846 年出版《经济矛盾的体系,或贫困的哲学》,阐述其小资产阶级的哲学和经济学观点。马克思在《哲学的贫困》一书中对该书作了彻底的批判。1848 年革命时期被选入制宪议会后,攻击工人阶级的革命发动,赞成 1851 年 12 月 2 日的波拿巴政变。——8、9、43、148、161、242。

普列汉诺夫,格奥尔吉·瓦连廷诺维奇(Плеханов, Георгий Валентинович 1856—1918)——俄国早期的马克思主义理论家,后来成为孟什维克和第二国际机会主义领袖之一。19 世纪 70 年代参加民粹主义运动,是土地和自由社成员及土地平分社领导人之一。1880 年侨居瑞士,逐步同民粹主义决裂。1883 年在日内瓦创建俄国第一个马克思主义团体——劳动解放社。翻译和介绍了马克思和恩格斯的许多著作,对马克思主义在俄国的传播起了重要作用;写过不少优秀的马克思主义著作,批判民粹主义、合法马克思主义、经济主义、伯恩施坦主义、马赫主义。20 世纪初是《火星报》和《曙光》杂志编辑部成员。曾参与制定俄国社会民主工党纲领草案和参加党的第二次代表大会的筹备工作。在代表大会上是劳动解放社的代表,属火星派多数派,参加了大会常务委员会,会后逐渐转向孟什维克。1905—1907 年革命时期反对列宁的民主革命的策略,后来在孟什维克和布尔什维克之间摇摆。在俄国社会民主工党第四次(统一)代表大会上作了关于土地问题的报告,维护马斯洛夫的孟什维克方案;在国家杜马问题上坚持极右立场,呼吁支持立宪民主党人的杜马。斯托雷平反动时期和新的革命高涨年代反对取消主义,领导孟什维克护党派。第一次世界大战期间持社会沙文主义立场。1917 年二月革命后支持资产阶级临时政府。对十月革命持否定态度,但拒绝支持反革命。最重要的理论著作有《社会主义与政治斗争》(1883)、《我们的意见分歧》(1885)、《论一元论历史观之发展》(1895)、《唯物主义史论丛》(1896)、《论个人在历史上的作用》(1898)、《没有地址

Q

齐赫泽,尼古拉·谢苗诺维奇(Чхеидзе, Николай Семенович 1864 —1926)——俄国孟什维克领袖之一。19 世纪 90 年代末参加社会民主主义运动。俄国社会民主工党第二次代表大会后是孟什维克。第三届和第四届国家杜马代表,第四届国家杜马孟什维克党团主席。第一次世界大战期间是中派分子。1917 年二月革命后任国家杜马临时委员会委员、彼得格勒工兵代表苏维埃主席和第一届中央执行委员会主席,极力支持资产阶级临时政府。1918 年起是反革命的外高加索议会主席,1919 年起是格鲁吉亚孟什维克政府——立宪会议主席。1921 年格鲁吉亚建立苏维埃政权后流亡法国。——266、278、281。

契恒凯里,阿卡基·伊万诺维奇(Чхенкели, Акакий Иванович 1874 —1959)——格鲁吉亚孟什维克领袖之一;职业是律师。1898 年参加社会民主主义运动。斯托雷平反动时期和新的革命高涨年代是取消派分子。第四届国家杜马代表,参加孟什维克杜马党团。第一次世界大战期间是社会沙文主义者。1917 年二月革命后是临时政府驻外高加索的代表。1918 年4 月任外高加索临时政府主席,后任格鲁吉亚孟什维克政府外交部长。1921 年格鲁吉亚建立苏维埃政权后成为白俄流亡分子。——266。

切尔诺夫,维克多·米哈伊洛维奇(Чернов, Виктор Михайлович 1873 —1952)——俄国社会革命党领袖和理论家之一。1902—1905 年任社会革命党中央机关报《革命俄国报》编辑。曾撰文反对马克思主义,企图证明马克思的理论不适用于农业。第一次世界大战期间持社会沙文主义立场,曾参加齐美尔瓦尔德代表会议和昆塔尔代表会议。1917 年 5—8 月任临时政府农业部长,对夺取地主土地的农民实行残酷镇压。敌视十月革命。1918 年1 月任立宪会议主席;曾领导萨马拉的反革命立宪会议委员会,参与策划反苏维埃叛乱。1920 年流亡国外,继续反对苏维埃政权。在他的理论著作中,主观唯心主义和折中主义同修正主义和民粹派的空想混合在一起;企图以资产阶级改良主义的"结构社会主义"对抗科学社会主义。——306、

314、385。

秦平,亨利·海德(Champion,Henry Hyde 1859—1928)——英国社会改良主义者,年轻时当过军官。1882年为抗议格莱斯顿政府发动侵略埃及的战争而退伍。曾加入社会民主联盟,1887年因在选举中与保守党人勾结被开除出联盟。曾编辑出版《工人选民》周报。1893年起流亡澳大利亚,在那里积极参加工人运动。——169。

R

热里雅鲍夫,安德列·伊万诺维奇(Желябов,Андрей Иванович 1851—1881)——俄国革命家,民意党的组织者和领袖。是民粹派中最早认识到必须同沙皇专制制度进行政治斗争的人之一。在他的倡议下,创办了俄国第一家工人报纸《工人报》。但不理解工人阶级的历史作用,不懂得科学社会主义,把个人恐怖看做是推翻沙皇专制制度的主要手段,多次组织谋刺亚历山大二世的活动。1881年3月1日亚历山大二世遇刺前两天被捕,在法庭上拒绝辩护,并发表演说进行革命鼓动。同年4月3日(15日)在彼得堡被处以绞刑。——122。

S

萨尔蒂科夫-谢德林,米哈伊尔·叶夫格拉福维奇(**萨尔蒂科夫,米·叶·;谢德林**)(Салтыков-Щедрин,Михаил Евграфович(Салтыков,М. Е.,Щедрин)1826—1889)——俄国讽刺作家,革命民主主义者。1848年因发表抨击沙皇制度的小说被捕,流放七年。1856年初返回彼得堡,用笔名"尼·谢德林"发表了《外省散记》。1863—1864年为《同时代人》杂志撰写政论文章,1868年起任《祖国纪事》杂志编辑,1878年起任主编。60—80年代创作了《一个城市的历史》、《戈洛夫廖夫老爷们》等长篇小说,批判了俄国的专制农奴制,刻画了地主、沙皇官僚和自由派的丑恶形象。——395。

萨尔托里乌斯·冯·瓦尔特斯豪森,奥古斯特(Sartorius von Waltershausen,August 1852—1938)——德国经济学家,德国帝国主义的辩护士。1888—1918年任斯特拉斯堡大学教授。写有一些关于世界经济和政治问题的著作。——259。

萨伊,让·巴蒂斯特(Say,Jean-Baptiste 1767—1832)——法国经济学家,庸
俗政治经济学早期代表人物之一。1819年起任经济学教授。为适应资产
阶级维护资本主义制度的需要,发展了亚当·斯密经济理论中的庸俗成
分。认为政治经济学是研究财富的科学,把政治经济学研究内容划分为生
产、分配、消费三部分,割裂三者之间的内在联系。认为生产过程中创造的
效用使物品具有价值,把使用价值和价值混为一谈。宣称"生产三要素"
(劳动、资本和土地)是价值的源泉,工资、利息和地租是三者各自创造的
收入,否认资本对劳动者的剥削和劳动与资本之间的对抗。首倡所谓供给
自行创造需求的萨伊定律,否认有发生生产过剩的经济危机的可能性。主
要著作是《论政治经济学》(1803)。——77。

塞克斯都·恩披里柯(Sextus Empiricus 2世纪下半叶)——古希腊哲学家和
医生,古代怀疑论的著名代表。否定认识真理的可能性,反对任何"独断
的"判断和道德原则,断言人不应该有任何信念,把信念看做是谋取幸福
的主要障碍。留传下来的著作有《皮浪的基本原理》和《反对数学家》,其
中有丰富的哲学史料。——190。

桑巴特,韦尔纳(Sombart,Werner 1863—1941)——德国经济学家和社会学
家。1890年起任布雷斯劳大学教授,1906年起任柏林大学教授。早期著
作受到马克思主义的影响,后来反对历史唯物主义和马克思的经济学说,
否认社会发展的一般规律,强调精神的决定性作用,把资本主义描绘成一
种协调的经济体系。晚年吹捧希特勒法西斯独裁制度,拥护反动的民族社
会主义。主要著作有《19世纪的社会主义和社会运动》(1896)、《现代资
本主义》(1902)、《德国社会主义》(1934)。——180。

沙佩尔,卡尔(Schapper,Karl 1812—1870)——德国工人运动和国际工人运
动活动家。1836—1837年参与创建正义者同盟,1840年参与创建德意志
工人教育协会。马克思和恩格斯把正义者同盟改组为共产主义者同盟后,
他积极参加同盟的活动,任同盟中央委员会委员。德国1848—1849年革
命期间是科隆工人联合会的领导人之一。革命失败后,于1850年7月流
亡英国,和奥·维利希一起领导从共产主义者同盟中分裂出去的冒险主义
宗派集团。认识错误后,于1856年恢复了同马克思和恩格斯的友好关系。
1865年经马克思推荐,被增补进第一国际总委员会。——40。

圣西门，昂利·克洛德（Saint-Simon，Henri Claude 1760—1825）——法国空想社会主义者。贵族出身。参加过美国独立战争，同情法国大革命。长期考察革命后的社会矛盾，于19世纪初逐渐形成空想社会主义思想。把社会发展看做人类理性的发展，有时也认为社会发展是经济发展引起的。抨击资本主义制度，认为竞争和无政府状态是一切灾难中最严重的灾难。所设想的理想制度是由"实业家"和学者掌握各方面权力、一切人都要劳动、按"才能"分配的"实业制度"。由于历史的局限，把资本家和无产阶级合称"实业家阶级"，并主张在未来社会中保留私有制。提出关于未来社会必须有计划地组织生产和生活、发挥银行调节流通和生产的作用、国家将从对人的政治统治变为对物的管理和对生产的指导等一系列有重大意义的思想。晚年宣告他的最终目的是工人阶级的解放，但不理解工人阶级的历史使命，寄希望于统治阶级的理性和善心。主要著作有《一个日内瓦居民给当代人的信》（1803）、《人类科学概论》（1813）、《论实业制度》（1821）、《实业家问答》（1823—1824）、《新基督教》（1825）等。——111、271、272。

施尔德尔，齐格蒙德（Schilder，Sigmond 死于1932年）——德国经济学家，曾任商业博物馆秘书。写有《世界经济发展趋势》、《世界大战的世界经济前提》等著作。——259。

施勒德尔，卡尔（Schröder，Karl 1884—1950）——德国左派社会民主党人，作家和政论家。德国1918年十一月革命后加入德国共产党。参加党内的劳芬贝格—沃尔弗海姆"左派"反对派，宣扬无政府工团主义观点。1919年10月"左派"反对派被开除出党后，参与组织所谓的德国共产主义工人党。不久退出该党，回到德国社会民主党。1924—1933年任社会民主党一些报纸的编辑。法西斯上台后参加党的地下工作。1936年被捕，在法西斯监狱和集中营囚禁四年。——344。

施泰因，洛伦茨（Stein，Lorenz 1815—1890）——德国国家法专家，哲学家，经济学家；基尔大学（1846—1851）和维也纳大学（1855—1885）教授。从黑格尔关于"超阶级"的君主制的保守的唯心主义学说出发，把唯心主义和唯物主义折中地混杂在自己的世界观里。用唯心主义辩证法来分析社会政治的现实，在自己的著作中赞美贵族和资产阶级的立宪君主制，把它描绘成似乎可以代表全民利益和调和对抗性阶级矛盾的"社会的"君主制。

恩格斯称他为"把外国的原理译成没有弄懂的黑格尔语言的自作聪明的思辨哲学家"(见《马克思恩格斯文集》第2卷第596页)。——16。

施韦格勒,阿尔伯特(Schwegler, Albert 1819—1857)——德国神学家、哲学家、语文学家和历史学家。——247。

施韦泽,约翰·巴蒂斯特(Schweitzer, Johann Baptist 1833—1875)——德国工人运动活动家,拉萨尔派代表人物之一;职业是律师。政治活动初期是自由主义者,在拉萨尔的影响下参加工人运动。1864—1871年任全德工人联合会机关报《社会民主党人报》编辑,1867年起任联合会主席。执行拉萨尔主义的机会主义路线,支持俾斯麦所奉行的在普鲁士领导下"自上而下"统一德国的政策。在联合会内实行个人独裁,引起会员不满,1871年被迫辞去主席职务。1872年因同普鲁士当局的勾结被揭露而被开除出全德工人联合会。——237。

什未林,马克西米利安(Schwerin, Maximilien 1804—1872)——普鲁士政治活动家,反动贵族和官僚的代表人物。1848年3—6月在康普豪森内阁中任宗教、教育和卫生事务大臣;法兰克福国民议会议员,属极右翼反动派。1859—1862年任内务大臣。晚年加入代表大资产阶级利益的民族自由党。——142。

舒伯特-索尔登,理查(Schubert-Soldern, Richard 1852—1935)——德国哲学教授,内在论哲学代表;曾参加德国《内在论哲学杂志》的出版工作。主要著作有《论客体和主体的超验性》(1882)、《认识论的基础》(1884)、《人类的幸福和社会问题》(1896)等。——204。

舒尔采,戈特利布·恩斯特(Schulze, Gotlieb Ernst 1761—1833)——德国唯心主义哲学家,大卫·休谟的追随者,教授。否认康德的自在之物,认为这是向唯物主义的让步,否认客观认识的可能性,把认识局限于感觉经验,企图恢复古希腊怀疑论,并使之现代化。由于他的一部主要哲学著作以古希腊怀疑论哲学家埃奈西德穆为名,所以在哲学史上被称为舒尔采-埃奈西德穆。主要著作有《哲学科学概论》(1788—1790)、《埃奈西德穆或关于耶拿的赖因霍尔德教授先生提出的基础哲学的原理》(1792)、《理论哲学批判》(1801)等。——190、191、192。

舒尔采-格弗尼茨，格尔哈特（Schulze-Gaevernitz, Gerhart 1864—1943）——德国经济学家，讲坛社会主义者。1892—1893 年研究俄国的纺织工业和土地关系，并在莫斯科大学讲学。1893—1926 年任弗赖堡大学政治经济学教授。试图论证在资本主义社会里有可能确立改善所有各阶级（资本家、工人和农民）状况的社会和平和"社会和谐"。把垄断资本、大银行的统治看做是"有组织的资本主义"。主要著作有《大生产及其对经济和社会进步的意义》（1892）、《论俄国社会经济和经济政策》（1899）等。—— 259、262、263、271。

舒佩，威廉（Schuppe, Wilhelm 1836—1913）——德国哲学家，主观唯心主义者，内在论学派首脑。1873 年起任格赖夫斯瓦尔德大学教授。认为世界不能离开意识而存在，存在和意识是同一的。这种观点必然导致唯我论。主要著作有《认识论的逻辑》（1878）、《内在论哲学》（1897）、《唯我论》（1898）等。——204。

司徒卢威，彼得·伯恩哈多维奇（Струве, Петр Бернгардович 1870—1944）——俄国经济学家，哲学家，政论家，合法马克思主义主要代表人物，立宪民主党领袖之一。19 世纪 90 年代编辑合法马克思主义者的《新言论》杂志和《开端》杂志。1896 年参加第二国际第四次代表大会。1898 年参加起草《俄国社会民主工党宣言》。在 1894 年发表的第一部著作《俄国经济发展问题的评述》中，在批判民粹主义的同时，对马克思的经济学说和哲学学说提出"补充"和"批评"。20 世纪初同马克思主义和社会民主主义彻底决裂，转到自由派营垒。1902 年起编辑自由派资产阶级刊物《解放》杂志，1903 年起是解放社的领袖之一。1905 年起是立宪民主党中央委员，领导该党右翼。1907 年当选为第二届国家杜马代表。第一次世界大战爆发后鼓吹俄国的帝国主义侵略扩张政策。十月革命后敌视苏维埃政权，是邓尼金和弗兰格尔反革命政府成员，后逃往国外。—— 180、181、205。

斯宾诺莎，巴鲁赫（Spinoza, Baruch 1632—1677）——荷兰唯物主义哲学家，唯理论者，无神论者。——248。

斯柯别列夫，马特维·伊万诺维奇（Скобелев, Матвей Иванович 1885—

1938)——1903 年参加俄国社会民主主义运动,孟什维克;职业是工程师。1906 年侨居国外,为孟什维克出版物撰稿,参加托洛茨基的维也纳《真理报》编辑部。第四届国家杜马代表,社会民主党杜马党团领袖之一。第一次世界大战期间是中派分子。1917 年二月革命后任彼得格勒工兵代表苏维埃副主席、第一届中央执行委员会副主席;同年 5—8 月任临时政府劳动部长。十月革命后脱离孟什维克,先后在合作社系统和对外贸易人民委员部工作。1922 年加入俄共(布),在经济部门担任负责工作。1936—1937 年在全苏无线电委员会工作。——266。

斯克沃尔佐夫,亚历山大·伊万诺维奇(Скворцов, Александр Иванович 1848—1914)——俄国经济学家,农学家,新亚历山大农业和林业学院教授。主要著作有《蒸汽机运输对农业的影响》(1890)、《经济评述》(1894)、《政治经济学原理》(1898)等。——80。

斯密,亚当(Smith, Adam 1723—1790)——英国经济学家和哲学家,资产阶级古典政治经济学最著名的代表人物。曾任格拉斯哥大学教授和校长。第一个系统地论述了劳动价值论的基本范畴,分析了价值规律的作用。研究了雇佣工人、资本家和地主这三大阶级的收入,认为利润和地租都是对劳动创造的价值的扣除,从而接触到剩余价值的来源问题,并在一定程度上揭露了资本主义社会阶级对立的经济根源。但由于历史的和阶级的局限性以及方法论上的矛盾,他的经济理论既有科学成分,又有庸俗成分。代表作《国民财富的性质和原因的研究》(1776)。——25、73—77、229。

斯切克洛夫,尤里·米哈伊洛维奇(Стеклов, Юрий Михайлович 1873—1941)——1893 年参加俄国社会民主主义运动,是敖德萨第一批社会民主主义小组的组织者之一。1903 年俄国社会民主工党第二次代表大会后是布尔什维克。斯托雷平反动时期和新的革命高涨年代为布尔什维克的《社会民主党人报》、《明星报》、《真理报》和《启蒙》杂志撰稿。参加过第三届和第四届国家杜马社会民主党党团的工作。是隆瑞莫党校(法国)的讲课人。1917 年二月革命后当选为彼得格勒苏维埃执行委员会委员;最初持"革命护国主义"立场,后转向布尔什维克。十月革命后任全俄中央执行委员会和苏联中央执行委员会主席团委员、《全俄中央执行委员会消息报》和《苏维埃建设》杂志的编辑。1929 年起任苏联中央执行委员会学术委员会副主席。写有不少革命运动史方面的著作。——278、281。

斯塔洛,约翰·伯纳德(Stallo,John Bernard 1823—1900)——美国哲学家和物理学家;早年信奉黑格尔唯心主义,后来拥护经验批判主义。——411。

斯特拉霍夫——见塔赫塔廖夫,康斯坦丁·米哈伊洛维奇。

斯特林,詹姆斯·哈钦森(Stirling,James Hutchinson 1820—1909)——英国哲学家,新黑格尔主义创始人之一。写过一本关于黑格尔的书及其他著作。——238。

斯托雷平,彼得·阿尔卡季耶维奇(Столыпин,Петр Аркадьевич 1862—1911)——俄国国务活动家,大地主。1884年起在内务部任职。1902年任格罗德诺省省长。1903—1906年任萨拉托夫省省长,因镇压该省农民运动受到尼古拉二世的嘉奖。1906—1911年任大臣会议主席兼内务大臣。1907年发动"六三政变",解散第二届国家杜马,颁布新选举法以保证地主、资产阶级在杜马中占统治地位,残酷镇压革命运动,大规模实施死刑,开始了"斯托雷平反动时期"。实行旨在摧毁村社和培植富农的土地改革。1911年被社会革命党人Д. Г. 博格罗夫刺死。——182。

苏汉诺夫,尼·(吉姆美尔,尼古拉·尼古拉耶维奇)(Суханов,Н.(Гиммер,Николай Николаевич) 1882—1940)——俄国经济学家和政论家。早年是民粹派分子,1903年起是社会革命党人,1917年起是孟什维克。曾为《俄国财富》、《同时代人》等杂志撰稿;企图把民粹主义和马克思主义结合起来。第一次世界大战期间自称是国际主义者,为《年鉴》杂志撰稿。1917年二月革命后任彼得格勒苏维埃执行委员会委员、半孟什维克的《新生活报》编辑之一;支持资产阶级临时政府。曾参加马尔托夫的孟什维克集团。十月革命后在苏维埃经济机关工作。1922—1923年发表《革命札记》(共七卷),宣扬俄国没有实现社会主义的经济前提,受到列宁的尖锐批判。1931年因参加孟什维克地下组织被判刑。——398—401。

索罗金,皮季里姆·亚历山德罗维奇(Сорокин,Питирим Александрович 1889—1968)——俄国社会革命党右翼领袖,社会学家。曾任彼得格勒大学讲师。1917年二月革命后任克伦斯基的秘书和社会革命党右翼刊物

《人民意志报》主编。1919 年起任彼得格勒大学教授。1922 年移居国外，曾在布拉格大学任教。1923 年起住在美国，1930 年取得美国国籍。1930年起任哈佛大学教授。——395—397。

T

塔赫塔廖夫，康斯坦丁·米哈伊洛维奇（斯特拉霍夫）（Тахтарев，Константин Михайлович（Страхов）1871—1925）——1893 年参加俄国社会民主主义运动，曾加入彼得堡工人阶级解放斗争协会。1896 年被捕，后流亡国外。1900 年编辑经济派的《工人思想报》，彼得堡工人组织出席第二国际 1900年巴黎代表大会的代表。曾协助筹备俄国社会民主工党第二次代表大会，在会上是有发言权的代表，会后同情孟什维克，不久脱党。后来从事科研和教学活动，写有一些社会学和俄国革命运动史方面的著作。1924 年起在马克思恩格斯研究院工作。——133。

特赖奇克，亨利希（Treitschke，Heinrich 1834—1896）——德国历史学家和政论家，普鲁士主义、沙文主义和种族主义的思想家和宣传者。1866—1889年任《普鲁士年鉴》杂志编辑。1871—1888 年是德意志帝国国会议员，积极支持俾斯麦的内外政策，拥护 1878 年颁布的反社会党人非常法。1886年起为普鲁士国家历史编纂官。1895 年当选为柏林科学院院士。主要著作是《19 世纪德国史》（五卷本）。对德国帝国主义思想体系的形成起了重要作用。——177。

特鲁别茨科伊，谢尔盖·尼古拉耶维奇（Трубецкой，Сергей Николаевич 1862—1905）——俄国社会活动家，宗教哲学家，公爵。在政治观点上是自由派分子，力图通过制定一部温和的宪法来巩固沙皇制度。1905 年作为地方自治人士代表团的成员晋谒了尼古拉二世，并在沙皇面前发表了纲领性的演说。列宁把地方自治人士的这一政治行动说成是对沙皇制度妥协的尝试。1905 年被推举为莫斯科大学校长。由于害怕学生在校内采取反对专制制度的公开革命行动，曾答应关闭学校。在哲学著作中激烈反对唯物主义。曾任《哲学和心理学问题》杂志编辑。——144。

梯也尔，阿道夫（Thiers，Adolphe 1797—1877）——法国国务活动家，历史学家。早年当过律师和新闻记者。19 世纪 20 年代末作为自由资产阶级反对派活动家开始政治活动。七月王朝时期历任参事院院长、内务大臣、外交大臣和首相，残酷镇压 1834 年里昂工人起义。第二共和国时期是秩序党领袖之一，制宪议会和立法会议员。1870 年 9 月 4 日第二帝国垮台后，成为资产阶级国防政府实际领导人之一，1871 年 2 月就任第三共和国政府首脑。上台后与普鲁士签订了丧权辱国的和约，又策划解除巴黎国民自卫军的武装，从而激起了 3 月 18 日起义。内战爆发后逃往凡尔赛，勾结普鲁士军队血腥镇压巴黎公社。1871—1873 年任第三共和国总统。作为历史学家，他的观点倾向于复辟王朝时期的资产阶级历史编纂学派。马克思在《法兰西内战》一书中对他在法国历史上的作用作了详尽的评述。—— 19。

梯叶里，奥古斯坦（Thierry，Augustin 1795—1856）——法国历史学家，资产阶级阶级斗争理论的创立者之一。承认社会划分为阶级，承认资产阶级反对贵族的阶级斗争，同时企图证明封建欧洲的阶级的产生是由于一些民族征服另一些民族的结果。曾致力于"第三等级"史的研究，但把"第三等级"看成是一个统一的阶级。对人民群众的革命行动持否定态度。主要著作有《诺曼人征服英国史》（1825）、《第三等级形成和发展的历史》（1850）等。—— 19。

土林，克·——见列宁，弗拉基米尔·伊里奇。

托洛茨基（**勃朗施坦**），列夫·达维多维奇（Троцкий（Бронштейн），Лев Давидович 1879—1940）——1897 年参加俄国社会民主主义运动。在俄国社会民主工党第二次代表大会上是西伯利亚联合会的代表，属火星派少数派。1905 年同亚·帕鲁斯一起提出和鼓吹"不断革命论"。斯托雷平反动时期和新的革命高涨年代，打着"非派别性"的幌子，实际上采取取消派立场。1912 年组织"八月联盟"。第一次世界大战期间持中派立场。1917 年二月革命后参加区联派，在党的第六次代表大会上随区联派集体加入布尔什维克党，当选为中央委员。参加十月武装起义的领导工作。十月革命后任外交人民委员，1918 年初反对签订布列斯特和约，同年 3 月改任共和国革命军事委员会主席、陆海军人民委员等职。参与组建红军。1919 年起为党中央政治局委员。1920 年起历任共产国际执行委员会候补委员、委员。1920—1921 年挑起关于工会问题的争论。1923 年起进行派别活动。1925 年初被解除革命军事委员会主席和陆海军人民委员职务。1926 年与季诺维也夫结成"托季联盟"。1927 年被开除出党,1929 年被驱逐出境,1932 年被取消苏联国籍。在国外组织第四国际。死于墨西哥。——133、134、388。

托普里泽,季奥米德·亚历山德罗维奇(卡尔斯基)(Топуридзе,Диомид Александрович(Карский) 1871 — 1942)——俄国社会民主党人,孟什维克。曾参加格鲁吉亚第一个社会民主主义团体"麦撒墨达西社"。在俄国社会民主工党第二次代表大会上是梯弗利斯委员会的代表,属火星派多数派,但表现动摇,大会结束时又赞同火星派少数派。会后成为孟什维克,反对代表大会选出的党的中央机关,因此于 1903 年 10 月初被党的高加索联合会委员会解除党内职务。1918—1921 年在孟什维克统治格鲁吉亚时期任立宪会议财政预算委员会主席、库塔伊西市市长。1921 年格鲁吉亚建立苏维埃政权后,在财政委员部工作,从事学术评论活动。——137。

W

王德威尔得,埃米尔(Vandervelde,Émile 1866 — 1938)——比利时政治活动家,比利时工人党领袖,第二国际的机会主义代表人物。1885 年加入比利时工人党,90 年代中期成为党的领导人。1894 年起多次当选为议员。1900 年起任第二国际常设机构——社会党国际局主席。第一次世界大战爆发后成为社会沙文主义者,是大战期间欧洲国家中第一个参加资产阶级政府的社会党人。1918 年起历任司法大臣、外交大臣、公共卫生大臣、副首相等职。俄国 1917 年二月革命后到俄国鼓吹继续进行战争。敌视俄国十月革命,支持武装干涉苏维埃俄国。曾积极参加重建第二国际的活动,1923 年起是社会主义工人国际书记处书记和常务局成员。——214。

威尔逊,伍德罗(Wilson,Woodrow 1856—1924)——美国国务活动家。1910—1912 年任新泽西州州长。1913 年代表民主党当选为美国总统,任期至 1921 年。任内镇压工人运动,推行扩张政策,对拉丁美洲各国进行武装干涉,并促使美国站在协约国一方参加第一次世界大战。俄国十月革命后是武装干涉苏维埃俄国的策划者之一。1918 年提出帝国主义的和平纲领"十四点",妄图争夺世界霸权。曾率领美国代表团出席巴黎和会(1919—1920)。1920 年总统竞选失败,后退出政界。——328、329。

威斯特华伦,斐迪南·奥托·威廉·亨宁(Westphalen, Ferdinand Otto Wilhelm Henning 1799—1876)——普鲁士国务活动家,普鲁士封建贵族的代表人物之一,君主派分子;马克思夫人燕妮·威斯特华伦的异母哥哥。1850—1858年任普鲁士内务大臣,推行反动政策。——7。

韦伯,比阿特里萨(Webb, Beatrice 1858—1943)——英国经济学家和社会活动家,悉尼·韦伯的妻子。曾在伦敦一些企业中研究工人劳动条件,担任与失业和妇女地位问题相关的一些政府委员会的委员。——180。

韦伯,悉尼·詹姆斯(Webb, Sidney James 1859—1947)——英国经济学家和社会活动家,工联主义和所谓费边社会主义的理论家,费边社的创建人和领导人之一。1915—1925年代表费边社参加工党全国执行委员会。第一次世界大战期间持社会沙文主义立场。1922年起为议员,1924年任商业大臣,1929—1930年任自治领大臣,1929—1931年任殖民地大臣。与其妻比阿特里萨·韦伯合写的关于英国工人运动的历史和理论的许多著作,宣扬在资本主义条件下和平解决工人问题的改良主义思想,但包含有英国工人运动历史的极丰富的材料。主要著作有《英国社会主义》(1890)、《产业民主》(1897)(列宁翻译了此书的第1卷,并校订了第2卷的俄译文;俄译本书名为《英国工联主义的理论和实践》)等。——180。

韦列萨耶夫,维·(**斯米多维奇,维肯季·维肯季耶维奇**)(Вересаев, В. (Смидович, Викентий Викентьевич) 1867—1945)——俄国作家。早年学医,当过医生。19世纪90年代加入合法马克思主义小组,曾在《新言论》、《开端》和《生活》等杂志上发表文章。1895年发表中篇小说《无路可走》,开始在文学界知名。是俄国批判现实主义的继承者之一,写有许多关于19世纪末20世纪初知识分子的思想趋向和反映俄国工人农民苦难状况的作品。十月革命后继续从事创作和文学研究工作。——323。

维利希,奥古斯特(Willich, August 1810—1878)——德国工人运动参加者。原为普鲁士军官,1847年因政治信仰退伍,同年加入共产主义者同盟。德国1848—1849年革命期间参加过德国南部共和派的一系列武装发动。1849年巴登-普法尔茨起义时指挥志愿军部队,恩格斯担任他的副官。起义失败后,先后流亡瑞士和英国。是1850年从共产主义者同盟分裂出去的冒险主义宗派集团的领袖之一。他与其拥护者的策略遭到马克思和恩格斯的反对。1853 年移居美国,积极参加美国内战(1861—1865),在北方军队中担任指挥职务。——40。

维连斯基,列昂尼德·谢苗诺维奇(连斯基)(Виленский, Леонид Семенович (Ленский) 1880—1950)——1899 年加入俄国社会民主工党基辅委员会宣传员小组。1902 年起在叶卡捷琳诺斯拉夫从事筹办秘密印刷所和散发社会民主党书刊的工作。在俄国社会民主工党第二次代表大会上是叶卡捷琳诺斯拉夫委员会的代表,属火星派多数派,会后成为布尔什维克。1905 年退出俄国社会民主工党,加入无政府共产主义者组织,是无政府主义的《反抗者》杂志编辑。1907 年被捕并流放图鲁汉斯克边疆区,为期四年,流放归来后脱离政治活动。十月革命后参与建立敖德萨的苏维埃政权,在工农检查院机关工作,后来在莫斯科工商银行和国家计划委员会工作。——137。

维佩尔,罗伯特·尤里耶维奇(Виппер, Роберт Юрьевич 1859—1954)——苏联历史学家,莫斯科大学教授。1943 年起为苏联科学院院士。写有许多关于古代史、中世纪史和近代史的教科书和著作。——391。

魏德迈,约瑟夫(Weydemeyer, Joseph 1818—1866)——德国和美国工人运动活动家,马克思和恩格斯的朋友和战友。生于德国,毕业于柏林陆军大学,当过炮兵中尉。后辞去军职,参加"真正的"社会主义者刊物的编辑工作。在马克思和恩格斯的影响下,逐渐由"真正的社会主义"转向科学共产主义。1847 年共产主义者同盟成立后积极参加同盟的活动,曾参加德国1848—1849 年革命。1849—1850 年是《新德意志报》责任编辑之一。1851 年 7 月流亡瑞士,不久移居美国。1852 年在纽约建立美国第一个马克思主义团体——无产者同盟,并创办美国第一个马克思主义刊物《革命》周刊。1864 年第一国际成立后,是国际美国支部的组织者之一。1861—1865 年参加美国国内战争,曾任北方军队的上校。——289。

文德尔,弗里德里希(Wendel, Friedrich 1886—1960)——德国左派社会民主党人,讽刺政论家。1918 年十一月革命后加入德国共产党,参加党内的劳芬贝格—沃尔弗海姆"左派"反对派,宣扬无政府工团主义观点。1919 年

10月"左派"反对派被开除出党后,参与组织所谓的德国共产主义工人党。1920年底又被该党开除,不久回归德国社会民主党。1924—1932年任社会民主党的讽刺刊物《实话》杂志编辑。法西斯上台后脱离政治活动。——344。

沃尔弗海姆,弗里茨(Wolffheim, Fritz 1888—1942)——德国左派社会民主党人,政论家。第一次世界大战期间持国际主义立场,反对社会民主党右翼领袖的社会沙文主义和中派和平主义政策。1918年十一月革命后加入德国共产党,在党内与亨·劳芬贝格一起领导"左派"反对派,宣扬无政府工团主义观点和所谓"民族布尔什维主义"的小资产阶级民族主义纲领。1919年10月"左派"反对派被开除出共产党后,参与组织德国共产主义工人党,1920年底被该党开除。后脱离工人运动。——344。

X

西尼耳,纳索·威廉(Senior, Nassau William 1790—1864)——英国庸俗经济学家。1825—1830年和1847—1852年任牛津大学教授。在多届政府的劳动和工业问题委员会中担任领导职务。倡导"节欲论",并极力反对缩短工作日。马克思在《资本论》第1卷中批判了他在1837年发表的小册子《关于工厂法对棉纺织业的影响的书信》。——81、188。

西斯蒙第,让·沙尔·莱奥纳尔·西蒙德·德(Sismondi, Jean-Charles-Léonard Simonde de 1773—1842)——瑞士经济学家和历史学家,政治经济学中浪漫主义学派的代表人物,小资产阶级社会主义者。认为政治经济学是促进人类物质福利的伦理科学,对李嘉图理论提出尖锐批评。批判资本主义制度,指出资本主义的矛盾,但不理解资本主义矛盾的性质和根源,不了解资本主义大生产的进步性,把中世纪宗法制农业和行会手工业理想化,认为消灭资本主义矛盾的途径就是使现代社会回到小生产方式中去。主要经济著作有《政治经济学新原理,或论财富同人口的关系》(1819)和《政治经济学概论》(1837—1838)。——77。

希尔德布兰德,格尔哈德(Hildebrand, Gerhard)——德国经济学家,政论家,德国社会民主党党员;1912年因持机会主义立场被开除出党。——262。

希法亭,鲁道夫(Hilferding,Rudolf 1877—1941)——奥地利社会民主党、德国
　　社会民主党和第二国际机会主义领袖之一,"奥地利马克思主义"理论家。
　　1907—1915 年任德国社会民主党中央机关报《前进报》编辑。1910 年发表
　　《金融资本》一书,对研究垄断资本主义起了一定的积极作用,但书中有理
　　论错误。第一次世界大战期间是中派分子,主张同社会帝国主义者统一。
　　战后公开修正马克思主义,提出"有组织的资本主义"的理论,为国家垄断
　　资本主义辩护。1917 年起为德国独立社会民主党领袖之一。敌视苏维埃
　　政权和无产阶级专政。1920 年取得德国国籍。1924 年起为国会议员。
　　1923 年和 1928—1929 年任魏玛共和国财政部长。法西斯分子上台后流亡
　　法国。——257、335、336。

谢德林——见萨尔蒂科夫-谢德林,米哈伊尔·叶夫格拉福维奇。

谢德曼,菲力浦(Scheidemann,Philipp 1865—1939)——德国社会民主党右翼
　　领袖之一。1903 年起参加社会民主党国会党团。1911 年当选为德国社会
　　民主党执行委员会委员,1917—1918 年是执行委员会主席之一。第一次
　　世界大战期间是社会沙文主义者。1918 年 10 月参加巴登亲王马克斯的
　　君主制政府,任国务大臣。1918 年十一月革命期间参加所谓的人民代表
　　委员会,借助旧军队镇压革命。1919 年 2—6 月任魏玛共和国联合政府总
　　理。1933 年德国建立法西斯专政后流亡国外。——329、332、335。

谢多夫,尔·——见柯尔佐夫,德·。

谢林,弗里德里希·威廉·约瑟夫(Schelling,Friedrich Wilhelm Joseph 1775—
　　1854)——18 世纪末—19 世纪初德国唯心主义哲学的代表。曾在耶拿
　　(1798 年起)、维尔茨堡(1803 年起)、慕尼黑(1806 年起)和柏林(1841 年
　　起)任大学教授。初期信奉费希特哲学,后创立客观唯心主义的"同一哲
　　学",提出存在和思维、物质和精神、客体和主体绝对同一的观念,并认为
　　绝对同一是"宇宙精神"的无意识状态。把自然界的发展描述成"宇宙精
　　神"自我发展的辩证过程。是自然哲学这一谢林唯心主义哲学体系中最
　　有价值的部分的最著名的代表人物。后期成为普鲁士王国的御用思想家,
　　宣扬宗教神秘主义的"启示哲学"。主要著作有《自然哲学体系初稿》
　　(1799)、《先验唯心主义体系》(1800)等。——195。

休谟,大卫(Hume,David 1711—1776)——英国哲学家,主观唯心主义者,不可知论者;历史学家和经济学家。继乔·贝克莱之后,用唯心主义精神发展约·洛克的感觉论。承认感觉是认识的基础,认为认识的任务就是组合初步的感觉和由感觉形成的概念。否认唯物主义的因果观,认为外部世界的存在问题是无法解决的。认为人只能知道自己心理上的感觉,感受之外的东西,人是不可能知道的。主要著作有《人性论》(1739—1740)、《道德原则研究》(1751)等。——12、187、190、191、196、248。

Y

亚里士多德(Aristoteles 公元前384—前322)——古希腊哲学家和学者,古代奴隶社会统治阶级的思想家。师事柏拉图,但批判了老师的唯心主义理论。在哲学观点上摇摆于唯心主义和唯物主义之间。——245、247。

亚历山大三世(**罗曼诺夫**)(Александр III(Романов)1845—1894)——俄国皇帝(1881—1894)。——274。

叶夫洛吉(**格奥尔吉耶夫斯基,瓦西里**)(Евлогий(Георгиевский,Василий)生于1868年)——俄国君主派分子,黑帮组织"俄罗斯人民同盟"的领导人之一。1902年起为卢布林省主教。第二届和第三届国家杜马卢布林省和谢德尔采省正教居民的代表。1914年起为沃伦省大主教。十月革命后是流亡国外的君主派首领之一。——189。

叶戈罗夫——见列文,叶弗列姆·雅柯夫列维奇。

伊壁鸠鲁(Epikouros 公元前342—前270)——古希腊唯物主义哲学家,无神论者,德谟克利特的追随者。——6、42。

伊林,弗·——见列宁,弗拉基米尔·伊里奇。

尤里——见皮达可夫,格奥尔吉·列昂尼多维奇。

尤什凯维奇,帕维尔·索洛蒙诺维奇(Юшкевич,Павел Соломонович 1873—1945)——俄国社会民主党人,孟什维克;数学家。在哲学上是马赫主义者,拥护实证论和实用主义;斯托雷平反动时期对马克思主义哲学进行修正,企图用马赫主义的一个变种——"经验符号论"代替马克思主义哲学。

著有《从经验符号论观点看现代唯能论》一文（收入《关于马克思主义哲学的论丛》）（1908）及《唯物主义和批判实在论》（1908）、《新思潮》（1910）、《一种世界观与种种世界观》（1912）等书。十月革命后反对苏维埃政权，1917—1919 年在乌克兰为孟什维克—社会革命党人的《联合》杂志和其他反布尔什维克的报刊撰稿，后脱离政治活动。1930 年起在马克思恩格斯研究院从事哲学著作的翻译工作。——205。

Z

泽耳，理查（Seel，Richard 1819—1875）——德国美术家，并以作曲家和作家闻名。1845—1848 年侨居巴黎，与恩格斯相识。——241。

詹姆斯，威廉（James，William 1842—1910）——美国哲学家和心理学家，主观唯心主义者，实用主义创始人之一。1880 年起任哈佛大学教授。对一些哲学概念（意识、经验、真理等）的解释接近经验批判主义。主要著作有《心理学原理》（1890）、《实用主义》（1907）、《从多元论观点看宇宙》（1909）等。——201。

兹博罗夫斯基，米哈伊尔·索洛蒙诺维奇（科斯季奇）（Зборовский，Михаил Соломонович（Костич）1879—1935）——俄国社会民主党人，孟什维克。1898 年在敖德萨开始政治活动。1903 年在俄国社会民主工党第二次代表大会上是敖德萨委员会的代表，属火星派少数派。俄国第一次革命期间支持召开广泛的工人代表大会的取消主义思想。1905 年是彼得堡工人代表苏维埃执行委员会委员，与苏维埃其他领导人一起被捕和流放，1906 年从流放地逃往瑞士。斯托雷平反动时期是取消派分子，1908 年参与创办孟什维克取消派的国外机关报《社会民主党人呼声报》。1917 年二月革命后回国，在敖德萨工作。敌视十月革命。1919 年底侨居国外，继续在孟什维克组织中活动。——128。

左尔格，弗里德里希·阿道夫（Sorge，Friedrich Adolph 1828—1906）——美国工人运动和国际工人运动活动家，马克思和恩格斯的学生和战友。生于德国，参加过德国 1848—1849 年革命。革命失败后先后流亡瑞士、比利时和英国，1852 年移居美国。在美国积极宣传马克思主义，是纽约共产主义俱乐部（1857 年创立）和美国其他一些工人组织和社会主义组织的领导人之一。第一国际成立后,积极参加国际的活动,是第一国际美国各支部的组织者。1872 年第一国际总委员会从伦敦迁至纽约后,担任总委员会总书记,直到 1874 年。1876 年参加北美社会主义工人党的创建工作,领导了党内马克思主义者对拉萨尔派的斗争。与马克思和恩格斯长期保持通信联系。90 年代从事美国工人运动史的研究和写作,著有《美国工人运动》一书以及一系列有关美国工人运动史的文章,主要发表在德国社会民主党理论刊物《新时代》杂志上。晚年整理出版了他与马克思和恩格斯等人的书信集。1907 年书信集俄译本出版,并附有列宁的序言。列宁称左尔格为第一国际的老战士。——42、238。

左拉,埃米尔(Zola,Émile 1840—1902)——法国作家。——323。

项目统筹：崔继新

责任编辑：曹　歌

装帧设计：汪　莹

版式设计：胡欣欣

责任校对：方雅丽

图书在版编目（CIP）数据

列宁论马克思主义/列宁著;中共中央马克思恩格斯列宁斯大林著作编译局编译.
　－北京:人民出版社,2021.12
（马列主义经典作家文库）
ISBN 978－7－01－023902－6

Ⅰ.①列…　Ⅱ.①列…②中…　Ⅲ.①马列著作-马克思主义　Ⅳ.①A261

中国版本图书馆 CIP 数据核字（2021）第 213674 号

书　　　名	列宁论马克思主义
	LIENING LUN MAKESI ZHUYI
编 译 者	中共中央马克思恩格斯列宁斯大林著作编译局
出版发行	人 民 出 版 社
	（北京市东城区隆福寺街 99 号　邮编 100706）
邮购电话	（010）65250042　65289539
经　　销	新华书店
印　　刷	北京新华印刷有限公司
版　　次	2021 年 12 月第 1 版　2021 年 12 月北京第 1 次印刷
开　　本	635 毫米×927 毫米 1/16
印　　张	37
插　　页	8
字　　数	417 千字
印　　数	00,001－10,000 册
书　　号	ISBN 978－7－01－023902－6
定　　价	98.00 元